零基础学炒股——大智慧从入门到精通

刘 尧 编著

清华大学出版社
北京

内 容 简 介

本书是一本专为新股民打造的炒股实战指南。通过本书的学习,读者不仅能够掌握炒股的基本理论知识和操作技能,还能通过使用大智慧软件的强大功能,提高投资效率,降低投资风险。助读者在股市中稳健前行,实现财富增值。

全书共有31章,围绕大智慧炒股软件展开,从新股民入市的基础知识讲起,逐步深入到股市分析、选股策略、交易技巧等多个方面,涵盖了新股民入市的必备常识、股票交易实战技巧、股市新势力的解读、大智慧软件的操作与功能介绍、股市分析与选股策略、炒股工具的妙用、技术指标的识别与运用、买卖点的精准把控、交易战术的制定与实施等多个方面的内容。书中还结合实际交易案例,深入剖析了炒股高手的常胜实战策略。无论您是炒股新手还是有一定经验的股民,本书都将为您提供宝贵的投资指南和实战参考,帮助读者形成自己的投资风格和交易体系。

本书适合广大股票投资爱好者以及各行各业需要学习股票投资软件的人员参考,也可以作为股票投资短训班的培训教材或者学习辅导用书。

本书封面贴有清华大学出版社防伪标签,无标签者不得销售。
版权所有,侵权必究。举报:010-62782989,beiqinquan@tup.tsinghua.edu.cn。

图书在版编目(CIP)数据

零基础学炒股. 大智慧从入门到精通 / 刘尧编著. --北京:清华大学出版社,2025.5.
ISBN 978-7-302-68964-5

Ⅰ. F830.91

中国国家版本馆CIP数据核字第2025GB1730号

责任编辑:张彦青
封面设计:李　坤
责任校对:李玉茹
责任印制:刘　菲

出版发行:清华大学出版社
　　　　网　　址:https://www.tup.com.cn, https://www.wqxuetang.com
　　　　地　　址:北京清华大学学研大厦A座　　**邮　编**:100084
　　　　社 总 机:010-83470000　　　　　　　　**邮　购**:010-62786544
　　　　投稿与读者服务:010-62776969, c-service@tup.tsinghua.edu.cn
　　　　质量反馈:010-62772015, zhiliang@tup.tsinghua.edu.cn
印 装 者:河北盛世彩捷印刷有限公司
经　　销:全国新华书店
开　　本:170mm×240mm　　　　**印　张**:29.75　　　　**字　数**:650千字
版　　次:2025年7月第1版　　　　**印　次**:2025年7月第1次印刷
定　　价:108.00元

产品编号:100854-01

前言

在充满机遇与挑战的股市中,每一位投资者都渴望找到通往成功的秘诀。本书正是您探索股市奥秘、掌握炒股技能的必备之选。

本书紧密结合大智慧软件,让您能够充分利用这一强大工具提高投资效率,降低投资风险。借助大智慧软件的实时行情、数据分析、选股策略等功能,您将能够精准地把握市场脉搏,捕捉投资机会,实现财富的稳健增长。

当然,股市是一个充满变数的领域,炒股并非易事,需要不断学习和实践,投资者需要时刻保持警惕和冷静,才能在股市中稳健前行。相信通过本书的学习和指导,您将能够逐步掌握炒股的精髓,形成自己的投资风格和交易体系。在股市的征途中,愿本书成为您最得力的助手,助您一臂之力,实现财富梦想。

📖 本书主要内容

本书的结构设计合理,从新股民的基础知识讲起,逐步深入到股市分析、交易技巧、实战策略等多个方面,形成完整的学习体系。各部分内容如下。

❖ 第1篇 基础入门

第1章至第3章,本篇为新股民提供了入市必备常识,包括如何开设股票账户和探讨北交所市场的潜力。通过三章内容的详细阐述,帮助初学者稳健地踏入股市,为后续的炒股之路打下坚实的基础。

❖ 第2篇 操作精通

第4章至第10章,本篇深入讲解了如何使用大智慧炒股软件进行得心应手的操作,包括快捷键的使用、模拟交易等。还介绍了如何洞悉市场脉动,通过盘口信息解读和细节观察,发掘盈利秘诀。此外,提供了选股策略和大智慧控制中心的高效利用方法,以及如何利用大智慧策略捕捉潜力股。

❖ 第3篇 技术理论

第11章至第19章,本篇深入探讨了技术分析的精髓,包括利用公式与画线工具进行市场预测,分析股市行情与盈利机会以及全球股市动态。此外,本篇还详细阐述了如何锁定龙头股,以及分时图中的买卖时机和庄家意图的洞悉等高级技巧,让投资者更好地洞悉庄家意图,精准建仓。

❖ 第4篇 交易实战

第20章至第26章,本篇聚焦K线图和均线理论在股市交易中的应用。通过解读K线图，识别各种K线头卖信号和组合攻略，帮助交易者在股市中把握趋势，决胜千里。同时，还深入探讨了均线稳健盈利策略，解密均线形态与趋势，揭示股市趋势的秘密。利用均线形态与趋势解密股市的涨跌，发掘潜力股。

❖ 第5篇 实战策略

第27章至第31章，本篇是本书的精华部分，以实战为出发点，汇集了炒股高手的实战策略和技巧，包括趋势技术形态绝杀的实战策略、利用指标精准捕捉市场"领头羊"的实战策略、捕捉黑马股的实战策略等。通过本篇的学习，读者可以借鉴他人的成功经验，结合实际情况，制定出适合自己的炒股策略，提升股市盈利能力，实现财富的稳健增长。

本书特色

我我们非常注重内容的可读性和易懂性。全书采用通俗易懂的语言和生动的图表、图注，让读者能够轻松理解并掌握炒股的核心要点。同时还结合大量的实战案例，让读者能够在实际操作中更好地应用所学知识。本书具有如下特色。

❖ 针对新股民

本书专为新股民打造，内容浅显易懂，语言通俗，有助于新股民快速建立对股市的认知，降低入门难度。

❖ 内容丰富全面

本书涵盖了炒股所需的各个方面，从基础知识到实战策略，内容全面而系统，满足了投资者多方面的学习需求。

❖ 实战性强

本书不仅讲解了理论知识，还结合大智慧软件的实际操作，介绍了多种实战策略和技巧，有助于读者快速上手并提高投资效率。

❖ 股民课堂，深挖学习

在本书每章的最后以"新股民学堂"专题的形式将高手所掌握的一些秘籍提供给读者，以便读者学习到更多的炒股技巧和策略。

此外，本书的章节安排逻辑清晰，层层递进，既考虑了新股民的学习需求，也兼顾了有一定基础的投资者的进阶需求。

如何使用本书

❖ 从头开始顺序阅读

建议读者按照章节排列顺序从头开始阅读，这样可以从基础概念逐步深入到实战策略，有助于读者系统地掌握炒股知识和技能。

❖ 重点学习与实践结合

针对自己感兴趣或觉得难以理解的章节，可以重点学习并尝试结合实际操作进行实践。例如，学习大智慧软件的操作时，可以一边看书一边操作，加深理解和记忆。

❖ 反复阅读与应用

炒股是一个需要不断学习和实践的过程，建议读者在阅读本书后，反复回顾重要章节，并在实际炒股过程中不断应用所学知识。

❖ 结合案例进行分析

书中包含许多实际案例，读者可以结合这些案例进行分析，从而更好地理解炒股策略和技巧。

实用助学资源

为了让读者有更高效、有趣的学习体验，本书附赠商业版的可视化选股分析工具、AI 学炒股助手及三本实用炒股手册的电子书。

❖ 可视化选股分析工具：数据驱动，决策无忧

我们特别随书附赠商业版的可视化选股分析工具（读者免费版），让您轻松把握市场脉搏。通过先进的量化模型、算法以及股票买卖策略，该软件能够实时分析市场趋势，预测股票走势，助您捕捉每一个投资机会。让数据说话，为您的投资决策提供数据支持。从此，您的交易将不再盲目，而是基于精准的数据分析。

❖ AI学炒股助手，智能指导，学习更高效

AI 学炒股助手是您进行炒股训练的智能学习伙伴，它能根据您的学习进度和兴趣提供个性化的学习内容和实战模拟，还能实时对话，为您答疑解惑。无论是理论知识还是实战技巧，您都能得到针对性的辅导，让您的学习之路更加高效、有趣，投资更轻松。

❖ 炒股技能提升资源：一站式学习完整体验

除图书、软件和 AI 助学工具外，我们还为读者准备了以下电子书，供读者参考：

> 证券股票知识 500 例速查手册。
> 电脑（手机）炒股实用技巧 500 招。
> 炒股选股策略与公式速查手册 300 例。

📖 工具使用说明和获取方式

| AI 学炒股助手 | 工具使用说明 | 可视化股票选股分析工具 V1.03 | 赠送电子书 |

📖 创作团队

本书由刘尧编著，作者长期从事股市研究和股票交易实际操作工作，掌握了一些从选股、选择买卖时机到如何在茫茫股海中捕捉黑马的投资策略。本书在编写过程中，力求内容全面、系统、实用，也尽最大努力将最好的讲解呈现给读者，但难免有疏漏和不妥之处，敬请读者不吝指正。最后，希望广大读者认真阅读本书，并结合实际情况进行实践和应用，切勿盲目投资。

编 者

目 录

第1篇 基础入门篇

第1章 新股民启航——必备常识助你稳健入市 3

- 1.1 认识股票与股市 4
  - 1.1.1 什么是股票 4
  - 1.1.2 什么是股市 4
- 1.2 股票市场分类和常见的股票绰号 4
  - 1.2.1 一级市场和二级市场 5
  - 1.2.2 牛市和熊市 6
  - 1.2.3 股票常见绰号 6
- 1.3 股市指数术语 7
  - 1.3.1 上交所相关指数 8
  - 1.3.2 深交所相关指数 8
  - 1.3.3 中证指数 9
  - 1.3.4 恒生指数 9
- 1.4 股票类型与四大板块 10
  - 1.4.1 股票类型 10
  - 1.4.2 四大板块 10
- 1.5 股票涨跌预测术语 11
- 1.6 与股权相关的术语 12
- 1.7 与盘口相关的术语 13
- 1.8 新股民学堂——炒股常见的风险 15
  - 1.8.1 系统性风险 15
  - 1.8.2 非系统性风险 16

第2章 开启财富之门——股票账户轻松开设 17

- 2.1 炒股前的准备工作——开户 18
  - 2.1.1 开户条件 18
  - 2.1.2 A股线下开户流程 18
  - 2.1.3 A股线上开户流程 19
- 2.2 券商的主要业务以及如何选择券商 21
  - 2.2.1 券商的主要业务 21
  - 2.2.2 如何选择券商 22
- 2.3 股票买卖 23
  - 2.3.1 委托 23
  - 2.3.2 交割 24
  - 2.3.3 股票交易的成本 25
- 2.4 转户与销户 25
  - 2.4.1 转户 26
  - 2.4.2 销户 26
- 2.5 新股民学堂——创业板如何开户 27

第3章 把握新机遇——北交所市场潜力探索 29

- 3.1 什么是新三板 30
  - 3.1.1 我国现有资本市场的等级划分 30
  - 3.1.2 新三板的前世今生 30
- 3.2 北交所与新三板的关系 31
- 3.3 北交所的开户条件及流程 32
- 3.4 北交所上市退市机制与交易规则 34
  - 3.4.1 北交所的上市要求 34
  - 3.4.2 北交所的强制退市机制 35
  - 3.4.3 北交所的交易规则 37
- 3.5 新股民学堂——三大交易所的主要区别 38

第 2 篇　操作精通篇

第 4 章　使用大智慧炒股——软件操作得心应手 41

- 4.1 为什么选大智慧 42
- 4.2 下载与安装大智慧 43
  - 4.2.1 下载大智慧 43
  - 4.2.2 安装大智慧 43
- 4.3 大智慧的界面 45
  - 4.3.1 顶部菜单栏 45
  - 4.3.2 市场菜单 47
  - 4.3.3 主窗口区 52
  - 4.3.4 辅助窗口区 54
  - 4.3.5 指数栏和信息栏 54
- 4.4 新股民学堂——慧信 55

第 5 章　快人一步——快捷键与模拟交易 57

- 5.1 大智慧炒股软件的快捷键 58
  - 5.1.1 常用快捷键 58
  - 5.1.2 Alt 组合快捷键 58
  - 5.1.3 Ctrl 组合快捷键 59
  - 5.1.4 数字快捷键 59
- 5.2 搜索功能 60
  - 5.2.1 搜寻个股 60
  - 5.2.2 搜寻信息 61
- 5.3 模拟炒股 62
  - 5.3.1 创建模拟组合 62
  - 5.3.2 模拟炒股 62
- 5.4 新股民学堂——对自选股进行分组管理 65

第 6 章　洞悉市场脉动——盘口信息的智慧解读 67

- 6.1 开盘前的集合竞价和盘口分析 ... 68
  - 6.1.1 股市集合竞价 68
  - 6.1.2 股市开盘走势分析 69
  - 6.1.3 主动性买盘和主动性卖盘 ... 71
- 6.2 大智慧主界面看盘 72
  - 6.2.1 报价列表 73
  - 6.2.2 队列矩阵 74
  - 6.2.3 分价表 76
  - 6.2.4 总买总卖 76
- 6.3 新股民学堂——尾盘集合竞价 ... 77

第 7 章　细节定成败——盘口细节中的盈利秘诀 79

- 7.1 进入大盘分时走势图 80
- 7.2 认识大盘分时图 81
- 7.3 进入股票 K 线图 84
- 7.4 认识股票 K 线图 86
- 7.5 买盘和卖盘 88
- 7.6 新股民学堂——多股同列 89

第 8 章　双重透视——股票基本面与消息面 91

- 8.1 消息面分析 92
  - 8.1.1 最新资讯 92
  - 8.1.2 自选股资讯 93
  - 8.1.3 资讯菜单 93
  - 8.1.4 实时滚动资讯 94
  - 8.1.5 信息地雷 95
- 8.2 基本面分析 96
- 8.3 新股民学堂——政治因素对股市的影响 98

第 9 章　选股如选美——大智慧策略助你捕捉潜力股 101

- 9.1 闪电预警 102
- 9.2 预警选股 102

9.3	短线精灵	103	10.1.5 财务数据	117
9.4	条件选股	105	10.1.6 数据整理	118
9.5	走势和形态选股	106	10.2 扩展数据管理	119
9.6	优选交易系统	107	10.3 自定义数据管理	120
9.7	根据综合排名选股	109	10.4 下载数据	121
9.8	新股民学堂——使用过滤器选股	110	10.5 系统管理	122

第10章 掌控市场脉搏——大智慧控制中心的高效利用 113

10.1 数据管理 114
    10.1.1 收盘清盘 114
    10.1.2 代码对照表 115
    10.1.3 生成数据 115
    10.1.4 安装数据 116

10.5.1 委托设置 122
10.5.2 自选股设置 124
10.5.3 设置信息地雷和系统提示框 125
10.5.4 迁移工具 126
10.6 投资管理 127
10.7 新股民学堂——什么是除权和复权 129

第3篇 技术理论篇

第11章 精准预测——公式与画线工具引领市场风向 133

11.1 公式管理 134
11.2 输出和引入公式 136
11.3 系统测试平台 138
11.4 画线工具 141
11.5 新股民学堂——测量距离 144

第12章 把握大势——股市行情分析与盈利机会 145

12.1 基金行情分析 146
    12.1.1 分类排行 146
    12.1.2 基金净值 148
    12.1.3 基金排行 149
    12.1.4 基金公告和基金资讯 150
12.2 债券行情分析 151
12.3 期权行情分析 153
12.4 外汇行情分析 155
12.5 新股民学堂——基金投资与赎回技巧 156

    12.5.1 基金投资的5个技巧 156
    12.5.2 基金赎回的5个技巧 157

第13章 全球视野——全球股市动态洞察 159

13.1 全球指数行情分析 160
13.2 美股行情分析 160
13.3 沪伦通行情分析 163
13.4 港股行情分析 163
13.5 新股民学堂——全球行情对中国股市的影响 166

第14章 龙头引领财富——锁定龙头股的技法 167

14.1 趋势操盘技巧 168
    14.1.1 评估大盘走向趋势 168
    14.1.2 如何选择上升趋势的个股 ... 169
    14.1.3 买卖决策 170
14.2 如何选择龙头股 171
    14.2.1 龙头股的标准和特点 172

14.2.2 如何选择上升趋势的
龙头股 172
14.3 不同类型的投资者的选股技法 174
14.3.1 激进型投资者 174
14.3.2 保守型投资者 175
14.4 大智慧炒股的特殊战术 176
14.4.1 上压板和下托板看透主力
意图 177
14.4.2 追击强势龙头股战术 177
14.4.3 急跌买入卖出技法 178
14.5 新股民学堂——支撑位买入、
压力位卖出技法 179

第 15 章 分时图中的"金矿"——
精准捕捉短线买卖时机 ... 181

15.1 捕捉分时界面中的买卖时机 182
15.1.1 大盘分时图界面包含的
信息 182
15.1.2 个股分时图界面包含的
信息 183
15.2 分时图中的买卖时机 185
15.2.1 分时均价线看盘技法 185
15.2.2 分时成交量与价格的关系 185
15.3 使用分时图的注意事项与常见
问题 187
15.3.1 分时图需要注意什么 187
15.3.2 个股分时图常见问题 187
15.3.3 分时图形态的常见问题 188
15.4 新股民学堂 188
15.4.1 如何查看多日分时图 188
15.4.2 如何同时查看个股和大盘
分时图 189
15.4.3 如何查看历史分时图 190

第 16 章 分时曲线的奥秘——洞悉
庄家意图 191

16.1 解析分时图的波长奥秘 192

16.1.1 短波 192
16.1.2 中波 192
16.1.3 长波 193
16.1.4 混合波 193
16.2 解读股市分时图角度的内涵 194
16.2.1 分时图角度的大小分类 194
16.2.2 小于 30°的上涨 195
16.2.3 小于 30°的下跌 195
16.2.4 30°~70°的上涨 196
16.2.5 30°~70°的下跌 196
16.2.6 大于 70°的上涨 197
16.2.7 大于 70°的下跌 198
16.2.8 分时图中角度的疑问 198
16.3 看透分时图量柱背后的意图 199
16.3.1 上升密集型量柱 199
16.3.2 下跌密集型量柱 199
16.3.3 上升稀疏型量柱 200
16.3.4 下跌稀疏型量柱 201
16.4 通过分时图解读庄家出货意图 201
16.5 新股民学堂——分时图捕捉
涨停股 203

第 17 章 支撑与压力的博弈——
分时图中的力量对比 205

17.1 寻找分时图中股票最佳买入点 206
17.1.1 分时图的支撑位 206
17.1.2 均价线强力支撑和弱势
支撑 206
17.1.3 前一天收盘价的强力支撑
和弱势支撑 207
17.2 寻找分时图中股票最佳卖出点 208
17.2.1 拉升过程中的压力位 208
17.2.2 均价线强势压力位和弱势
压力位 209
17.2.3 前收盘价的强力压力和弱势
压力 209

17.3 股市分时图的典型形态 210
  17.3.1 反转形态 210
  17.3.2 横盘形态 215
  17.3.3 反复震荡调整分时图 216
17.4 新股民学堂——多日分时图的
     支撑位与压力位 217

第 18 章 精准建仓——建仓与卖出的艺术 219

18.1 分时图中股票买入卖出要领 220
  18.1.1 分时图的买入要领 220
  18.1.2 分时图的卖出要领 221
18.2 分时图中股票买入建仓信号 223
  18.2.1 三重底 223
  18.2.2 步步高 224
  18.2.3 对称涨跌 225
  18.2.4 突破整理平台 226
  18.2.5 突破前期高点 226
  18.2.6 一波三折 227
  18.2.7 量比突破买入法 228

18.3 分时图中股票卖出信号 229
  18.3.1 一顶比一顶低 229
  18.3.2 跌破整理平台 229
  18.3.3 跌破前期低点 230
  18.3.4 开盘急涨 231
  18.3.5 前收盘线阻挡 231
  18.3.6 量比卖出信号 233
18.4 新股民学堂——分时图解读庄家
     出货 234

第 19 章 K 线图的智慧——股市走势一目了然 235

19.1 股市 K 线的起源 236
19.2 股市 K 线的基本知识 236
  19.2.1 K 线的特点 236
  19.2.2 K 线的组成与分类 237
  19.2.3 单根 K 线的线形分析 238
19.3 新股民学堂——单根阴阳线的
     强弱演变 241

第 4 篇　交易实战篇

第 20 章 21 种单根 K 线买卖信号——把握趋势，决胜股市 245

20.1 单根阳线的股票买卖技法 246
  20.1.1 极阳线 246
  20.1.2 小阳线 246
  20.1.3 中阳线 247
  20.1.4 大阳线 248
  20.1.5 光头阳线 248
  20.1.6 光脚阳线 249
  20.1.7 光头光脚阳线 249
20.2 单根阴线的股票买卖技法 250
  20.2.1 极阴线 251

  20.2.2 小阴线 251
  20.2.3 中阴线 252
  20.2.4 大阴线 252
  20.2.5 光头阴线 253
  20.2.6 光脚阴线 254
  20.2.7 光头光脚阴线 255
20.3 新股民学堂——特殊形状的
     单根 K 线 256
  20.3.1 锤子线和上吊线 256
  20.3.2 倒锤子线和射击之星 257
  20.3.3 一字线 258
  20.3.4 T 字线和倒 T 字线 258

20.3.5 十字星和十字线......259
20.3.6 长十字线......260
20.3.7 螺旋桨......261

第 21 章 15 种 K 线组合买入攻略——买入信号的精准识别......263

21.1 股票买入信号的双 K 线组合......264
  21.1.1 好友反攻......264
  21.1.2 曙光初现......265
  21.1.3 旭日东升......266
  21.1.4 平底......267

21.2 股票买入信号的多根 K 线组合......268
  21.2.1 早晨之星......268
  21.2.2 红三兵......269
  21.2.3 上涨两颗星......270
  21.2.4 低位并排阳线......271
  21.2.5 高位并排阳线......272
  21.2.6 两阳夹一阴......273
  21.2.7 跳空上扬......274
  21.2.8 跳空下跌三颗星......275
  21.2.9 上升三部曲......276
  21.2.10 塔形底......277
  21.2.11 圆底......278

21.3 新股民学堂——K 线界面的其他信息......279

第 22 章 卖出不迷茫——18 种 K 线组合卖出信号的判断与执行......281

22.1 股票卖出信号的两根 K 线组合......282
  22.1.1 淡友反攻......282
  22.1.2 乌云盖顶......283
  22.1.3 倾盆大雨......283
  22.1.4 平顶......284

22.2 股票卖出信号的多根 K 线组合......285

22.2.1 黄昏之星......285
22.2.2 黑三兵......287
22.2.3 双飞乌鸦......288
22.2.4 两阴夹一阳......289
22.2.5 下降三部曲......289
22.2.6 跛脚阳线......290
22.2.7 三只乌鸦......291
22.2.8 倒三阳......292
22.2.9 塔形顶......293
22.2.10 圆顶......294

22.3 新股民学堂——买入卖出信号皆可表的 K 线组合......295
  22.3.1 尽头线......295
  22.3.2 穿头破脚......297
  22.3.3 身怀六甲......298
  22.3.4 镊子线......300

第 23 章 选股有道—— K 线图助力发掘潜力股......303

23.1 股票买入信号的 K 线图形......304
  23.1.1 头肩底......304
  23.1.2 W 底......306
  23.1.3 三重底......307
  23.1.4 V 形底......308

23.2 股票卖出信号的 K 线图形......309
  23.2.1 头肩顶......309
  23.2.2 M 顶......311
  23.2.3 三重顶......312
  23.2.4 尖顶......313

23.3 整理技术图形......314
  23.3.1 上升三角形......314
  23.3.2 下降三角形......315
  23.3.3 扩散三角形......317
  23.3.4 旗形......318
  23.3.5 楔形......320

23.4 新股民学堂——缺口 322
　23.4.1 向上缺口 323
　23.4.2 向下缺口 324

第24章 均线稳健盈利策略——股票买卖的制胜法宝 327

24.1 移动平均线概述 328
　24.1.1 移动平均线的意义 328
　24.1.2 自定义均线的显示及参数 328
　24.1.3 移动平均线的计算方法 331
24.2 移动平均线的分类 331
　24.2.1 短期均线 331
　24.2.2 中期均线 332
　24.2.3 长期均线 334
24.3 移动平均线的特性 334
　24.3.1 平稳性和滞后性 335
　24.3.2 趋势特性 335
　24.3.3 助涨作用 336
　24.3.4 助跌作用 337
　24.3.5 吸附功能 338
24.4 新股民学堂——葛南维八大买卖法则 338

第25章 均线形态与趋势——解密股市的趋势 341

25.1 双均线组合的概念与分类 342
25.2 双均线组合的股票买入原则 342
　25.2.1 股价向上突破上行长周期均线 342
　25.2.2 股价下跌，遇长周期均线上行支撑止跌回升 343
　25.2.3 突破短周期线，并在上行长周期线上方运行 344
　25.2.4 短期均线下行，遇长期均线撑止跌反弹 345

25.3 双均线组合的股票卖出原则 345
　25.3.1 股价跌破长周期均线，长周期均线下行 346
　25.3.2 股价急速飙升，远离长周期均线 346
　25.3.3 长周期均线下行 347
25.4 多根均线组合解密 348
　25.4.1 多头排列 348
　25.4.2 空头排列 349
　25.4.3 均线黏合盘整和发散 350
25.5 新股民学堂——均线的背离与修复 352
　25.5.1 均线的背离 353
　25.5.2 均线修复 354

第26章 均线特殊组合形态——解锁股市盈利新姿势 357

26.1 买入信号的特殊均线形态 358
　26.1.1 黄金交叉 358
　26.1.2 银山谷 359
　26.1.3 金山谷 360
　26.1.4 蛟龙出海 362
　26.1.5 鱼跃龙门 363
　26.1.6 旱地拔葱 364
　26.1.7 金蜘蛛 365
26.2 卖出信号的特殊均线形态 367
　26.2.1 死亡交叉 367
　26.2.2 死亡谷 368
　26.2.3 断头铡刀 369
　26.2.4 绝命跳 370
　26.2.5 毒蜘蛛 371
26.3 新股民学堂——假金叉和假死叉 373
　26.3.1 假金叉 373
　26.3.2 假死叉 374

第 5 篇　实战策略篇

第 27 章　趋势为王策略——发现并抓住黑马股 377

27.1 在支撑线和压力线中发现黑马股 378
　27.1.1 支撑线 378
　27.1.2 压力线 380
27.2 在趋势线中发现黑马股 383
　27.2.1 上升趋势线 383
　27.2.2 下降趋势线 385
27.3 新股民学堂——趋势线的修正 386

第 28 章　趋势分析实战策略——掌握股市涨跌的"金钥匙" ... 389

28.1 通过趋势通道找寻买卖时机 390
　28.1.1 线性回归线 390
　28.1.2 线性回归带 391
　28.1.3 回归通道线 391
28.2 通过矩形寻找买卖时机 392
28.3 在对称角度线中找寻买卖时机 ... 394
28.4 波浪尺线选股实战 395
28.5 黄金分割理论选股实战 396
　28.5.1 黄金分割线 396
　28.5.2 百分比线 397
28.6 周期分析理论选股实战 398
　28.6.1 斐波那契线 398
　28.6.2 周期线 399
28.7 速阻线选股实战 400
28.8 新股民学堂——技术图形上的注解 402

第 29 章　股票交易技术解密——股票交易技术理论的实战应用 405

29.1 股票交易中的道氏理论 406

29.1.1 道氏理论的五大核心 406
29.1.2 道氏理论的趋势终结验证 408
29.1.3 道氏理论的不足之处 409
29.2 股票交易中的波浪理论 409
　29.2.1 波浪形态的划分 410
　29.2.2 波浪理论中波浪的过程划分及特点 411
　29.2.3 浪形使用的基本规则 412
29.3 股票交易中的箱体理论 413
　29.3.1 箱体是会变化的 413
　29.3.2 通过箱体确定买入和卖出点 414
　29.3.3 箱体的风险区 414
29.4 股票交易中的江恩理论 415
　29.4.1 江恩理论的五大时间法则 ... 415
　29.4.2 江恩的价格带 416
　29.4.3 江恩"轮中轮" 416
29.5 股票交易中的通道理论 417
29.6 新股民学堂——时间周期理论 418

第 30 章　锁定龙头，决胜股市——利用指标精准捕捉市场"领头羊" 419

30.1 股票指标的定义和分类 420
30.2 通过趋势类指标锁定龙头股 421
　30.2.1 MACD 指标 421
　30.2.2 DMI 指标 423
　30.2.3 DMA 指标 425
30.3 通过超买超卖类指标锁定龙头股 428
　30.3.1 KDJ 指标 428
　30.3.2 W&R 指标 430
　30.3.3 RSI 指标 431
　30.3.4 BIAS 432

30.4 通过股票量价指标锁定龙头股 434
30.5 新股民学堂——KDJ 指标和 MACD
    指标组合应用 436

第 31 章 黑马股的实战策略——揭秘
    能量指标发掘潜力股技法 ... 439
31.1 通过能量指标找寻黑马股 440
    31.1.1 VR 指标 440
    31.1.2 CR 指标 442
31.2 通过大盘指标找寻黑马股 446

31.2.1 ADR 指标 446
31.2.2 OBOS 指标 447
31.2.3 TRIX 指标 449
31.3 通过压力支撑指标找寻黑马股 453
    31.3.1 BOLL 带指标 453
    31.3.2 SAR 指标 457
31.4 新股民学堂——多种指标结合
    判断顶部和底部 459
    31.4.1 多种指标结合判断顶部 459
    31.4.2 多种指标结合判断底部 460

第 1 篇 基础入门篇

本篇为新股民提供了入市必备常识，通过三章内容的详细阐述，帮助初学者稳健地踏入股市，为后续的炒股之路打下坚实的基础。同时，还探讨了北交所市场的潜力，帮助投资者把握新的投资机遇。

- 新股民启航——必备常识助你稳健入市
- 开启财富之门——股票账户轻松开设
- 把握新机遇——北交所市场潜力探索

周口文萃

第 1 章
新股民启航——必备常识助你稳健入市

不要懵懵懂懂地随意买股票，要在投资前扎实地做一些功课，才能成功！——威廉·欧奈尔

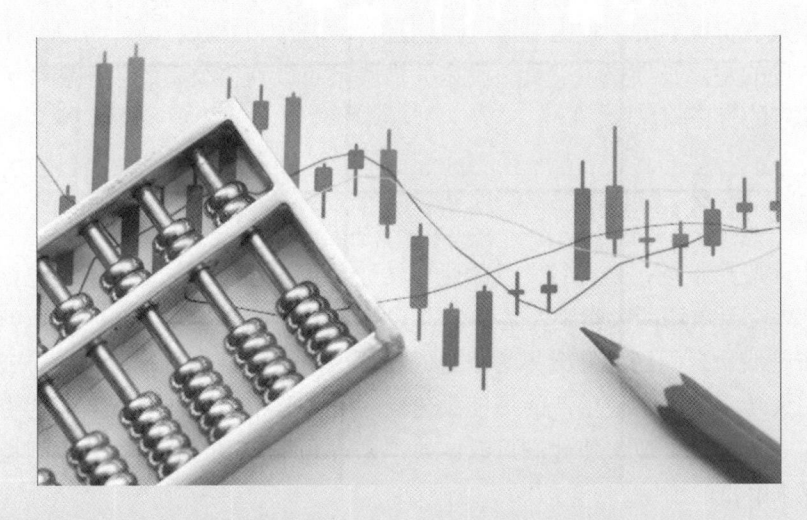

投资股票和参与股市交易存在一定的风险，投资者应具备相应的知识和风险意识。本章为新股民介绍入市前必须了解的常识，包括股票的基本术语、市场构成、交易规则等。通过本章的学习，投资者将打下坚实的投资基础，为日后的投资之路做好充分准备。

1.1 认识股票与股市

股市是现代金融体系中的重要组成部分，它们为企业筹集资金提供了有效的渠道，同时也为投资者提供了一个投资平台。

1.1.1 什么是股票

股票是股份有限公司在筹集资本时向出资人发行的股份凭证，代表着其持有者（即股东）对股份公司的所有权。这种所有权包含了一系列综合权利，如参加股东大会、投票表决、参与公司的重大决策、收取股息或分享红利等。

股票是有价证券的一种主要形式，是股份公司资本的构成部分，可以转让、买卖，是资本市场的主要长期信用工具。股东凭借股票可以获得公司的股息和红利，同时也承担相应的责任与风险。

1.1.2 什么是股市

股市即股票市场，是已经发行的股票转让、买卖和流通的场所。它包括交易所市场和场外交易市场两大类别，是一个国家或地区经济和金融活动的"寒暑表"。

股市是股份公司面向社会筹集资金的重要渠道。通过发行股票，股份公司可以迅速集中大量资金，实现生产的规模经营。同时，股市也为社会上分散的资金盈余者提供了一个投资渠道，使他们可以本着"利益共享、风险共担"的原则投资股份公司，谋求财富的增值。

1.2 股票市场分类和常见的股票绰号

股票市场是专营股票的地方，它可以分为一级市场和二级市场（见图1-1）。在股市大家庭中，有些股票除了自己的名称和代码外，还有响当当的绰号，比如，红筹股、蓝筹股、龙头股、黑马股、白马股等。

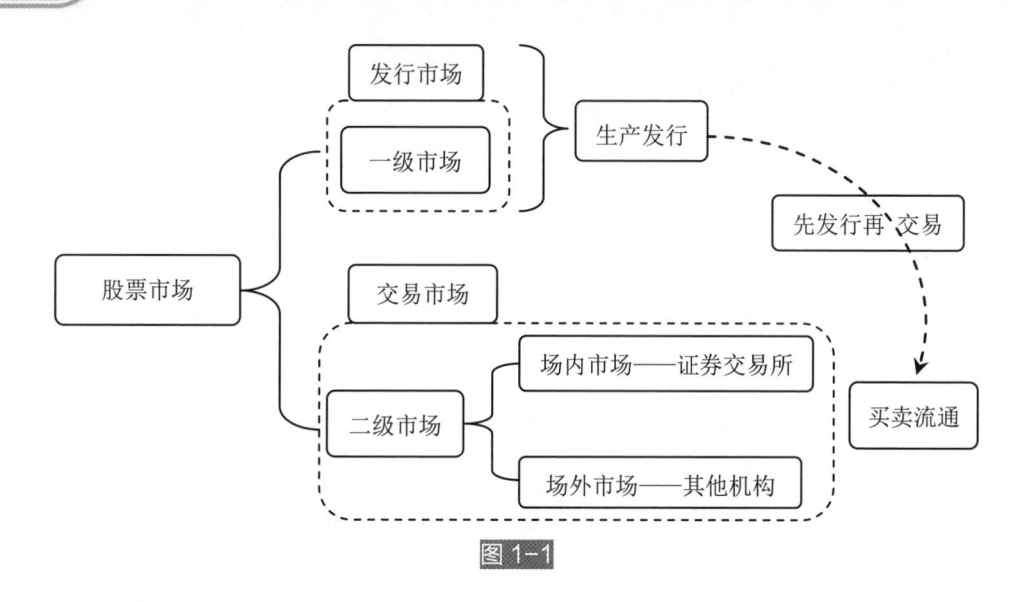

```
                   ┌─ 发行市场
        ┌─ 发行市场 ┤                ─→ 生产发行 ┐
        │          └─ 一级市场                   │
        │                                       │ 先发行再交易
股票市场 ┤          ┌─ 交易市场                   ↓
        │          │          ┌─ 场内市场——证券交易所   买卖流通
        └─ 二级市场 ┤
                   └─ 场外市场——其他机构
```

图 1-1

1.2.1 一级市场和二级市场

1. 一级市场

一级市场是股票的发行市场，也称为股票的初级市场，是公司在上市之前融资的渠道。这个市场内的股票不进行公开交易，而是进行私募发行。

发行人通过一级市场筹措到了公司所需资金，而投资者通过一级市场购买了公司的股票成为股东，这一市场中和投资者最为相关的就是申购新股。

一级市场的特点	在一级市场不能公开进行股票交易，只能参与股票的发行。
	投资者进入一级市场投资的要求较高，股票流动性也比较差。
	价格由发行人和投资者根据公司情况进行定价。

2. 二级市场

二级市场是进行证券流通的市场，也就是大家所说的"股市"，在这一市场中有价证券可以实现快速的流通。

二级市场的特点	二级市场的参与者包括机构和散户。
	投资者可以自由买卖股票，体现了证券市场的变现功能。
	价格由市场供需决定。

1.2.2 牛市和熊市

1. 牛市

牛市也称多头市场，当市场上买入者多于卖出者时，股市行情普遍看涨，这种情况称为牛市。

形成牛市的因素	
	经济因素：股份企业盈利增多、经济处于繁荣时期、利率下降、新兴产业发展、温和的通货膨胀等都可能推动股市价格上涨。
	政治因素：政府政策、法令颁行以及发生了突变的政治事件都可引起股票价格上涨。
	股票市场本身的因素：如发行抢购风潮、投机者的卖空交易、大户大量购进股票都可引发牛市。

2. 熊市

熊市也称空头市场，当市场上卖出者多于买入者时，股市行情普遍看跌，这种情况称为熊市。引发熊市的因素与引发牛市的因素差不多，不过是向相反方向变动。

1.2.3 股票常见绰号

对于一些股票，除了用本身的名称和代码外，人们还会将它们归类，并赋予特殊的绰号，比如红筹股、蓝筹股、龙头股、黑马股、白马股等。

1. 红筹股和蓝筹股

红筹股（Red Chip）：是指在中国境外注册、在香港上市的带有中国内地概念的股票。

这一概念诞生于20世纪90年代初期的香港股票市场。我国在国际上时常被称为红色中国，相应地，就把在中国境外注册、在香港上市的带有中国内地概念的股票称为红筹股。

蓝筹股（Blue Chip）：蓝筹股指的是那些规模大、信誉好、在行业景气和不景气时都有能力赚取利润，同时风险较小的公司的股票。

"蓝筹"一词源于西方赌场。在西方赌场中，有三种颜色的筹码，其中蓝色筹码最为值钱，红色筹码次之，白色筹码最差。投资者把这些行话套用到股票上就有了这一称谓。

2. 龙头股

龙头股指的是某一时期在股票市场中对同行业板块的其他股票具有影响和号召力的股票。龙头股的涨跌往往对同行业板块股票的涨跌起引导和示范作用。

龙头股在行业内通常具有领导地位，它的流通股规模不会太大，也不会太小。并且，龙头股并不是一成不变的，它的地位往往只能维持一段时间。因此，投资者可以通过观察行业或概念中的股票表现来检验股票是否属于该行业或概念的龙头股。

> 并非龙头股就一定会涨的。如果股票市场处于熊市下跌阶段，投资者的投资积极性较低，就会导致行业面临调整下跌的压力，进而导致龙头股出现下跌调整。

3. 黑马股和白马股

黑马股就是指价格可能脱离过去的价位而在短期内大幅上涨的股票。黑马股是可遇而不可求的，被大家都看好的股票是很难成为黑马的。

大黑马有三个共同的特征：第一，起点低；第二，有远景题材；第三，有动力。

白马股是和黑马股相对的一个概念，指的是业绩优良，成交量活跃，红利优厚，且在股票市场上的走势能对某一板块甚至大盘起到领涨作用的大公司股票。白马股和黑马股概念示意如图 1-2 所示。

由于白马股的形成与大盘的牛市行情存在密切的联系，因此，白马股的行情通常也会存在一年到两年的时间，甚至可能时间更长。投资者一旦在合适的价位买进白马股，就不宜进行短线操作，而应该将它作为中长线投资的对象。只要在大盘的一轮牛市行情结束之前将它抛出，就有可能获得丰厚的收益。

图 1-2

1.3 股市指数术语

国内股市常见术语如图 1-3 所示。

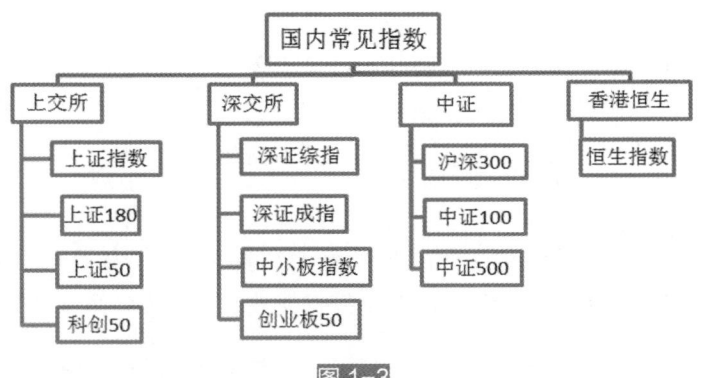

```
                    国内常见指数
        ┌───────────┬───────────┬───────────┐
      上交所       深交所        中证      香港恒生
        │           │           │           │
      上证指数    深证综指    沪深300    恒生指数
      上证180     深证成指    中证100
      上证50      中小板指数  中证500
      科创50      创业板50
```

图 1-3

股市指数是由证券交易所或金融服务机构编制的，用以表明股票市场变动情况的一种参考指标，可以把它简单理解为股票的平均价格。

1.3.1 上交所相关指数

上交所（上海证券交易所）成立于 1990 年 11 月 26 日，同年 12 月 19 日开业，受中国证监会监督和管理，是为证券集中交易提供场所和设施、组织和监督证券交易、实行自律管理的会员制法人。

目前，上交所已经成为全球第三大证券交易所，截至 2022 年年底，上交所股票总市值、IPO 筹资额分别位居全球第三位、第一位。

> IPO（Initial Public Offerings，首次公开发行股票）是指一家企业第一次将它的股份向公众出售。

上证指数（代码 000001）是将上交所上市的全部股票（包括 A 股和 B 股）价格加权平均得出来的。

上证指数的计算方式 = [当天采样股的市价总值 / 基日（1990 年 12 月 19 日）采样股的市价总值] × 100

上证 180 是挑选 A 股市场规模较大、流动性较好、行业代表性较强的 180 只股票，而上证 50 是对上证 180 中的 180 只股票进行挑选，选择规模较大、流动性较好的前 50 只股票，因此上证 180 是包含上证 50 的。

上证 50 反映的是上交所的龙头公司集团的表现，其中金融、地产行业占比极高。

科创 50 由科创板中最优秀的前 50 只市值最大、流动性最好的股票构成，是衡量科创板企业整体表现的指数。

1.3.2 深交所相关指数

深交所（深圳证券交易所）于 1990 年 12 月 1 日开始试营业，于 1991 年 7 月 3 日正式开业。经过三十多年的持续奋斗，截至 2022 年，深市股票成交金额、融资金额、IPO 公司家数和股票市价总值分别位列世界第三、第三、第四和第六位。在联合国可持续交易所倡议对 G20 主要交易所碳排放量统计排名中，深交所表现最优。

1. 深证综指

深证综指是以深交所挂牌上市的全部股票（包括 A 股和 B 股）为计算范围，以发行量为权数的加权综合股价指数。深证综指反映的是深市整体行情变化。

2. 深证成指

深证成指是深交所按一定标准选出 500 家有代表性的上市公司的股票作为样本股，用样本股的自由流通股数作为权数，采用实际可交易市值加权的计算方法编制的股价指标。

深证成指的覆盖率小一点，更能代表业绩较好的公司。

3. 中小板指数

中小板指数是深交所上市股票运行情况的核心指数之一。中小板是指流通盘在 1 亿元以下的创业板块。因为一些企业的条件达不到主板市场的要求，所以只能在中小板市场上市。中小板是创业板的一种过渡形式。中小板的市场代码以"002"开头。中小板指数的初始成分股由前 100 只上市股票构成。中小板指数以 2005 年 6 月 7 日为基日，基日指数为 1000。

4. 创业板指数

创业板的指数包括创业板指数、创业板综指和创业板 50 指数。创业板指数的成分股由创业板市场中规模大、流动性好的 100 家上市公司的股票组成。创业板综指的成分股包含所有在创业板上市的股票。创业板 50 指数是从创业板指数的 100 只成分股中挑选出的排名前 50 的股票组成的指数。

1.3.3 中证指数

中证指数是由中证指数有限公司编制的指数，中证指数有限公司于 2005 年 8 月由沪深证券交易所共同出资成立。中证指数主要包括中证 100、沪深 300 和中证 500。

沪深 300 指数是由上交所和深交所排名前 300 的企业股票组成的指数，可以用来反映证券行业的发展状况和变化趋势。沪深 300 指数可以看作市场整体走势的"晴雨表"，能够作为投资业绩的评价标准，为指数化投资创造基础条件。

中证 100 属于大盘指数风格，其成分股由沪深 300 成分股中规模最大的 100 只股票组成，能够综合地反映中国 A 股市场最具有代表性的超大市值公司的股票价格表现。

中证 500 属于中小盘风格，其成分股是剔除沪深 300 之外，排名靠前的 500 只股票，能够综合地反映中小市值公司股票价格的表现。

1.3.4 恒生指数

恒生指数由香港恒生银行下属的恒生指数有限公司编制，是以香港股票市场上的 50 家上市股票为成分股样本，以其发行量为权数的加权平均股价指数。它是衡量香港股市行情的重要指标，是反映香港股价价格浮动趋势的一种股价指数。

1.4 股票类型与四大板块

按照股票的上市地点和所面对的投资者分类,我国上市公司的股票有A股、B股、H股、N股和S股等类别。

本节还将介绍主板、中小板、创业板、科创板、新三板的概念及相关的股票术语。

1.4.1 股票类型

常见的股票类型如图1-4所示。

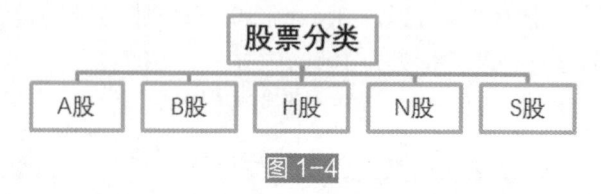

```
         股票分类
   ┌──┬──┬──┬──┐
  A股 B股 H股 N股 S股
```

图1-4

A股的正式名称是人民币普通股票,它是由我国境内的公司发行,供境内机构、组织或个人(不含台、港、澳投资者)以人民币认购和交易的普通股股票。

B股的正式名称是人民币特种股票,它是以人民币标明面值,以外币认购和买卖,在境内(上海、深圳)证券交易所上市交易的股票。

H股,即注册地在内地、上市地在香港的外资股。由于香港的英文是Hong Kong,取其字首,因此在港上市的外资股就叫作H股。

N股是指在中国境内注册、在纽约(New York)上市的外资股。

S股在我国是指尚未进行股权分置改革,或者已进入改革程序但尚未实施股权分置改革方案的股票,通常在股票名称前加"S"。

> ST股票,意即进行"特别处理"的股票。如果哪只股票的名字前加上"ST",那么预示着该股票出现了财务状况或其他异常状况。

1.4.2 四大板块

我们可以将中国大陆证券交易所结构看作一个金字塔,从上至下分成这四层:一层是上交所、深交所的主板市场;二层是深交所的中小板(创业板)和上交所的科创板;三层是新三板;四层是区域性股权交易市场。各板块之间的关系见图1-5。

➢ 主板:沪深两市的大型优秀企业,综合实力较强,准入门槛较高,以央企、国企为主。

- 中小板：规模较主板小的中小企业，以民营企业为主。
- 创业板：高科技、高成长的中小企业，创业板企业估值较高，以民营企业为主。
- 科创板：科技型以及创新型的中小企业，估值较高。
- 新三板：无法在上述板块上市的中小微企业，以民营企业为主。
- 区域性股权交易市场：主要为区域内的一些中小微企业提供股份转让流通的场所。

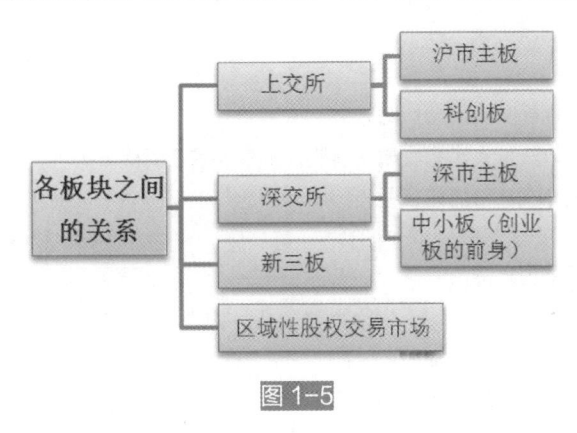

图 1-5

1.5 股票涨跌预测术语

在股市中，关于涨跌方面的专业术语有很多，常用的涨跌术语及其释义见表 1-1。

表 1-1

术语名称	释 义
多方	股民对股市前景看好，低价买进，待价而沽，这种先买后卖的人称为多方
空方	股民对股市前景看跌，先卖掉股票，等股价跌到预期程度再买入，这种先卖后买的人称为空方
利多	刺激股价上涨，对多头市场（牛市）有利的因素和消息
利空	促使股价下跌，对空头市场（熊市）有利的因素和消息
超买	股市中对股票的过度买入称为超买。出现超买情况时，股价一般处于高位，是卖出的信号
超卖	股市中对股票的过度卖出称为超卖。出现超卖情况时，股价一般处于低位，是买入的信号
涨停	证券市场中交易当天股价上涨的最高限度（如普通股票为 10%，ST 股票为 5%）称为涨停
跌停	证券交易当天股价下跌的最低限度称为跌停
洗盘	指庄家为降低拉升成本和阻力，先把股价大幅度杀低，回收散户恐慌抛售的股票，然后抬高股价乘机获取价差利益的行为
崩盘	证券市场上由于某种利空原因，导致大量抛售，价格无限度下跌的现象

续表

术语名称	释义
盘整	通常指价格变动幅度较小，比较稳定，最高价与最低价相差不大的行情
阴跌	指股价进一步退两步，缓慢下滑的情况，如阴雨连绵，长期不止
突破	股价冲过关卡或上升趋势线
跌破	股价跌到压力关卡或上升趋势线以下
头部	股价长期趋势线的最高部分
底部	股价长期趋势线的最低部分
探底	寻找股价最低点，探底成功后股价由最低点开始翻升
反转	股价朝原来趋势的相反方向移动，分为向上反转和向下反转
回档	在股市上，股价呈不断上涨趋势，终因股价上涨速度过快而反转回跌到某一价位，这一调整现象称为回档
牛皮市	指在所考察交易日里，证券价格上升或下降的幅度很小，价格变化不大，市价像被钉住了似的，如牛皮之坚韧
断路器	当股票价格下跌达到一定幅度时，证券及商品交易所采取的暂停股票和股指期货交易的措施
庄家	是指在证券市场中，通过大量资金或持股优势，能够影响甚至操纵某只股票价格走势的机构或个人
大户	就是大额投资人，例如财团、信托公司以及其他拥有庞大资金的集团或个人
拉抬	拉抬是指用非常规方法，将股价大幅度抬起。通常大户在拉抬之后便大量抛出股票以牟取暴利
打压	打压是指用非常规方法，将股价大幅度压低。通常大户在打压之后便大量买进股票以牟取暴利
斩仓（割肉）	指高价买进股票后，大势下跌，为避免继续损失，低价赔本卖出股票
套牢	指预期股价上涨，不料买进后，股价一路下跌；或是预期股价下跌，卖出股票后，股价却一路上涨。前者称多头套牢，后者是空头套牢

1.6 与股权相关的术语

对于一些股票，除了通过买入卖出的差价取得收益，公司还会通过分红、配股等方式来回馈投资者。常见的与股权相关的术语见表1-2。

股权（息）登记日是在上市公司分派股利或进行配股时规定的一个日期，在此日期收盘前持有股票的股东将享有分红或配股的权利，这些股票被称为"含权股票"或"含息股票"。

表 1-2

术语名称	释 义
分红	分红是指上市公司对公司经营获得的盈余公积和应付利润采取现金分红或派息、发放红股等方式回馈股东的行为
配股	配股是指向股东按其持股比例，以低于市价的特定价格配售一定数量股票的融资行为
除权	除权是由于企业股本增加，每股股票所代表的企业实际价值（每股净资产）有所减少，需要在发生该事实之后从股票市场价格中剔除这部分因素，而形成的剔除行为。除权价分为送股除权价和配股除权价，计算方式为 送股除权价 = 股权登记日收盘价 ÷（1+ 送股比例） 配股除权价 =（股权登记日收盘价 + 配股价 × 配股比例）÷（1+ 配股比例） 有分红、派息、配股的除权价计算方式为 除权价 =（收盘价 + 配股比例 × 配股价 − 每股所派现金）÷（1+ 送股比例 + 配股比例）
除息	除息（XD），是除去（Exclude）股息（Dividend）的简写。股票发行企业在发放股息或红利时，需要事先进行核对股东名册、召开股东大会等多种准备工作，于是规范以某日在册股东名单为准，并公告在此日以后一段时期为停止股东过户期。停止股东过户期内，股息红利仍发给登记在册的旧股东，新买进股票的持有者因没有过户而不能享有领取股息或红利的权利，这就称为除息。同时股票买卖价格就应扣除这段时期内应发放股息或红利数，这就是除息交易 除息价 = 股息登记日的收盘价 − 每股所分红利现金额 除权价、除息价均由交易所在除权日当天公布
除权/除息日	股权登记日后的下一个交易日就是除权日或除息日，这一天或以后购入该公司股票的股东，不再享有该公司此次分红配股
填权	在除权/除息后的一段时间里，如果多数人对该股看好，该只股票交易市价高于除权（除息）基准价，即股价比除权/除息前有所上涨，这种行情称为填权
贴权	在除权/除息后的一段时间里，如果多数人不看好该股，交易市价低于除权（除息）基准价，即股价比除权/除息前有所下降，则这种行情称为贴权

1.7 与盘口相关的术语

盘口语言是指通过分析买卖委托和成交单子的数据来解读盘面动向的方法。与盘口相关的术语见表 1-3。

表 1-3

术语名称	释 义
集合竞价	集合竞价是指在每个交易日的 9:15—9:25，由投资者按照自己所能接受的心理价格自由地进行买卖申报，交易系统对全部有效委托进行一次集中撮合处理的过程。如果在集合竞价时间内的有效委托单未成交，则自动有效进入 9:30 开始的连续竞价。集合竞价不按照时间优先和价格优先的原则交易，而是按最大成交量的原则来定出股票的价位
连续竞价	连续竞价是指对买卖申报逐笔连续撮合的竞价方式，其成交规则是时间优先，价格优先，连续竞价的时间是 9:30—11:30、13:00—14:57。14:57—15:00 这三分钟叫作尾盘集合竞价

续表

术语名称	释 义
开盘价	开盘价是指每个交易日的第一笔成交价格,这是传统的开盘价的定义。国内市场采用集合竞价的方式产生开盘价
收盘价	收盘价是指每个交易日的最后一笔成交价格。因为收盘价是当日行情的标准,又是下一个交易日开盘价的依据,可据以预测未来证券市场的行情,所以投资者对行情进行分析时,一般采用收盘价作为计算依据
开高	今日开盘价在昨日收盘价之上
开平	今日开盘价与昨日收盘价持平
开低	今日开盘价在昨日收盘价之下
委买	就是盘口下买1、买2、买3、买4、买5,5档买盘
委卖	就是盘口下卖1、卖2、卖3、卖4、卖5,5档卖盘
委比	委比在股票名称和代码下面,是衡量某一段时间内买卖盘相对强弱的一种指标,其计算公式如下: 委比 =(委买手数 − 委卖手数)÷(委买手数 + 委卖手数)× 100%
委差	委差就是委买与委卖之间的差值。委差为正,股价上涨的可能性就大;反之,股价下跌的可能性就大
盘坚	盘坚指股价缓慢上涨
盘软	盘软指股价缓慢下跌
盘档	盘档是指投资者不积极买卖,多采取观望态度,使当天股价的变动幅度很小的情况
停牌	股票由于某些消息或进行某种活动引起股价的连续上涨或下跌,由证券交易所暂停其在股票市场上进行交易
涨幅	涨幅是指现在的最新股价与前一天收盘价相比,涨跌幅度的百分数
振幅	振幅是指当天开盘以来最高价格和最低价格之差与最低价格的百分比,其计算公式如下: 振幅 =(最高价格 − 最低价格)÷ 最低价格 × 100%
均价	均价是指当天开盘以来买卖双方成交的平均价格,其计算公式如下: 均价 = 成交总额 ÷ 成交量
总手	总手指当天开盘以来成交的总股数。 在A股市场上,科创板股票1手为200股,其他板块的个股1手为100股。投资者在买入个股时,必须是1手的整数倍(科创板除外);卖出时,则可以不是1手的整数倍
量比	量比是指当天开盘以后每分钟平均成交量与过去5个交易日每分钟平均成交量之比,其计算公式如下: 量比 = 现成交总手 ÷[过去5个交易日每分钟平均成交量 × 开盘以来累计开盘时间(分钟)] 量比在 0.5 ~ 1 为正常,在 1.5 以上为温和放量,在 3 以上为明显放量,在 5 以上为剧烈放量

续表

术语名称	释　义
换手率	换手率是指当天开盘以来股票转手买卖的频率，它可以反映股票的流通性强弱，其计算公式如下： 换手率＝开盘以来的成交量÷可流通总股数×100% 换手率越高，意味着交易越活跃，买卖意愿越高。如果股价在底部突然换手率上升，很可能股价要开始拉升；如果股价已有一大段升幅，突然换手率上升，则很可能是主力在出货
动态市盈率	动态市盈率＝总市值÷最新年化净利润 如果最新一期的净利润是1季报，那么年化净利润等于1季度的净利润×4；如果最新一期的净利润是中报，则年化净利润为中报净利润×2，以此类推
静态市盈率	静态市盈率＝总市值÷最新一期的年报的净利润 一般来说，静态市盈率越高，说明股票有被高估的风险，静态市盈率低的股票可能具有潜在投资价值
市净率	市净率指的是每股股价与每股净资产的比率，它更适合评估实物资产占比较大的公司
内盘	内盘是指股票在买入价成交，成交价为申买价。也就是主动性卖盘，卖方主动以低于或等于当前买1、买2、买3等价格下单卖出股票时成交的数量，用绿色显示
外盘	外盘是指股票的买家以卖家的卖出价而买入成交，成交价为申卖价。也就是主动性买盘，买方主动以高于或等于当前卖1、卖2、卖3等价格下单买入股票时成交的数量，用红色显示

1.8 新股民学堂——炒股常见的风险

股票市场充满不确定性和风险，股市的风险大致可以分为两大类，即系统性风险和非系统性风险。

1.8.1 系统性风险

由一些宏观因素而导致的风险称为系统性风险。常见的系统性风险有政策风险、利率风险、外汇风险、通货膨胀风险和购买力风险等。

1. 政策风险

相关的政策法规的出台或调整，往往会直接影响对应行业乃至整体市场的发展，由此而导致市场波动，给投资者带来风险，如财政政策的变化。

2. 利率（外汇）风险

利率会依经济环境、市场供求状况等进行调整，市场价格也随之变化。例如，当利率上调时，股票的相对投资价值将会下降，从而导致整体股价下滑。

3. 通货膨胀（购买力）风险

通货膨胀使得资金贬值，从而导致购买力下降。当通货膨胀超过一定比例时，由于未来的投资回报在通货膨胀的影响下可能大幅缩水，即投资的实际收益下降，将可能给投资人带来损失。

> 对于投资者来说，系统性风险是无法通过投资操作来进行规避的。当出现系统性风险时，投资者能做的就是理性且谨慎地参与市场，提前预测和防范，及时调整自己的投资策略。

1.8.2 非系统性风险

非系统性风险是某些因素的变化导致单只或几只股票、期货、外汇品种以及其他金融衍生品下跌，从而给投资者带来损失的风险。常见的非系统性风险有经营风险、财务风险、信用风险以及操作风险等。

1. 经营风险

经营风险是公司的决策人或管理人在经营过程中出现失误而导致公司盈利水平的变化，从而使投资者预期收益下降的可能性。

2. 财务风险

形成财务风险的主要因素有负债比率、资产与负债的期限错配、债务结构等。一般来说，公司的负债比率越高，债务结构越不合理，其财务风险就越大。

3. 信用风险

信用风险是由信用活动的不确定性而使本金和收益遭受损失的风险。信用风险的一个显著特征就是在任何情况下都不可能产生额外收益，风险的后果只能是损失。

4. 操作风险

操作风险是由不完善或者有问题的内部操作过程、人员、系统或外部事件而导致的直接或者间接损失的风险。

> 对于非系统性风险，投资者应多学习证券知识，多了解、分析和研究宏观经济形势及上市公司经营状况，增强风险防范意识，掌握风险防范技巧，提高抵御风险的能力。

第 2 章

开启财富之门——股票账户轻松开设

金融事务中,首要的是资金安全性。——沃伦·巴菲特

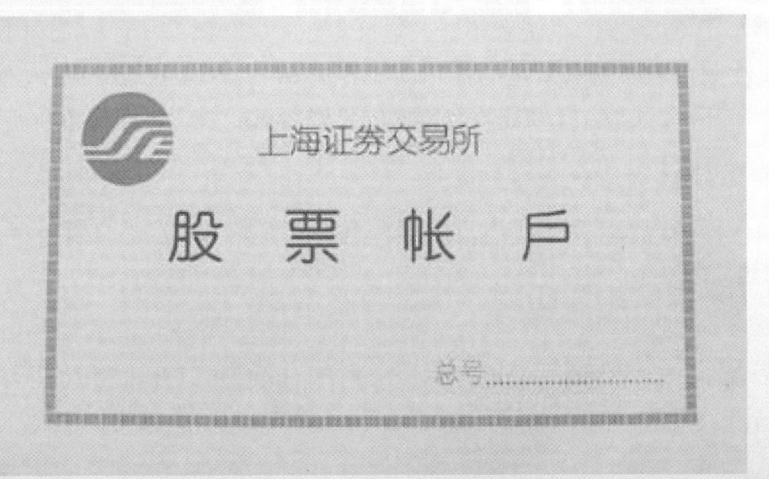

开设自己的股票买卖账户是进入股市的必要步骤,所有买卖操作都是直接从相应的账户中进行。开好股票账户后,就可以买卖股票了,其操作简单来说就是"委托"和"交割"。本章详细介绍如何开设股票账户,包括选择证券公司、准备开户材料、填写开户申请表等。

2.1 炒股前的准备工作——开户

新股民要做的第一件事就是为自己开立一个股票账户（即股东卡），投资者只有开立了股票账户才可进行证券买卖。

股票开户一般有两种方式，一种是线下开户，另一种是线上开户。

2.1.1 开户条件

开户对投资者的年龄、身份以及开户数量是有限制的，具体限制如下。

1. 年龄限制

年龄小于16周岁的投资者不能开通证券账户；年龄在16～17周岁的投资者，需要提供相关证明才能去营业部开户；年龄在18～69周岁的投资者，可通过手机和网络申请开户；年龄在70周岁及以上的投资者只能去营业部现场办理开户。

2. 身份限制

只有境内机构、组织或个人可以投资A股，也就是说，只有境内投资者才可以开通A股账户。

3. 数量限制

投资者在一个证券公司只能开设一个账户，最多可以开设三个不同的证券公司账户。

2.1.2 A股线下开户流程

股票买卖的账户包括证券账户和资金账户两种，简单来说，炒股开户流程就是：先开立证券账户，再开立与之关联的资金账户，然后选择一家证券公司办理指定交易。

> 个人开户所需资料：①本人有效身份证件；②存有用于交易资金的银行卡。另外，还需要手续费（证券公司的佣金，开户是免费的）。
> 一张身份证可以开立多个证券账户。

A股的开户流程如图2-1所示。

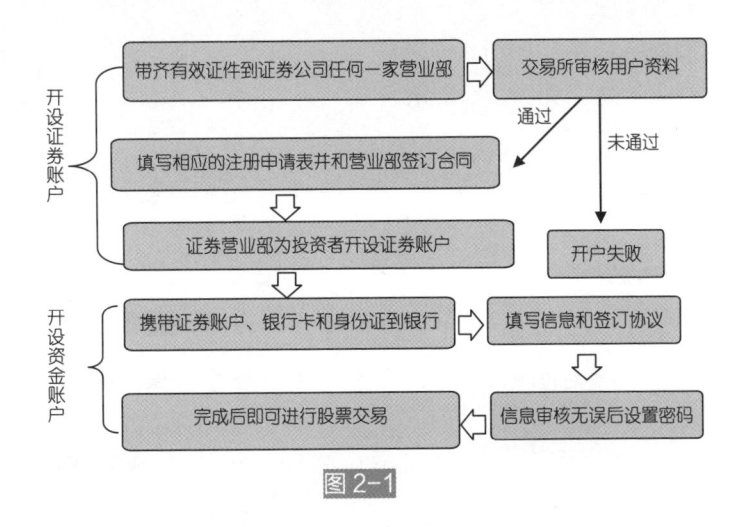

```
开          ┌─────────────────────────────┐      ┌─────────────────┐
设          │ 带齐有效证件到证券公司任何一家营业部 │─────▶│ 交易所审核用户资料 │
证          └─────────────────────────────┘      └─────────────────┘
券                        │                         通过 │    │ 未通过
账                        ▼                              │    ▼
户          ┌─────────────────────────────┐              │  ┌─────────┐
            │ 填写相应的注册申请表并与营业部签订合同 │              │  │ 开户失败 │
            └─────────────────────────────┘              │  └─────────┘
                          │                              │
                          ▼                              │
            ┌─────────────────────────────┐              │
            │ 证券营业部为投资者开设证券账户 │◀─────────────┘
            └─────────────────────────────┘

开          ┌─────────────────────────────┐      ┌─────────────────┐
设          │ 携带证券账户、银行卡和身份证到银行 │─────▶│ 填写信息和签订协议 │
资          └─────────────────────────────┘      └─────────────────┘
金                                                         │
账                                                         ▼
户          ┌─────────────────────────────┐      ┌─────────────────────┐
            │   完成后即可进行股票交易    │◀─────│ 信息审核无误后设置密码 │
            └─────────────────────────────┘      └─────────────────────┘
```

图 2-1

2.1.3　A股线上开户流程

线上开户时应先选择一家券商公司的官网或者合作App（例如，大智慧），按照系统提示上传有效身份证件和银行卡号，再填写一些开户需要的其他信息，相关步骤完成之后，等待系统审核即可。系统一般会通过短信的形式通知结果，成功之后就可以开始股票交易了。

下面以大智慧为例，具体介绍A股线上开户的操作步骤。

❶ 登录大智慧App软件，点击【开户】选项，选择证券公司，点击其右侧的【开户】按钮，如图 2-2 所示。

❷ 打开【闪速开户】界面，输入手机号码以及验证码，如图 2-3 所示。

图 2-2　　　　　　　图 2-3

❸ 上传身份证信息，如图 2-4 所示。

❹ 完善个人信息，如图 2-5 所示。

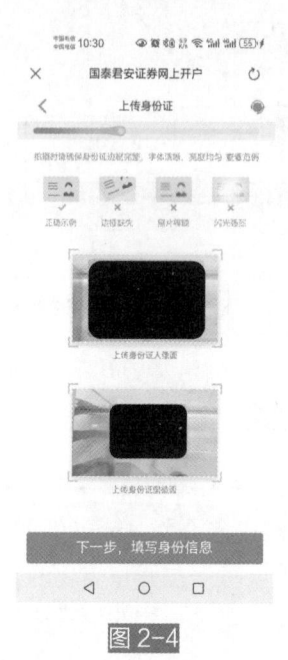

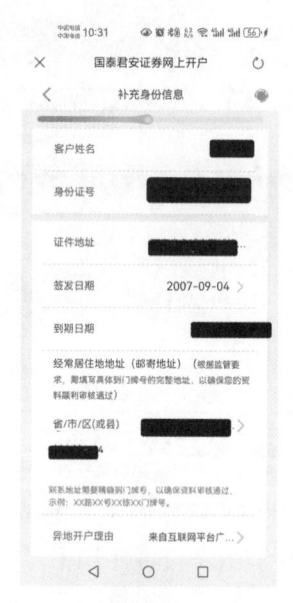

图 2-4

图 2-5

❺ 进行风险测评，如图 2-6 所示。

❻ 选择账户类型，点击【确认开通】按钮，后续按提示操作即可，如图 2-7 所示。

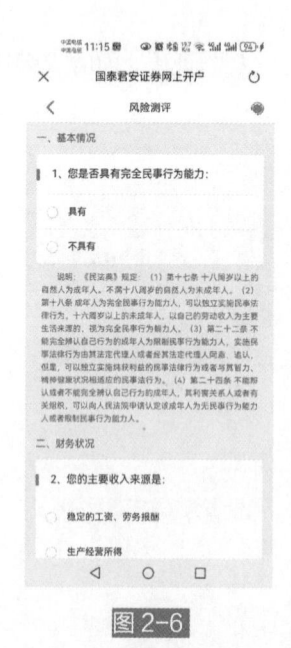

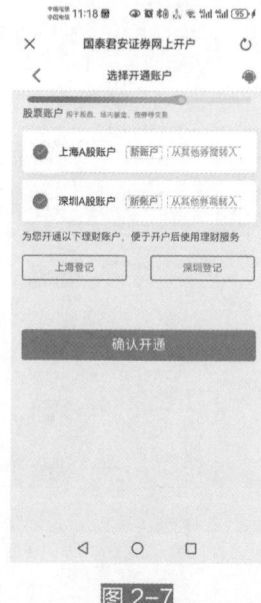

图 2-6

图 2-7

> 线上开户比线下开户审核时间要久一些。另外，绑定的银行卡一定不能有贷款功能，且最好是没有与其他证券公司绑定。同时银行卡应为一类卡，以方便转账。

2.2 券商的主要业务以及如何选择券商

券商就是证券公司，是投资者和证券交易所之间的中间商。因为投资者不能直接进入证券交易所进行股票交易，所以上交所和深交所就找了证券公司作为代理商。

2.2.1 券商的主要业务

券商的主要业务有经纪业务、投资咨询业务、承销业务、财务顾问业务、资产管理业务、融资融券业务以及自营业务等。

1. 经纪业务

证券经纪业务指证券公司在二级市场上接受客户委托来代客户买卖证券，它能使证券二级市场的证券交易变得更加高效，对投资者而言也更加便捷。

2. 投资咨询业务

证券公司可以为投资者提供投资资讯、证券投资分析、建议等直接或间接、有偿或无偿的咨询服务。

3. 承销业务

承销业务指在一级市场上证券公司代理证券的发行人来发行证券，承销业务主要采取代销或包销的方式。

4. 财务顾问业务

证券公司可以根据客户的需求，利用证券公司的资源为客户相关活动提供支持。服务的对象以企业为主，主要针对公司的并购、项目融资等企业活动。

5. 资产管理业务

证券公司能为客户提供有关证券、风控等其他金融产品的管理服务。证券公司通过和客户签订资产管理合同，按照合同约定的相关条件为客户提供资产管理服务，以期实现资产收益。

6. 融资融券业务

融资融券业务指证券公司借给客户资金来供其买入证券或将证券出具给客户供其卖出。在相关交易中，借证券公司的资金买入证券的行为是融资交易，借证券公司的证券卖出获取资金的行为是融券交易。

7. 自营业务

证券自营业务指证券公司可以使用自有资金来投资买卖证券以期实现获利。由于证券公司在证券市场中的特殊性，自营业务会受到严格的监察管理。

8. 其他业务

证券公司还有经营有价证券的代保管和鉴定、代为发放股息红利、接受委托办理证券的登记过户等证券法规定核准的其他业务。

2.2.2 如何选择券商

开户后的一切服务都由券商提供，因此选择一家适合自己的券商非常重要。这里提供几条选择券商的原则。

1. 综合实力

综合实力强的证券公司的硬件设施、网络设施、交易软件等都会更加稳定，交易更加流畅，不会出现堵单、漏单的现象。此外，综合实力强的证券公司的研究团队要更强，获取及分析信息的能力更好，投资者在接受投资建议时会有更多的优势。最后，综合实力强的证券公司积累了一定的客户，会更加注重客户的维护，提高客户服务质量。

综合实力强的券商往往会优先获得试点政策的支持。

2. 业务全面

考虑到证券商品的多元化，那么所选的券商是否具备开展新业务的能力就显得很重要，比如，是否有融资融券、股票质押式回购、国债逆回购等能力。

3. 资讯服务

股市瞬息万变，及时的信息直接关系到投资者能否赚钱，因此，能否为客户提供及时的信息服务，是一家证券公司资讯服务的重要体现。能否每天提供重要信息，包括股票推荐、大盘分析等，都是需要考虑的因素。

4. 增值服务

增值服务是证券公司提供的一些收费或免费的服务，如为客户定制相关股市信息或技术培训等。

5. 看客户经理的素质

开通账户后，在炒股时接触最多的就是自己的客户经理，一个好的客户经理可以想你所想，在办理业务时为你省去很多不必要的麻烦。

6. 交易方式

证券公司提供的交易方式有营业大厅柜台交易、电话委托交易、网上交易、手机交易等多种形式。证券公司提供的交易形式越多，客户在炒股过程中的操作越方便。

7. 交易成本

在股票交易过程中，会产生佣金、印花税、过户费等费用，有的证券公司撤单也要收费，因此，选择一家收费合理的证券公司可以节约不少费用，尤其对交易额较大的客户。

2.3 股票买卖

选好券商、开好户后，接下来就进入最重要的股票买卖环节了。与传统的一手交钱、一手交货的买卖方式相比，股票买卖程序略显复杂，简单地说，炒股就是开户、委托、交割"三部曲"。

开户前面已经介绍过了，接下来介绍委托和交割。

2.3.1 委托

投资者决定买卖股票时，要向证券经纪商发出委托指令，内容包括证券名称、代码、买入或卖出的数量、买卖价格。证券公司接受委托后，将委托指令传送到证券交易所的电脑里进行自动撮合。

1. 委托方式

目前，委托有限价委托和市价委托两种方式。限价委托的成交价格由投资者事先指定，只有当股票价格达到或低于限定价格时才会成交。市价委托的成交价格则取决于市场实际价格，可能与投资者预期的价格有一定的偏差。

两种委托方式不存在优劣，但从两者的定义上不难发现，市价委托成交速度更快，成交保证更高。

当市场较为稳定且投资者对交易价格有明确预期时，可以选择限价委托；而当市场波动较大且投资者对交易速度要求较高时，则市价委托是更优的选择。

2. 委托途径

下单委托，可以根据证券商所提供的设备条件，采用以下手段和途径进行委托。

委托途径	**网上委托**：和开户所在的营业部签订网上交易合同后，到所在证券公司网站下载炒股软件，在交易软件上输入股东号码，设置账户密码，即可登录委托。网上交易方便且迅速。
	电话委托：按券商委托交易用的电话，根据指令进行操作即可。
	金融IC卡委托：在营业部交易终端，用资金账户卡刷卡委托。
	电脑终端自动委托和热线电话委托：大户在证券营业部大户室中使用。

> 在成交之前，投资者随时可以撤销委托，一旦成交则不能反悔。

2.3.2 交割

股票交割，是指买卖股票成交后，买方付出现金取得股票、卖方交出股票取得现金的手续。股票买卖过程包括买卖协议的成立和买卖协议的履行两个阶段，前者通常称为交易，后者则称为交割。

> 券商违背交割义务时，证券交易所可在交割当日收盘前指定其他券商代为卖出或买进。价格上发生的差额以及经纪人佣金等费用，由违背交割义务的券商担负。若交割日收盘前无法了结交易，则应由证券交易所从证券商中选定3～5人为评价人，评定该证券的价格，作为清算的依据。

交割方式一般有当日交割、次日交割、例行交割、选择交割和发行日交割几种。

➢ **当日交割**：又称T+0交割，即买卖双方在成交当天完成付款交割手续，这种方式可以使买卖双方较快地得到股票或现金。
　　在T+0交割方式下，投资者买进股票后，可以马上卖出；卖出股票后，可以马上买进。

➢ **次日交割**：也称T+1交割，即在成交后的下一个营业日才能办理成交的交割手续，如逢法定假日，则顺延一天。

➢ **例行交割**：即自成交日起算，在第五个营业日内办完交割事宜，这是标准的交割方式。一般地，如果买卖双方在成交时未说明交割方式，则默认为例行交割。

➢ **选择交割**：即买卖双方自主选择交割日期，其期限为成交后5～60天，买卖双方必须订立书面契约，这种交割方式通常在场外交易中使用。

➢ **发行日交割**：这种交割方式适用于新股发行。

> 我国实行的是股票T+1，资金T+0的交割制度，即当日买进的股票，最快也要到下一个交易日才能卖出，而对于卖出股票，当日就可以回笼资金，且马上可以使用。

2.3.3 股票交易的成本

股票交易成本是指投资者在委托买卖证券时支付的各种税收和费用的总和，通常包括佣金、印花税、过户费和其他杂费。

- 佣金：买股票和卖股票都要交费。根据监管规定，券商股票交易佣金最高为成交金额的千分之三，每笔交易佣金最低5元。目前，大部分券商针对个人客户的佣金通常在万分之二到万分之三。
- 印花税：印花税是国家收取的，由证券公司代扣。印花税单向收取，即投资者在卖出股票时按照成交额的万分之五收取，买入时不收取。
- 过户费：过户费是按成交金额的十万分之一的标准双向收取，即投资者在买入股票时收取一次，在卖出股票时再收取一次。
- 其他杂费：其他杂费包括证券监管费和证券交易经手费，两者合计大约是成交额的十万分之二。

> 财政部国税总局公告2023年第39号：自2023年8月28日起，证券交易印花税实施减半征收，即由原来的千分之一改为万分之五。

案例：投资者在股价12元的时候买入1000股，在股价18元的时候，全部卖出，其佣金费率为万分之三，其他杂费率为十万分之二，则投资者交易该股票所产生的费用如下：

佣金 =（12+18）×1000×3/10000=9（元）。
印花税 =18×1000×5/10000=9（元）。
过户费 =（12+18）×1000×1/100000=0.3（元）。
其他杂费 =（12+18）×1000×2/100000=0.6（元）。
总费用 = 佣金 + 印花税 + 过户费 + 其他杂费 =18.9元。

2.4 转户与销户

由于工作或生活城市发生改变，或出于服务、佣金等考虑，投资者通常需要将股票账户转户或销户。

2.4.1 转户

转户是指将股票所有权从一个账户转移到另一个账户的交易活动。

1. 营业厅转户

❶ 本人带身份证、股东卡、银行卡、开户协议到原营业部柜台填写股票转托管交易表格。投资者也可以在证券公司的官网上下载相应的申请表格,并按照要求填写。

❷ 按照原证券公司的规定提交转托管申请,并获取转托管单。从转入的证券公司获取席位号,并告知原证券公司以办理深圳股票转托管。

❸ 本人带身份证、股东卡、银行卡到转入的证券公司办理开户手续。

❹ 带身份证、银行卡和相关协议到银行办理第三方存管业务,具体所需文件和流程请咨询相关银行。

投资者在进行股票转户时需要注意以下事项。

转户注意事项	确保当天没有交易、申购新股和配股,否则,将不能进行转户操作。
	办理证券账户转户,最好在股票交易时间内。在股票交易时间之外,可能会关闭转户系统,无法进行转户操作。
	银行办理第三方存管业务时间在交易日的 9:00 — 16:00。
	在转户前,务必将账户内的闲置资金转移到银行卡中,以避免资金损失。

2. 网上转户

除了到营业厅办理股票转户,也可以通过证券公司的官方网站进行网上办理,具体步骤如下。

❶ 登录证券公司官方网站,在网站首页找到"转户"或"转账"等相关入口。

❷ 准备好个人身份证明文件和原有的股票、资金账户信息等必要资料。

❸ 进入转户申请系统,填写申请表格并上传身份证明文件和其他必要资料。

❹ 等待证券公司审核,通常需要 1～3 个工作日,审核通过后即可完成转户操作。

2.4.2 销户

销户可以到营业厅办理,也可以在网上办理。

1. 营业厅销户

❶ 本人带身份证、股东卡、银行卡等到开户的证券公司原营业部。

❷ 证券公司负责人审核资料、查验密码后，按照内部流程进行审批。

❸ 结清股东的资金和股份，确保所有未了结的交易已处理完毕，办理销户手续。当天进行结息、撤销沪市指定交易等。

❹ 在所有相关手续完成后，注销资金账户、股东账户，签字确认，投资者交回股东代码卡。具体注销时间请根据证券公司的规定。

2. 网上销户

网上销户非常简单，登录证券公司交易软件，点击【业务办理】选项，在【业务办理】界面中，点击【销户】选项，填写相关资料并按提示完成后续流程即可销户。

> 在进行销户前，需要确保股票账户内已经没有持仓或者已经全部卖出；同时确保资金账户内没有任何未结算的交易。
> 销户一定要在开市时间办理，在节假日时不能办理销户操作。
> 销户后，投资者的资料在证券公司还将保留三年。

其实，不销户，保管好账户密码即可，对投资者没有太大影响，不会威胁到投资者的资金安全，特别是对于那些低佣金的证券账户，不炒股了，可以留着，在今后想炒股的时候，又可以登录账户，接着买卖股票。

2.5 新股民学堂——创业板如何开户

投资者要开立创业板账户，需携带自己的身份证和股东卡，先确认股龄并评估风险承受能力，阅读风险提示书，然后就可以签署交易协议书了。如果申请人在股市投资经验不足两年，还需抄写一份声明，内容大致为："本人确认已阅读并理解创业板市场相关规则和上述风险提示书的内容，具有相应的风险承受能力，自愿承担参与创业板市场投资的各种风险。"

账户开通的期限视投资经验不同而有所区别，如果申请者有两年以上的股市投资经验，2天后即可开通；如果申请者的投资经验不到两年，5天后才可开通。

1. 申购创业板新股的步骤

申购创业板新股的步骤如下。

❶ 申购日（T日）投资者以发行价格委托买入该创业板股票。

❷ 交易所以实际到位资金作为有效申购，由电脑系统自动进行连续配号，每1000股配一个申购号，并在当日收市后将申购配号传给各证券公司。

❸ 申购日后第二天（T+2日）：由主承销商组织摇号抽签，并于当日公布中签结果。

❹ 申购日后第二天（T+2 日）：投资者可以到参与申购的证券公司营业部查询申购是否中签，也可在本所指定信息披露网站查询公司的中签结果公告，同时可通过本所的语音查询电话查询中签情况。

2. 申购创业板新股的注意事项

（1）申报下限通常是 1000 股，认购必须是 1000 股或其整数倍；上限具体在发行公告中有规定，原则上不超过本次股票网上发行股数的千分之一。委托时不能低于下限，也不能超过上限，否则将被定为无效委托，无法申购。

（2）每个账户只能申购一次，投资者千万不要为了得到更多的配号在一个账户上多次申购，这样的话只有第一次是有效的，其余几次无效。

（3）新股申购委托一经深交所交易系统确认，不能撤单。

3. 交易规则

除上市首日交易风险控制制度外，创业板交易制度与主板保持一致，仍适用现有的交易规则，具体如下。

> 涨跌幅比例：20%。
> 交割制度：T+1。
> 连续竞价时间：9:30—11:30 和 13:00—14:57。

第 3 章

把握新机遇——北交所市场潜力探索

> 风险来自你不知道自己正在做什么。——沃伦·巴菲特

北京证券交易所有限责任公司（简称北交所）于2021年9月3日注册成立，是经国务院批准设立的我国第一家公司制证券交易所，受中国证监会监督管理。经营范围为依法为证券集中交易提供场所和设施、组织和监督证券交易以及证券市场管理服务等业务。本章将深入探索北交所市场的潜力和机遇，帮助投资者了解这个新兴市场的特点和优势。通过挖掘市场潜力，投资者将有机会把握更多的投资机会。

3.1 什么是新三板

新三板与北交所之间关系紧密，却又纷繁复杂，使得许多人对它们的关系感到似懂非懂，总体感觉颇为迷茫。接下来，我们就来详细梳理老三板、新三板及北交所的历史脉络与发展轨迹，以便读者更好地理解和把握它们之间的内在联系。

3.1.1 我国现有资本市场的等级划分

目前，我国将现有资本市场划分为四个层次，这些不同层次的市场被俗称为一板、二板、三板、四板，如图 3-1 所示。

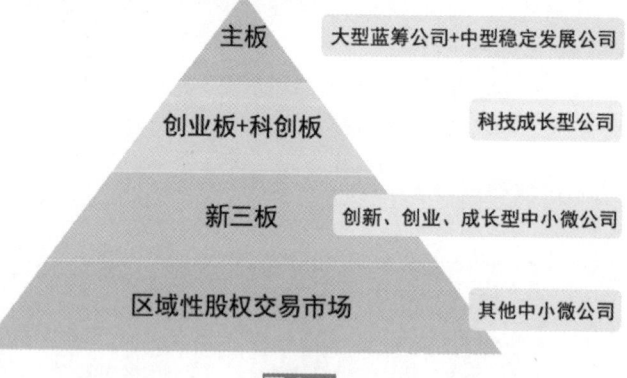

图 3-1

- 一板，即 A 股主板市场，主要由上交所和深交所的主板组成，汇聚了众多大型成熟企业。这些企业资本雄厚，盈利能力稳定，如浦发银行。
- 二板是 A 股市场更为细分的领域，涵盖了上交所的科创板与深交所的创业板。这些板块更加专注于科技创新企业以及成长型创新创业企业（如宁德时代），为它们提供了良好的融资与发展平台。
- 三板是指交易所之外的场外市场，其中又分为老三板和新三板。目前，人们提及的三板市场主要指新三板。老三板与新三板之间有着深厚的渊源，我们将在后续内容中详细探讨。
- 四板，即区域性股权交易市场，旨在为区域内的中小微企业提供股份转让流通的平台。目前，许多省市都设有这样的机构，如上海股权托管交易中心，它们为区域经济的发展注入了活力。

3.1.2 新三板的前世今生

新三板源于老三板，后者囊括了三类企业：历史遗留问题企业、主板摘牌企业以及中关村科技园区的科技企业。

1. 新三板的诞生

为了解决前两类企业的股份转让问题，2001 年，"代办股份转让系统"应运而生，这些股票便统称为"老三板"。然而，老三板股票品种稀缺且质量参差不齐，转板至主板的难度极大，故长期受到投资者的冷落。

为给中关村科技园区的高科技企业创造更好的股份流通环境，2006 年，北京中关村科技园区建立了新的"代办股份转让系统"，这标志着"新三板"的初步形成。

真正让新三板崭露头角的是 2012 年，全国中小企业股份转让系统（简称"全国股转系统"）启动，这一系统成为新三板的正式称谓。作为继上交所、深交所之后的第三家全国性证券交易场所，新三板专注于为创新型、创业型、成长型中小企业提供融资服务，为非上市股份公司的股票公开转让和发行融资提供了市场平台，因此得名"新三板"。

2. 新三板的等级划分

新三板已构建起层次分明的市场结构，包括基础层、创新层和精选层。每个层次对企业的财务健康和公众化程度均有着不同的标准，监管要求也随之逐渐加强。

在基础层表现出色的企业，有机会升级到创新层；而创新层中挂牌满一年的企业，若符合相关条件，可进一步申请进入精选层。此外，根据新三板转板制度的规定，那些在精选层满一年且满足上市条件的企业，将能够直接申请转板至科创板或创业板上市。若企业不再符合当前层级的条件，也将会面临"降层"或被调出的风险，以保持市场的活力和规范性。

3.2 北交所与新三板的关系

北交所系新三板的全资子公司。由于业内常将新三板的主管机构股转公司与新三板等同视之，因此从组织架构上看，北交所可被视为精选层的另一种称谓。

尽管北交所、创新层及基础层仍归属股转公司管理，但精选层更名为北交所不仅仅是名称上的变化，这一变革还伴随着政治和法律地位的提升。原本精选层中的企业作为未上市公众公司，在北交所挂牌后，其身份发生了根本性的转变，正式成为上市公司和公众公司。这一转变不仅提升了企业的市场地位，也为其未来的融资和发展打开了广阔的空间。

> 上交所、深交所和北交所，并称为三大交易所。

大新三板和小新三板的关系如图 3-2 所示。

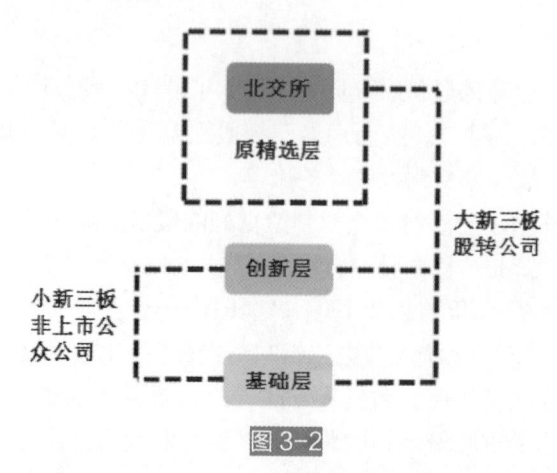

图 3-2

在制度上，北交所继承并发展了精选层的连续竞价交易制度，设定买卖申报最低数量为 100 股，并以 1 股为单位递增。上市首日新股不受涨跌幅限制，次日起设定 30% 的涨跌幅限制，这既保障了市场的活力，又维护了交易的稳定性。

对于投资者而言，北交所采用权益自动平移政策，先前已开通精选层交易权限的投资者，可直接在北交所进行交易。同时，北交所坚持与新三板创新层、基础层的协同发展，投资者在拥有新三板相关交易权限的同时，也将自然拥有北交所股票的交易权限。

北交所的成立，标志着中小企业，特别是那些专注于创新研发、具备独特优势的"专精特新"企业，迎来了前所未有的发展机遇。这一新平台将为这些企业提供更广阔的融资渠道，助力它们快速成长。

3.3 北交所的开户条件及流程

2021 年 9 月 17 日，北交所官网发布《北京证券交易所投资者适当性管理办法（试行）》，明确了个人投资者参与北交所市场股票交易需要满足的条件，对机构投资者则不设资金准入门槛。

北交所开户条件及具体流程如下。

1. 开户条件

1）资产要求

投资者申请开通北交所交易权限前 20 个交易日，其证券账户和资金账户内的资产日均值不低于 50 万元人民币。请注意，这里的资产不包括通过融资融券融入的资金和证券。

2）交易经验

个人投资者需要具备 2 年以上的证券交易经验。这里的证券交易经验包含买卖股票或者 ETF（交易型开放式指数基金）等。

3）知识测评与风险评估

北交所权限开通知识测评分数需达到 70 分及以上，风险承受能力适配 C4 及以上。

> 测评得分 <20，为 C1 保守型；
> 20 ≤ 测评得分 ≤ 36，为 C2 谨慎型；
> 37 ≤ 测评得分 ≤ 53，为 C3 稳健型；
> 54 ≤ 测评得分 ≤ 82，为 C4 积极型；
> 测评得分 ≥ 83，为 C5 激进型。

4）身份与年龄限制

年满 18 周岁的中国公民可以自行办理开户业务。

自 2023 年 9 月 1 日起已开立科创板权限的个人投资者（未开通新三板权限），参与北交所股票交易，无须资产、交易经验及知识测评要求，仅需满足：①核验已开通科创板权限；②风险承受能力适配 C4 及以上（强匹配）；③签署新版风险揭示书。

2. 开户流程

投资者开户前先要把开户所需的基本材料准备齐全，具体包括身份证（有效期内）、银行卡、个人电话号码等。除此之外，可能还需根据券商要求提供其他证明材料，在办理开户前，最好向开户券商确认清楚。

开户的具体流程如下。

1）预约开通

有股票账户且满足北交所开户条件的投资者，向个人股票账户所在的证券公司预约开通北交所权限。

2）填写问卷

预约成功后，选择证券账户并填写问卷，以检验准入门槛及适当性匹配要求。

3）提交申请

完成测试、签署风险揭示书、风险告知及适当性匹配结果确认书等电子协议后，提交权限开通申请。

4）等待审核

等待审核通过后即可开通北交所交易权限，待北交所开市后可直接交易。

3.4 北交所上市退市机制与交易规则

北交所的上市退市机制与交易规则，构成了其健康运作的核心体系。机制筛选优质企业，规则保障市场公平透明，共同维护市场秩序与投资者权益。接下来，我们将深入探讨这两项重要机制，助力投资者把握市场脉搏。

3.4.1 北交所的上市要求

北交所对上市公司的要求主要有公司资产、发行对象人数、股东人数、市值、财务、表决权以及股权变动管理等方面。

1. 上市公司的基本要求

（1）符合中国证监会规定的发行条件。

（2）在全国股转系统连续挂牌满 12 个月的创新层公司。

（3）最近一年期末净资产不低于 5000 万元。

（4）向不特定合格投资者公开发行的股份不少于 100 万股，发行对象不少于 200 人。

（5）公开发行后，公司股本总额不少于 3000 万元。

（6）公开发行后，公司股东人数不少于 200 人，公众股东持股比例不低于公司股本总额的 25%；公司股本总额超过 4 亿元的，公众股东持股比例不低于公司股本总额的 10%。

2. 市值及财务指标要求

（1）预计市值不低于 2 亿元，最近两年净利润均不低于 1500 万元且加权平均净资产收益率平均不低于 8%，或者最近一年净利润不低于 2500 万元且加权平均净资产收益率不低于 8%。

（2）预计市值不低于 4 亿元，最近两年营业收入平均不低于 1 亿元，且最近一年营业收入增长率不低于 30%，最近一年经营活动产生的现金流量净额为正。

（3）预计市值不低于 8 亿元，最近一年营业收入不低于 2 亿元，最近两年研发投入合计占最近两年营业收入合计比例不低于 8%。

（4）预计市值不低于 15 亿元，最近两年研发投入合计不低于 5000 万元。

> 以上四条指标符合一条即可。

3. 股份变动管理

1）限售期的规定

上市公司控股股东、实际控制人及其亲属，以及上市的直接持有 10% 以上股份的股东或虽未直接持有但可实际支配 10% 以上股份表决权的相关主体，自公开发行并上市之日起 12 个月内不得转让或委托他人代为管理。

2）上市公司高管股份转让限制

上市公司董事、监事、高级管理人员持有的本公司股份，自上市之日起 12 个月内不得转让，在任职期间每年转让的股份不得超过其所持本公司股份总数的 25%，离职后 6 个月内不得转让。

3）高管个人信息及股份报备要求

上市公司董事、监事、高级管理人员应当按照北交所规定的时间、方式报备个人信息和持有本公司股份的情况。其所持有的规定期间不得转让的股份，应当按照北交所相关规定办理限售。

4）战略配售股份转让限制

发行人高级管理人员、核心员工通过专项资产计划、员工持股计划等参与战略配售取得的股份，自公开发行并上市之日起 12 个月内不得转让或委托他人代为管理。其他投资者参与战略配售取得的股份，自公开发行并上市之日起 6 个月内不得转让或委托他人代为管理。

5）未盈利公司股东的股份减持限制

公司上市时未盈利的，在实现盈利前，控股股东、实际控制人、董事、监事、高级管理人员自公司股票上市之日起 2 个完整会计年度内，不得减持公开发行并上市前股份；公司实现盈利后，可以自当年年度报告披露后次日起减持公开发行并上市前股份，但应遵守相关规定。

4. 表决权差异安排

（1）存在特别表决权股份的上市公司，应当规范履行持续信息披露义务，完善公司治理，保护投资者合法权益。

上市前不具有表决权差异安排的公司，不得在上市后以任何方式设置此类安排。

（2）特别表决权股东可以申请将特别表决权股份按照 1∶1 的比例转换为普通股。

（3）上市公司应当保证普通表决权比例不低于 10%。

（4）存在特别表决权股份的上市公司应当在年度报告、中期报告中披露表决权差异安排的运行情况、特别表决权股份的变动情况以及投资者保护措施的落实情况等。

3.4.2 北交所的强制退市机制

和沪交所、深交所基本一致，北交所有交易类强制退市、财务类强制退市、规范类强制退市和重大违法类强制退市等四类情形。

1. 交易类强制退市

连续 60 个交易日出现下列情形之一的，将被决定强制退市。

（1）每日收盘价均低于每股面值。

（2）股东人数均少于 200 人。

（3）按照北京证券交易所股票上市规则（试行）第 2.1.3 条第一款第四项规定上市的公司，股票交易市值均低于 3 亿元。

（4）北交所认定的其他情形。

2. 财务类强制退市

上市公司出现下列情形之一的，北交所对其股票实施退市风险警示。

（1）最近一个会计年度经审计的净利润为负值且营业收入低于 5000 万元，或追溯重述后最近一个会计年度净利润为负值且营业收入低于 5000 万元。

（2）最近一个会计年度经审计的期末净资产为负值，或追溯重述后最近一个会计年度期末净资产为负值。

（3）最近一个会计年度的财务会计报告被出具无法表示意见或否定意见的审计报告。

（4）中国证监会及其派出机构行政处罚决定书表明公司已披露的最近一个会计年度经审计的年度报告存在虚假记载、误导性陈述或者重大遗漏，导致该年度相关财务指标实际已触及第一、二项情形的。

（5）北交所认定的其他情形。

3. 规范类强制退市

上市公司出现下列情形之一的，北交所对其股票实施退市风险警示。

（1）未在法定期限内披露年度报告或者中期报告，且在公司股票停牌 3 个月内仍未披露。

（2）半数以上董事无法保证公司所披露年度报告或中期报告的真实性、准确性和完整性，且未在法定期限内改正，此后股票停牌 3 个月内仍未改正。

（3）财务会计报告存在重大会计差错或者虚假记载，被中国证监会及其派出机构责令改正，但公司未在要求期限内改正，且在公司股票停牌 3 个月内仍未改正。

（4）信息披露或者规范运作等方面存在重大缺陷，被北交所限期改正但公司未在规定期限内改正，且公司在股票停牌 3 个月内仍未改正。

（5）公司股本总额或公众股东持股比例发生变化，导致连续 60 个交易日不再具备上市条件，且公司在股票停牌 3 个月内仍未解决。

（6）公司可能被依法强制解散。

（7）法院依法受理公司重整、和解或破产清算申请。

（8）北交所认定的其他情形。

4. 重大违法类强制退市

（1）涉及国家安全、公共安全、生态安全、生产安全和公众健康安全等领域的重大违法行为被追究法律责任，导致上市公司或其主要子公司依法被吊销营业执照、责令关闭或者被撤销，依法被吊销主营业务生产经营许可证，或存在丧失继续生产经营法律资格的其他情形。

（2）上市公司公开发行并上市，申请或者披露文件存在虚假记载、误导性陈述或重大遗漏，被中国证监会及其派出机构依据证券法第一百八十一条作出行政处罚决定，或者被人民法院依据刑法第一百六十一条作出有罪生效判决。

（3）上市公司发行股份购买资产并构成重组上市，申请或者披露文件存在虚假记载、误导性陈述或者重大遗漏，被中国证监会及其派出机构依据证券法第一百八十一条作出行政处罚决定，或者被人民法院依据刑法第一百六十一条作出有罪生效判决。

（4）上市公司披露的年度报告存在虚假记载、误导性陈述或者重大遗漏，根据中国证监会及其派出机构行政处罚决定认定的事实，导致连续会计年度财务类指标已实际触及上市规则（试行）第十章第二节规定的退市标准。

（5）北交所认定的其他情形。

3.4.3 北交所的交易规则

为了规范证券市场交易行为，维护证券市场秩序，保护投资者合法权益，北交所制定了以下交易规则。

1. 交易方式

（1）竞价交易；

（2）大宗交易；

（3）盘后固定价格交易；

（4）中国证监会批准的其他交易方式。

2. 交易时间

（1）每周一至周五；

（2）每个交易日的 9:15—9:25 为开盘集合竞价时间，9:30—11:30、13:00—14:57 为连续竞价时间，14:57—15:00 为收盘集合竞价时间。

3. 竞价交易单笔申报数量

（1）单笔申报应不低于 100 股，每笔申报可以 1 股为单位递增；

（2）单笔申报最大数量不超过 100 万股；

（3）卖出股票时余额不足 100 股的部分应当一次性申报卖出。

4. 竞价成交原则

价格优先、时间优先。

5. 涨跌幅限制比例

涨跌幅限制比例为 20%，上市首日不设涨跌幅限制。

6. 大宗交易

单笔申报数量不低于 10 万股或交易金额不低于 100 万元。

7. 交易公开信息

（1）当日收盘价涨跌幅达到 ±20% 的各前 5 只股票；

（2）当日价格振幅达到 30% 的前 5 只股票；

（3）当日换手率达到 20% 的前 5 只股票。

8. 异常波动

最近 3 个有成交的交易日以内收盘价涨跌幅偏离值累计达到 ±40%。

3.5 新股民学堂——三大交易所的主要区别

上交所、深交所、北交所三大交易所之间的主要区别如表 3-1 所示。

表 3-1

区别项目	释义		
	上交所	深交所	北交所
交易所地点	上海	深圳	北京
服务对象	大型企业，特别是国有企业	中小企业和创新型企业	创新型中小企业和专精特新中小企业
板块	主板和 B 股	主板、中小板、创业板和 B 股	新三板
股票代码	主板是 "60" 开头；B 股是 "900" 开头	主板是 "000" 开头；创业板是 "300" 开头；B 股是 "200" 开头	优先股是 "43" 开头；普通股是 "83" 开头；公开发行的股票是 "88" 开头
B 股交易币种	以美元竞价	以港币竞价	没有
交易制度	集合竞价+连续竞价	集合竞价+连续竞价	集合竞价+连续竞价

第 2 篇
操作精通篇

本篇深入讲解了如何使用大智慧炒股软件进行得心应手的操作，包括操作股票快捷键的使用、即时分析分时图等。还介绍了如何洞悉市场脉动，通过盘口信息解读和细节观察，发掘盈利秘诀。此外，提供了选股策略和大智慧资讯的高效利用方法，利用大智慧市场分析策略捕捉潜力股，以及高效利用大智慧软件来掌控市场脉搏。

- ➢ 使用大智慧炒股——软件操作得心应手
- ➢ 快人一步——快捷键与模拟交易
- ➢ 洞悉市场脉动——盘口信息的智慧解读
- ➢ 细节定成败——盘口细节中的盈利秘诀
- ➢ 双重透视——股票基本面与消息面
- ➢ 选股如选美——大智慧策略助你捕捉潜力股
- ➢ 掌控市场脉搏——大智慧控制中心的高效利用

第 4 章
使用大智慧炒股——软件操作得心应手

工欲善其事，必先利其器。——荀子

专业股票证券分析软件、行情刷新速度快、功能强大、资讯丰富、操作便捷、免费、行情资讯平台——大智慧。本章将介绍如何使用大智慧炒股软件,包括界面介绍、功能使用、自选股设置等。通过本章的学习,投资者将能够熟练驾驭这款强大的工具,提高投资效率。

4.1 为什么选大智慧

大智慧是上海大智慧股份有限公司推出的一款炒股软件，目前有 PC 远航版、PC 电脑版、Mac 电脑版、鸿蒙版和手机版等多个适用性强的版本。

大智慧软件具有以下特征。

1. 智能选股

大智慧软件提供了简单易用的智能选股功能，投资者只需在被选条件前面打钩即可轻松选股。

2. 操作简单

在大智慧软件中，投资者可以通过字母、数字、汉字来检索感兴趣的股票、技术指标等，还可以使用通配符进行模糊查找。

3. 组合观察

大智慧软件提供了大量的组合页面，将行情、资讯、图表、技术分析与财务数据有机组合，让投资者多角度、全方位地观察、分析，捕捉最佳交易时机。

4. 指标多样

系统预置了多个经典技术指标，供投资者使用。在 K 线走势图中能统计区间内的涨跌、振幅、换手等数据，以帮助投资者迅速统计出一只股票在一段时间内的各项数据。

5. 分析全面

大智慧软件为投资者提供了阶段统计、强弱分析、板块分析及指标排行等多种报表分析功能，让投资者在不同股票、板块、指标之间比较的时候有了更多、更丰富的项目和依据。

6. 资讯丰富

大智慧为投资者提供了文本、超文本标记语言（HTML）、信息地雷、财务图示、紧急公告、滚动信息、个股资料、交易所新闻等多种形式的资讯信息。

7. 安全稳定

大智慧免费炒股软件在数据安全和系统稳定性方面表现出色，保障了投资者的利益。

8. 新的特征

软件内置社区功能，为投资者提供了良好的交流平台，有助于提高投资水平和丰富投资经验。

4.2 下载与安装大智慧

要使用大智慧软件，首先要下载并进行安装。

4.2.1 下载大智慧

登录大智慧官方网站，即可免费下载大智慧软件。在浏览器中输入大智慧官方网站地址"https://www.gw.com.cn/download.html"，按 Enter 键，进入大智慧软件的官方下载网页。单击【大智慧365（免费）推荐】按钮，即可下载大智慧软件，如图 4-1 所示。

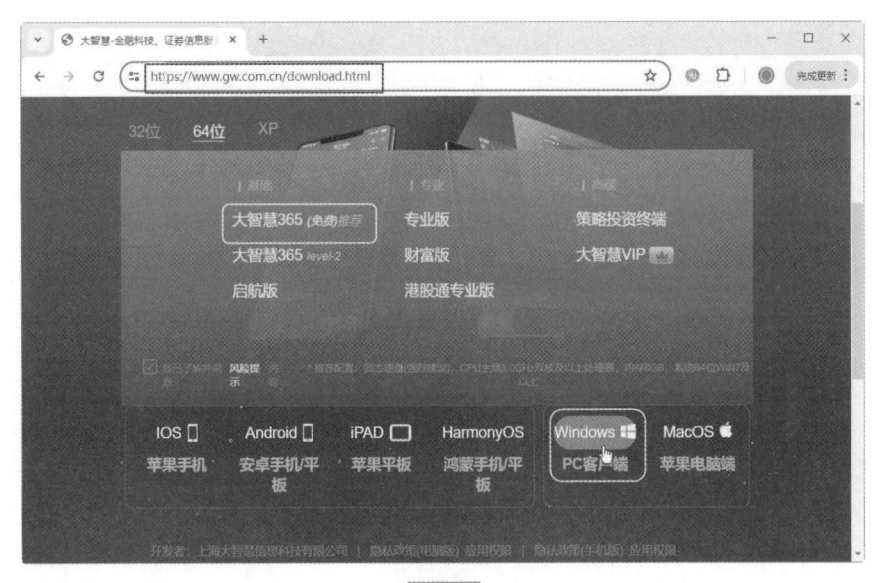

图 4-1

4.2.2 安装大智慧

安装大智慧软件的具体操作步骤如下。

❶ 双击下载后的大智慧安装程序图标，弹出【安装 - 大智慧365（64）】对话框，单击【下一步】按钮，如图 4-2 所示。

❷ 弹出【选择目标位置】界面，单击【下一步】按钮，如图 4-3 所示。

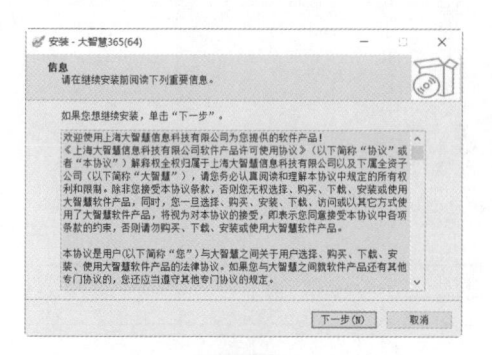

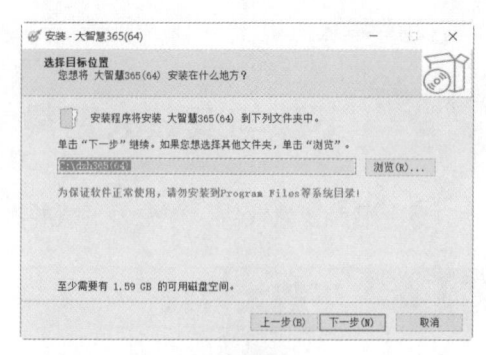

图 4-2

图 4-3

❸ 弹出【准备安装】界面，单击【安装】按钮，如图 4-4 所示。

❹ 弹出【正在安装】界面并显示进度条，等待安装完成，如图 4-5 所示。

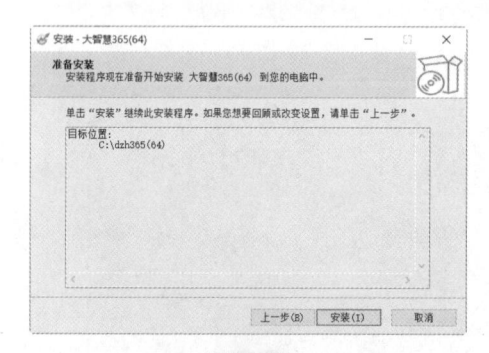

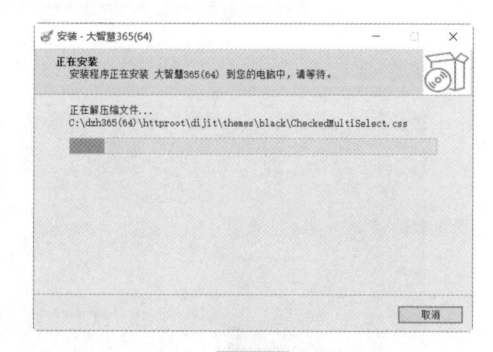

图 4-4

图 4-5

❺ 安装完成后提示安装向导完成，选中【启动大智慧365】复选框，单击【完成】按钮，如图 4-6 所示。

❻ 弹出大智慧软件的登录界面，输入用户名和密码后，单击【登录】按钮，即可登录大智慧。除了输入用户名和密码登录外，还可以通过大智慧提供的其他方式登录，如 QQ 和微信，如图 4-7 所示。

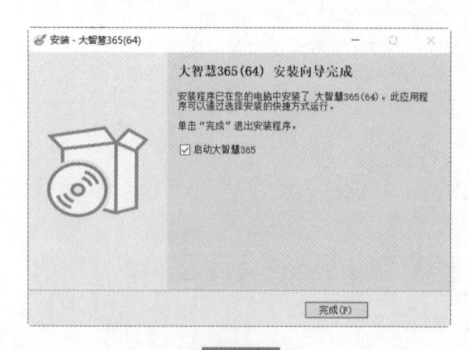

图 4-6

图 4-7

❼ 如果是新用户，单击【一步完成注册！】按钮，弹出【大智慧用户注册】界面，填写手机号、密码和验证码进行注册，如图4-8所示。

图 4-8

4.3 大智慧的界面

进入大智慧主界面后，投资者就可以看到各种炒股信息，其界面设计简洁，有利于投资者理解和操作。它主要由顶部菜单栏、市场菜单、功能树、主窗口、指数栏和信息栏等部分组成，如图4-9所示。

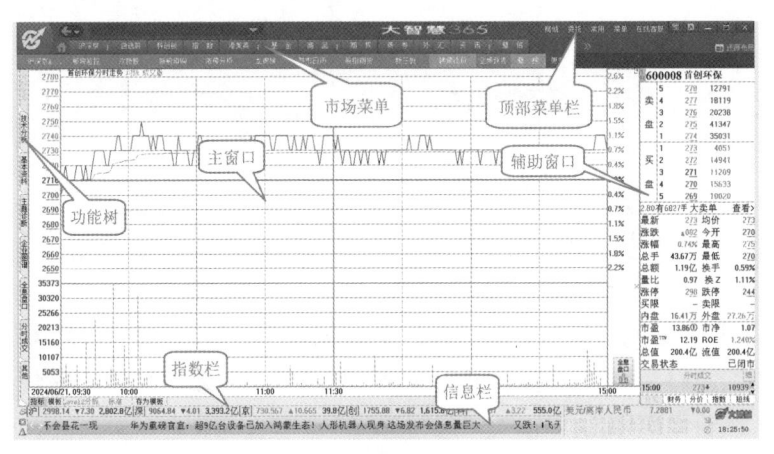

图 4-9

4.3.1 顶部菜单栏

菜单栏位于大智慧工作界面最顶端的右上方，包括【商城】、【委托】、【常用】、【菜单】和【在线客服】多个栏目，如图4-10所示。

图 4-10

1. 商城

【商城】栏目为使用大智慧软件的投资者提供各种版本的大智慧最新软件。单击该栏目，将会打开大智慧商城中心网页，如图 4-11 所示。

2. 委托

在安装了自助委托系统后，此栏目方可使用。如果没有安装自助委托系统，单击【委托】栏目，在打开的窗口中选择证券商后，将弹出下载提示信息，单击【是】按钮即可下载委托系统，如图 4-12 所示。投资者在软件中挂单只能在 Windows 平台下的自助委托系统中进行。在选购自助委托系统前，应向券商进行详细的咨询。

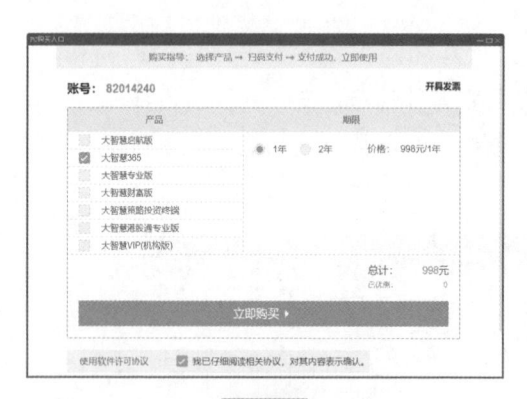

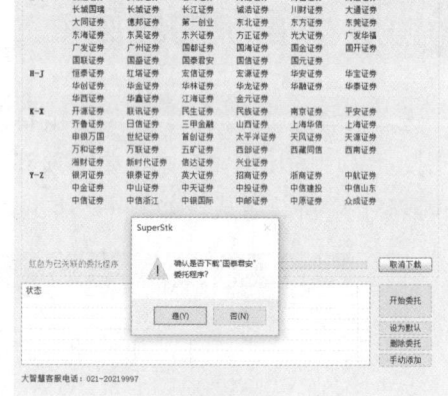

图 4-11

图 4-12

3. 常用

【常用】栏目包括【数据管理中心】、【下载数据】、【自选股导入】、【画线工具】、【预警】、【计算器】、【公式管理】、【条件选股】、【模式匹配设计】、【系统选项】、【委托设置】和【备份还原工具】，如图 4-13 所示。

4. 菜单

【菜单】栏目中有大智慧更详细的功能，包括【文件】、【工具】、【常用】、【终端】和【帮助】一级菜单。例如，这里选择【工具】菜单项，将显示二级菜单内容，包括【预警】、【指标排序】、【阶段统计排序】、【条件选股】、【上次选股结果】、【股票池】、【分析工具】、【短线精灵】、【实时观察】、【综合排名】、【计算器】、【备忘录】、【投资管理】、【系统指示】、【区域指示】、【删除系统指示】、【优选交易系统】，如图 4-14 所示。

5. 在线客服

【在线客服】栏目包括【在线客服】、【常见问答】、【个人中心】、【技术讲堂】、【优惠续费】、【我的产品】、【软件商城】等，如图4-15所示。

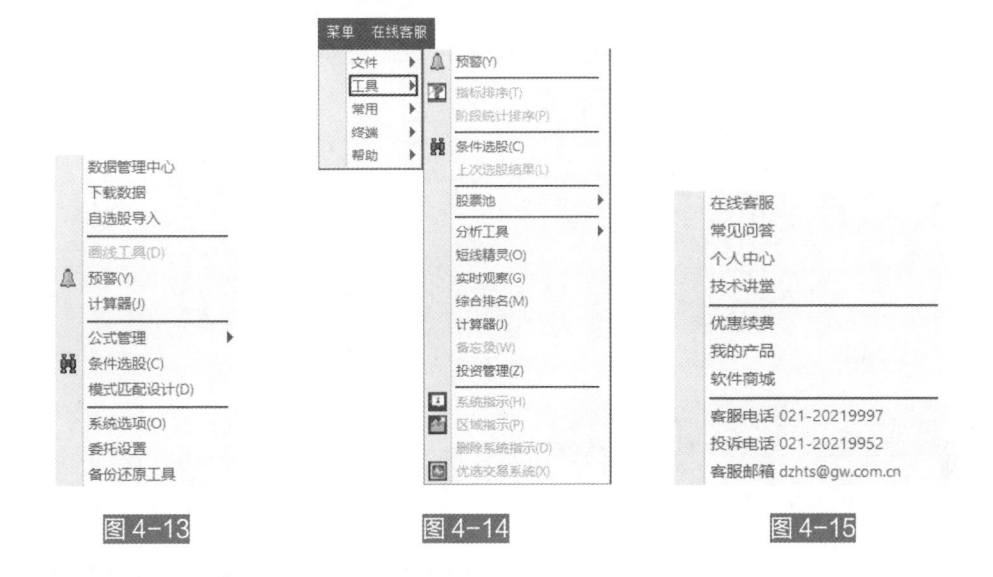

图4-13

图4-14

图4-15

4.3.2 市场菜单

市场菜单分为一级市场菜单和二级市场菜单，它们主要是对各种证券市场以及指数的树形分类。一级市场菜单和二级市场菜单是联动使用的，当选择一级市场菜单时，会显示相应的二级市场菜单，下面就分别进行介绍，如图4-16所示。

图4-16

1. 沪深京

在一级市场菜单中，当投资者选择【沪深京】选项后，在二级市场菜单中就会列出【沪深京A】、【板块监控】、【次新股】、【新股申购】、【涨停分析】、【龙虎榜】、【股市日历】、【股指期货】、【新三板】等所有股票类行情报价，如图4-17所示。

2. 自选股

默认情况下，自选股中没有股票信息。这里可以在图4-17中选择需要加入的自选股的股票，按住Ctrl键不放，可以选择多只股票，单击鼠标右键，在弹出的快捷菜单中选择【加入到自选股】命令，如图4-18所示。

弹出【加入到板块】对话框，单击【确定】按钮，如图4-19所示。

图 4-17

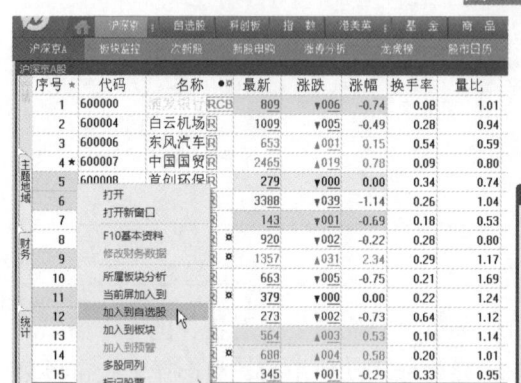

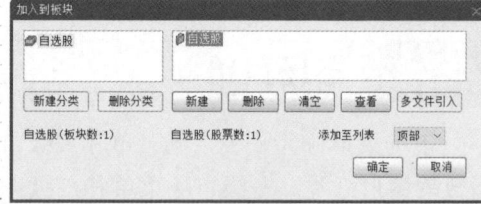

图 4-18

图 4-19

在一级市场菜单中，当投资者选择【自选股】选项后，在二级市场菜单中就会列出【自选股】、【自选股公告】、【自选股资讯】、【自选股研报】、【自选股导入】和【近期浏览】选项，方便投资者快速找到感兴趣的股票信息，如图 4-20 所示。

图 4-20

3. 科创板

在一级市场菜单中，当投资者选择【科创板】选项后，在二级市场菜单中就会列出【行情】、【资讯】、【科创IPO】、【受益股】和【学堂】选项，如图4-21所示。

图4-21

4. 指数

指数主要用于分析股市动向，通过对股市中各个量进行技术处理后得出各种技术指标。在一级市场菜单中，当投资者选择【指数】选项后，在二级市场菜单中就会列出【常用指数】、【全球指数】、【中金所】、【主力合约】等选项，如图4-22所示。

图4-22

5. 港美英

在一级市场菜单中，当投资者选择【港美英】选项后，在二级市场菜单中就会列出【港股通】、【沪深通】、【港股通资讯】、【港股行情】、【港股板块】等选项，如图4-23所示。

图4-23

6. 基金

在一级市场菜单中，当投资者选择【基金】选项后，在二级市场菜单中就会列出【ETF 基金】、【封闭基金】、【LOF 基金】、【T+0 基金】等选项，如图 4-24 所示。

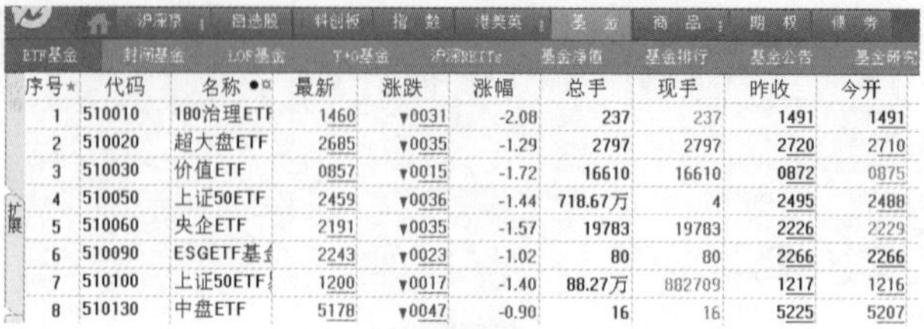

序号	代码	名称	最新	涨跌	涨幅	总手	现手	昨收	今开
1	510010	180治理ETF	1460	▼0031	-2.08	237	237	1491	1491
2	510020	超大盘ETF	2685	▼0035	-1.29	2797	2797	2720	2710
3	510030	价值ETF	0857	▼0015	-1.72	16610	16610	0872	0875
4	510050	上证50ETF	2459	▼0036	-1.44	718.67万	4	2495	2488
5	510060	央企ETF	2191	▼0035	-1.57	19783	19783	2226	2229
6	510090	ESGETF基金	2243	▼0023	-1.02	80	80	2266	2266
7	510100	上证50ETF	1200	▼0017	-1.40	88.27万	882709	1217	1216
8	510130	中盘ETF	5178	▼0047	-0.90	16	16	5225	5207

图 4-24

7. 商品

在一级市场菜单中，当投资者选择【商品】选项后，在二级市场菜单中就会列出【中金所】、【上海期货】、【能源中心】、【郑州商品】、【大连商品】等选项，如图 4-25 所示。

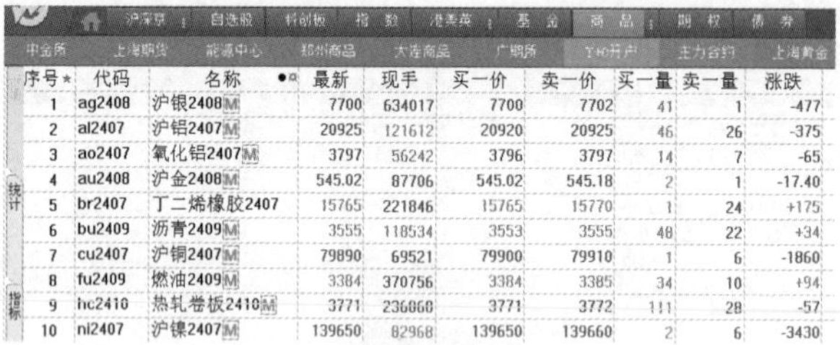

序号	代码	名称	最新	现手	买一价	卖一价	买一量	卖一量	涨跌
1	ag2408	沪银2408M	7700	634017	7700	7702	41	1	-477
2	al2407	沪铝2407M	20925	121612	20920	20925	46	26	-375
3	ao2407	氧化铝2407M	3797	56242	3796	3797	14	7	-65
4	au2408	沪金2408M	545.02	87706	545.02	545.18	2	1	-17.40
5	br2407	丁二烯橡胶2407	15765	221846	15765	15770	1	24	+175
6	bu2409	沥青2409M	3555	118534	3553	3555	48	22	+34
7	cu2407	沪铜2407M	79890	69521	79900	79910	1	6	-1860
8	fu2409	燃油2409M	3384	370756	3384	3385	34	10	+94
9	hc2410	热轧卷板2410M	3771	236068	3771	3772	111	28	-57
10	ni2407	沪镍2407M	139650	82968	139650	139660	2	6	-3430

图 4-25

8. 期权

在一级市场菜单中，当投资者选择【期权】选项后，在二级市场菜单中就会列出【期权 T 报价】、【多空比率】、【上证期权】、【深证期权】、【股指期权】等选项，如图 4-26 所示。

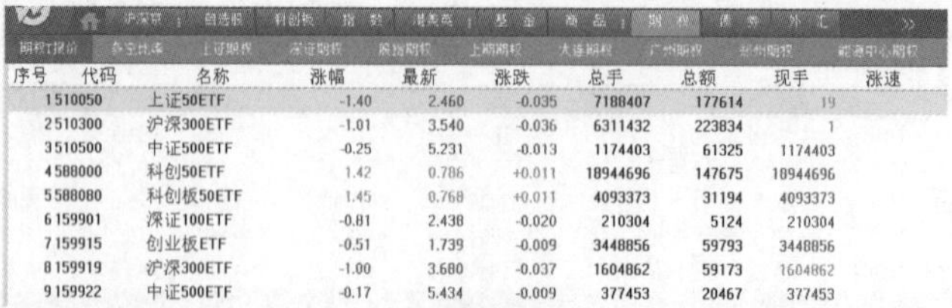

序号	代码	名称	涨幅	最新	涨跌	总手	总额	现手	涨速
1	510050	上证50ETF	-1.40	2.460	-0.035	7188407	177614	19	
2	510300	沪深300ETF	-1.01	3.540	-0.036	6311432	223834	1	
3	510500	中证500ETF	-0.25	5.231	-0.013	1174403	61325	1174403	
4	588000	科创50ETF	1.42	0.786	+0.011	18944696	147675	18944696	
5	588080	科创板50ETF	1.45	0.768	+0.011	4093373	31194	4093373	
6	159901	深证100ETF	-0.81	2.438	-0.020	210304	5124	210304	
7	159915	创业板ETF	-0.51	1.739	-0.009	3448856	59793	3448856	
8	159919	沪深300ETF	-1.00	3.680	-0.037	1604862	59173	1604862	
9	159922	中证500ETF	-0.17	5.434	-0.009	377453	20467	377453	

图 4-26

9. 债券

在一级市场菜单中，当投资者选择【债券】选项后，在二级市场菜单中就会列出【债券行情】、【转债比价】、【申购一览】、【上市首日表现】、【债券公告】、【债券研究】等选项，如图 4-27 所示。

图 4-27

10. 外汇

在一级市场菜单中，当投资者选择【外汇】选项后，在二级市场菜单中就会列出【人民币系列】、【人民币中间价】、【香港人民币期货】、【主要外汇】、【外汇资讯】等选项，如图 4-28 所示。

图 4-28

11. 资讯

在一级市场菜单中，当投资者选择【资讯】选项后，在二级市场菜单中就会列出【最新资讯】、【股票资讯】、【大报资讯】、【政策资讯】、【经济资讯】、【行业资讯】、【科创板资讯】等选项，如图 4-29 所示。

图 4-29

4.3.3 主窗口区

主窗口区是用来显示大盘指数或股价信息的地方，默认情况下显示大盘指数或个股的分时走势。

（1）单击窗口中的不同导航条，就可以显示其相应信息，例如，在功能树中单击【技术分析】标签，就可以看到大盘指数或个股的日K线图，如图4-30所示。

图4-30

（2）单击功能树中的其他标签，就可以看到不同的信息。例如，单击【基本资料】标签，就可以看到所选股票的详细信息，如图4-31所示。

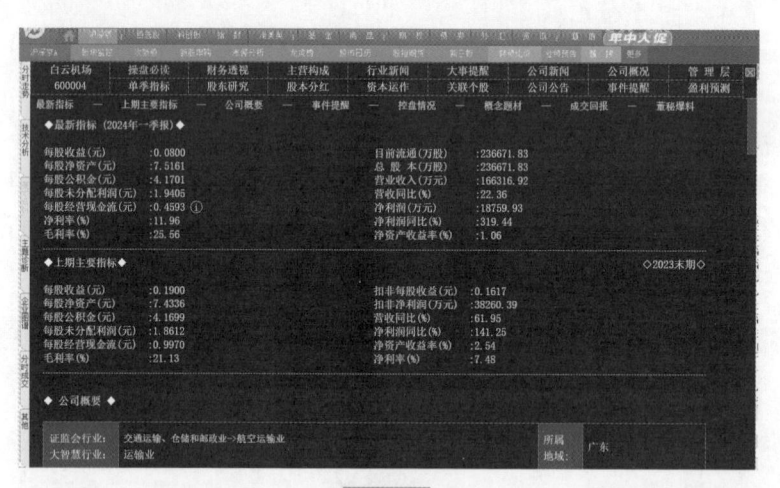

图4-31

（3）单击【主题诊断】标签，可以看到不同主题类别的涨幅和最新新闻，如图4-32所示。

（4）单击【企业图谱】标签，即可显示企业的投资情况、客户情况和供应商信息，如图4-33所示。

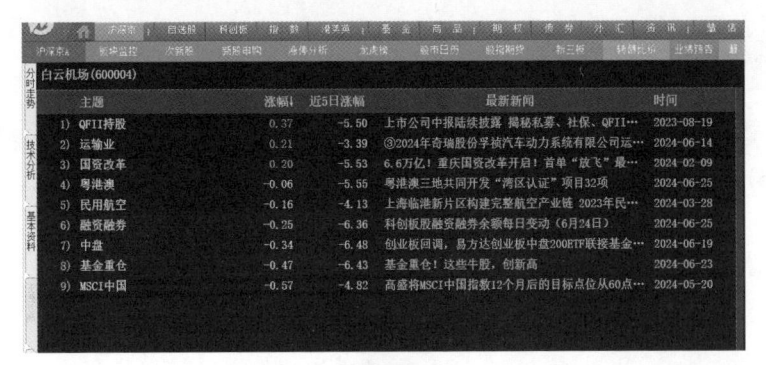

图 4-32

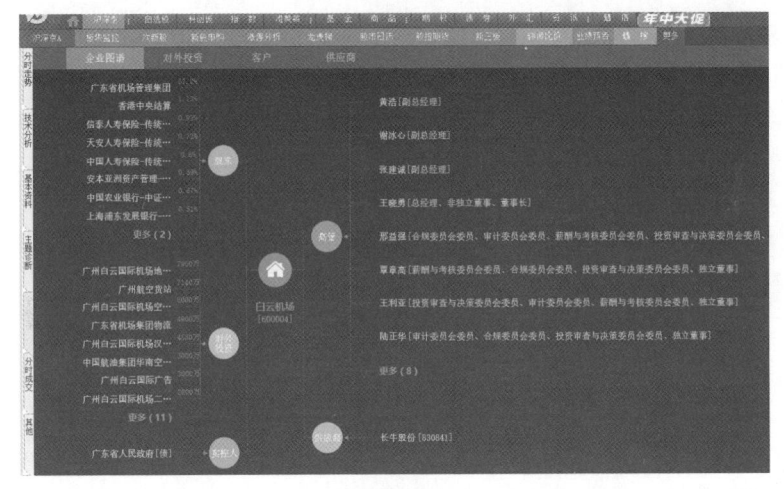

图 4-33

（5）单击【分时成交】标签，即可显示股票的实时交易信息，如图 4-34 所示。

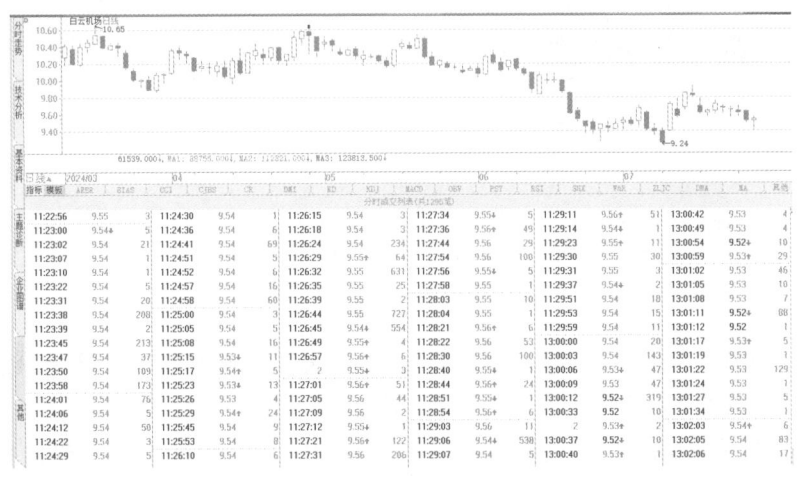

图 4-34

4.3.4 辅助窗口区

辅助窗口区会根据主窗口显示内容的不同而做相应的改变。如果主窗口显示上证指数的分时图，则在辅助窗口区就会显示上证指数的相关信息，例如最新指数、指数涨跌、指数涨幅、总成交额、总成交量、昨日收盘、今日开盘、最高指数和最低指数等信息，如图4-35所示。

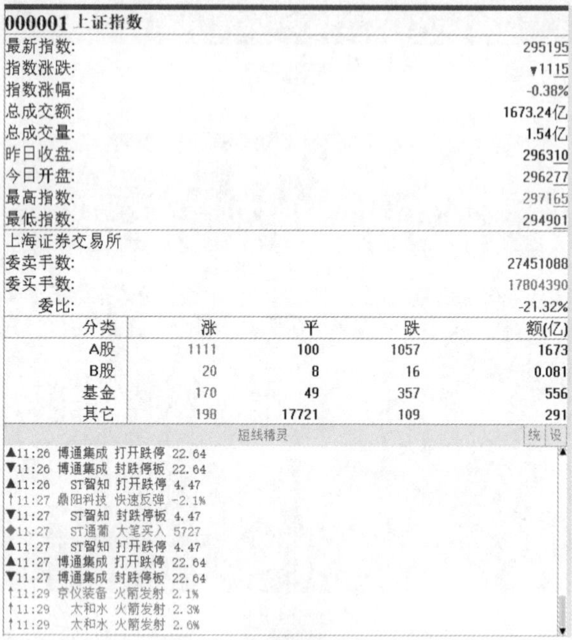

图4-35

4.3.5 指数栏和信息栏

指数栏显示了上证和深证指数、涨跌、涨幅、成交量、总成交量等信息，如图4-36所示。

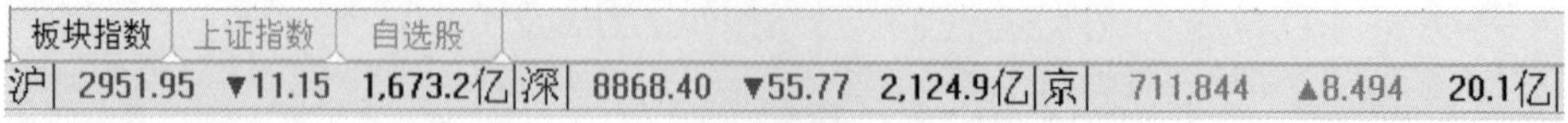

图4-36

（1）在指数栏中单击鼠标右键，在弹出的快捷菜单中选择想要显示的指数个数和指数品种，如图4-37所示。

（2）选择【指数品种】命令后，将弹出【选择股票】对话框，选择想要添加的指数，例如选择"上证50"，如图4-38所示。

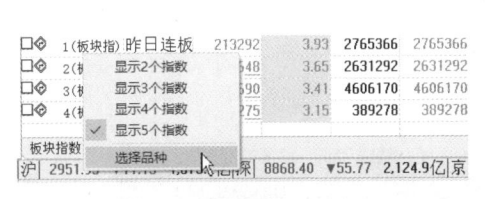

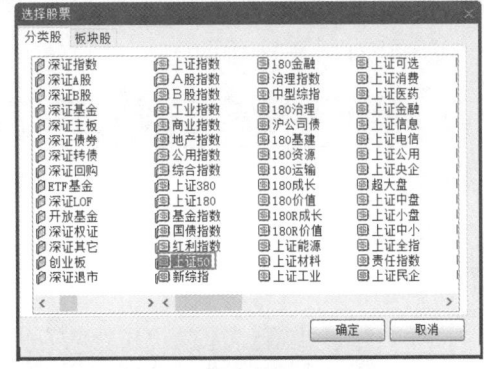

图 4-37

图 4-38

(3) 单击【确定】按钮，"上证 50"将显示在指数栏中，如图 4-39 所示。

图 4-39

在状态栏的下方是信息栏，显示了一些常用的功能和最新的股市信息，如图 4-40 所示。

图 4-40

在信息栏中单击鼠标，将弹出【大智慧】窗口，显示信息的详细内容，如图 4-41 所示。

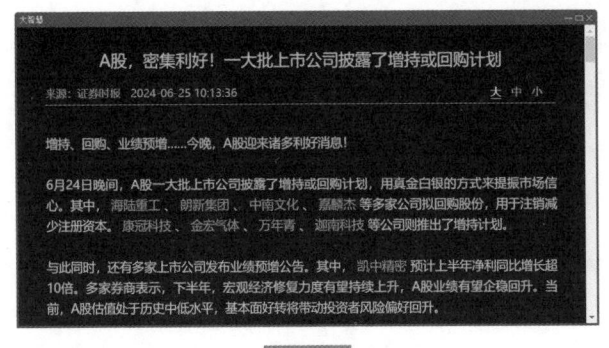

图 4-41

4.4 新股民学堂——慧信

在大智慧主界面的市场菜单中提供了慧信功能。在一级市场菜单中，当投资者选择【慧信】选项后,在二级市场菜单中就会列出【首页】、【慧信】和【财富俱乐部】3 个选项,如图 4-42 所示。

图 4-42

在二级市场菜单中选择【慧信】选项,即可实现和 AI 小慧直接沟通,如图 4-43 所示。

图 4-43

在二级市场菜单中选择【财富俱乐部】选项,可以查看大智慧的功能介绍等内容,如图 4-44 所示。

图 4-44

第 5 章

快人一步——快捷键与模拟交易

时间就是金钱。——富兰克林

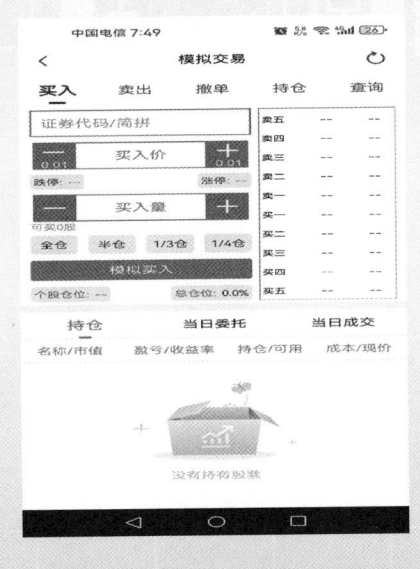

大智慧的快捷键功能可以使投资者迅速完成操作，提高交易效率。在股市中，高效的操作和快速的反应至关重要。本章将介绍如何利用快捷键提升交易操作的效率，减少宝贵时间的浪费。同时，通过模拟交易的训练，让你在零风险的环境中磨炼交易技巧，为未来真实的股市征战做好充分准备。决胜千里，从熟练掌握快捷键和模拟交易开始。

5.1 大智慧炒股软件的快捷键

使用快捷键可以快速、方便地完成一系列的操作，许多应用系统或软件都提供了这项功能。为了更好地使用大智慧炒股软件进行股市行情分析，下面介绍其常用快捷键。

5.1.1 常用快捷键

投资者在使用大智慧软件的过程中，经常会用到以下快捷键，具体含义如图 5-1 所示。

[常用快捷键]

F1	帮助/成交明细	/	副图中的指标切换
F2	分价表	+	小窗口的内容切换
F3	上证指数	Pause Break	老板键
F4	深证成指	空格	查看历史上某日的分时图
F5	分时图/K线图	061	自选股1
F6、06	自选股	062	自选股2
F7	条件选股	063	自选股3
F8	分析周期	064	自选股4
09	画线工具	065	自选股5
F10	个股资料	066	自选股6
F11	价格还权	067	自选股7
F12	委托	068	自选股8
←与→	十字光标	069	自选股9
↑与↓	区间缩小/放大		

图 5-1

5.1.2 Alt组合快捷键

按住 Alt 键不放的同时再按其他的键可以快速实现不同的功能。这些 Alt 组合快捷键具体的含义如图 5-2 所示。

[Alt 组合键]

Alt + 1	只显示主图	Alt + X	自选股设置
Alt + 2	显示主图和一个副图	Alt + F2	板块对比分析
Alt + 3	显示主图和两个副图	Alt + F4	退出
Alt + 4	显示主图和三个副图	Alt + F5	全屏显示
Alt + 5	显示主图和四个副图	Alt + F7	条件选股
Alt + 6	显示主图和五个副图	Alt + F10	备忘录
Alt + M	最高价/最低价标记	Alt + ←	历史回忆日期前移
Alt + H	帮助	Alt + →	历史回忆日期后移
Alt + I	信息地雷	Alt + D	除权标记
Alt + Q	退出	Alt + Z	当前股票加入自选股板块

图 5-2

5.1.3 Ctrl组合快捷键

按住 Ctrl 键不放的同时再按其他的键可以快速完成不同的功能。这些 Ctrl 组合快捷键具体的含义如图 5-3 所示。

[Ctrl 组合键]			
Ctrl + F4	报价牌	Ctrl + K	时空隧道
Ctrl + F5	系统指示	Ctrl + L	对数坐标（仅限K线窗口中）
Ctrl + F6	指标排序	Ctrl + M	多图组合
Ctrl + F7	系统测试平台	Ctrl + N	普通坐标（仅限K线窗口中）
Ctrl + F8	数据管理中心	Ctrl + P	百分比坐标（仅限K线窗口中）
Ctrl + F9	优选交易系统（仅限K线图窗口中）	Ctrl + O	选项（仅限报价牌窗口中）
Ctrl + F10	备忘录	Ctrl + Q	移动成本
Ctrl + PgDn	自动换页	Ctrl + R	前/后复权
Ctrl + Tab	切换当前窗口	Ctrl + S	相关性分析
Ctrl + A	预警	Ctrl + T	双向除权
Ctrl + B	板块对比	Ctrl + W	报价牌
Ctrl + D	数据管理	Ctrl + X	画线工具
Ctrl + F	公式管理	Ctrl + Y	10%分时坐标
Ctrl + I	全屏显示	Ctrl + Z	投资管理
Ctrl + J	计算器		

图 5-3

5.1.4 数字快捷键

通过单独的数字也可以完成不同的功能。这些数字快捷键的具体含义如图 5-4 所示。

[数字键]			
0	分笔成交图	59	实时观察
1	成交明细	61	上A涨幅排名
2	分价表	62	上B涨幅排名
3	上证领先	63	深A涨幅排名
4	深证领先	64	深B涨幅排名
5	分时图日K线图	65	上证债券涨幅排名
6	自选股	66	深证债券涨幅排名
7	条件选股	67	创业板涨幅排名
8	分析周期切换	69	中小企业涨幅排名
9	画线工具	80	全部A股综合排名
10	个股资料	81	上证A股综合排名
60	全部A股涨幅排名	82	上证B股综合排名
30	板块指数	83	深证A股综合排名
31	板块指数涨幅排名	84	深证B股综合排名
33	主题投资库	85	上证债券综合排名
41	开放式基金	86	深证债券综合排名
42	LOF基金	87	创业板综合排名
43	ETF基金	89	中小企业综合排名
51至57	常用板块切换		

图 5-4

5.2 搜索功能

在大智慧主界面的左上角有一个搜索框,这里提供了搜索功能。在大智慧软件中不仅可以搜寻个股,还可以搜索股票信息。

5.2.1 搜寻个股

❶ 在大智慧主界面的左上角有一个搜索框,在其中输入"600004",这样就会显示股票白云机场的信息,如图 5-5 所示。

图 5-5

❷ 按 Enter 键或双击股票名称,即可进入包含"白云机场"的列表,如图 5-6 所示。

图 5-6

❸ 按 Enter 键或双击股票名称,即可进入包含"白云机场"的 K 线图界面,如图 5-7 所示。

图 5-7

❹ 除了通过输入相关字母和数字查找外，还可以通过输入板块名字的拼音缩写，来查看相关板块股票或技术指标的信息，如图 5-8 所示。

图 5-8

5.2.2 搜寻信息

如果想查询某个概念或者板块，也可以在大智慧搜索框中输入相应的代码进行查询。例如输入"ZCDT"，我们可以直接找到相关的政策动态信息，如图 5-9 所示。

图 5-9

1. 债券常用的查询代码

（1）EXB：债券行情。

（2）SHZQ：上证债券。

（3）SZZQ：深证债券。

（4）TF：国债期货。

（5）ZQXW：债券新闻。

（6）NECD：国内经济。

（7）BQ：债券公告。

（8）CSBI：中证债券指数。

（9）EXBI：交易所债券指数。

2. 基金常用的查询代码

（1）JJJZ：基金最新净值。

（2）LOFQ：LOF 基金报价。

（3）FCEQ：封闭基金报价。

（4）ETFQ：ETF 基金报价。

（5）JJPM：基金排行。

（6）NFUD：基金新闻。

（7）JJGG：全部公告。

3. 新闻常用的查询代码

（1）KXZX：快讯。

（2）DBXW：大报新闻。

（3）ZCDT：政策动态。

（4）NF：自选股新闻。

（5）TOPH：行业新闻。

（6）NECD：国内经济。

（7）EC：经济日历。

（8）NEDA：经济数据。

（9）GPXW：股票。

（10）NFUD：基金。

5.3 模拟炒股

股市有风险，入市需谨慎。如果炒股操作不熟练，或者对入市不放心，不妨先从大智慧模拟炒股练起。

5.3.1 创建模拟组合

模拟组合，即模拟投资组合。每个用户都可以创建自己的模拟组合，模拟组合是用户投资思路的最直接反映，也是用户发现投资机会的最新方式。每个用户最多可创建 3 个投资组合，每个 A 股模拟组合初始虚拟资金为 100 万元。

❶ 在大智慧 App 界面的下部选择【交易】选项，然后在界面顶部选择【模拟】选项，如图 5-10 所示。

❷ 点击【创建模拟组合】链接，打开【创建模拟组合】界面，输入组合的名称和简介，然后点击【创建】按钮，如图 5-11 所示。

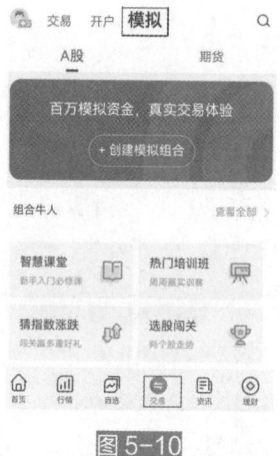

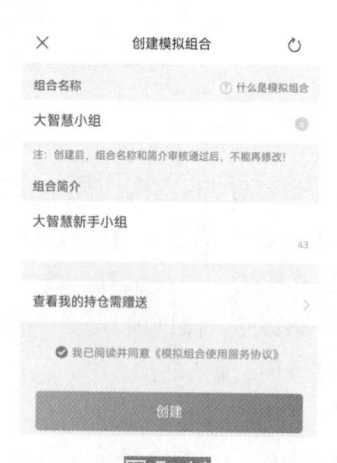

图 5-10　　　　　　　　　　　图 5-11

> 创建模拟组合时，组合名称最长不超过 8 个字符；组合名称和描述不能包含非法字符、违背法律法规或者带有攻击性词语及其他违禁词语。创建组合提交后，大智慧将对组合信息进行严格审核，审核通过后方能对外公开。大智慧有权删除不符合规定的投资组合。

5.3.2 模拟炒股

模拟炒股组合创建后，就可以进行模拟炒股了，其步骤如下。

1. 买入股票

❶ 进入模拟组合界面，可以看到模拟资金有 100 万元，点击【买卖】按钮，如图 5-12 所示。

❷ 跳转到【模拟交易】页面，直接输入要购买的股票代码，如 "600004"，这时会自动显示该股票的名称、买入价格及可以买入的股数，如图 5-13 所示。

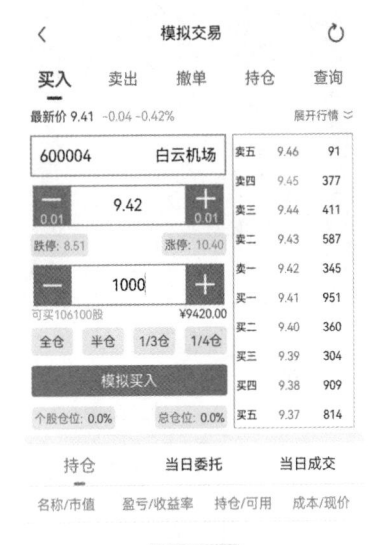

图 5-12

图 5-13

> 输入股票代码后显示的买入价格，就是当前股票的价格，投资者可以低于这个价格委托购买，也可以高于这个价格委托购买。

❸ 点击【模拟买入】按钮，弹出【您确认买入吗？】提示信息，如图 5-14 所示。

❹ 点击【买入】按钮，弹出【委托请求提交成功】提示信息，如图 5-15 所示。

> 这里只是"委托"成功，并不是买入成功。如果投资者给系统的买入价格始终低于股票运行价格，则买入不会成功。

❺ 如果价格合适，买入成功后，在【持仓】选项卡中可以看到该股票。

2. 撤单

买入委托成功后，在没有买入成功之前，投资者可以反悔，即撤单。在【模拟交易】页面中选择【撤单】选项，如图5-16所示。在弹出的【您确认撤单吗?】提示框中点击【撤单】按钮即可撤单，如图5-17所示。

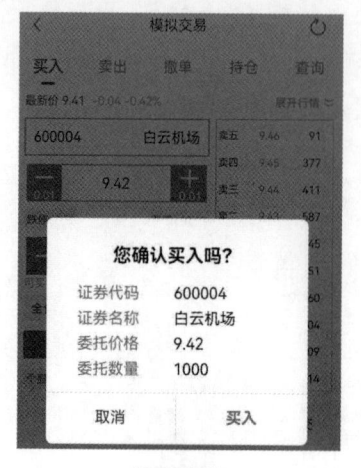

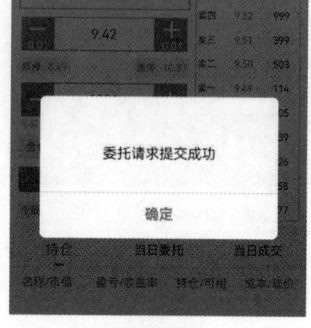

图5-14

图5-15

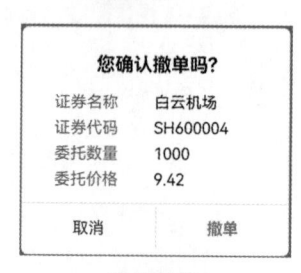

图5-16

图5-17

3. 卖出

如果买入股票成功，就可以卖出股票。卖出股票时，投资者可能获利，也可能亏损。

> 模拟炒股和真实炒股一样，实行的是"N+1"制度，在买入成功后，最快第二个交易日才能卖出。

❶ 在【模拟交易】页面中选择【卖出】选项，在弹出的界面中输入要卖出的股票代码：600004，然后输入价格和卖出数量，如图5-18所示。

❷ 点击【模拟卖出】按钮，弹出【您确认卖出吗?】提示框，如图5-19所示。

❸ 点击【卖出】按钮，弹出【委托请求提交成功】提示框。点击【确定】按钮即可，如图5-20所示。卖出成功后，在【持仓】选项卡中可以看到该股票减少了。

图 5-18　　　　　　　　图 5-19　　　　　　　　图 5-20

4. 查询

投资者可以通过查询功能查看自己的当日成交、当日委托、历史成交、历史委托信息。

❶ 在【模拟交易】页面中选择【查询】选项，可以看到用户的查询信息，如图 5-21 所示。

❷ 用户可以查询当日成交、当日委托、历史成交、历史委托信息。例如，点击【当日委托】选项，显示的信息如图 5-22 所示。

图 5-21　　　　　　　　图 5-22

5.4　新股民学堂——对自选股进行分组管理

在大智慧软件中，投资者可以对自选股进行分组管理。投资者可以选择自己认为优秀的股票，以此来考查自己选股的水平，并可以根据需要将它们分成不同的组，方法如下。

❶ 在一级市场菜单中，投资者选择【自选股】选项后，在界面最下方单击【新建分组】选项，如图 5-23 所示。

图 5-23

❷ 弹出【新建自选股】对话框，输入分组的名称，单击【确定】按钮，如图 5-24 所示。

❸ 在一级市场菜单中，投资者选择【沪深京】选项，然后在列表中选择需要加入分组的股票，右击并在弹出的快捷菜单中选择【加入到自选股】命令，如图 5-25 所示。

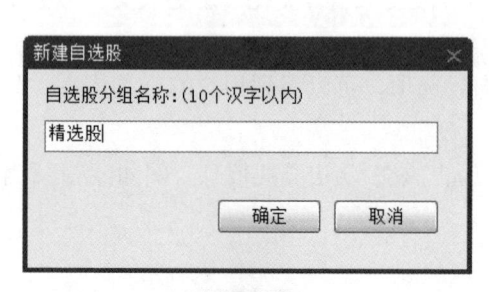

图 5-24

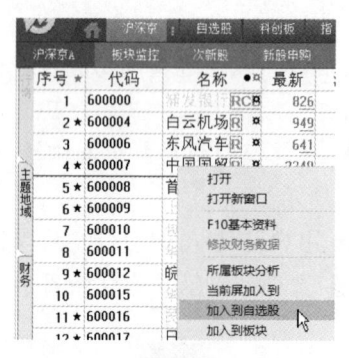

图 5-25

❹ 弹出【加入到板块】对话框，选择【精选股】选项，单击【确定】按钮，如图 5-26 所示。

❺ 返回到【自选股】界面，在软件下方选择【精选股】选项，即可看到刚刚选择的股票，如图 5-27 所示。

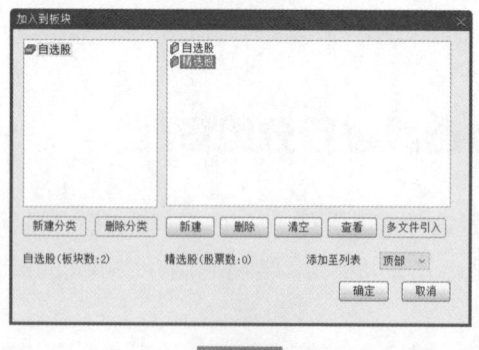

图 5-26

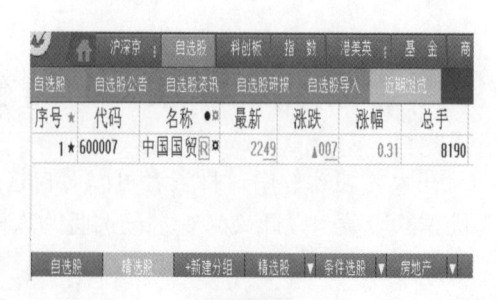

图 5-27

第 6 章

洞悉市场脉动——盘口信息的智慧解读

知彼知已，百战不殆。——《孙子兵法》

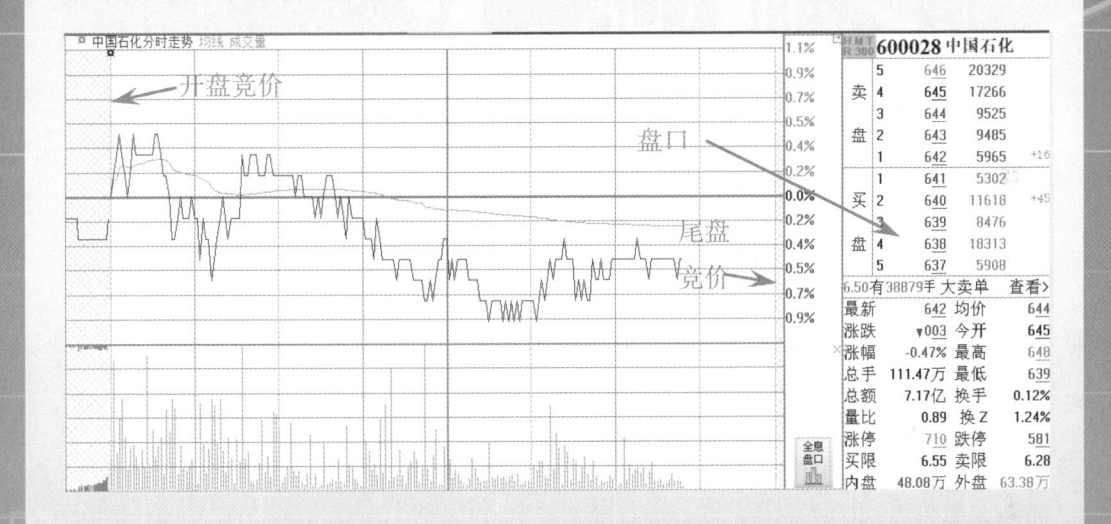

通过对集合竞价的分析，可以帮助投资者设定买卖价格，实现精准的投资决策。大智慧的报价功能提供实时股票信息，让投资者能够全面了解市场走势。盘口信息是股市交易的实时"情报站"，本章将指导读者从这些繁杂的数据中洞悉市场的真实脉动，学会解读股票买卖的变化、成交量的起伏以及涨跌幅的深层含义，让读者能够准确地把握市场动态，做出正确的投资决策。

6.1 开盘前的集合竞价和盘口分析

个股或大盘在当日开盘时，有三种情况，分别是高开、平开和低开。如果集合竞价高于前一个交易日的收盘价，就是高开；如果集合竞价等于前一个交易日的收盘价，就是平开；如果集合竞价低于前一个交易日的收盘价，就是低开。

6.1.1 股市集合竞价

集合竞价是指在每个交易日的 9:15—9:25，由投资者按照自己所能接受的心理价格自由地进行买卖申报，计算机交易主机系统对全部有效委托进行一次集中撮合的处理过程。在集合竞价时间内的有效委托报单未成交，则自动有效进入 9:30 开始的连续竞价。

在集合竞价的时间段里，输入计算机主机的所有价格都是平等的，不需要按照时间优先和价格优先的原则交易，而是按最大成交量的原则来定出股票的价位。

每个交易日的 9:15—9:25，证券交易所交易主机接受参与竞价交易的申报，也接受撤单申报。每个交易日的 9:25—9:30 证券交易所交易主机接受参与竞价交易的申报，但不接受撤单申报。

集合竞价是当日交易多空双方搏杀的第一回合，也是当日行情的预演。

查看集合竞价信息的方法如下。

❶ 打开大智慧股票行情分析软件，输入股票代码"600028"，按 Enter 键，就可以看到中国石化分时走势图，右击鼠标，在弹出的快捷菜单中选择【显示集合竞价】命令，如图 6-1 所示。

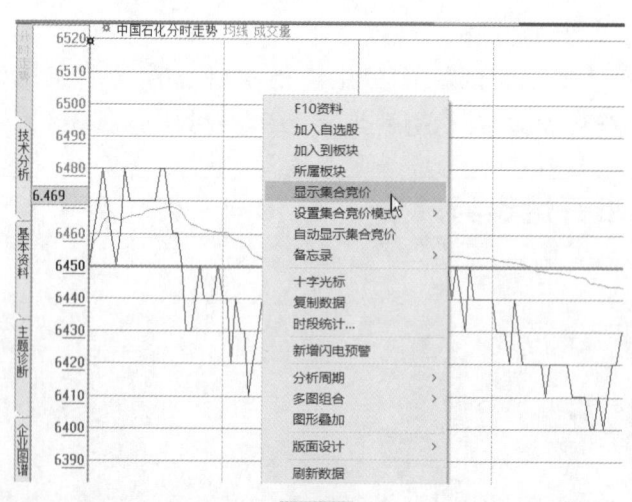

图 6-1

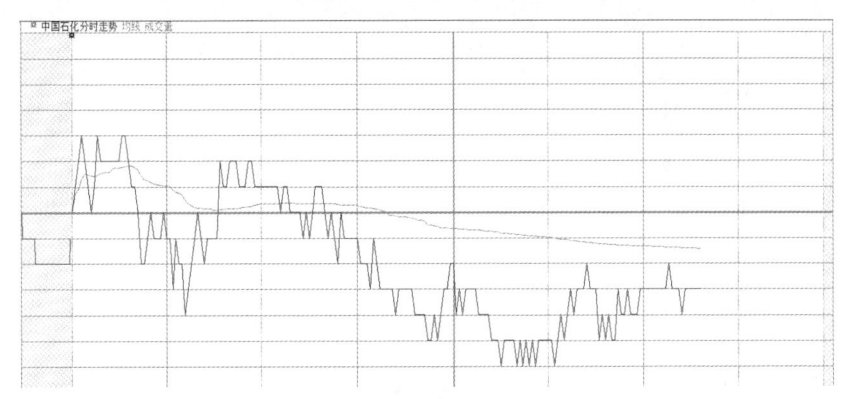

❷ 显示蓝色底纹的部分表示集合竞价,如图 6-2 所示。

图 6-2

❸ 用户也可以在左侧选择【分时成交】选项,就可以看到每分钟的成交明细,其中 9:25 之前的所有成交都属于集合竞价,如图 6-3 所示。

图 6-3

> 集合竞价易被人为操纵,主力往往通过集合竞价表现市场意图,试探投资者对股票当日的初步反应。因此,对集合竞价的分析要与大盘行情、股票历史走势相结合,否则这种分析可能无法充分体现其看盘价值。

6.1.2 股市开盘走势分析

开盘后的 30 分钟通常被界定为开盘时区,开盘走势主要是指开盘 5 分钟的市场走势,因为这个时区的市场波动往往是当日市场波动的基调,所以会对当日市场走势产生重要的影响。

开盘走势往往是一天交易中波动最为强烈的时段,最能体现风险和盈利的机会,如果投资者判断正确,就很容易获得一个较为安全且盈利性较高的介入点;如果投资者判断错误,则极易被套牢。

1. 高开

高开，表示市场买进意愿强烈，预示着股价可能要上涨。高开又分为普通高开和强势高开，普通高开是指高开幅度在1%～2%，并且高开回调不破前一交易日收盘价或轻微击穿前一交易日收盘价，如图6-4所示。

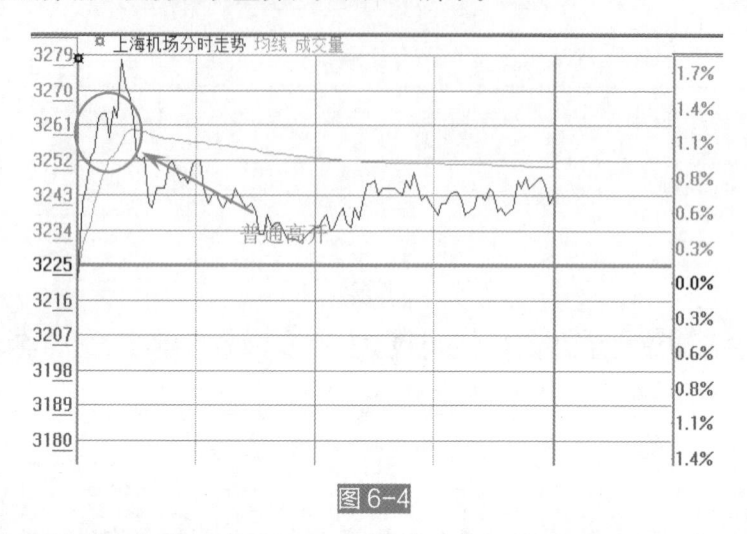

图6-4

强势高开是指高开幅度在3%～7%，并且高开回调不破前一交易日收盘价、不破均价线或不破当天开盘价，如图6-5所示。

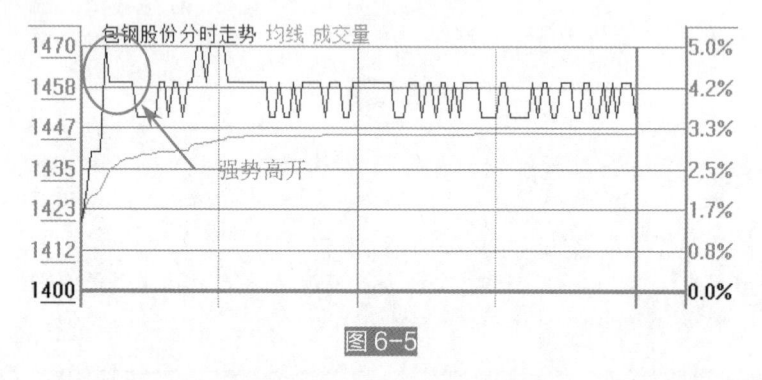

图6-5

> 巨量高开，可能是主力刻意做盘所致，所以投资者要特别小心。所谓巨量，即小盘股成交量在1500手以上，中盘股成交量在2000手以上，大盘股成交量在3000手以上。

2. 低开

低开，表示市场卖出意愿强烈，预示着股价可能要下跌。低开的原因可能包括重大利空的消息、上市公司业绩恶化、投资者恐慌性抛售或受主力刻意打压，如果是巨量低开，则可能是主力刻意做盘所致。

低开又分为强势低开和弱势低开。强势低开是指低开幅度在 1% ～ 2%，并且低开反弹突破前一交易日收盘价或反弹后回调时不破均价线和当天开盘价，如图 6-6 所示。

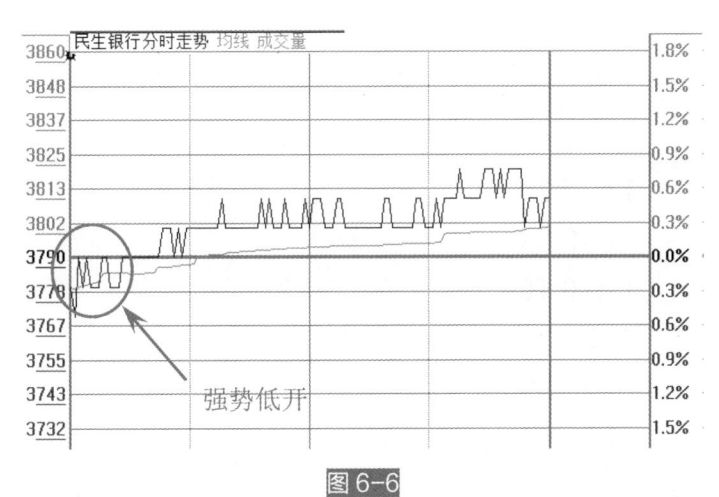

图 6-6

弱势低开是指低开幅度在 3% ～ 7%，并且低开反弹没有突破前一交易日收盘价或反弹后回调时跌破均价线和当天开盘价，如图 6-7 所示。

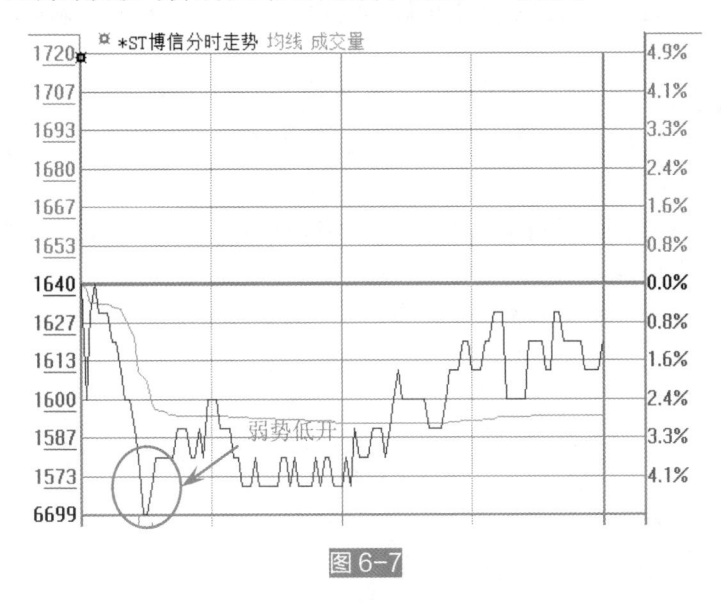

图 6-7

6.1.3 主动性买盘和主动性卖盘

主动性买盘（按"委卖"价格成交）和主动性卖盘（按"委买"价格成交）都

是主力出击的结果,能够左右股价的走势。在主力行情中,总有对倒的成交量出现,如果仅在收盘以后看成交量,往往被迷惑。投资者可以通过主动性买盘和主动性卖盘来研究主力的真正动向。

主动性买盘就是对卖盘一路买,每次成交时箭头为红色并且向上,委卖单不断减少,股价不断往上走。在股价上涨过程中,卖盘开始增加,如果始终有卖盘对应着买盘,每次成交箭头为蓝色并且向下,委买单不断减少,使得其股价逐波往下走,这就是主动性卖盘,如图6-8所示。

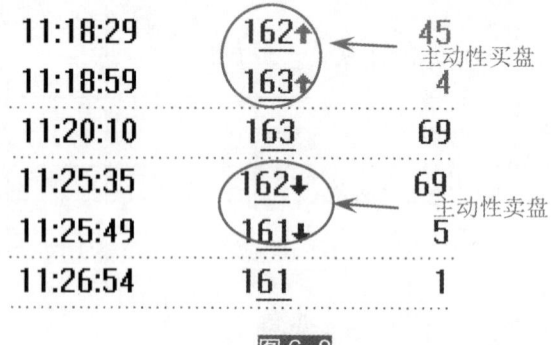

```
11:18:29      162↑  ← 主动性买盘   45
11:18:59      163↑                4
11:20:10      163                 69
11:25:35      162↓  ← 主动性卖盘   69
11:25:49      161↓                5
11:26:54      161                 1
```

图6-8

一般来说,盘中出现主动性买盘时,投资者可顺势买进做多;反之,盘中出现主动性卖盘时,投资者可以顺势卖出做空。这里投资者要注意不要逆市操作,否则很容易吃亏。

还要注意外盘和内盘,当外盘比内盘数量大得多而股价下跌处于低位时,就要想到是否主力在做盘,如果在当日成交明细表中查看到很多大买单,大致可以判断出主力正在趁股价下跌时主动性买进。

当外盘比内盘数量大得多而股价处于高位时,就要想到是否主力在拉高出货,如果在当日成交明细表中查看到很多大卖单,则极可能是主力在主动性卖出,进行对倒出货;如果成交明细中发现大卖单很少,表明跟风买进的散户居多,主力还没有考虑出货,故股价还可能上涨。

当内盘比外盘数量大很多,而股价还在上涨时,则表明主力在震仓洗盘,盘中主动性买盘多半来自主力,主动性卖盘则多半来自中小散户。

6.2 大智慧主界面看盘

投资者可以通过大智慧的报价列表、队列矩阵、分价表和总买总卖等界面对股票的走势、盘口信息加以研判。

6.2.1 报价列表

报价列表主要是以表格的形式显示商品的各种信息。

通过报价列表，投资者可以根据商品顺序观察实时行情，了解关注的股票或者板块的各种变化。报价列表可以同时显示多只股票，并对这些股票的某项数据进行排序，可以方便、快速地捕捉到强势、异动的股票。

1. 指数列表

❶ 在一级市场菜单中选择【指数】选项后，在二级市场菜单中选择【上证系列】选项，即可查看到上证指数的信息，如图6-9所示。

图6-9

❷ 在二级市场菜单中选择【深证系列】选项，即可查看到深证指数的信息，如图6-10所示。

图6-10

❸ 用户可以快速切换到国际股市的指数列表，例如，选择【全球指数】选项，即可看到全球指数的信息列表，如图6-11所示。

序号	代码	名称	最新	涨跌	涨幅	总手	现手	总额	昨收	今开	最高	最低	涨速
沪深京指数													
1	000001	上证指数	297919	▲1179	0.40	2.01亿	26784	1924.74亿	296740	296525	298132	296186	0.06
2	399001	深证成指	882892	▼1978	-0.22	2.34亿	29184	2411.46亿	884870	883516	887499	877101	0.09
3	899050	北证50	706907	▼2066	-0.29	183.06万	483	17.99亿	708973	710065	712658	703851	0.03
4	399330	深证100	400133	▼2322	-0.58	2362.01万	3210	501.56亿	402455	401294	402677	397743	0.13
5	399006	创业板指	166467	▼1876	-1.11	8227.07万	10232	1131.61亿	168343	167966	168954	165201	0.15
6	000300	沪深300	346009	▼157	-0.05	8249.84万	10848	1247.55亿	346166	345826	346627	344381	0.11
7	000016	上证50	239667	▲180	0.08	2493.58万	4528	378.77亿	239487	239520	240198	238762	0.07
8	000905	中证500	497215	▲2937	0.59	6412.89万	11972	720.56亿	494278	494379	497864	492909	0.03
9	000852	中证1000	489106	▼493	-0.10	8763.88万	13464	805.95亿	489599	489456	492354	483975	-0.00
10	000688	科创50	70271	▼937	-1.32	1144.59万	1582	301.10亿	71208	71165	71413	69942	0.05
11	000690	科创成长	76599	▼935	-1.21	134.91万	161	57.63亿	77534	77365	77870	75988	-0.02
12	000698	科创100	75641	▼1393	-1.81	256.68万	321	76.94亿	77034	76950	77154	74984	0.00
A股期指													
1	IF0001	IF当月连续	3434.6	-2.4	-0.07	26353	2	271.14亿	3435.4	3438.0	3443.0	3417.0	0.12
2	IH0001	IH当月连续	2367.4	+1.8	0.08	16100	1	114.21亿	2365.2	2369.4	2372.4	2356.2	0.11
3	IC0001	IC当月连续	4946.0	+29.2	0.59	25086	1	247.07亿	4909.0	4926.0	4962.2	4898.2	0.08
4	IM0001	IM当月连续	4854.0	-4.0	-0.08	56948	2	550.56亿	4851.4	4858.0	4892.6	4793.2	-0.06
5	MCAY0	MSCI中国A50互联互通	1926.80	-2.80	-0.15	2588	1		1929.60	1930.60	1933.60	1916.00	0.15
6	CNY0	富时A50指数当月连续	11888.00	-14.00	-0.12	10.44万	2		11902.00	11905.00	11939.00	11821.00	0.13

图 6-11

2. 涨幅排名

在一级市场菜单中选择【沪深京】选项后，即可看到沪深京的列表信息，单击【涨幅】选项，即可查看涨幅排名，如图 6-12 所示。

序号	代码	名称	最新	涨跌	涨幅	换手率	量比	涨速	总额	总手	现手
1	300197	节能铁汉	137	▲023	20.18	2.24	1.55		8481万	61.93万	20
2	300716	泉为科技	862	▲144	20.06	13.77	1.92	7.88	1.75亿	22.03万	50
3	300763	锦浪科技	4997	▲833	20.00	6.46	6.13	2.40	10.02亿	20.77万	30
4	301141	中科磁业	3870	▲645	20.00	34.32	5.38		5.09亿	13.47万	6
5	301388	欣灵电气	2965	▲494	19.99	64.75	14.01		5.15亿	17.71万	6
6	300561	汇金科技	967	▲161	19.98	10.38	1.86		1.89亿	20.30万	23
7	300103	达刚控股	536	▲089	19.91	8.21	1.46		1.08亿	20.15万	2
8	300947	德必集团	1702	▲272	19.02	22.85	4.50	-0.29	3.49亿	21.77万	72
9	300675	建科院	1294	▲174	15.54	11.12	8.86	1.01	2.13亿	16.31万	18
10	301182	凯旺科技	2552	▲334	15.06	49.41	2.68	1.43	4.32亿	17.77万	10
11	300834	星辉环材	2294	▲294	14.70	8.63	2.11	6.45	1.10亿	52964	371
12	300977	深圳瑞捷	2438	▲257	11.78	51.00	3.53	-1.22	4.69亿	19.77万	6
13	300189	神农科技	200	▲021	11.73	7.35	5.18	0.50	1.27亿	65.13万	1
14	688276	百克生物	3139	▲302	10.65	1.17	2.86	1.49	1.44亿	48334	16
15	600881	亚泰集团	094	▲009	10.59	0.34	0.16		1042万	11.08万	9
16	688077	大地熊	1746	▲163	10.30	3.10	5.70	0.81	6277万	35350	9
17	600076	康欣新材	162	▲015	10.20	3.32	4.65		6576万	44.67万	5
18	600297	广汇汽车	076	▲007	10.14	7.74	2.23		4.77亿	641.83万	30
19	000813	德展健康	229	▲021	10.10	2.07	4.12		9931万	44.78万	20
20	002645	华宏科技	700	▲064	10.06	0.95	1.00		3373万	48276	40
21	002244	滨江集团	799	▲073	10.06	2.34	1.95		4.82亿	62.29万	2
22	002861	瀛通通讯	1176	▲107	10.01	10.70	1.89		1.50亿	12.78万	2
23	002857	三晖电气	1517	▲138	10.01	1.68	0.50		3253万	21445	21445
24	002431	棕榈股份	154	▲014	10.00	1.19	2.31		3310万	21.60万	1
25	002823	凯中精密	1342	▲122	10.00	28.45	4.89		6.53亿	50.83万	4
26	600193	创兴资源	385	▲035	10.00	3.78	9.20		6187万	16.10万	20
27	600325	华发股份	715	▲065	10.00	2.15	4.07	0.14	3.85亿	55.22万	2
28	603843	正平股份	264	▲024	10.00	2.68	1.10		4878万	18.76万	80
29	003042	中农联合	1288	▲117	9.99	2.66	3.40		4246万	33817	7
30	603829	洛凯股份	1301	▲118	9.97	2.85	4.99		5863万	45543	1

图 6-12

6.2.2 队列矩阵

在很多情况下，当一笔大的交易突破一个买卖档位时，为了提高逐单分析的精度，可以在【队列矩阵】窗口中进行查看。队列矩阵功能保存了交易所行情系统发布的全部委托明细数据。

在分时成交列表中右击，在弹出的快捷菜单中选择【队列矩阵】命令，如图 6-13 所示。

图 6-13

选择【队列矩阵】命令后，将打开【队列矩阵】窗口，并覆盖原有的买卖队列窗口，如图 6-14 所示。

图 6-14

在【队列矩阵】窗口中，可以看到系统记忆的其他档位的买卖队列，如果队列是明亮的颜色，则表示该队列的可信度最高；如果队列的颜色突然由亮变暗了一些，表示当前有新的委托加入，此时的队列可信度较高；如果队列的颜色继续变暗，表示当前有撤单现象，此时队列的可信度减小。

6.2.3 分价表

分价表显示的是在各成交价位上分别成交的总手数、各价位成交的笔数、平均每笔手数以及各价位上的成交量占总成交量的比例。

❶ 在分时成交列表中右击，在弹出的快捷菜单中选择【分价表】命令，如图 6-15 所示。

图 6-15

❷ 打开【分价表】窗口，并覆盖原有的买卖队列窗口，如图 6-16 所示。

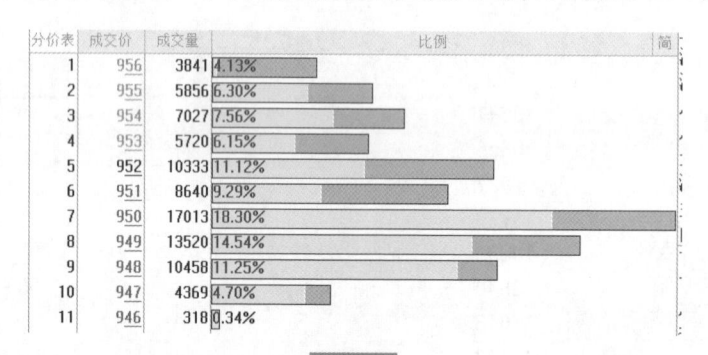

图 6-16

图 6-16 中的不同颜色区域分别代表了买入成交的比例和卖出成交的比例。通过分价表，投资者可以判断该股今日交易者持仓成本、阻力与支撑的位置，同时还可以通过判断该价位成交平均每笔手数大小来分析买卖数量，以此来比较自己的交易成本与市场交易成本之间的差距。

6.2.4 总买总卖

总买总卖指标是描述分时走势上每一分钟的未成交量和委托的指标，从中可以直观地判断当前市场买卖的意愿。

进入分时图界面,在分时图下方的指标模板工具栏中单击【总买总卖】标签,可以查看总买总卖指标。在分时图中右击,在弹出的快捷菜单中选择【指标用法注释】命令,弹出【总买总卖指标用法】对话框。通过该对话框,投资者可以了解到总买总卖指标中红线、绿线以及毛刷柱状线的含义,如图 6-17 所示。

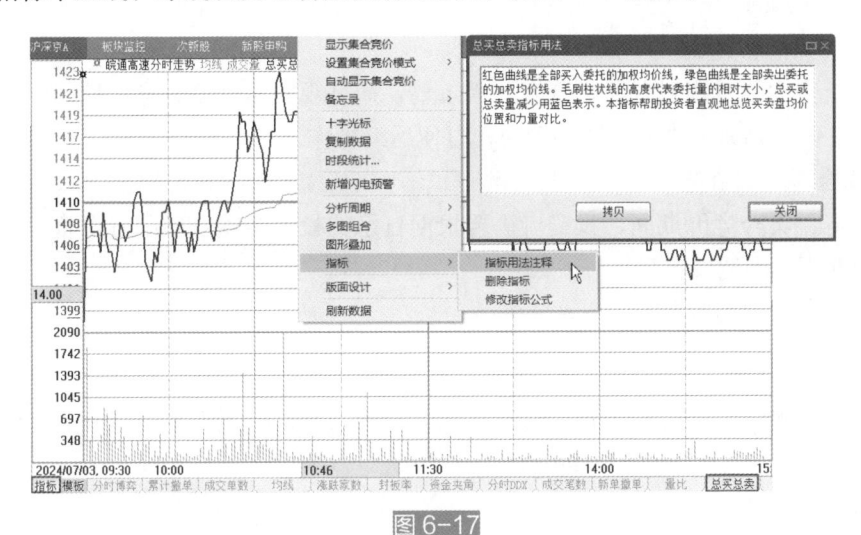

图 6-17

由于总买总卖指标显示的是还没有成交的委托量和委托价,因此,在实际分析的时候,一定要根据真实数据编制的指标进行综合判断。

6.3 新股民学堂——尾盘集合竞价

集合竞价分早盘集合竞价和尾盘集合竞价,前面介绍了早盘集合竞价,这里来介绍一下尾盘集合竞价。

1. 尾盘集合竞价的特点

1)时间集中

尾盘集合竞价的时间很短,只有三分钟,交易时间相对集中。

2)价格稳定性较差

由于时间较短,尾盘集合竞价的波动性较大,价格稳定性相对较差。

3)成交量大

由于尾盘集合竞价的特殊性,成交量相对较大。

4)买卖力量的博弈激烈

在尾盘集合竞价期间,买卖力量的博弈尤为激烈,投资者需要根据市场走势和买卖力量来判断后市走势。

2. 技术性要求

1）观察尾盘走势

因为尾盘竞价时间短，所以投资者必须密切关注尾盘的走势，观察买卖力量的变化，以便判断后市走势。

2）判断主力意图

判断主力的意图对普通投资者非常重要，通过观察尾盘集合竞价期间的成交量和价格变化，判断主力的意图和动向，以便后续操作。

3）合理配置资金

在尾盘集合竞价期间，投资者需要根据自己的投资策略合理配置资金，避免因资金配置不当而造成损失。

3. 与早盘竞价的区别

1）时间不同

早盘集合竞价的时间为每个交易日的 9:15—9:25，而尾盘集合竞价的时间为每日交易结束前的最后三分钟，即 14:57—15:00。

2）价格稳定性不同

早盘集合竞价期间价格相对较为稳定，不易出现大幅波动，而尾盘集合竞价期间价格波动性较大。

3）成交量不同

早盘的集合竞价的参与量和活跃度明显胜过尾盘。早盘集合竞价的成交量相对较大，而尾盘集合竞价的成交量相对较小。

4）买卖力量的博弈不同

早盘集合竞价期间，投资者可以根据前一交易日的走势和新闻消息等因素来预判当日的走势，买卖力量的博弈相对较为明确；而尾盘集合竞价期间，买卖力量的博弈尤为激烈，投资者需要根据市场走势和买卖力量来判断后市走势。

5）复杂程度不同

由于早盘过后还有半天的成交时间，早盘集合竞价相比尾盘集合竞价更错综复杂，不确定性概率更大。

第 7 章

细节定成败——盘口细节中的盈利秘诀

天下大事，必作于细。——老子

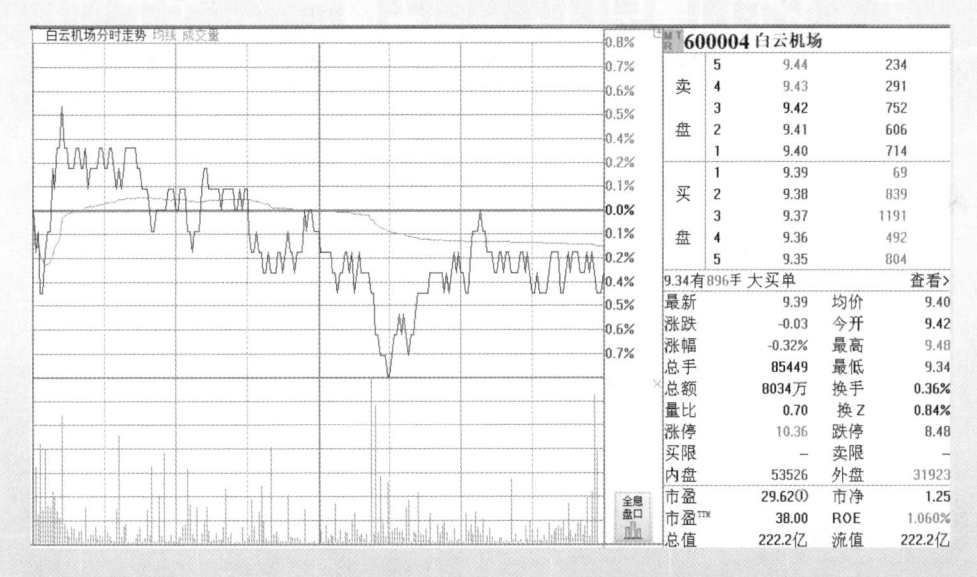

盘口分析，即看盘，通过大智慧软件，可以对盘面信息进行综合研判。在股市中，往往是一些看似微不足道的细节决定了投资的成败。我们这里所说的技术分析主要指分时走势图和K线图，分时走势图和K线图也是最常用的两个技术分析工具。掌握这些细节技术，你的投资将更加精准和高效。

7.1 进入大盘分时走势图

股票市场每时每刻都发生着变化，进行分时走势分析就显得尤为重要。分时图既有大盘的分时走势图，也有个股的分时走势图。

进入分时走势图界面的常用方法有以下几种。

- ➢ 进入股票、基金或商品的行情报价窗口，选中所需要的指数后双击或者按 Enter 键进入分时走势图。
- ➢ 在【K 线图】页面里按 F5 快捷键。
- ➢ 选择软件左侧的【分时走势】选项。

> 在任意界面输入"03"后按 Enter 键，都可以进入上证指数分时图界面，输入"04"后按 Enter 键就可以进入深证指数分时图界面。

❶ 输入"03"后按 Enter 键，打开上证指数分时图的界面，如图 7-1 所示。

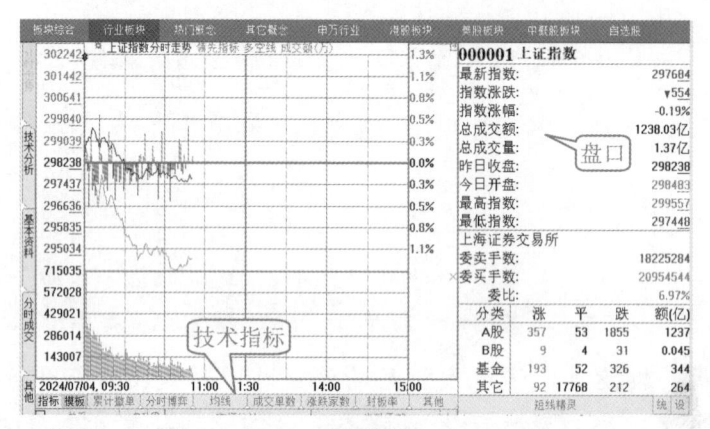

图 7-1

❷ 单击分时图界面下方的横向标签，可以在打开的选项卡中查看其他各项技术指标。例如，单击【涨跌家数】标签，界面显示如图 7-2 所示。

> 大盘的分时界面和个股的分时界面显示的指标不完全相同。

❸ 输入"600941"后按 Enter 键，切换到中国移动的分时图界面，显示如图 7-3 所示。

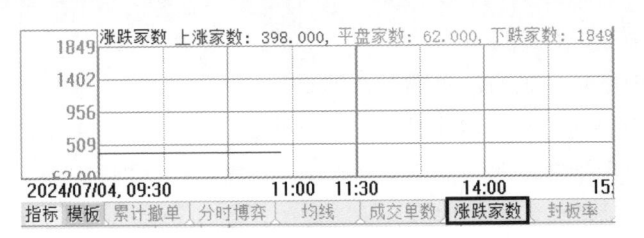

图 7-2

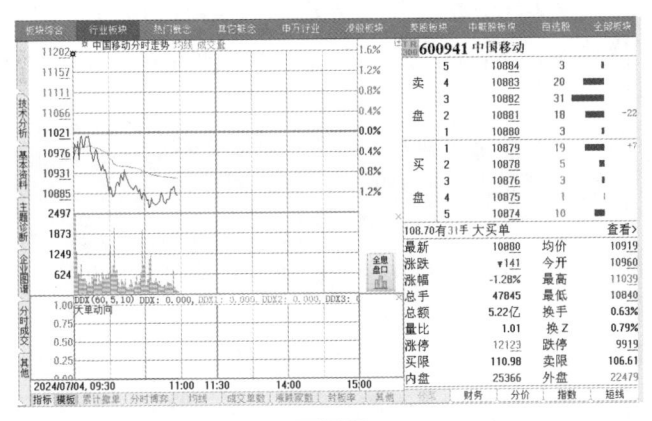

图 7-3

7.2 认识大盘分时图

大盘分时图主要由分时走势线、市场统计、信息地雷、指数贡献、动态行情等模块组成，如图 7-4 所示。

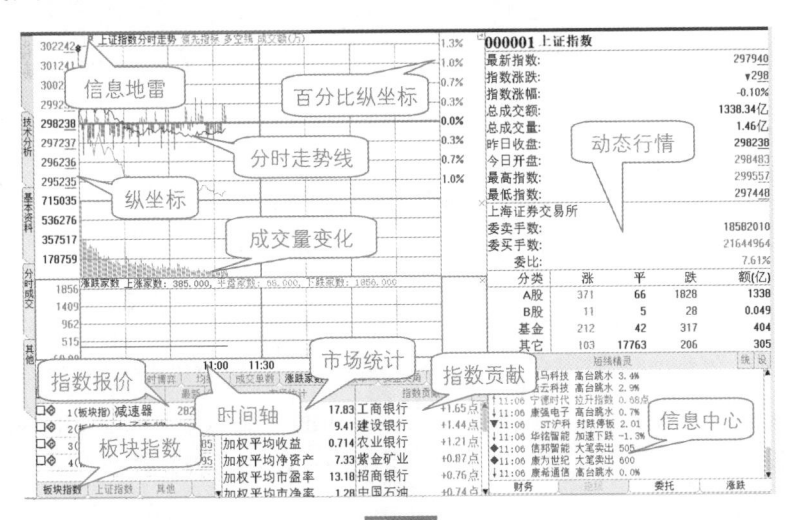

图 7-4

下面对各模块进行相关介绍。

(1) 信息地雷：反映市场上的重要消息。

(2) 分时走势线：在分时走势中有两条线，其中，一条线代表含有加权的股票价格走势，即大盘指数；另一条线代表不含加权的股票价格走势，即小盘指数。具体区别可以看分时走势线上文字的介绍。

(3) 百分比纵坐标：用来测量股指变动的百分比。

(4) 纵坐标：用来表示股指点数、成交量以及各种指标参数的刻度。

(5) 成交量变化：表示目前整个市场上的成交量变化，每根柱线都代表某一分钟内的成交量总和。

(6) 动态行情：主要显示当前股票的各种动态参数。

(7) 时间轴：显示当天或一周内的大盘分时图。

> 当需要显示一周内的大盘分时图时，按上下方向键即可完成切换。

(8) 指数报价：通过相关标签选择对应的报价。

(9) 市场统计：显示市场中平均股价、加权平均股价、加权平均收益、加权平均净资产等重要统计信息。

(10) 指数贡献：按照每只股票对当前指数变动起到的作用进行排序。

(11) 信息中心：主要包括财务、短线、委托和涨跌4个选项卡。

【财务】选项卡含有最新的财务数据摘要，如图7-5所示。

【短线】选项卡主要是对市场上所有异动股票的实时跟踪，如图7-6所示。

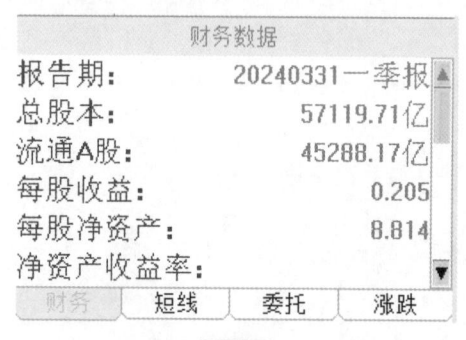

图7-5

图7-6

单击【短线】选项卡右上角的【统】按钮，可以进入【短线精灵统计】面板，在这个面板中，投资者可以选择短线精灵中显示的字段，而不被选中的字段将不再显示，如图7-7所示。在【短线精灵统计】面板中单击【表】按钮，可以返回【短线精灵】面板。

【委托】选项卡：可以统计当天所有的累计委托单数，用于分析当前市场的买卖意愿。其中靠近"最新价"的浅蓝色与浅黄色部分代表前10档买卖盘，黄色的三角形代表委托均价的位置，如图7-8所示。

图7-7

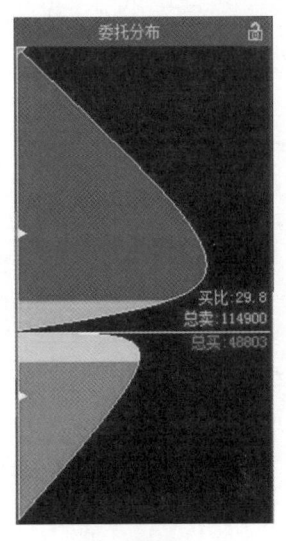

图7-8

【涨跌】选项卡：通过该选项卡可以看到【涨跌分布】面板，如图7-9所示。

(12) 指标模块选项板：可以选择各种指标或者对分析模块进行各种操作。

在分时走势图界面中右击鼠标，在弹出的快捷菜单中选择【十字光标】命令，如图7-10所示。

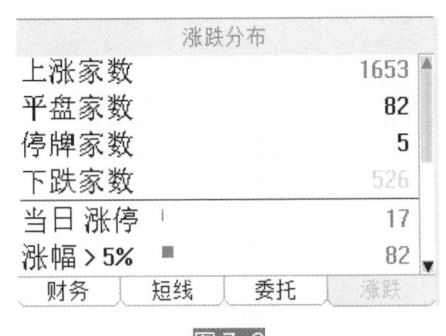

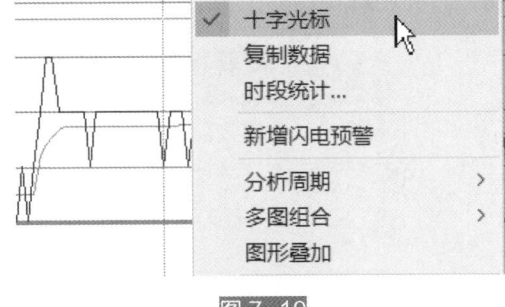

图7-9

图7-10

当鼠标指针移动到分时走势图界面上时，会出现一个"十"字形定位光标，并会随鼠标一起移动。同时，软件系统会给出鼠标所处位置的横纵坐标值以及当前区域的各种信息，如图7-11所示。

图 7-11

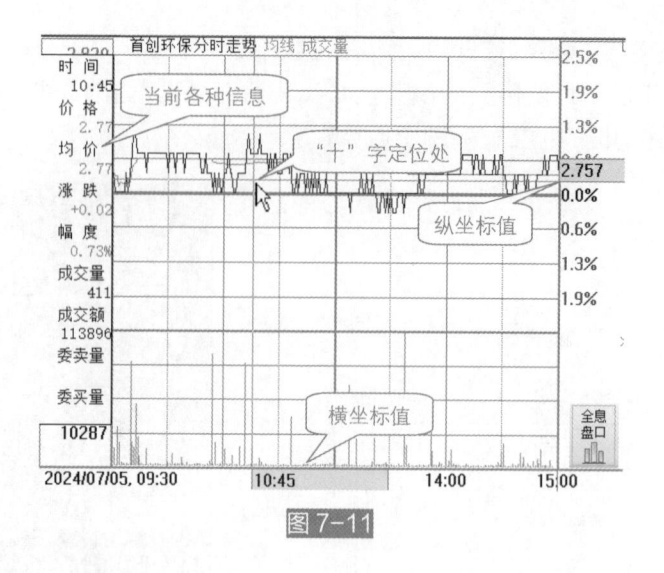

7.3 进入股票K线图

和分时图一样，K线图既有大盘K线图，也有个股K线图。进入K线界面的常用方法有以下几种。

- 在分时图中，使用鼠标双击，即可进入大盘K线图。
- 在分时走势图中，单击左侧的【技术分析】选项进入大盘K线图。
- 在分时图页面里按F5快捷键。

在中国移动股票的分时图界面中单击左侧的【技术分析】选项，进入大盘K线图，打开中国移动的K线图页面，如图7-12所示。

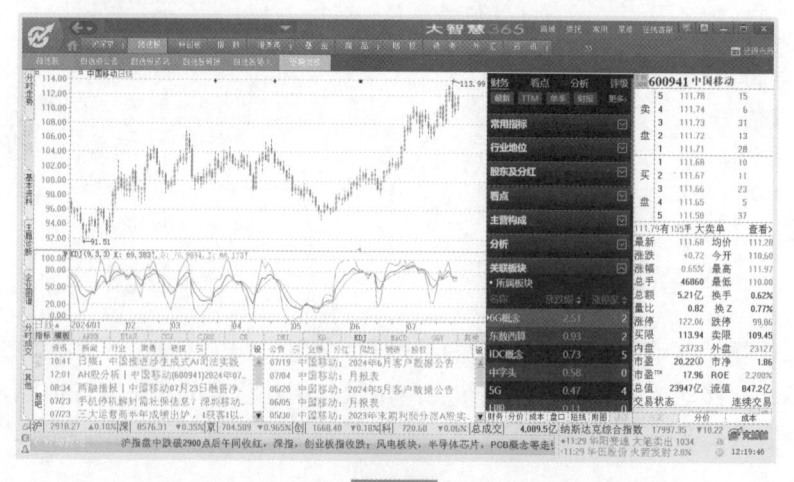

图 7-12

K线有日K线、周K线、月K线、季K线、年K线、1分钟、5分钟、15分钟、30分钟、60分钟等多种。除了软件提供的K线外，投资者还可以根据自己的需要设置K线，默认为日K线。图7-12显示的就是中国移动股票的日K线。

❶ 在K线界面右击鼠标,在弹出的快捷菜单中选择【分析周期】→【周线】命令,如图7-13所示。

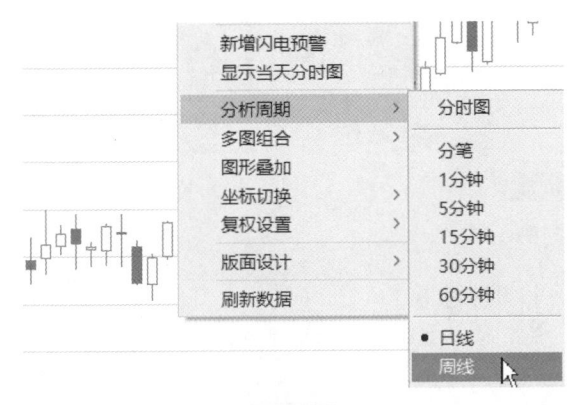

图 7-13

❷ 周K线图显示如图7-14所示。

图 7-14

均线所代表的天数，除了系统默认的以外，还可以进行任意调整和设定。例如，将均线的日期参数设定为180日的操作步骤如下。

❶ 在K线界面图中输入"MA"并按Enter键,即可调出均线图,然后右击鼠标,在弹出的快捷菜单中选择【指标】→【调整指标参数】命令,如图7-15所示。

❷ 弹出【指标参数调整:-MA】对话框,在【日均线】前的微调框中直接输

入"180",如图7-16所示。

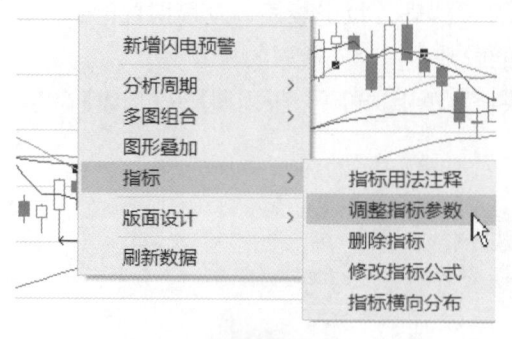

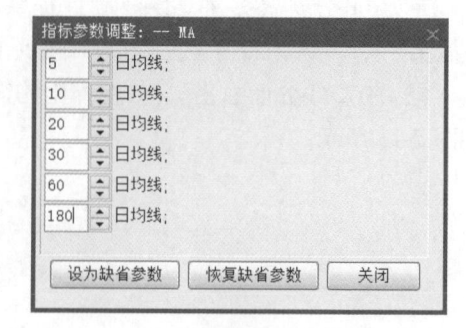

图7-15

图7-16

> 图7-16中的均线数字为最初值,也就是系统最初的默认参数。投资者在重新设定均线参数后,如果需要将这组参数设定为默认参数,单击【设为缺省参数】按钮即可。而此时再单击【恢复缺省参数】按钮时,恢复的将不再是系统最初默认的参数,而是刚刚设定的默认参数。

❸ 设置完成后单击【关闭】按钮,保存参数设置并退出该对话框。

与大盘分时图一样,投资者可以使用左方向键"←"和右方向键"→"查看不同日期的大盘K线图。除此之外,投资者还可以通过向上方向键"↑"和向下方向键"↓"对所选择的股票大盘K线图进行放大或缩小。图7-17所示为使用向上方向键放大的K线走势图。

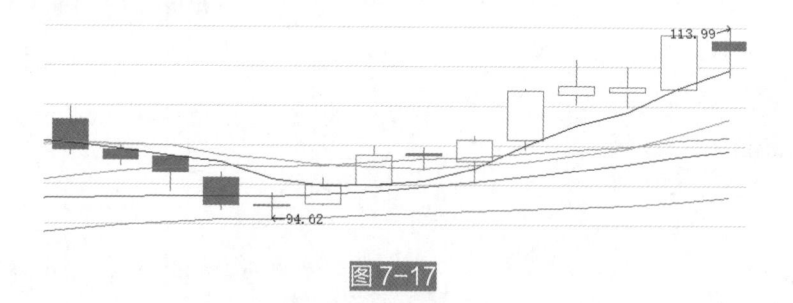

图7-17

7.4 认识股票K线图

大盘K线图主要由信息地雷、均线、VOL指标、KDJ指标、周期切换等模块组成,如图7-18所示。

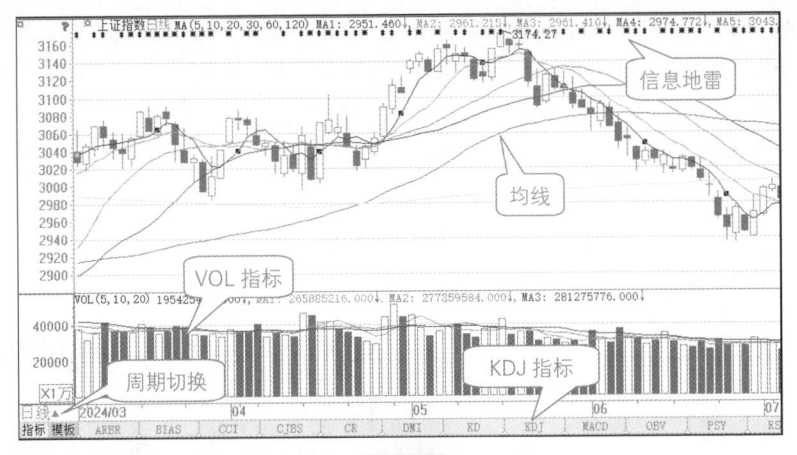

图 7-18

下面对大智慧 K 线图的组成进行相关介绍。

（1）信息地雷：信息地雷位于 K 线图的上方，主要用于显示 K 线所对应时期的重要信息，将鼠标指针移到信息地雷的图标上边就可以查看。

（2）均线：均线简称为"MA"，是在 K 线走势图中与 K 线交织在一起的一系列线条，它是使用最普遍的技术分析工具。系统均线可以设置为 5 日均线、10 日均线、20 日均线、30 日均线、60 日均线和 120 日均线。由于每周有 5 个交易日，每月约有 22 个交易日，因此，可以约定，将 5 日均线定为一周走势的股价平均线，20 日定为一个月的股价平均线，而 120 日均线通常是指半年的股价平均线。

（3）VOL 指标：VOL 指标也叫均量线，主要用于反映一定时期内市场平均成交总手数。

（4）KDJ 指标：KDJ 指标也叫随机指标，是以最高价、最低价及收盘价为基本数据进行计算的。

这里需要说明的是，在大智慧软件的 K 线走势图中，当使用键盘输入"1"后，由于"上证 A 股"和"1 分钟线"所对应的代码均是"1"，投资者可以使用上下方向键，选择进入大盘 K 线走势周期图和股市行情报价图，如图 7-19 所示。

图 7-19

大智慧软件可以将两只或多只股票的 K 线叠加在一起进行分析对比，股票价格差距越大的，叠加时间距越大，反之 K 线图就会变窄，难以辨认，此时最好将坐标切换到百分比坐标。进行叠加品种的具体操作步骤如下。

❶ 在中国国贸的 K 线界面右击鼠标，并在弹出的快捷菜单中选择【图形叠加】命令，如图 7-20 所示。

❷ 在弹出的【主图叠加 选择股票】对话框的输入框中选择上证 A 股中的"浦发银行"，单击【确定】按钮，即可添加该股票，如图 7-21 所示。

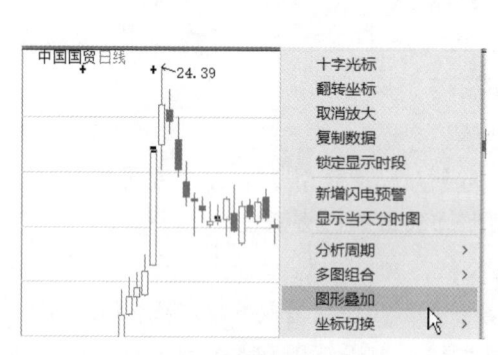

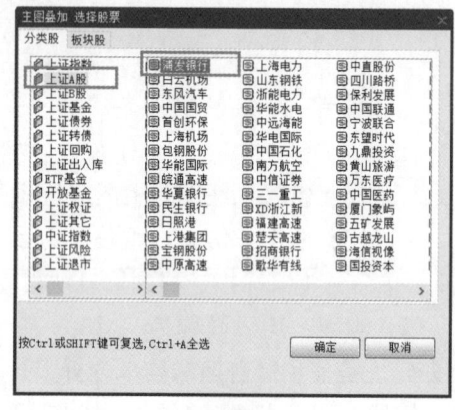

图 7-20

图 7-21

❸ 单击【确定】按钮，结果如图 7-22 所示。

图 7-22

7.5 买盘和卖盘

进入个股界面后，在大智慧软件的右侧可以看到盘口中的买盘和卖盘信息，如图 7-23 所示。在大智慧交易软件中，可以显示前 5 档价格最低的卖单和前 5 档价格最高的买单，一般简称为买1、买2、买3…或卖1、卖2、卖3…

		600004 白云机场	
卖盘	5	9.44	234
	4	9.43	291
	3	9.42	752
	2	9.41	606
	1	9.40	714
买盘	1	9.39	69
	2	9.38	839
	3	9.37	1191
	4	9.36	492
	5	9.35	804

图 7-23

买盘指的是买入股票的资金意愿和实际行为。例如，主力机构看好某只个股，如果开始大量买入该股，在盘口上就会显示该资金正在介入该股，买盘比较多。通常情况下，主动性买盘越多，该股上涨的可能性就越大。卖盘指的是卖出股票的资金意愿和实际行为。例如，主力看淡某只个股，大量卖出该股，那么在盘口上就会显示大量资金正在逃离该股，卖盘比较多。当然，主动性卖盘越多，股票下跌的可能性就会越大。但是，在实际的炒股过程中，对于主力的动向并不好把握，而且，庄家常用买盘与卖盘进行造假，来迷惑投资者。

探寻主力动向的方法很多，从个股交易的买卖盘就可以准确观察主力的动向，具体表现就是一只股票委托买入的价格、数量及委托卖出的价格、数量的反映。当某个投资者委托买入的价格与另一个投资者委托卖出的价格相同时，则成交。当委托买入价格与卖出价格达不到成交条件时，就排队等候。对于委托卖出的卖单，按价格由低到高排列，价格低的会排在前面；对于买单，同样按委托买入的价格排序，价格高的则排在前面。

7.6 新股民学堂——多股同列

用户可以将多只股票同时列出进行对比。

❶ 在打开的大智慧软件界面的一级市场菜单中选择【沪深京A】选项，然后右击，在弹出的快捷菜单中选择【多股同列】命令，如图 7-24 所示。

❷ 进入多股分时图界面，如图 7-25 所示。

❸ 按 F5 快捷键，即可进入多股 K 线图界面，如图 7-26 所示。

图 7-24

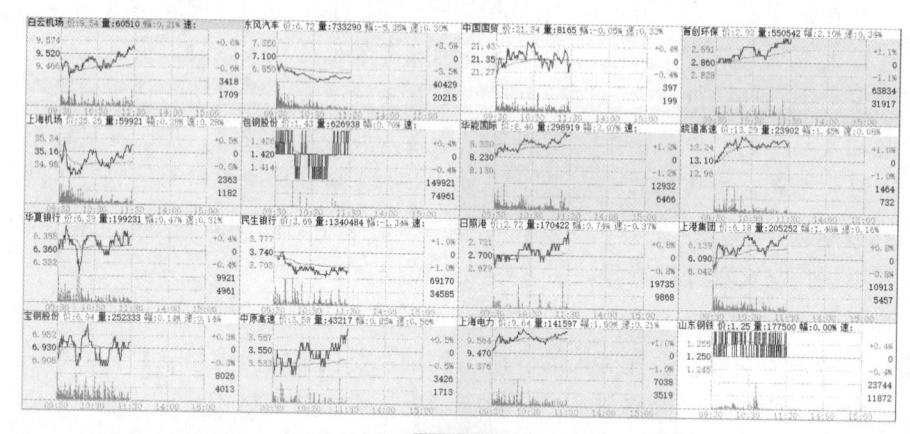

图 7-25

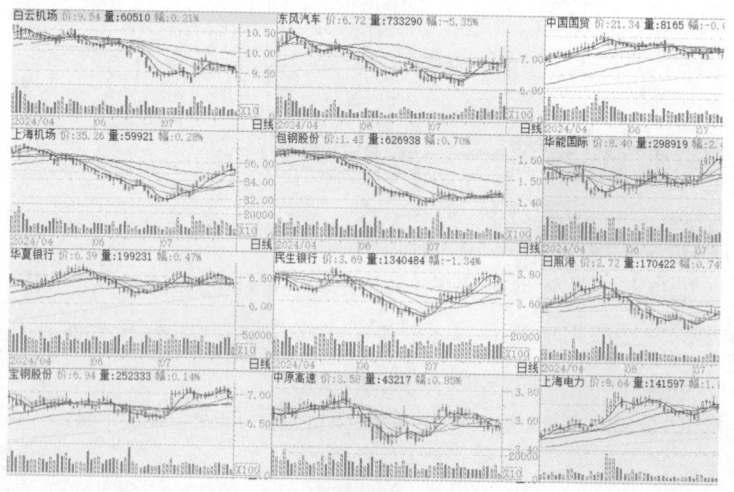

图 7-26

第 8 章

双重透视——股票基本面与消息面

兼听则明，偏信则暗。——《资治通鉴》

消息面对于股市可以是兴奋剂，也可以是安眠药，它对于盘面和个股走势有非常大的影响。基本面和消息面是影响股价的两大核心因素。本章将从双重透视的角度，深入探讨如何综合运用基本面分析和消息面解读来把握市场动态。你将学会如何评估公司的财务状况、行业地位以及市场前景，并结合消息面的变化来预测股价的走势。

8.1 消息面分析

大智慧软件提供了很多股票的资讯,例如最新资讯、自选股资讯、资讯菜单、实时滚动资讯和信息地雷等,通过这些渠道,投资者可以获得全面的信息,从而对股票买卖做出合理的判断。

8.1.1 最新资讯

在大智慧软件首页不仅可以查看自选股票、上证指数和联动分时图,还可以查看最新资讯。

❶ 在大智慧软件首页的右侧可以看到最新资讯列表,如图 8-1 所示。

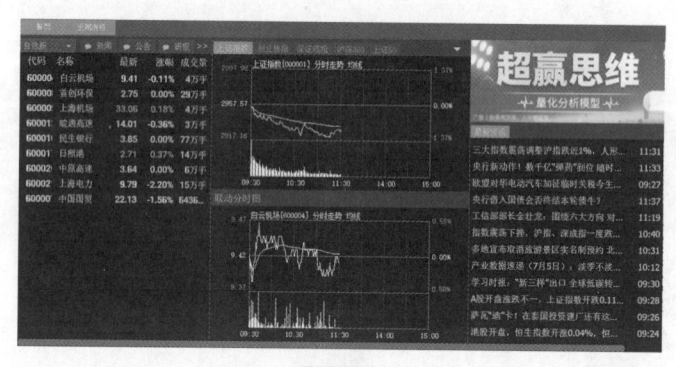

图 8-1

❷ 单击资讯列表中的资讯标题,即可进入资讯详情页面,如图 8-2 所示。

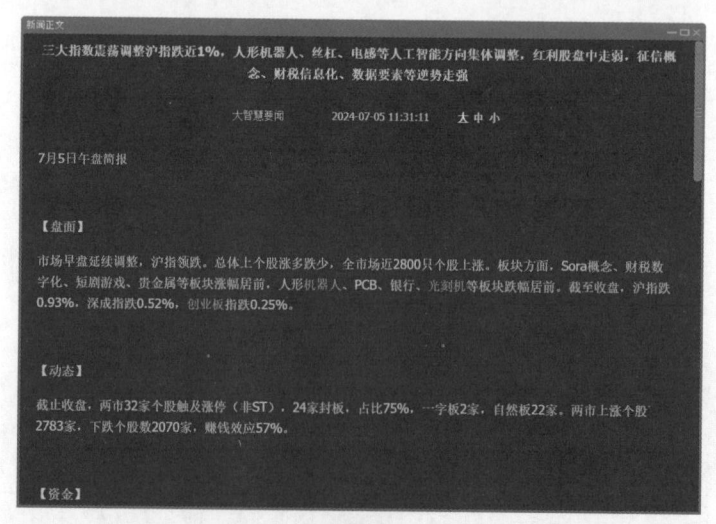

图 8-2

8.1.2 自选股资讯

自选股资讯页面把自选股的最新信息列表显示出来，供投资者参考。

❶ 在大智慧软件首页的左侧，单击【新闻】按钮，如图 8-3 所示。

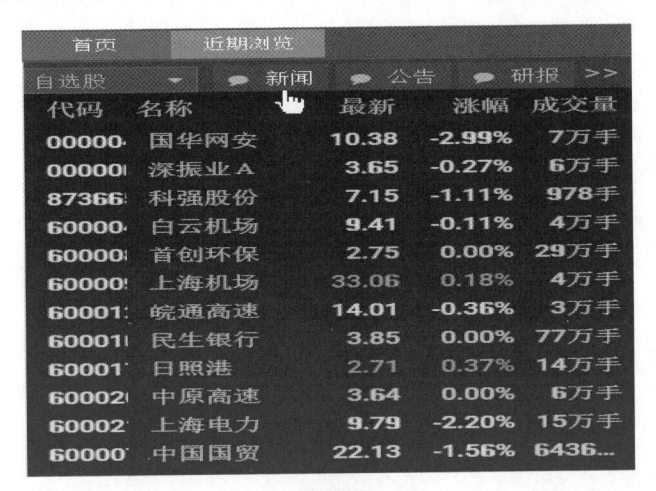

图 8-3

❷ 单击某只自选股的新闻链接，即可查看该股的最新消息，例如，单击左侧列表中的第一条资讯，会在界面右侧显示结果，如图 8-4 所示。

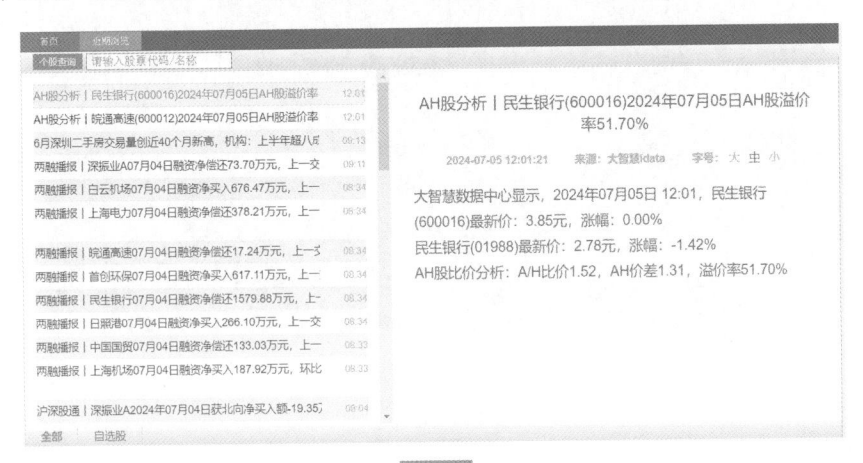

图 8-4

8.1.3 资讯菜单

大智慧软件所提供的新闻市场菜单中包含了股市资讯、股市研究、自选股等八大类新闻信息供投资者及时浏览。

❶ 在一级市场菜单中选择【资讯】选项后，投资者进入【最新资讯】页面，从中可以查看资讯内容，如图 8-5 所示。

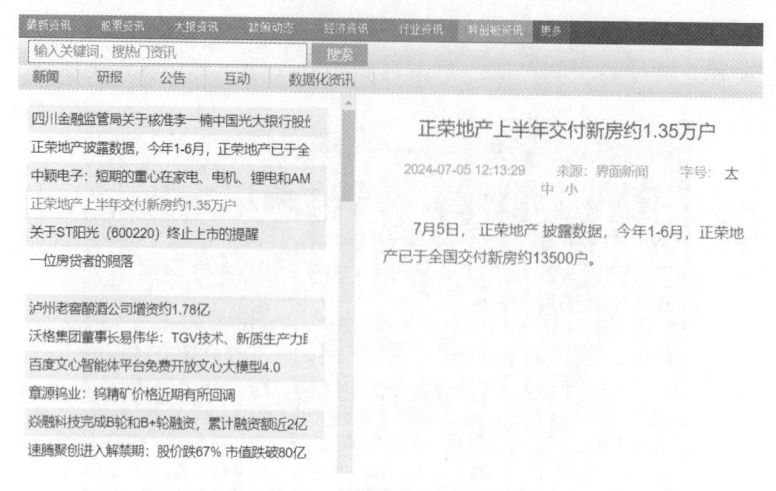

图 8-5

❷ 单击【更多】选项，即可打开全部分类的资讯，这里可以选择需要的资讯，如图 8-6 所示。

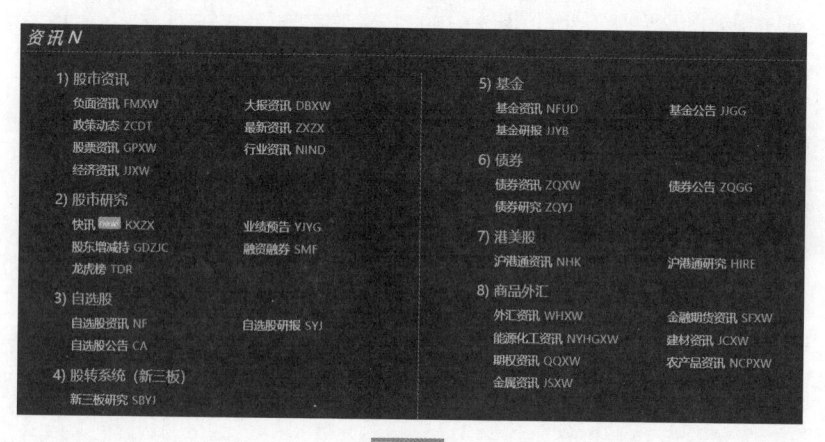

图 8-6

8.1.4 实时滚动资讯

大智慧软件通过滚动条的形式，24 小时不间断地提供股市新闻，以期让投资者及时掌握股市动态，做出合理的投资决策。

在大智慧软件的最下方是信息栏，其通过滚动条的形式显示了最新的股市信息，展开后的效果如图 8-7 所示。

在信息栏上单击鼠标，将显示信息的详细内容，如图 8-8 所示。

图 8-7

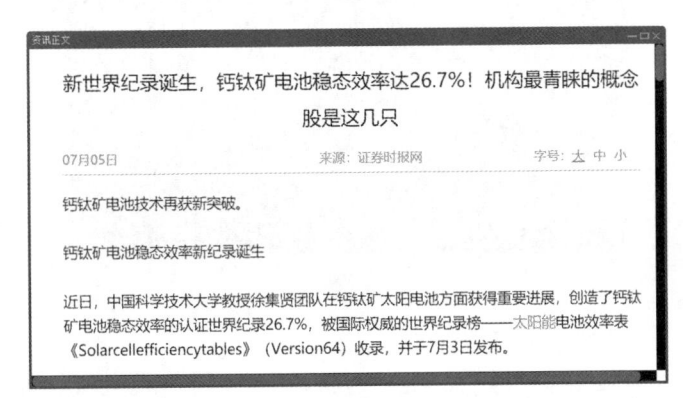

图 8-8

8.1.5 信息地雷

投资者不可能每天都把浩如烟海的股市新闻浏览一遍，这就有可能漏掉所需要的重要信息，造成不必要的投资损失。大智慧软件提供的"信息地雷"就使用户免除了这个麻烦。

在分时走势或 K 线页面看见的"※"即为信息地雷。

❶ 在分时走势图或 K 线走势图中，将鼠标指针放到信息地雷图标上，即可显示信息内容标题，如图 8-9 所示。

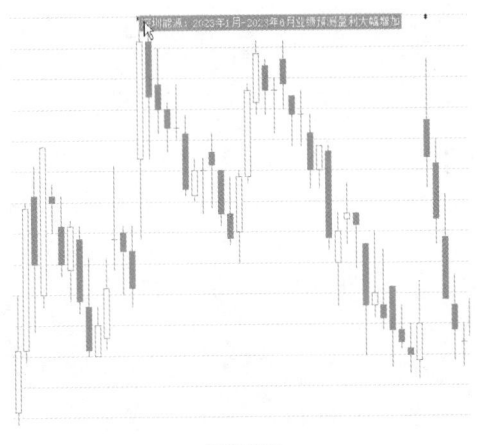

图 8-9

❷ 单击鼠标，打开该消息的完整页面，如图 8-10 所示。

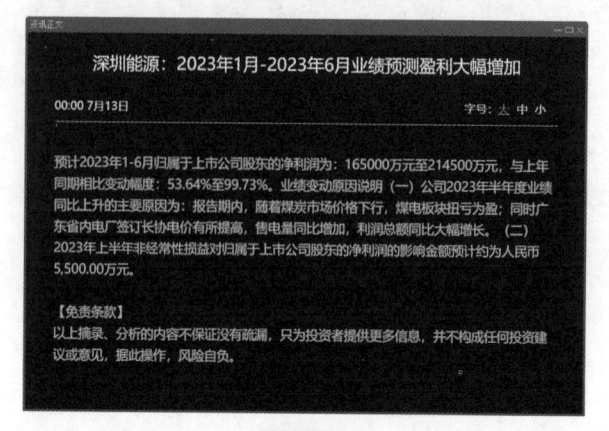

图 8-10

> 信息地雷的内容是由资讯商提供的，不同的资讯商会提供不同的内容，"同花顺"整合了多个资讯商提供的信息地雷。

8.2 基本面分析

基本面分析是指对宏观经济、行业和公司基本情况的分析。基本面分析不仅分析公司经营理念、策略、公司报表等，还分析宏观经济运行态势和上市公司基本情况。

❶ 打开大智慧软件，进入股票的分时图或 K 线界面，然后按 F10 快捷键，即可进入股票的操盘必读页面，这里包含股票基本面的常见信息，如图 8-11 所示。

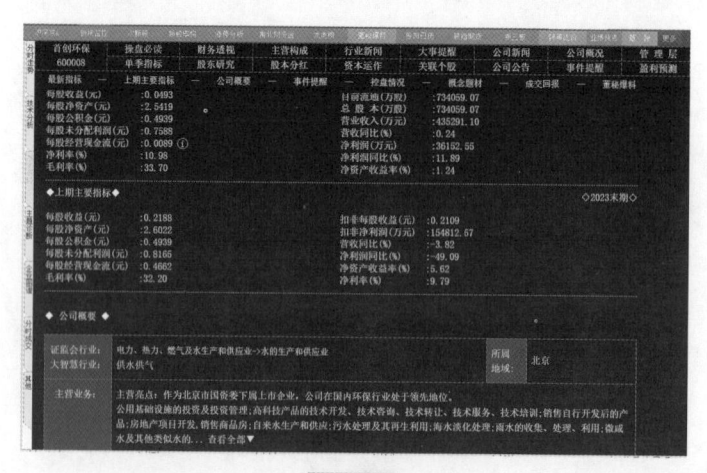

图 8-11

❷ 选择【财务透视】选项，即可查看到公司的财务情况。这里包括公司的主要财务指标、资产负债表、利润表、现金流量表等数据，如图 8-12 所示。

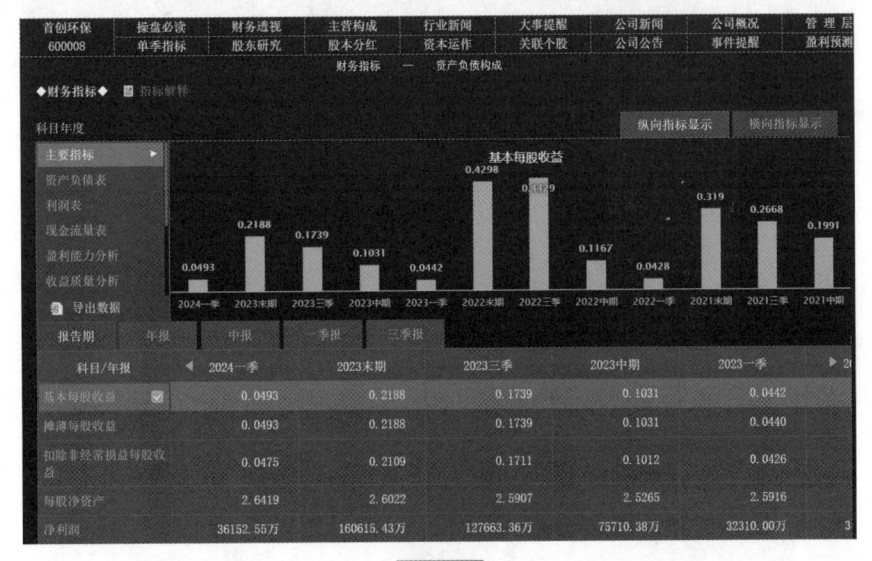

图 8-12

❸ 选择【主营构成】选项，即可查看到公司的主营构成情况。这里包括公司的营业收入、营业利润和营业成本等数据，如图 8-13 所示。

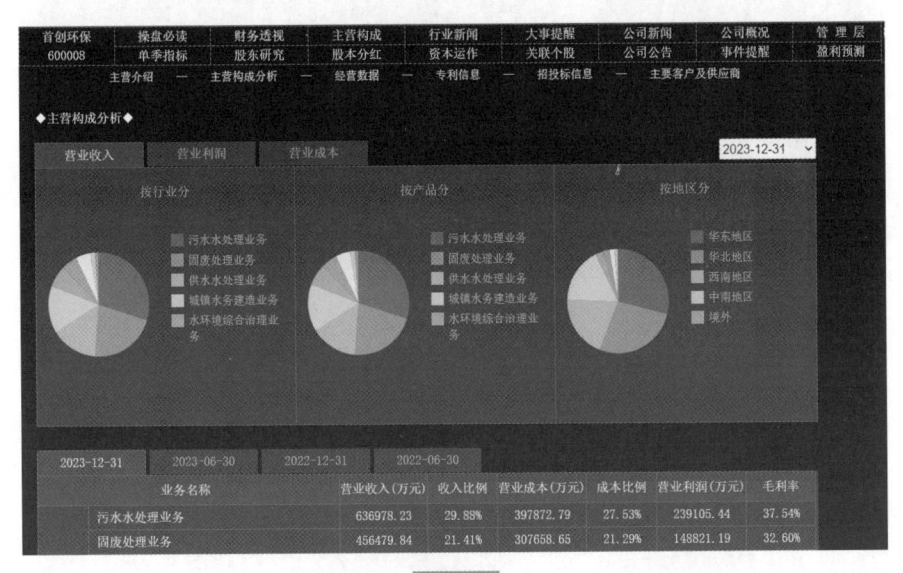

图 8-13

❹ 选择【大事提醒】选项，即可查看到公司的大事情况。这里包括公司的融资融券和机构持仓统计等数据，如图 8-14 所示。

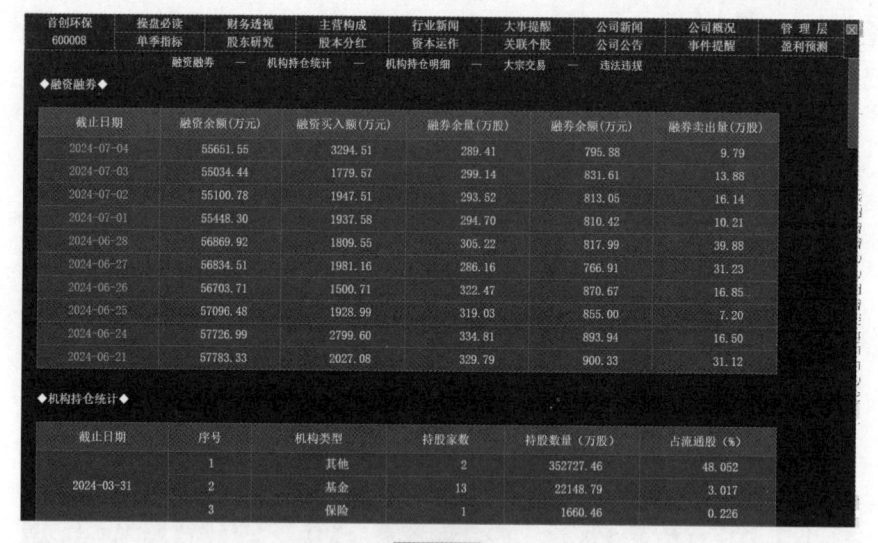

图 8-14

❺ 选择【股东研究】选项，即可查看到公司的股东情况。这里包括股东的名称、持有数量、持股变化等数据，如图 8-15 所示。

图 8-15

8.3 新股民学堂——政治因素对股市的影响

政治因素是指国内外的政治形势，如政治活动、政局变化、国家领导人的更迭、国家或地区间的战争、军事行为等。这些因素，特别是其中的政局突变和战争爆发，会引起股价的巨大波动。

1. 战争

战争是政治的极端体现，因而对股市的影响最大。2023年10月巴以冲突爆发后，美元对以色列谢克尔的汇率急剧下滑，导致股价下跌，如图8-16所示。

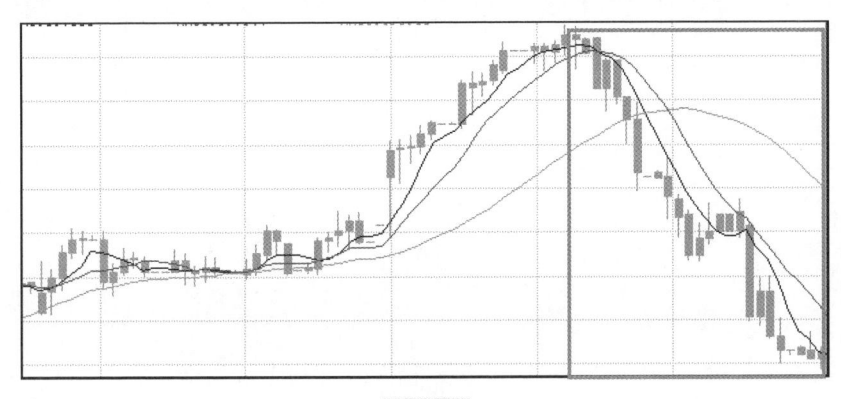

图8-16

2. 国际重大政治活动

随着世界经济一体化的推进，再加上现代化通信手段的普及，国际上重大政治事件对一国股市的影响越来越大。2020年1月31日，英国正式脱欧，伦敦金融时报100指数疯狂下跌，如图8-17所示。

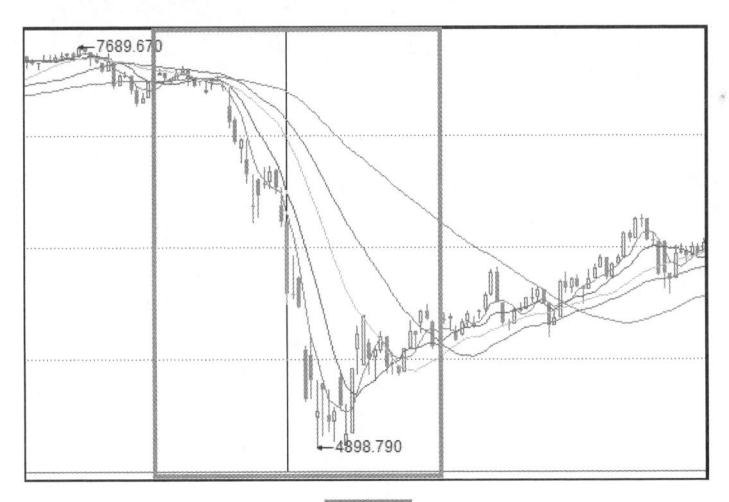

图8-17

3. 重要领导人的言论和行动

对政治决策有重要影响力的人的言行，会对股市产生突发性的影响，如2022年8月26日美联储主席鲍威尔强调利用加息控制物价需要持续一段时间，短短8分钟的演讲，使纳斯达克100指数暴跌逾4%，如图8-18所示。

图 8-18

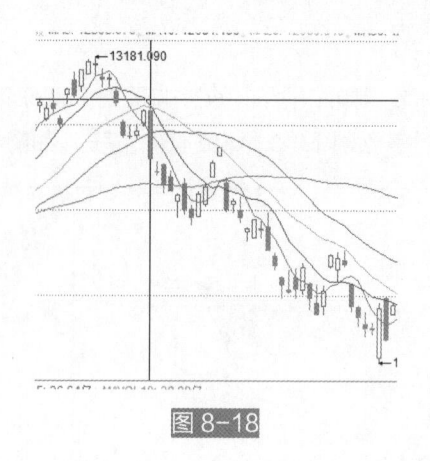

4. 重大战略和政策

国家重大社会经济发展战略的选择和重大政策的出台实施，对股市有着深远的影响。

2023年8月27日，财政部、国税总局发布《关于减半征收证券交易印花税的公告》，为活跃资本市场、提振投资者信心，自2023年8月28日起，证券交易印花税实施减半征收。

8月28日，A股三大股指集体高开，沪指、深成指、创业板指涨幅超5%，随后涨幅回落。截至收盘，上证指数涨1.13%，深证成指涨1.01%，创业板指涨0.96%，两市超3600股上涨，全天成交额达11266亿元，较上一个交易日大幅增长46%，为8月4日以来首次突破万亿元。

第 9 章

选股如选美——大智慧策略助你捕捉潜力股

选股如选美，重在内在与外在的兼修。——彼得·林奇

大智慧的智能选股功能为投资者节省了大量的时间和精力，因此备受众多投资者的喜爱。选股如同选美，需要独到的眼光和策略。大智慧的智能选股包括闪电预警、预警选股、短线精灵、条件选股、走势和形态选股、优选交易系统等。通过运用大智慧的选股工具和策略，将能够筛选出那些被市场低估或具有成长潜力的股票，为你的投资组合增添更多的亮点和收益。

9.1 闪电预警

通过大智慧软件的闪电预警,投资者可以监控某只股票的变动。

❶ 在任意股票的分时图或K线图界面右击鼠标,并在弹出的快捷菜单中选择【新增闪电预警】命令,如图9-1所示。

❷ 打开闪电预警对话框,根据用户需求设置股票价格、涨幅和换手率的数值,达到设置的数值就会触发预警,如图9-2所示。

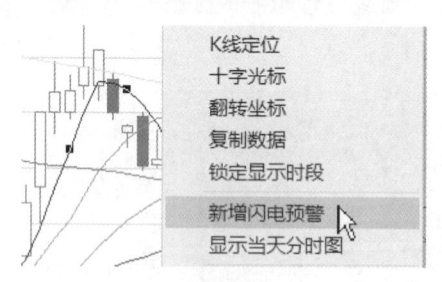

图 9-1

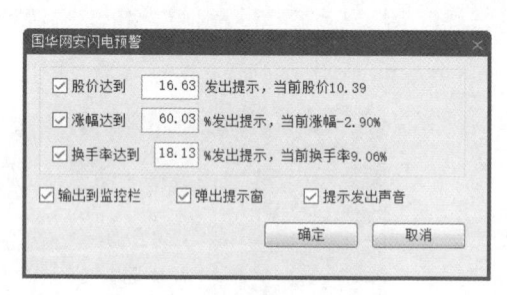

图 9-2

9.2 预警选股

在大智慧中,既可以使用预警条件来选股,也可以使用复杂的组合条件来选股,从而实现更加全面、丰富、复杂的选股。

❶ 选择【菜单】→【工具】→【预警】命令,如图9-3所示。

❷ 弹出预警对话框,单击【新增条件】按钮,如图9-4所示。

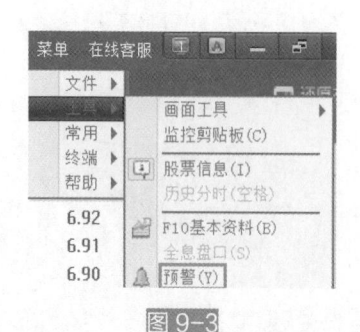

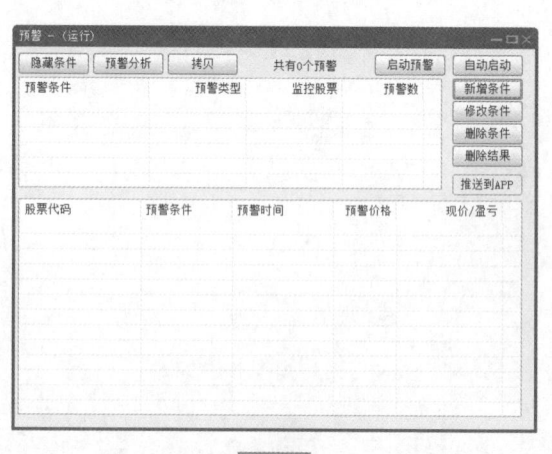

图 9-3

图 9-4

❸ 弹出【预警条件设定】对话框，在【条件选股】目录中可以选择需要的条件，例如，这里选择【A-102 业绩选股】选项，然后单击【加入】按钮，如图 9-5 所示。

❹ 弹出【选择股票】对话框，按住 Ctrl 键不放，可以选择多只股票，如图 9-6 所示。

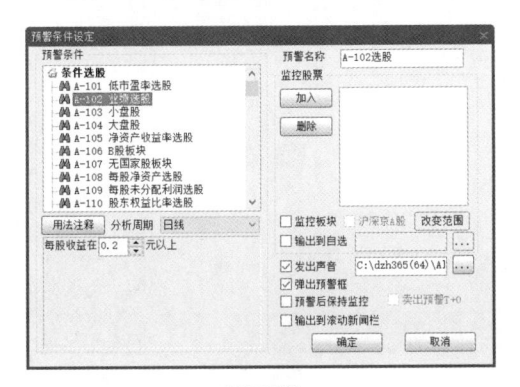

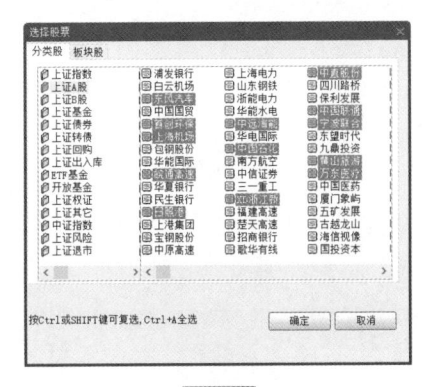

图 9-5

图 9-6

❺ 单击【确定】按钮，返回【预警条件设定】对话框，即可看到所选择的股票，如图 9-7 所示。

❻ 单击【确定】按钮，返回预警对话框，单击【启动预警】按钮，即可查看符合预警条件的股票，如图 9-8 所示。

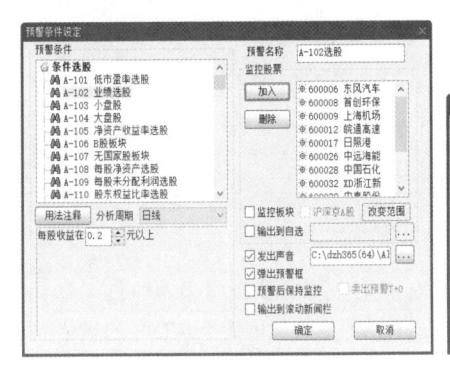

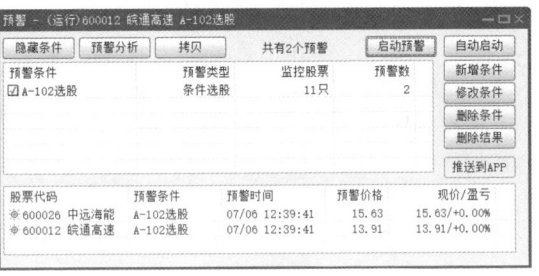

图 9-7

图 9-8

9.3 短线精灵

通过短线精灵可实时监控所有沪深 A 股的盘口异动。

❶ 使用快捷键 DXJL 或单击个股右下角的"短"或"短线"按钮，即可查看短线精灵，如图 9-9 所示。

❷ 单击【统】按钮，即可显示所有的预警项目，用户可以根据自己的需求选

择需要预警的项目，如图 9-10 所示。

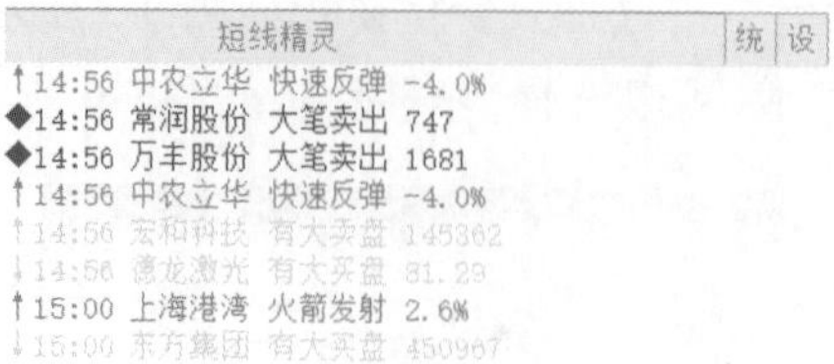

图 9-9

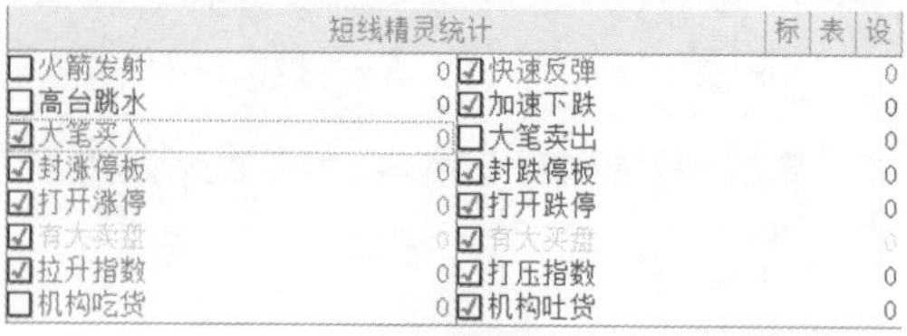

图 9-10

上述预警项目的功能如表 9-1 所示。

表 9-1

预警项目	功　　能
火箭发射	快速上涨并且创出当日新高
快速反弹	由原来的下跌状态转变为快速上涨
高台跳水	由上涨状态转化为快速下跌
加速下跌	延续原下跌状态并且加速
大笔买入	出现换手率大于 0.1% 的外盘成交
大笔卖出	出现换手率大于 0.1% 的内盘成交
封涨停板	涨停板
封跌停板	跌停板
打开涨停	打开涨停板
打开跌停	打开跌停板
有大卖盘	5 档卖盘合计大于 80 万股或和流通盘的比值大于 0.8%
有大买盘	5 档买盘合计大于 80 万股或和流通盘的比值大于 0.8%
拉升指数	5 分钟内对指数的拉升值大于 0.5%
打压指数	5 分钟内对指数的打压值大于 0.5%
机构买单	买入队列中出现大于 50 万股或 100 万元或和流通盘的比值大于 0.25% 的买单
机构卖单	卖出队列中出现大于 50 万股或 100 万元或和流通盘的比值大于 0.25% 的卖单
机构吃货	立即买入成交单大于 50 万股或 100 万元或和流通盘的比值大于 0.1%
机构吐货	立即卖出成交单大于 50 万股或 100 万元或和流通盘的比值大于 0.1%
买单分单	大于 10 万元的连续买入挂单超过 3 个
卖单分单	大于 10 万元的连续卖出挂单超过 3 个
买入撤单	撤销买入委托单大于 50 万股或 100 万元或和流通盘的比值大于 0.1%
卖出撤单	撤销卖出委托单大于 50 万股或 100 万元或和流通盘的比值大于 0.1%
买入新单	总买盘增加 50 万股或 100 万元或和流通盘的比值大于 0.1%
卖出新单	总卖盘增加 50 万股或 100 万元或和流通盘的比值大于 0.1%

❸ 单击【表】按钮，返回到【短线精灵】列表，即可查看根据设置显示的信息，如图 9-11 所示。

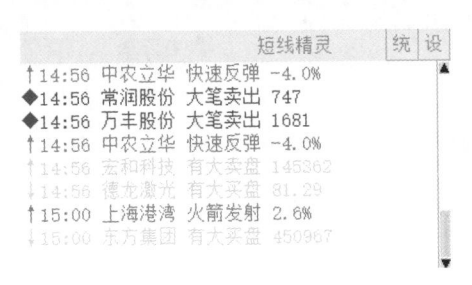

图 9-11

9.4 条件选股

在大智慧软件中，既可以使用系统大量选股公式、技术指标来选股，也可以自己设定条件来选股。

❶ 选择【菜单】→【工具】→【条件选股】命令，如图 9-12 所示。

❷ 弹出【条件选股】对话框，在【条件选股】列表中选择需要的指标条件，例如，这里选择【MA 均线买入条件选股（常用）】选项，如图 9-13 所示。

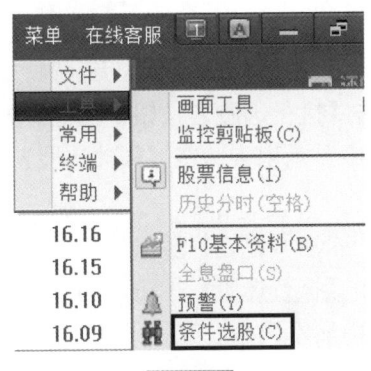

图 9-12

图 9-13

❸ 单击【执行选股】按钮就会进行数据计算。稍等片刻，便会筛选出符合条件的股票，并在主界面中显示出来。在【条件选股】对话框中显示选中股票的数量和比例，如图 9-14 所示。

❹ 在【条件选股】对话框中单击【高级】按钮，即可在【指标条件选股】目录中选择多个条件，单击【加入】按钮，然后单击【执行选股】按钮，就会显示出根据组合条件选出的股票，如图 9-15 所示。

图 9-14

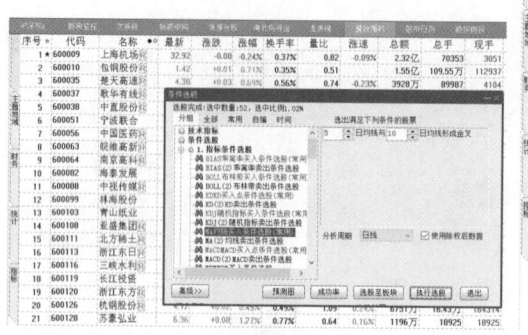

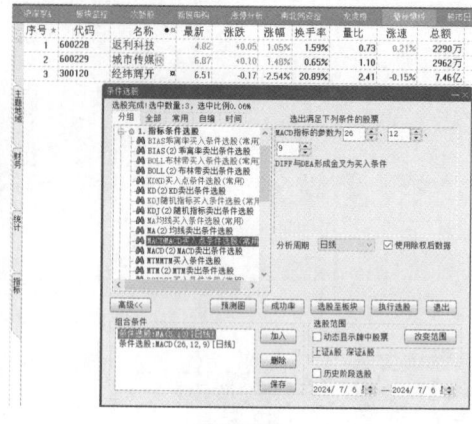

图 9-15

9.5 走势和形态选股

通过对走势和形态选股条件的设置，可以将当前股市中与某个技术形态相似的股票筛选出来，供投资者参考比较。

❶ 在【条件选股】对话框的【走势特征选股】目录中可以选择股票的走势特征，例如，这里选择【C-101N 日内创新高】选项，单击【执行选股】按钮，稍等片刻，就会筛选出符合所选走势特征的股票，并在主界面中显示出来。在【条件选股】对话框中显示选中的数量和比例，如图 9-16 所示。

❷ 在【条件选股】对话框的【形态特征选股】目录中可以选择股票的形态特征，例如，这里选择【DTPL 均线多头排列】选项，单击【执行选股】按钮，稍等片刻，就会筛选出符合所选形态特征的股票，并在主界面中显示出来。在【条件选股】对话框中显示选中的数量和比例，如图 9-17 所示。

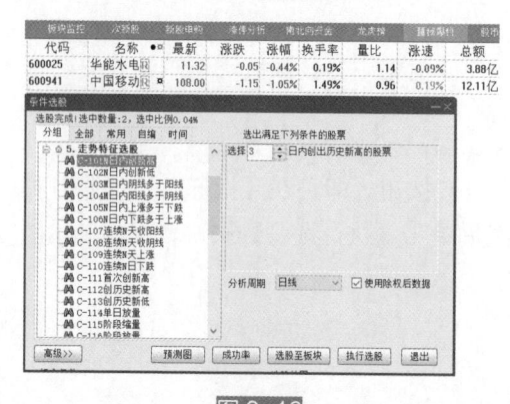

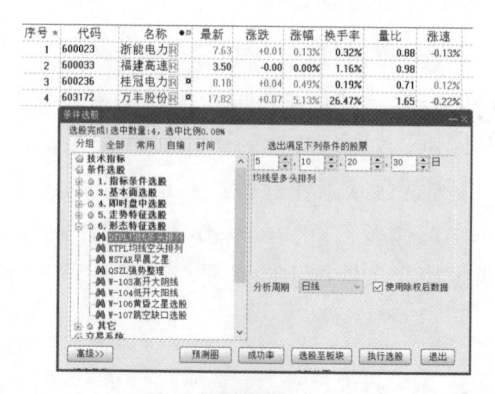

图 9-16

图 9-17

9.6 优选交易系统

使用优选交易功能可以帮助投资者找到最适合所选股票的交易系统，同样一只股票在不同的交易系统，其最大收益是不同的。使用优选交易功能可以计算所选的交易系统在参数取什么样的值时可获得最大收益，并将这组交易系统按算出的最大收益排序，排在最前面的就是最适合本只股票的交易系统。

❶ 在任意一只股票的 K 线图界面中，选择【菜单】→【工具】→【优选交易系统】命令，如图 9-18 所示。

❷ 弹出【交易系统全局优选】对话框，在该对话框的列表框中选择要测试的指标名称，这里单击【全部选中】按钮，然后设置计算周期和测试时段，完成后单击【开始测试】按钮，如图 9-19 所示。

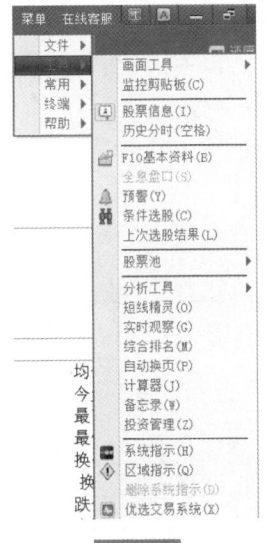

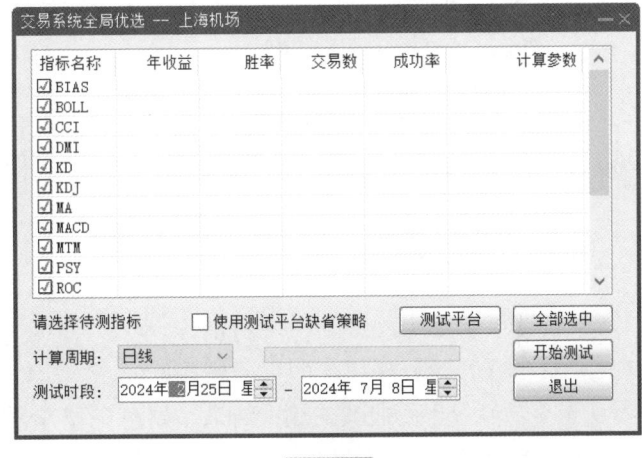

图 9-18

图 9-19

❸ 开始测试之后，各交易系统的最佳收益及相应参数取值都显示在【交易系统全局优选】对话框中，如图 9-20 所示。

❹ 在测试完成后，用鼠标拖动指标名称到图形窗口中，例如，这里拖动 MA 到 K 线图中，如图 9-21 所示。

❺ 此时可以执行系统指示，主图上将立即标出该交易系统指示的买卖点，如图 9-22 所示。

❻ 返回【交易系统全局优选】对话框，双击所需要的指标系统，即可打开【系统测试平台】对话框，如图 9-23 所示。

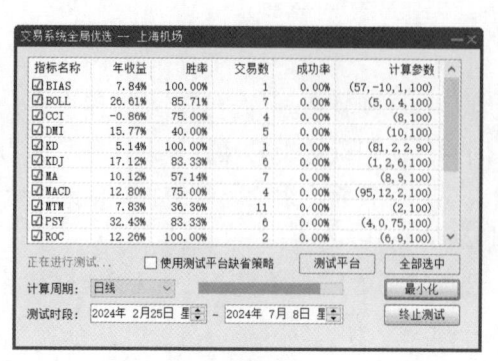

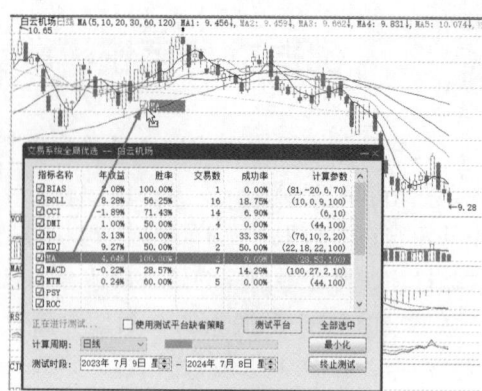

图 9-20

图 9-21

图 9-22

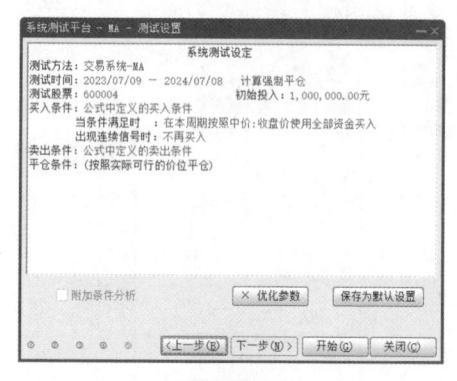

图 9-23

❼ 设置平仓条件，如图 9-24 所示。

❽ 单击【开始】按钮，即可开始测试，在弹出的【系统评价】窗口中可以看到对所选交易系统下的股票的测试结果，如图 9-25 所示。

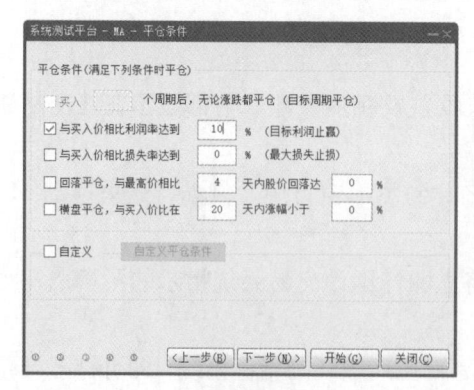

图 9-24

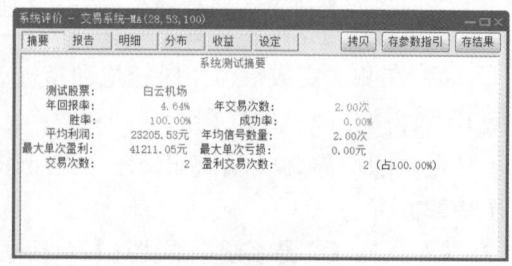

图 9-25

9.7 根据综合排名选股

投资者也可以通过股票的综合排名选出需要的股票。

❶ 选择【菜单】→【工具】→【综合排名】命令，如图 9-26 所示。

❷ 弹出【沪深京 A 股综合排名】对话框，如图 9-27 所示。

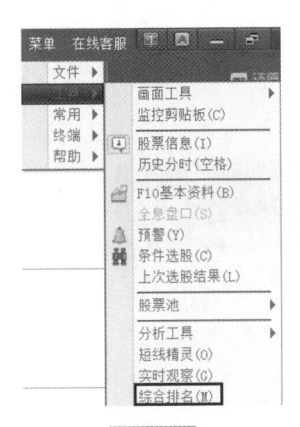

图 9-26

图 9-27

❸ 单击排名中的股票，对应股票的 K 线图即可显示出来，如图 9-28 所示。

图 9-28

各股票综合排名的快捷命令如表 9-2 所示。

表 9-2

综合排名	对应快捷命令	综合排名	对应快捷命令
上证 A 股	81+Enter	上证国债	85+Enter
上证 B 股	82+Enter	深证国债	86+Enter
深证 A 股	83+Enter	创业板	87+Enter
深证 B 股	84+Enter	中小企业	89+Enter

9.8 新股民学堂——使用过滤器选股

通过大智慧软件的过滤器可以批量选出符合需求的股票。过滤器只能在股票的行情报价界面中使用，在分时走势图与 K 线走势图中无法使用该功能。

下面使用过滤器选择在沪深 B 股的行情报价中涨幅大于 0.02%，且现手大于 10000 的股票。

❶ 在市场一级菜单中选择【沪深京】菜单，并在界面下方选择【沪深 B 股】选项，即可查看沪深 B 股的所有股票行情，如图 9-29 所示。

图 9-29

❷ 选择【菜单】→【工具】→【过滤器】命令，如图 9-30 所示。

❸ 此时在市场一级菜单下显示过滤器工具栏。过滤器工具栏中左边的三个按钮分别为【关】、【设】和【滤】。单击【关】按钮，可以关闭过滤器工具栏；单击【设】按钮，可以设置过滤条件；单击【滤】按钮，可以过滤出符合条件的股票。

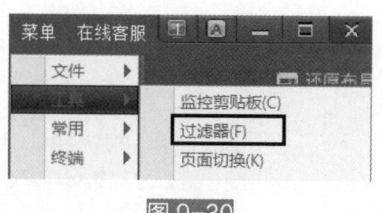

图 9-30

单击【设】按钮，在弹出的下拉菜单中选择【添加过滤条件】→【基本行情】→【涨幅】命令，如图 9-31 所示。

❹ 此时过滤器工具栏中增加了筛选条件的【涨幅】下拉列表框，在【涨幅】下拉列表框中输入 ">0.02"，如图 9-32 所示。

图 9-31

图 9-32

❺ 单击【设】按钮，在弹出的下拉菜单中选择【添加过滤条件】→【基本行情】→【现手】命令，如图 9-33 所示。

❻ 此时过滤器工具栏中增加了筛选条件的【现手】下拉列表框。在【现手】下拉列表框中输入">10000"，如图 9-34 所示。

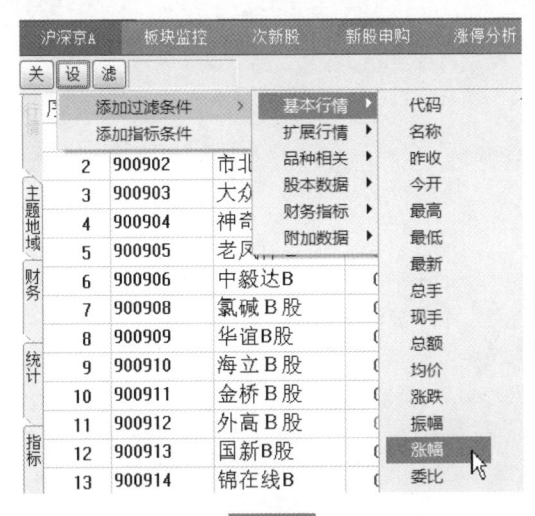

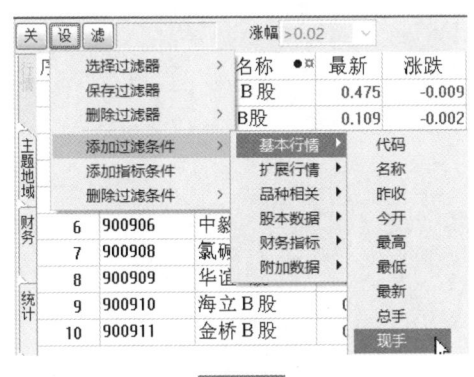

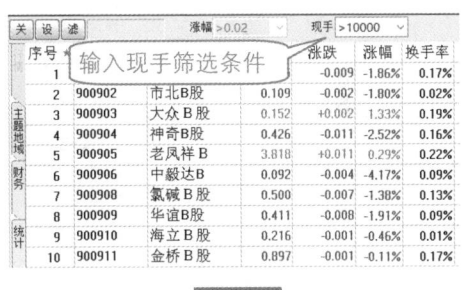

图 9-33

图 9-34

❼ 单击过滤器工具栏中的【滤】按钮，在大智慧的股市行情报价主界面中可以查看筛选结果，此时【滤】按钮变为 形状，如图 9-35 所示。

图 9-35

第 10 章

掌控市场脉搏——大智慧控制中心的高效利用

不谋全局者，不足谋一域。——清·陈澹然

大智慧自带了很多实用的炒股工具，例如，数据管理、系统设置和投资管理等，通过系统设置可以对这些工具进行配置。在股市交易中，掌控全局至关重要。大智慧控制中心作为交易利器，将帮助投资者实时监控市场动态、管理自选股、设置交易提醒等。本章将详细介绍如何使用大智慧控制中心来优化交易流程，提升交易效率和准确性，让投资者轻松掌控全局。

10.1 数据管理

通过大智慧的数据管理可以完成如执行收盘作业、取补历史数据以及历史数据清理等工作。

10.1.1 收盘清盘

在正常交易日结束后，应及时使用【收盘清盘】选项执行收盘，将行情信息存入数据库。

❶ 选择【菜单】→【终端】→【数据管理】→【数据管理】命令，如图10-1所示。

❷ 弹出【数据管理中心】对话框，默认打开【收盘清盘】选项卡，单击【执行收盘】按钮即可开始收盘，如图10-2所示。

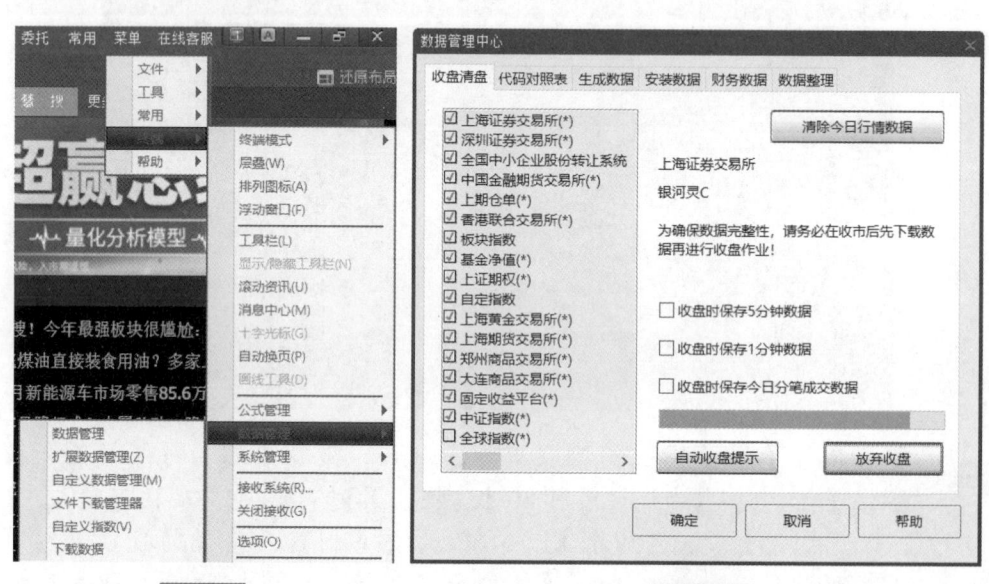

图 10-1

图 10-2

如果出现异常状况，比如系统无法收到当日的分时行情，单击【清除今日行情数据】按钮，可以将今日动态行情数据全部清除，完成这种初始化操作后即可解决此类异常状况。

10.1.2 代码对照表

在【数据管理中心】对话框中切换到【代码对照表】选项卡,可以看到股票代码与名称的对照表,如图 10-3 所示。

在【选择市场】下拉列表中可以选择不同的股票市场,如图 10-4 所示。

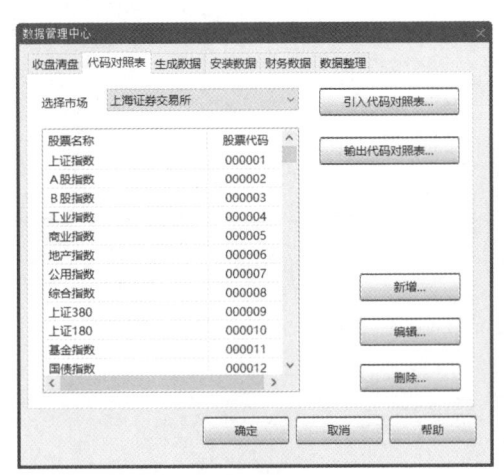

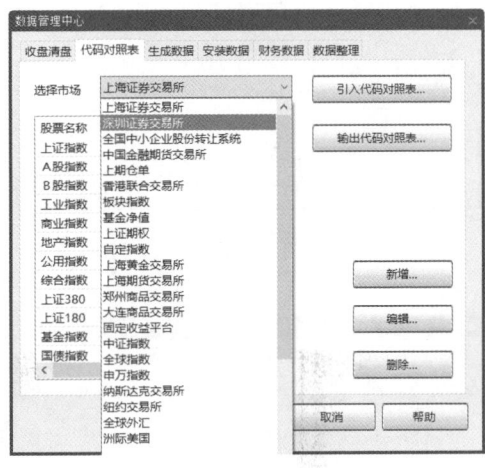

图 10-3

图 10-4

在代码对照表中选择股票名称,然后单击右边的【新增】、【编辑】或【删除】按钮,可以对选中的股票代码进行添加、修改和删除等操作。

10.1.3 生成数据

在【数据管理中心】对话框中切换到【生成数据】选项卡,可以根据设置将系统中存在的数据复制到指定的位置,方便其他人查阅使用。可以生成的数据类型有日线数据和 5 分钟线数据。

例如,下面将 10 天以内 A 股指数股票的日线数据保存到指定文件中。

❶ 在【生成数据】选项卡中单击【加入个股】按钮,如图 10-5 所示。

❷ 弹出【选择股票】对话框,选择【A 股指数】选项,单击【确定】按钮,如图 10-6 所示。

❸ 返回到【生成数据】选项卡,将生成时间设置为 10 天,然后单击【执行生成】按钮,即可生成数据,如图 10-7 所示。

❹ 在生成数据路径中可以查看生成的数据文件,如图 10-8 所示。

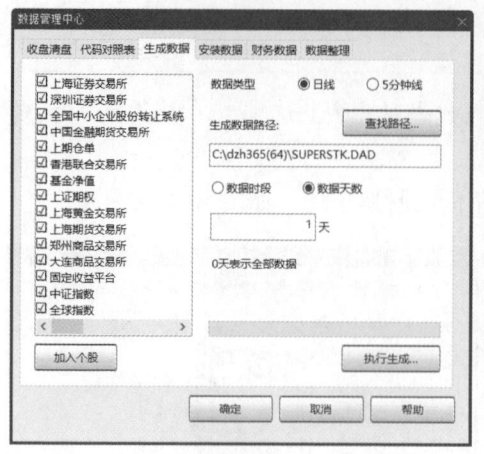

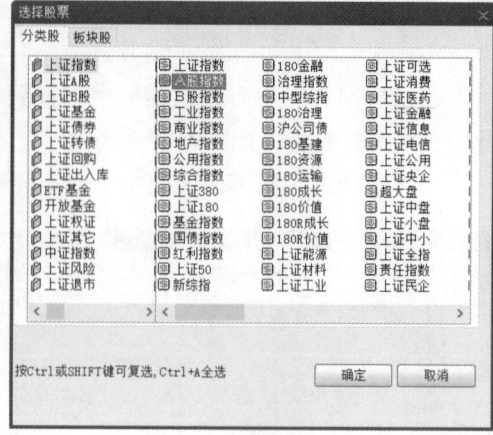

图 10-5

图 10-6

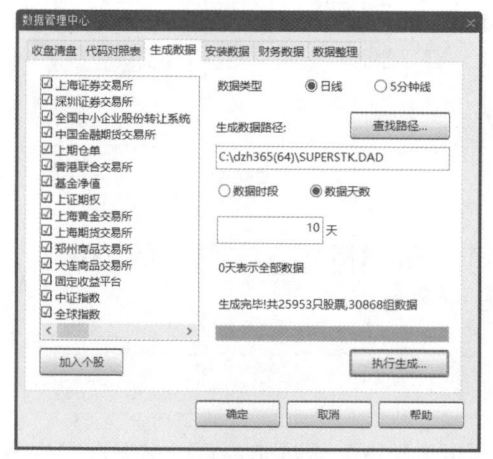

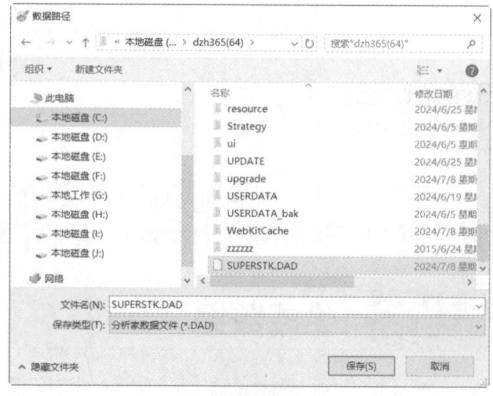

图 10-7

图 10-8

10.1.4 安装数据

安装数据是指从其他计算机的大智慧系统中将生成的数据安装到投资者自己的系统里,以便补充系统在某段时间内缺少的数据。

❶ 在【安装数据】选项卡中单击【查找文件】按钮,如图 10-9 所示。

❷ 弹出【数据文件】对话框,选择数据文件,单击【打开】按钮,如图 10-10 所示。

❸ 返回到【安装数据】选项卡,选中【补充方式安装】单选按钮,单击【确定】按钮,即可安装数据,如图 10-11 所示。安装数据的方式共有 3 种,其中,【覆盖方

式安装】表示所有数据以引入的数据为准,若存在同一时间的数据将被覆盖;【补充方式安装】表示以系统中的数据为主,若存在同一时间的数据将保留系统中存在的数据;【时段方式安装】与【覆盖方式安装】类似,只是覆盖指定时间段内的数据。

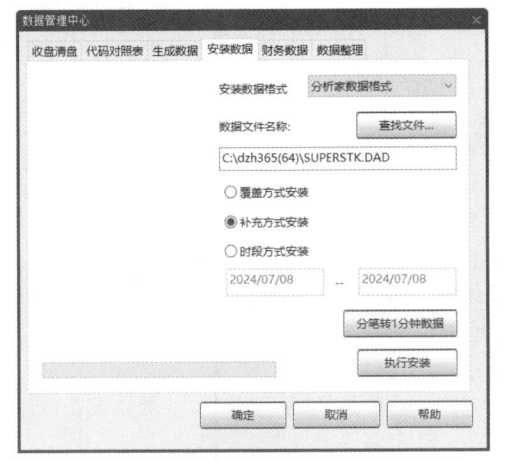

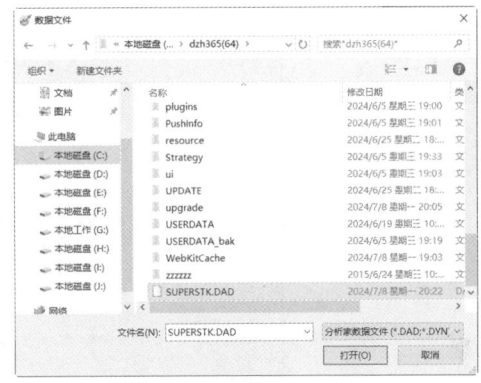

图 10-9

图 10-10

图 10-11

10.1.5 财务数据

在【财务数据】选项卡中可以处理个股的除权资料与财务数据,系统支持手工修改除权数据。选择股票后,选中除权日即可对所选的除权进行添加、修改和删除操作,如图 10-12 所示。

如果需要修改的除权数据比较多,手工修改就显得比较烦琐,此时可以从大智慧官方网站下载除权数据,然后单击【除权引入】按钮,在弹出的【输入除权数据文件】对话框中选择下载的数据文件,然后单击【打开】按钮,如图10-13所示,即可将除权数据引入系统中。

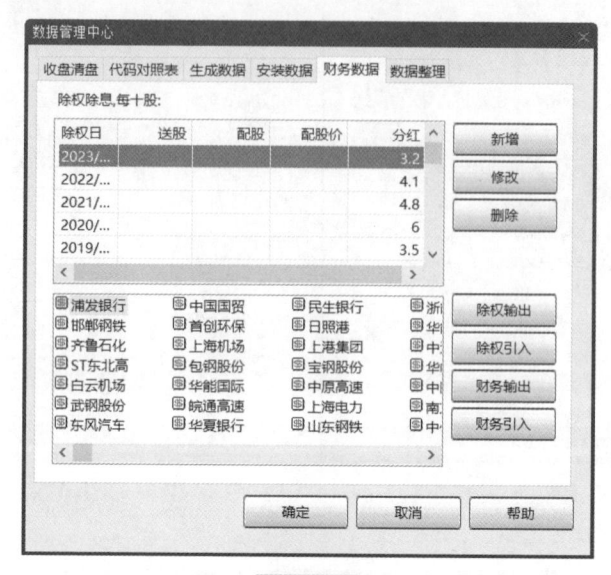

图 10-12

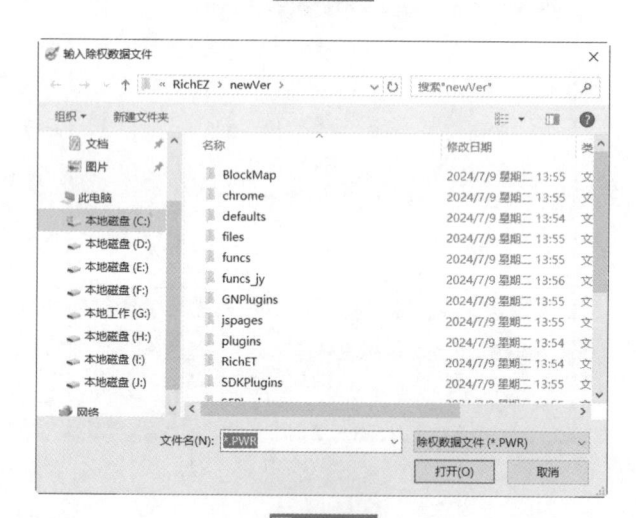

图 10-13

如果需要将本系统中的除权数据输出到计算机中,可以单击【除权输出】按钮,将所有的除权数据输出到指定文件中。

10.1.6 数据整理

大智慧接收的数据主要是通过有线电视台或互联网,所以难免会收到一些错误的数据，这时在【数据整理】选项卡中进行相关操作就可以对系统接收到的错误数据进行修正，如图10-14所示。

图10-14

10.2 扩展数据管理

通常情况下系统在收盘时只收录当天的开盘价、最高价、最低价、收盘价、成交量和成交额，大量的交易细节都会被默认清除，使用扩展数据功能可将交易细节中的重要数据在收盘时一起收录，随日线档案永久保存。

使用扩展数据功能还可以将复杂公式的计算值转化到扩展库保存起来，盘中需要用到这种公式的计算值时，直接去扩展数据库中取即可，不用再临时计算，为投资者节省了宝贵的时间。

❶ 选择【菜单】→【终端】→【数据管理】→【扩展数据管理】命令，如图10-15所示。

❷ 在弹出的【扩展数据设置】对话框中选择一组数据，单击【修改】按钮，如图10-16所示。

❸ 在弹出的【扩展数据属性】对话框中的树形列表框中选择指标公式，设置算法和参数，选择计算周期，完成后单击【确定】按钮，如图10-17所示。

❹ 系统即可用设定的算法，根据系统内部保存的所有的原始数据来计算扩展数据，如图10-18所示。

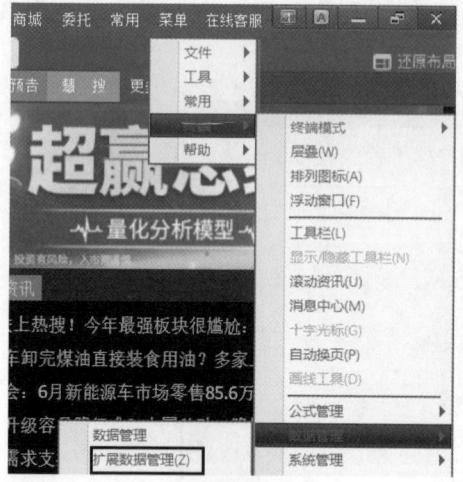

图 10-15

图 10-16

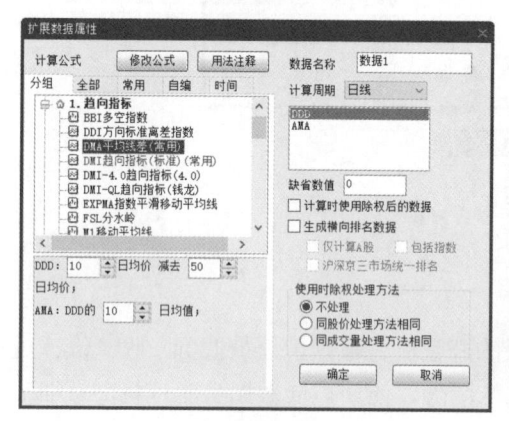

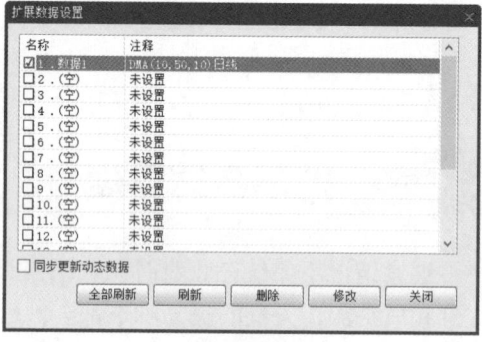

图 10-17

图 10-18

10.3 自定义数据管理

如果投资者在使用软件的过程中需要一些数据，但是在系统中又无法及时调用，那么这些数据就称为自定义数据，比如"中签率""股东人数"等。自定义数据的来源很多，可以是行情数据的复合，也可以是行情数据与基本面数据的复合。

❶ 选择【菜单】→【终端】→【数据管理】→【自定义数据管理】命令，在弹出的【自定义数据管理】对话框中可以对自定义数据进行修改、删除等管理操作，如图 10-19 所示。

❷ 单击【新建】按钮，弹出【新建自定义数据】对话框，设置【名称】和【属

性】后，单击【确定】按钮，如图 10-20 所示。

图 10-19

图 10-20

❸ 返回到【自定义数据管理】对话框即可看到自定义的数据，如图 10-21 所示。

图 10-21

10.4 下载数据

数据下载功能可以帮助投资者补充系统中没有接收到的数据，强制客户端的数据与服务器的数据保持同步，以保持选股、测试等数据的准确性。

选择【菜单】→【终端】→【数据管理】→【下载数据】命令，在弹出的【下载数据】对话框中选择数据类型和股票，选中【自动同步】单选按钮，完成后单击【开始】按钮即可开始下载数据，如图 10-22 所示。

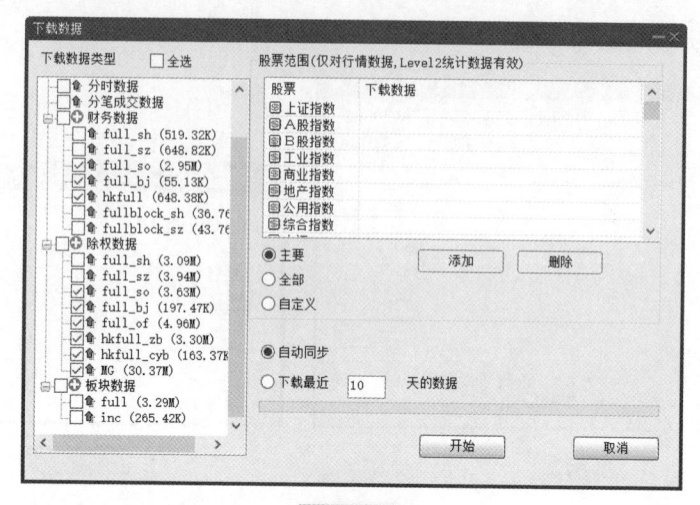

图 10-22

10.5 系统管理

通过大智慧提供的系统管理功能，可以配置委托、自选股、消息提示框和迁移等工具。

10.5.1 委托设置

大智慧系统软件本身不承担交易委托，需要有外部委托程序支持。在进行委托之前需要去证券商所在服务站开通网上委托交易，然后下载并安装委托交易软件。

❶ 选择【菜单】→【终端】→【系统管理】→【委托设置】命令，如图 10-23 所示。

❷ 在弹出的【自助委托设置】对话框中选择需要的证券商。例如，这里选择【国泰君安】，将弹出警告信息框，单击【是】按钮，如图 10-24 所示。

❸ 下载完成后，弹出是否安装信息框，单击【是】按钮，如图 10-25 所示。

❹ 进入程序安装界面，单击【立刻安装】按钮，如图 10-26 所示。

❺ 安装完成后，单击【安装完成】按钮，如图 10-27 所示。

❻ 返回到【自助委托设置】对话框，单击【手动添加】按钮，弹出【委托路径设置】对话框，输入委托名称后，单击【查找】按钮，如图 10-28 所示。

❼ 弹出【打开】对话框，选择安装软件的 exe 文件，单击【打开】按钮，如图 10-29 所示。

❽ 返回到【委托路径设置】对话框，单击【确定】按钮，如图 10-30 所示。

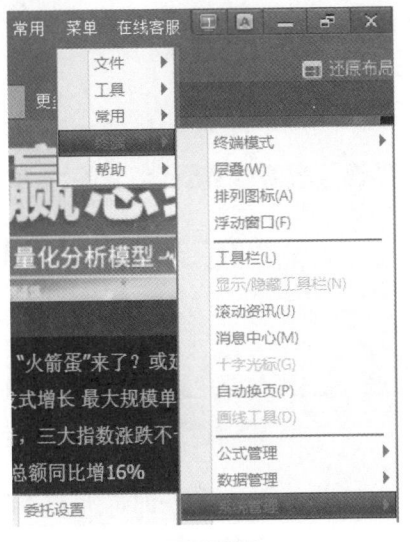

第 10 章 掌控市场脉搏——大智慧控制中心的高效利用

图 10-23

图 10-24

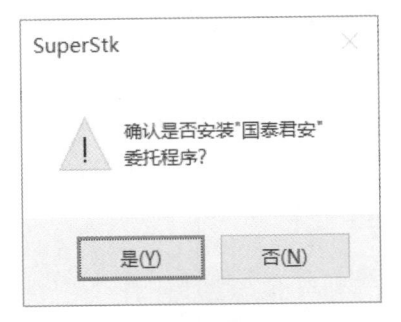

图 10-25

图 10-26

图 10-27

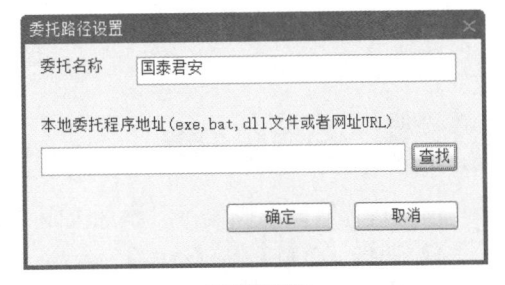

图 10-28

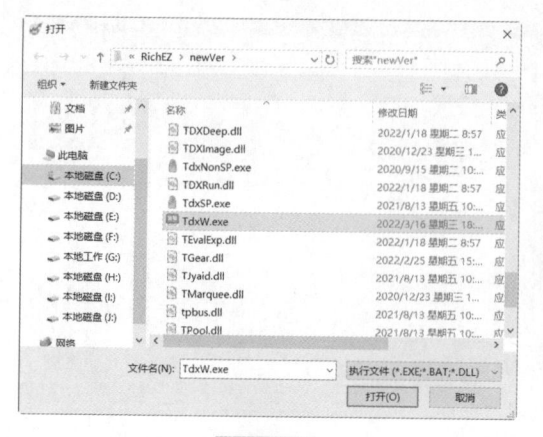

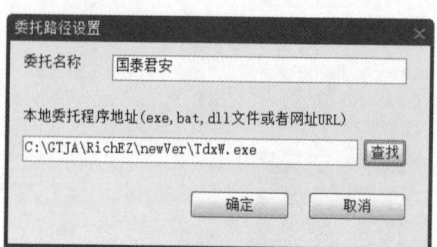

图 10-29

图 10-30

❾ 返回到【自助委托设置】对话框，单击【开始委托】按钮，即可进入委托交易软件，如图 10-31 所示。

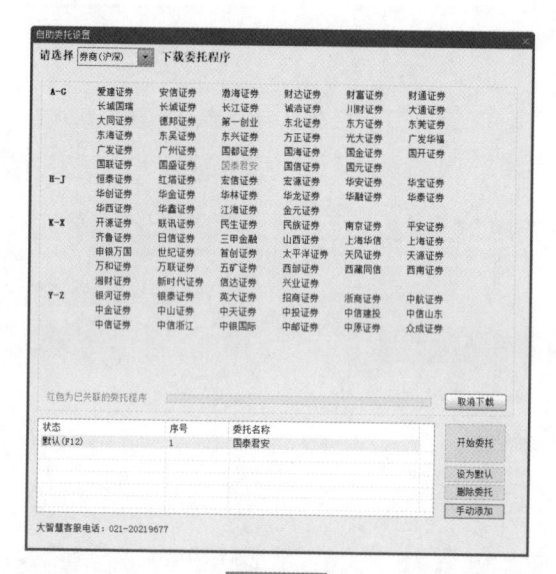

图 10-31

10.5.2 自选股设置

通过自选股设置操作可以添加或删除自选股板块及自选股股票。

❶ 选择【菜单】→【终端】→【系统管理】→【自选股设置】命令，如图 10-32 所示。

❷ 弹出【自选股】对话框，选择任意一只股票后单击【删除】按钮，即可删除自选股，单击【添加】按钮可以新增股票，如图 10-33 所示。

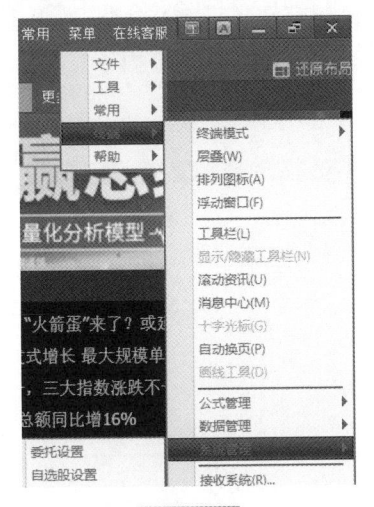

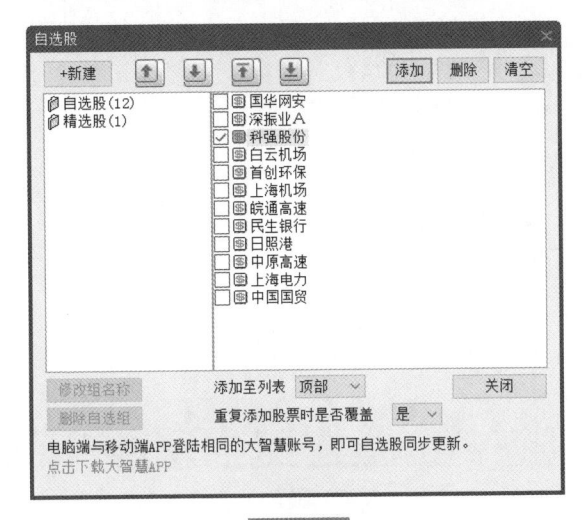

图 10-32

图 10-33

❸ 弹出【选择股票】对话框，选择需要加入自选股的股票，单击【确定】按钮，如图 10-34 所示。

❹ 返回到【自选股】对话框，即可看到新添加的股票，如图 10-35 所示。

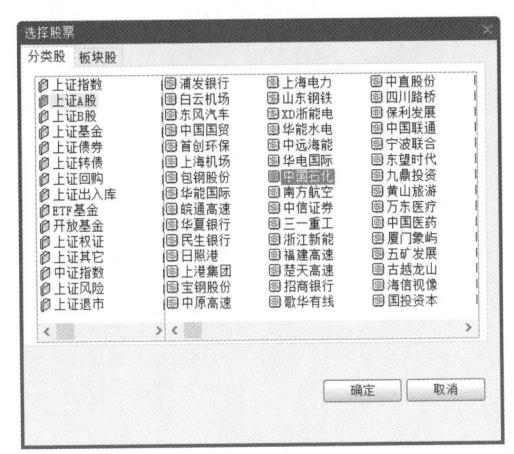

图 10-34

图 10-35

10.5.3 设置信息地雷和系统提示框

在大智慧软件中可以自定义显示哪些提示信息，主要包括设置信息地雷和系统提示框。

❶ 选择【菜单】→【终端】→【系统管理】→【信息地雷】命令，弹出【信息地雷设置】对话框，选择需要显示的地雷信息左侧的复选框即可，如图 10-36 所示。

❷ 选择【菜单】→【终端】→【系统管理】→【设置系统提示窗】命令,弹出【显示系统提示窗条件】对话框,需要显示哪个提示窗,就选择其左侧的复选框,如图 10-37 所示。

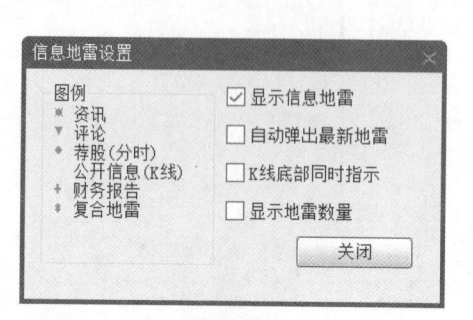

图 10-36

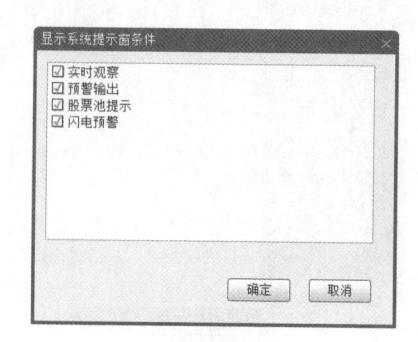

图 10-37

10.5.4 迁移工具

当投资者将大智慧软件的免费版（如经典版）转为其他版本（如专业版）时,可以使用迁移功能快速方便地将原来版本中的自选股、委托设置等信息更新到新的版本中。

❶ 选择【菜单】→【终端】→【系统管理】→【迁移工具】命令,如图 10-38 所示。

❷ 弹出【迁移工具】对话框,单击【查找路径】按钮,如图 10-39 所示。

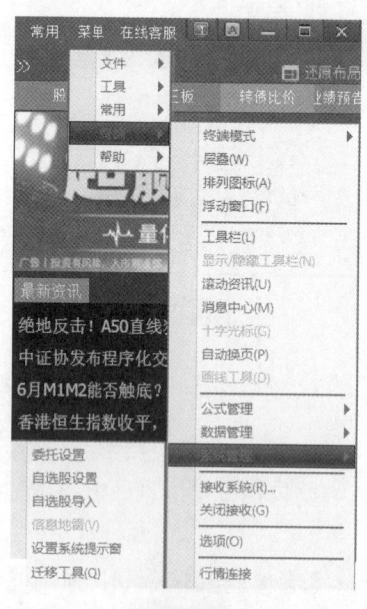

图 10-38

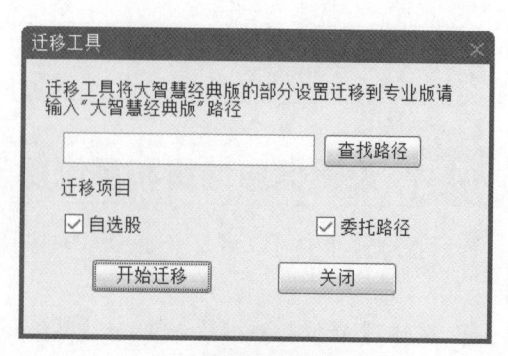

图 10-39

❸ 弹出【浏览文件夹】对话框，选择大智慧信息平台的安装路径，然后单击【确定】按钮，如图 10-40 所示。

❹ 返回至【迁移工具】对话框，其中的文本框中便显示出设置的软件路径，在【迁移项目】区域中选择是否迁移自选股和委托路径，完成后单击【开始迁移】按钮，即可开始进行迁移工作，如图 10-41 所示。

图 10-40

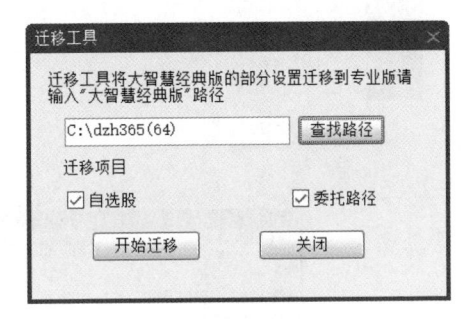

图 10-41

10.6 投资管理

通过大智慧软件提供的投资管理功能，投资者可以对股票进行模拟买入、卖出等操作，既可查看投资者自定的投资组合的盈利情况，也可以进行模拟炒股。

❶ 选择【菜单】→【工具】→【投资管理】命令，如图 10-42 所示。

❷ 弹出【选择投资者】对话框，投资者可以使用以前的账户和密码进行登录，也可以随意输入一个新的登录名和密码，系统会为新的投资者创建一个账户和密码。如果投资者在使用已有的账户名时忘记了密码，可以单击【修改密码】按钮，随时更换新的密码，如图 10-43 所示。

❸ 单击【确定】按钮，即可进入【投资管理】界面，如图 10-44 所示。

❹ 单击【新增】按钮，将弹出【投资项目】对话框，设置【投入资金】金额，如图 10-45 所示。

❺ 切换到【买入股票】选项卡，输入股票代码、买入价、买入量、交易费率等信息后，单击【确定】按钮，如图 10-46 所示。

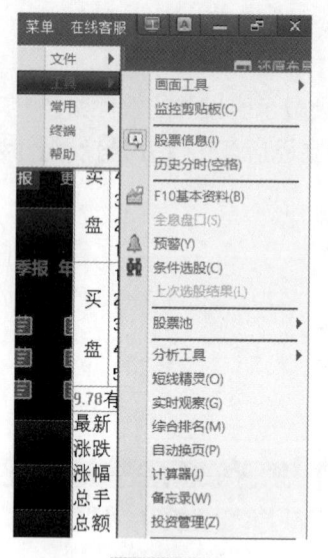

图 10-42

图 10-43

图 10-44

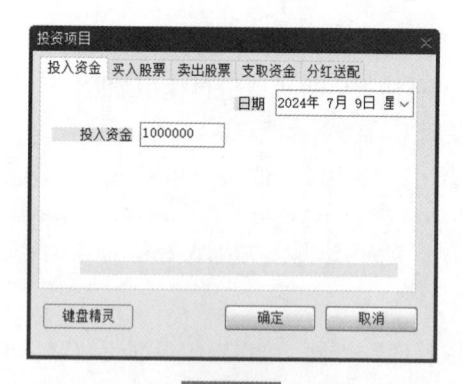

图 10-45

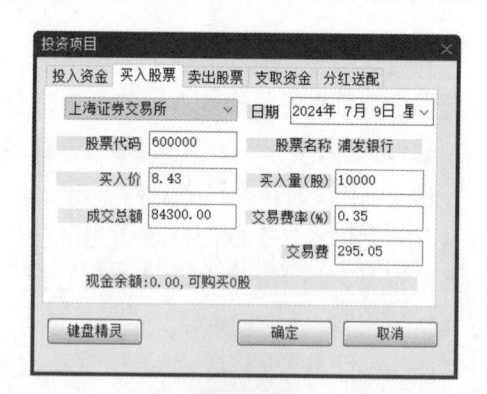

图 10-46

❻ 返回【投资管理】界面，在左上角可以看到有一个下拉菜单，在该下拉菜单中，投资者可以选择【汇总表】或【历史交易】命令，其中，【汇总表】命令主要用来显示当前持有股票的名称、最新价格、持仓量、最新市值等情况。汇总表是系统根

据个股历史交易表的内容自动生成的，其记录不能修改或删除；而【历史交易】命令是按时间顺序记录每一笔交易，它用来显示交易的价格、成交量、成交额、费用等，此表中的记录可以删除或修改，如图10-47所示。

图 10-47

当投资者单击【投资净值】按钮时，即可生成该账户的资金净值指数，以直观地记录该账户的盈利与亏损情况，并显示投资净值。当投资者新增加了股票后，单击【刷新】按钮，可以对投资净值和投资指数进行更新，否则新增加的股票将不参与指数计算。此外，单击【拷贝】按钮后，可将数据复制到剪贴板中，以方便投资者保存数据供以后使用。

10.7 新股民学堂——什么是除权和复权

1. 什么是除权

除权就是股价根据相关的分配方案做出的价格调整；而复权恰恰相反，复权是在已经除权的股价上做出反方向的价格调整。

除权除息遵循"股东财富不变"原则，即分红事项不影响股东财富总额，交易所在除权前后提供参照价格作为证券交易的价格基准，即除权除息报价。

在除权除息日交易所公布的前收盘是除权除息报价，而非上一交易日收盘价，当日的涨跌幅以除权除息报价为基准计算，所以能够真实反映股民相对于上一交易日的盈亏状况。

比如，沪深交易所除权除息报价的基本公式如下（根据情况会有所调整）：

除权（息）报价 ＝ [（前收盘价 − 现金红利）＋ 配（新）股价格 × 流通股份变动比例] ÷ (1＋ 流通股份变动比例)

2. 什么是复权

复权就是对股价和成交量进行权息修复，按照股票的实际涨跌绘制股价走势图，并把成交量调整为相同的股本口径。股票除权除息之后，股价随之发生了变化，但实际成本并没有变化。如：原来20元的股票，一送一之后为10元，但实际还是相当于20元。从K线图上看这个价位好像很低，但很可能就是一个历史高位。

通过使用复权功能可以消除由于除权除息造成的价格、指标的走势畸变，引导投资者正确地判断目前的行情。

在K线图上方右击鼠标，在弹出的快捷菜单中可以选择【不复权】、【前复权】、【后复权】、【双向除权】、【等比复权】和【成交量复权】命令，如图10-48所示。

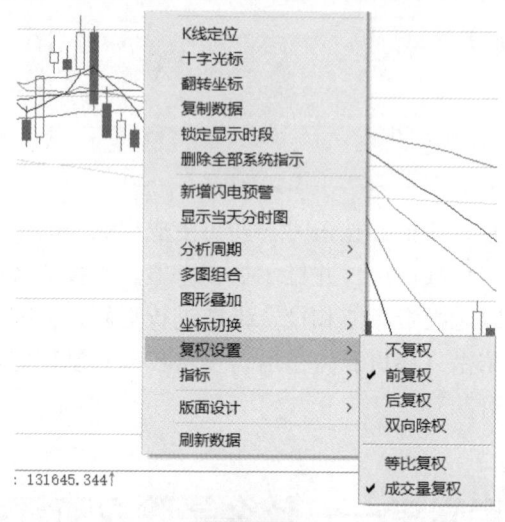

图 10-48

（1）不复权：不把除权的因素考虑进去，看到的是股价的实际价格。

（2）前复权：保持现有价位不变，缩减以前价格，将除权前的K线向下平移，使图形吻合，从而保持股价走势的连续性。

（3）后复权：保持先前的价格不变，增加以后的价格。向前复权和向后复权的区别在于，向前复权的当前周期报价和K线显示价格完全一致，而向后复权的报价大多高于K线显示价格。

（4）双向除权：保持基准点价位不变，将基准点前后的价格逐级增减。

（5）等比复权：对股价由于红利分配引起的除权缺口做出调整，其调整方式是以红利与除权前一日收盘价的比率作为依据，逐日向前调整。

（6）成交量复权：根据分红、配股等因素对历史成交量进行调整，以更准确地反映资金的流入流出情况。

第 3 篇

技术理论篇

本篇深入探讨技术分析的精髓，包括如何利用公式与画线工具进行市场预测，分析股市行情与盈利机会，以及对全球股市动态的洞察。此外，本篇还详细阐述了如何锁定龙头股，以及如何通过分时图识别买卖时机和庄家意图的洞悉等高级技巧。

- 精准预测——公式与画线工具引领市场风向
- 把握大势——股市行情分析与盈利机会
- 全球视野——全球股市动态洞察
- 龙头引领财富——锁定龙头股的技法
- 分时图中的"金矿"——精准捕捉短线买卖时机
- 分时曲线的奥秘——洞悉庄家意图
- 支撑与压力的博弈——分时图中的力量对比
- 精准建仓——建仓与卖出的艺术
- K线图的智慧——股市走势一目了然

第 11 章

精准预测——公式与画线工具引领市场风向

> 预测未来最好的方法就是去创造它。——彼得·德鲁克

大智慧的公式管理功能允许投资者自定义指标和算法，更好地预测市场走势。在股市中，精准预测市场走势是投资者梦寐以求的能力。本章将向读者揭示如何利用公式和画线工具进行技术分析和趋势预测。掌握这些工具的使用方法，投资者将能够更准确地把握市场风向，做出正确的投资决策。

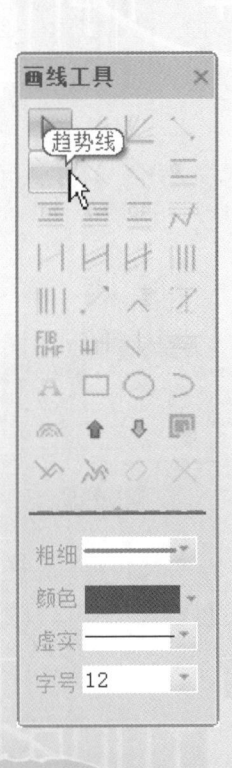

11.1 公式管理

在大智慧软件系统中有很多个经典指标供投资者使用，投资者可以新建、修改、删除、查找、导入及导出各类公式，从而满足投资者新建或修改各种公式、指标、选股条件及预警条件等需求。

使用公式管理功能来管理股票的具体操作方法如下。

❶ 选择【常用】→【公式管理】→【公式管理】命令，如图11-1所示。

❷ 在弹出的【公式管理器】对话框中可以看到有技术指标、条件选股、交易系统、五彩K线、模式匹配和组合条件6种分析方法，如图11-2所示。需要对哪一类公式进行管理，就可以将该类公式展开，直到找到需要的公式名称。

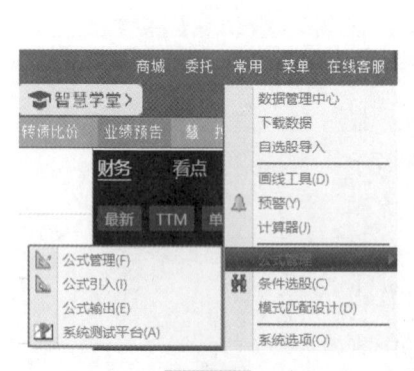

图 11-1

图 11-2

❸ 单击【新建】按钮，在弹出界面的【公式名称】文本框中输入新建公式的名称，这里输入"ASI2"，然后输入公式描述，设置3个参数的信息并编写具体代码，如图11-3所示。

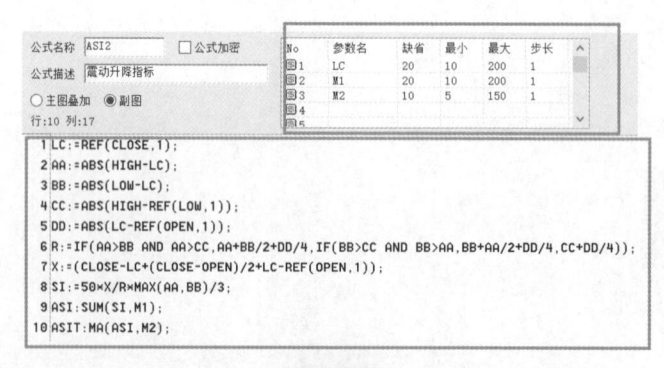

```
1 LC:=REF(CLOSE,1);
2 AA:=ABS(HIGH-LC);
3 BB:=ABS(LOW-LC);
4 CC:=ABS(HIGH-REF(LOW,1));
5 DD:=ABS(LC-REF(OPEN,1));
6 R:=IF(AA>BB AND AA>CC,AA+BB/2+DD/4,IF(BB>CC AND BB>AA,BB+AA/2+DD/4,CC+DD/4));
7 X:=(CLOSE-LC+(CLOSE-OPEN)/2+LC-REF(OPEN,1));
8 SI:=50*X/R*MAX(AA,BB)/3;
9 ASI:SUM(SI,M1);
10 ASIT:MA(ASI,M2);
```

图 11-3

❹ 单击界面上方的【保存】按钮，即可将新建的公式进行保存，单击【关闭】按钮关闭该界面。返回至【公式管理器】对话框，在该对话框的【自编】选项卡中即可看到新建的公式，如图11-4所示。

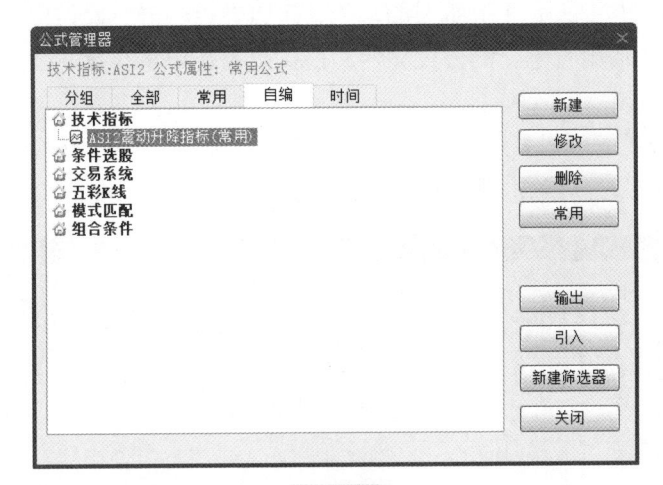

图 11-4

❺ 关闭【公式管理器】对话框，进入某只股票的K线界面。单击指标栏中的【其他】选项，在弹出的下拉菜单中选择ASI2命令，如图11-5所示。

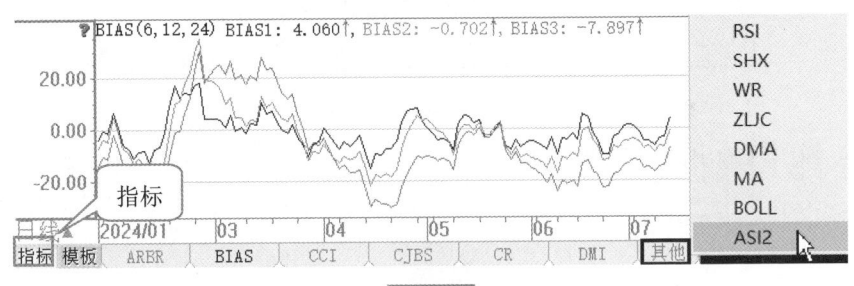

图 11-5

❻ 弹出的指标曲线如图11-6所示。

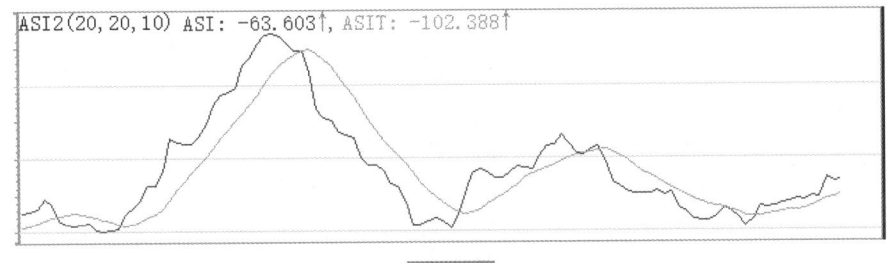

图 11-6

11.2 输出和引入公式

公式的输出与引入是十分重要的功能，可以在投资者之间搭建一座桥梁。公式输出是指投资者输出自定义的公式文件，公式引入是指将存放在公式文件中的公式引入到大智慧系统中。

❶ 在【公式管理器】对话框中单击【输出】按钮，弹出【输出公式】对话框，选择需要输出的公式后单击【FNC 输出】按钮，如图 11-7 所示。

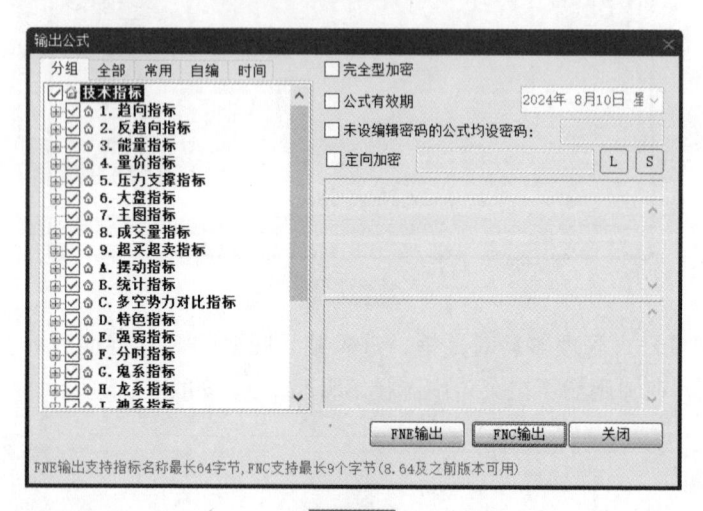

图 11-7

❷ 弹出【输出公式】对话框，单击【保存】按钮即可，如图 11-8 所示。

图 11-8

❸ 在【公式管理器】对话框中单击【引入】按钮，弹出【公式引入】对话框，单击【公式路径】文本框右侧的 按钮，如图 11-9 所示。

❹ 弹出【浏览文件夹】对话框，选择公式文件所在的文件夹后单击【确定】按钮，如图 11-10 所示。

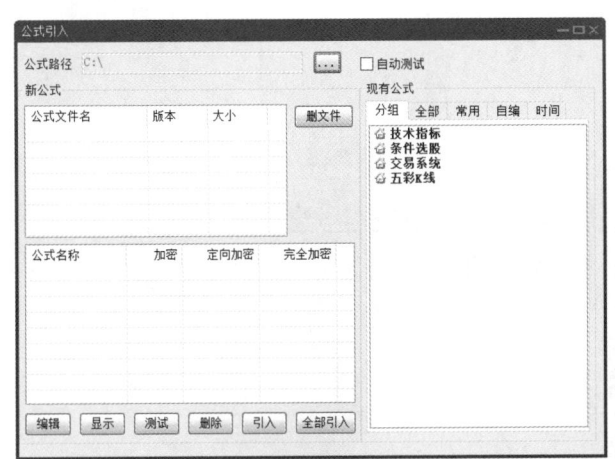

图 11-9

图 11-10

❺ 返回到【公式引入】对话框，即可看到引入的公式文件，如图 11-11 所示。

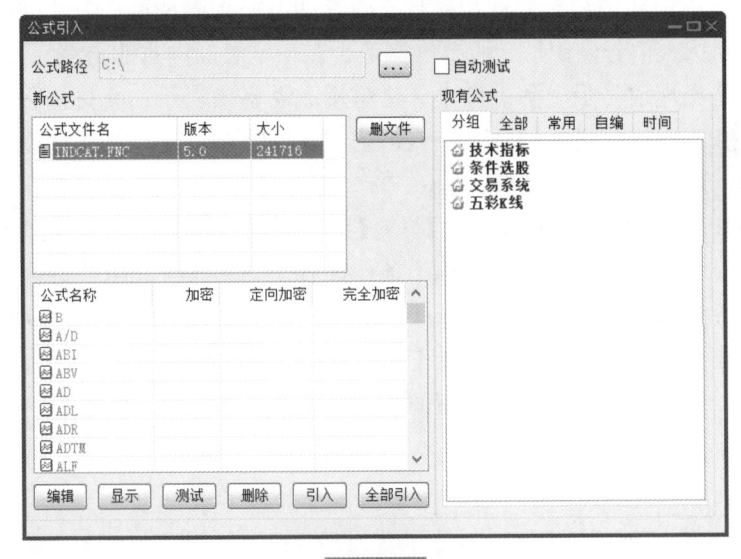

图 11-11

❻ 单击【测试】按钮，进入系统测试平台，用户可从中快速测试选择的公式，如图 11-12 所示。

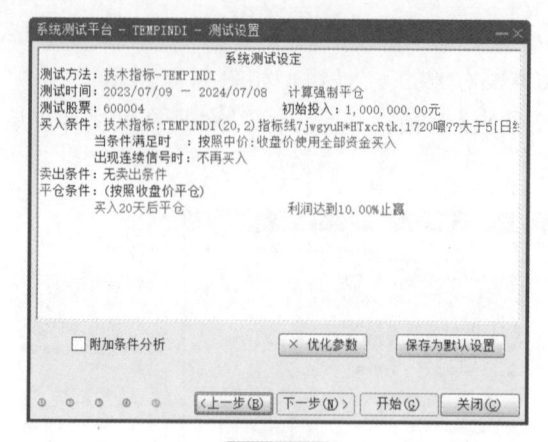

图 11-12

11.3 系统测试平台

在大智慧软件的系统测试平台，可以通过历史数据来验证投资方法是否正确。测试平台会自动找出所有曾经满足买入或卖出条件的位置，并且计算每次交易的收益，从而得到准确的收益。

系统测试平台从信号有效性和交易有效性两方面来测试投资方法的优劣。信号有效性就是当买入信号发出后，股票价格是否在一定时间内真的上涨到期望的幅度，其统计重点是出现信号后上涨的概率，这里用成功率来表示；而交易有效性就是对完整的买入和卖出交易进行统计，查看每次交易的收益情况，其统计重点是每次交易是否盈利，这里用年收益率来表示。

❶ 选择【常用】→【公式管理】→【系统测试平台】命令，在弹出的【系统测试平台】对话框中可以对技术指标、条件选股、交易系统和组合条件等四种分析方法进行系统测试。例如，这里选择【技术指标】下的【趋向指标】中的【DMI趋向指标（标准）（常用）】选项，单击【下一步】按钮，如图11-13所示。

❷ 打开【买入条件】界面，设置测试时间和买入条件后，单击【下一步】按钮，如图11-14所示。

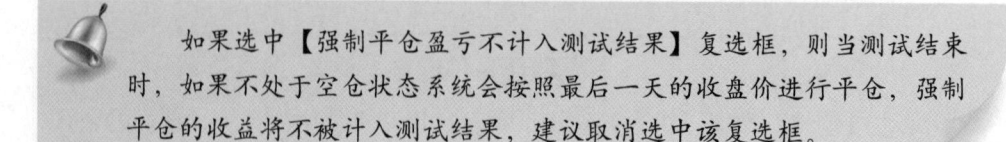

> 如果选中【强制平仓盈亏不计入测试结果】复选框，则当测试结束时，如果不处于空仓状态系统会按照最后一天的收盘价进行平仓，强制平仓的收益将不被计入测试结果，建议取消选中该复选框。

❸ 打开【平仓条件】界面，根据需求设置卖出股票的条件，如图11-15所示。

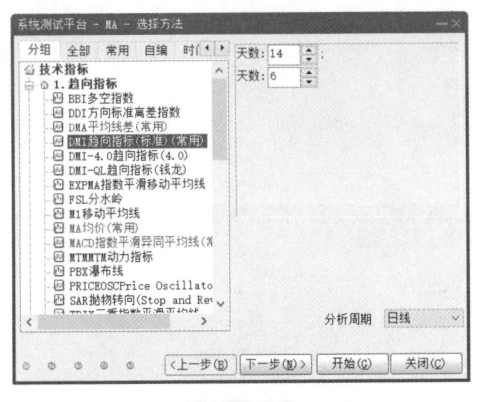

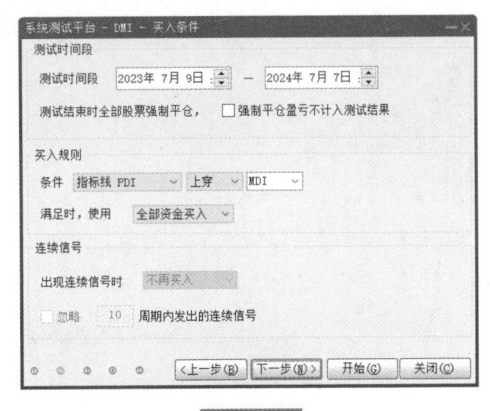

图 11-13　　　　　　　　　　　　　图 11-14

❹ 打开【市场模型】界面，选择测试模型和测试对象，这里选中【单股票测试】单选按钮，然后设定每只股票投入的资金量，即对每只股票投入固定的资金，不同股票间设立单独的账户，资金只能用于购买该只股票，如图 11-16 所示。

> 如果选中【全市场测试】单选按钮，即使用全市场测试模型，在该模型下只有一个资金账户，不同股票使用同一账户进行买卖，在这里可以设定最多同时持有的股票数以及每次最多买入的股票数。

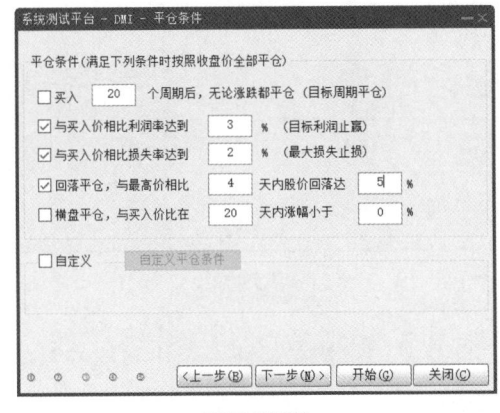

图 11-15　　　　　　　　　　　　　图 11-16

❺ 在弹出的【测试设置】界面中显示刚刚设定的测试条件,如果测试条件无误，单击【开始】按钮进行测试，如图 11-17 所示。

❻ 此时系统即可开始根据设定的条件进行测试并弹出【系统评价 - 技术指标 -DMI】界面，在该界面中显示出系统测试的详细结果，主要包括年回报率、胜率、成功率等内容，如图 11-18 所示。

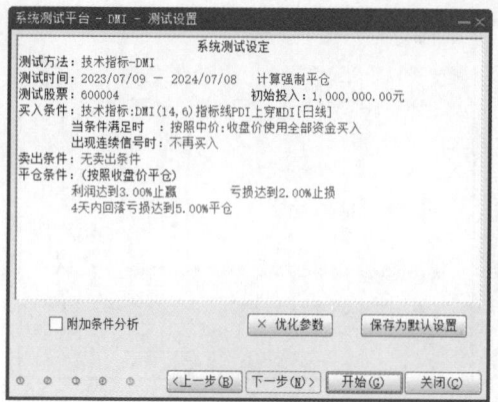

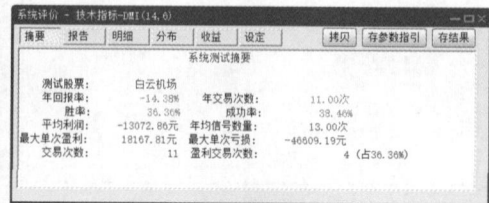

图 11-17

图 11-18

❼ 单击【报告】按钮，将显示每一次交易的详细情况报告，其中包括最大单次盈利、最大单次亏损以及最大连续盈利次数等，如图 11-19 所示。

❽ 单击【明细】按钮，将显示每一次交易的类型、价格、交易量和收益，如图 11-20 所示。

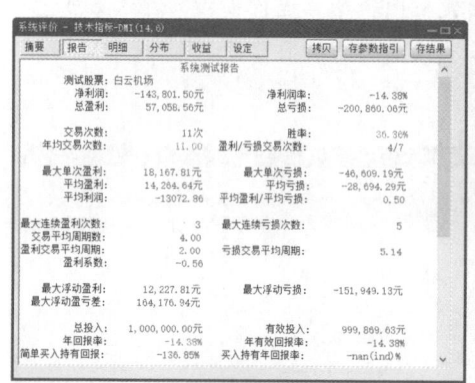

图 11-19

图 11-20

❾ 单击【分布】按钮，将以图形显示的方式，形象直观地表示出每次交易的盈亏情况，红色小圆圈表示盈利交易，绿色小圆圈表示亏损交易。例如，交易中的红点多，而绿点少，说明胜率较高，如图 11-21 所示。

❿ 单击【收益】按钮，将用曲线来表示历史收益的情况，其中把盈利状况和亏损状况分别以不同的颜色区分标识，红色表示处于盈利状况，绿色表示处于亏损状况，如图 11-22 所示。

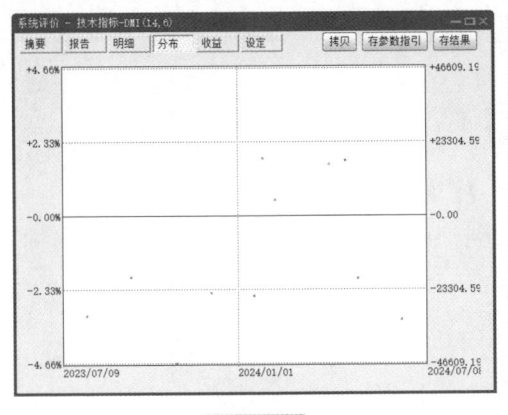

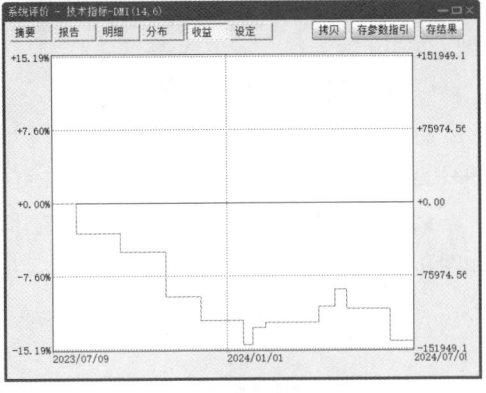

图 11-21

图 11-22

⑪ 单击【设定】按钮,将显示前面所设定的详细测试条件,其中包括测试方法、测试时间、初始投入、买入条件、卖出条件和平仓条件,如图 11-23 所示。

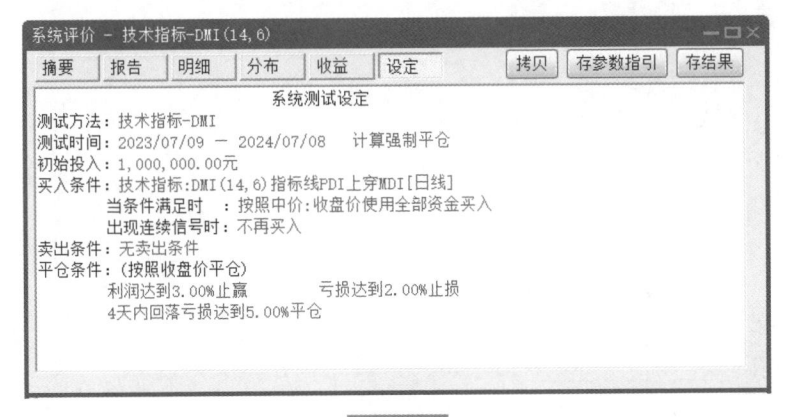

图 11-23

11.4 画线工具

投资者在大智慧 K 线走势图中可以看到不同时间段股价的变化趋势,通常情况下,股价波动可以分为上升趋势、下降趋势和水平趋势。在一个趋势波动中,当每个波峰与波谷都低于前一个波峰与波谷的时候,那么所表现出来的就是下降趋势;当每个波峰与波谷都高于前一个波峰与波谷的时候,那么所表现出来的就是上升趋势;当前后波峰与波谷基本持平的话,那就是水平趋势。

在很多时候,趋势具有一定的空间性和周期性,也就是说,在空间上和时间上具有一定的规律性。根据这一规律可以使用画线工具画出各种趋势线条。这里需要说明的是，画线工具在 K 线走势图中才可以使用，在行情报价和分时走势图中是不可以使用的。

下面以画趋势线为例进行讲解。

❶ 选择【常用】→【画线工具】命令，如图 11-24 所示。也可以通过使用 09+Enter 键、Ctrl+X 键或 F9 快捷键来打开【画线工具】面板。

❷ 弹出【画线工具】面板，将鼠标指针放在线图标上，可以看到线的名称，如图 11-25 所示。

图 11-24

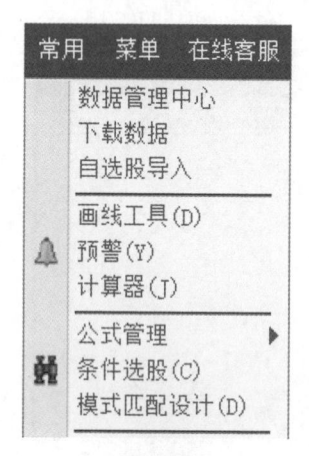

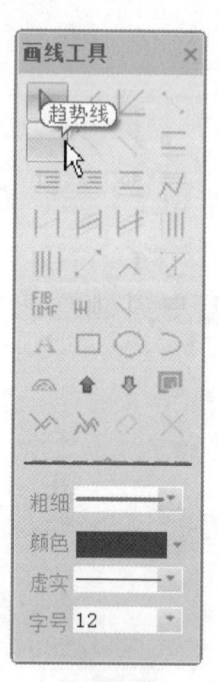

图 11-25

画线工具中常用线的含义如下。

（1）趋势线　　。趋势线是由连接一定时间内相继的低点和高点而成，其中分为上升趋势线和下降趋势线。它对于判断股票一段时间内的走势非常有用。

（2）平行线　　。平行线用来描述股价在一定的价格通道内的运动情况，一条线被称为趋势线，另一条线被称为管道线。

（3）百分比线　　。百分比线是将一定的价格空间分为 8 等份：1/8，2/8，3/8，4/8，5/8，6/8，7/8，8/8；另外，以 3 为分母，分成 1/3 和 2/3。综合上述空间，以百分比的形式来表示。它用来描述一些重要的支撑和阻力位。

（4）黄金分割线　　。黄金分割线是将最低价到最高价按照黄金分割比例 23.6%、38.2%、50%、61.8% 进行分割，以此来确定一些重要的位置。

（5）波段线　　。波段线是通过将价格空间分成 50%、33%、25% 等一些重要区域，来确定重要的支撑和阻力位。

（6）线性回归。线性回归是将一定时间内的股价走势线性回归，然后来确定这一段时间内的总体走势。

（7）线性回归带。线性回归带是根据这一段时间内的最高和最低价画出线性回归的平行通道线。

（8）回归通道。回归通道是线性回归带的延长。

（9）周期线。周期线是根据特定的周期来划分时间，以预测价格的转折点。

（10）斐波那契线。斐波那契线是将时间按斐波那契数进行分割。

（11）阻速线和甘氏线：是从股价的角度来确定买卖点的一种方法，它通过画角度的办法来协助判断一些重要的支撑和阻力位。

另外，在【画线工具】面板中可以设置画线的属性，包括粗细、颜色虚实和字号大小。

❸ 在股票的K线走势图中画出上升趋势线，如图11-26所示。

图11-26

❹ 在单根趋势线的基础上，选择第一波上涨的阶段高点画平行线，如图11-27所示。

图11-27

11.5 新股民学堂——测量距离

通过测量距离功能，投资者可以在K线走势图中快速并准确地测量出K线图上的任意两点间的距离、涨跌和幅度。通过使用测量工具，投资者可以快速了解到某一段时间的涨跌及幅度变化情况。

在任意股票的K线图上，选择【菜单】→【工具】→【画线工具】→【测量距离】命令，光标变为尺子的形状，单击鼠标左键，在画面中确定一个起始点，然后按住鼠标左键不放，随着鼠标的移动来确定另一个点。鼠标在移动过程中，其测量的距离、涨跌、幅度都会随之变化，以供投资者进行查看，如图11-28所示。查看完毕后，释放鼠标左键，测量结束。

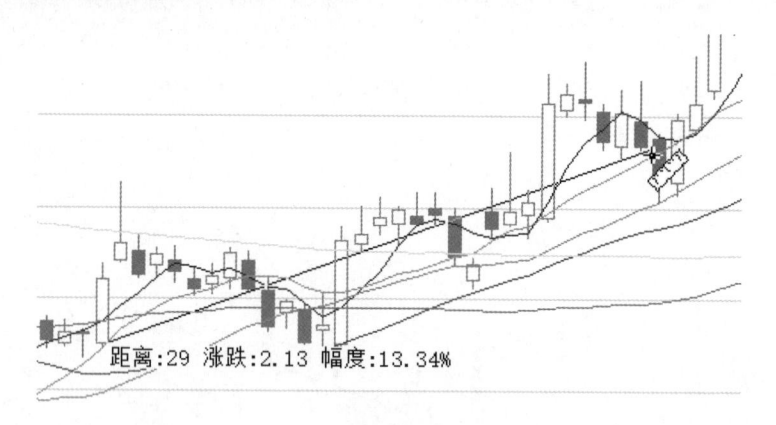

图 11-28

第 12 章

把握大势——股市行情分析与盈利机会

顺势而为，事半功倍。——谚语

大智慧是综合性的金融证券分析软件，除了对股票进行分析外，还可以对基金、期权、债券、外汇等进行分析。把握大势是股市投资的关键，本章将深入剖析股市的整体行情和趋势，帮助投资者认识并抓住盈利机会。通过对市场走势的敏锐洞察和准确判断，投资者将能够在波澜壮阔的股市中乘风破浪，实现财富的稳健增长。

12.1 基金行情分析

不同于股票和债券的直接投资，基金是一种间接投资，即投资者的钱不是直接买了股票或债券，而是委托给专业机构（基金管理公司），让其帮投资者去买。因为基金是由专业人士进行投资，并且基金投资的时候，会进行分散投资（投多只股票或者股票、债券结合等），所以风险相对而言就比股票小。

12.1.1 分类排行

基金可以分为股票型、混合型、债券型、货币型、QDII 型、保本型和指数型等种类，如表 12-1 所示。

表 12-1

基金类型	释　义
股票型	股票型基金是指 60% 以上的基金资产投资于股票的基金，国内所有上市交易的封闭式基金及大部分的开放式基金都是股票型基金
混合型	混合型基金是指同时投资于股票、债券和货币市场等工具，没有明确的投资方向的基金。 混合型基金的风险低于股票型基金，预期收益则高于债券基金，适合较为保守的投资者
债券型	大部分资产投资于债券，少部分资产投资于股票的基金称为债券型基金。假如将全部资产投资于债券，可以称其为纯债券基金
货币型	货币型基金是指投资于银行定期存款、商业本票、承兑汇票等风险低、流通性高的短期投资工具的基金品种，因此，货币型基金具有流通性好、低风险与收益较低的特性。 货币型基金的收益率低于债券型基金，比债券型基金风险更低
QDII 型	QDII 型基金是指经国家有关部门批准从事境外证券市场的股票、债券等有价证券业务的证券投资基金，简单地说，这种基金就是投资海外的基金
保本型	保本型基金在一定期间内，可以对所投资的本金提供一定比例的保障。保本型基金利用利息或是极小比例的资产从事高风险投资，而将大部分的资产从事固定收益投资，使得基金投资的市场不论如何下跌，都绝对不会低于其所担保的价格，从而达到所谓的保本目的
指数型	指数型基金是指以特定指数（如沪深 300 指数、中创 500 指数等）为标的指数，并以该指数的成分股为投资对象，通过购买该指数的全部或部分成分股构建投资组合，以追踪标的指数表现的基金产品
开放式	开放式基金指的是基金发行时总额不固定，基金单位总数可以根据市场需求随时增加或减少，投资者可以根据基金的净值，在国家规定的营业场所或平台上申购或赎回的一种基金
封闭式	封闭式基金是指事先已经确定了发行总额，在封闭期内基金单位总数不变，基金上市后投资者可以通过证券市场转让、买卖基金单位的一种基金

续表

基金类型	释义
LOF 基金	LOF 基金（上市型开放式基金）发行结束后，投资者既可以在指定网点申购与赎回基金份额，也可以在交易所买卖该基金
ETF 基金	ETF 基金是指在交易所上市交易、份额可变的一种开放式基金

查看分类排行的操作步骤如下。

❶ 在一级市场菜单中，选择【基金】选项后，将弹出基金的分类排名界面，其中展示了各种在交易所上市交易的基金，以及实时的最新报价、涨幅、涨跌、总手等各类信息。具体包含封闭基金、分级基金、ETF 基金、LOF 基金、T+0 基金、货币基金、开放基金行情，并在各类型基金行情中添加了分类，如图 12-1 所示。

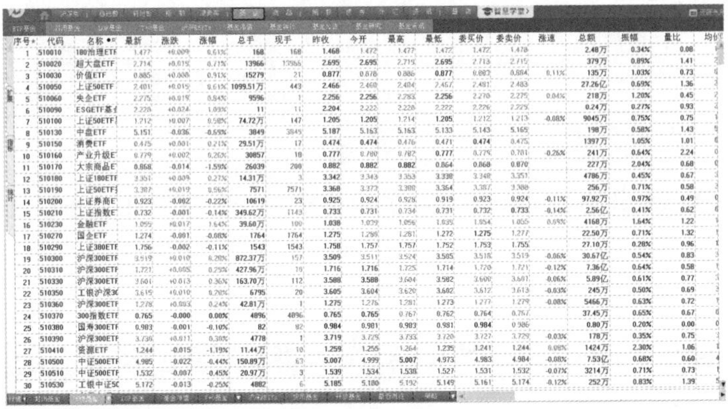

图 12-1

❷ 单击不同的排列选项可以显示不同的基金排列顺序。例如，这里单击【涨幅】选项，则基金按涨幅的大小进行排序，如图 12-2 所示。

图 12-2

❸ 单击某只基金，进入该基金的详情页面，在该页面可以查看此基金的详细情况，如图12-3所示。

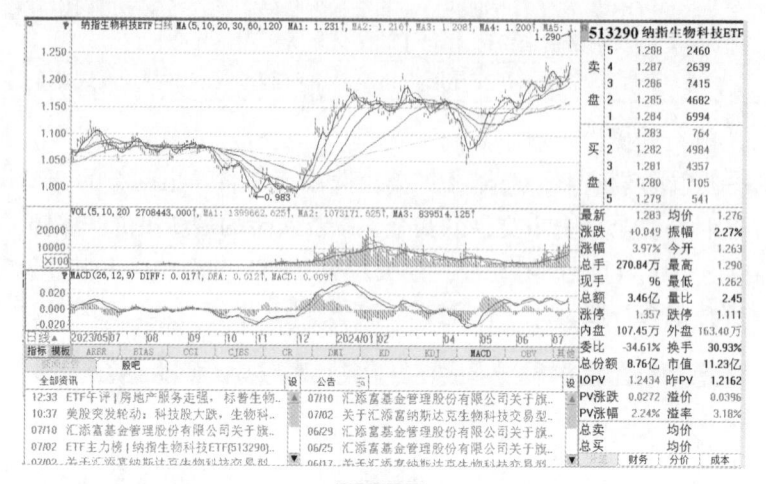

图12-3

❹ 单击【ETF基金】、【封闭基金】、【LOF基金】、【T+0基金】、【沪深REITs】选项，可以查看不同类型的基金情况。例如，单击【T+0基金】选项，界面显示如图12-4所示。

图12-4

12.1.2 基金净值

【基金净值】页面展示了各类型基金的最新单位净值以及交易的状态。

在【基金】一级菜单下选择【基金净值】选项或者输入快捷命令"JJJZ"，可以打开【基金净值】页面，如图 12-5 所示。这里包括【开放式基金】、【封闭式基金】、【货币式基金】、【分级基金】、【短期理财】等选项。基金列表中显示了每只基金的代码、简称、单位净值、累计净值等信息。

图 12-5

12.1.3 基金排行

【基金排行】页面展示了各类基金排名，如开放式基金、货币式基金、分级基金等。

在【基金】一级菜单下选择【基金排行】选项或者输入快捷命令"JJPM"，可以打开【基金排行】页面，如图 12-6 所示。

图 12-6

12.1.4 基金公告和基金资讯

【基金公告】页面收集了各基金管理公司最新发布的基金公告,并按基金公告的类型将全部公告细分成八大类,是基金投资者分析研究基金的开放平台。

在【基金】一级菜单下选择【基金公告】选项或者输入快捷命令"JJGG",可以打开【基金公告】页面,如图 12-7 所示。

图 12-7

【基金资讯】页面提供了最新、最全的基金新闻,包括基金要闻、基金数据、基金类别、基金试点、海外基金、基金研究。

在【基金】一级菜单下选择【基金资讯】选项或者输入快捷命令"NFUD",可以打开【基金资讯】页面,如图 12-8 所示。

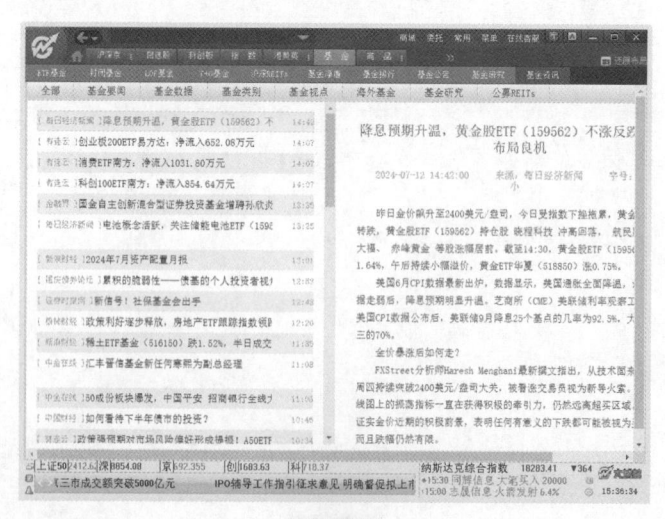

图 12-8

12.2 债券行情分析

债券，就是一种债权，简单地说，就是借钱给别人。投资者买了债券，就相当于借钱给了他人，这个"他人"可以是国家、地方政府，也可以是企业。

通过大智慧软件可以查看沪深两地上市的各种债券的报价以及行情，包括上证债券、上证转债、国债预发行、上证回购、深证债券、深证转债、深证回购、固定收益平台和国债期货。

❶ 在一级市场菜单中，选择【债券】选项后，弹出债券的行情列表，展示了交易所上市的债券，如图12-9所示。

图 12-9

❷ 单击界面下方的标签，可以查看上证债券、上证转债、上证回购、上证小公募、深证回购、可交换债、深证回购、可转债等信息，例如，单击【上证转债】标签，将显示上证转债的债券行情，如图12-10所示。

图 12-10

❸ 单击界面下方的【固定收益】标签，将显示在固定收益平台上市交易的债券实时行情，如图12-11所示。

图 12-11

❹ 在【债券】一级菜单下选择【债券资讯】选项，可以打开【债券资讯】页面，如图 12-12 所示。该页面显示与债券相关的新闻，包括政府债、金融债、信用债、可转债、国债期货及货币市场新闻等。

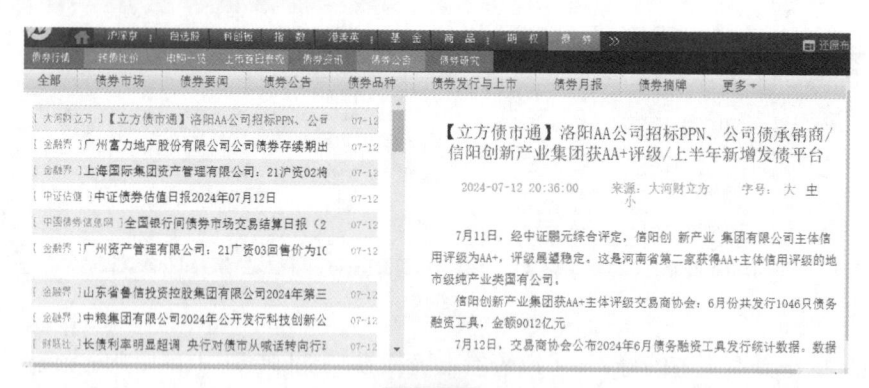

图 12-12

❺ 在【债券】一级菜单下选择【债券公告】选项，可以打开【债券公告】页面，如图 12-13 所示。【债券公告】页面显示债券的发行公告、上市公告、定期报告、兑付公告、赎回回售、评级报告、折算比例、转债公告等信息。根据输入证券的代码或者标题可以进行债券筛选，筛选出自己需要查看债券的公告。

图 12-13

❻ 在【债券】一级菜单下选择【债券研究】选项。可以打开【债券研究】页面，如图 12-14 所示。该页面提供了债券市场的研究报告。

图 12-14

12.3 期权行情分析

期权是一种合约，该合约赋予持有人在某一特定日期或该日之前的任何时间以固定价格购进或售出一种资产的权利。

期权的标的物是指选择购买或出售的资产，它包括股票、政府债券、货币、股票指数、商品期货等，期权是由这些标的物"衍生"的，因此称之为衍生金融工具。

❶ 在一级市场菜单中，选择【期权】选项后，默认打开【期权 T 报价】页面，如图 12-15 所示。T 型报价共三个页面，包括 T 型报价、认购和认沽。【期权 T 报价】页面以行权价格为中心，展示不同行权日下各期权的行情以及风险指标。

图 12-15

❷ 单击【多空比率】选项，可以查看市场中看涨和看跌力量的对比，如图12-16所示。它通过计算多头持仓量与空头持仓量的比例得出，反映了市场参与者的整体情绪和预期。

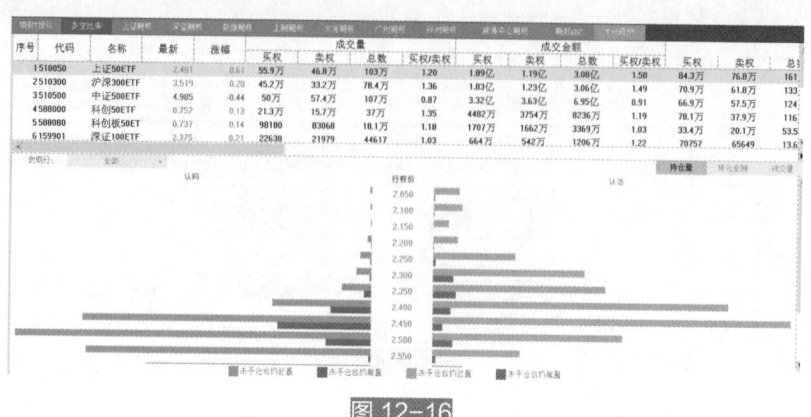

图 12-16

> 在期权市场中，多头持仓量是指那些预期价格上涨而买入合约的交易者的持仓总量，空头持仓量则是指那些预期价格下跌而卖出合约的交易者的持仓总量。

❸ 单击【上证期权】选项，即可显示上证期权信息。其中上交所合约编码为8位数字，从10000001起按顺序对新挂牌合约进行唯一不重复编排。合约名称即交易代码，包含期权合约类型、标的资产、行权价格、到期日等合约要素，用于识别合约的代码。最前面部分表示标的资产；接着是"购"或"沽"，"购"表示认购期权，"沽"表示认沽期权；再后面是"×月"，表示×月到期，期权的到期日是该月份的第四个星期三；最后面四位是行权价格，如图12-17所示。

图 12-17

12.4 外汇行情分析

通过外汇行情分析,投资者可以及时了解最新的外汇报价信息。在大智慧软件中可以查看外汇的基本汇率和交叉汇率。

> 基本汇率:是指将本国货币与某一关键货币(一般为美元)的实际价值进行对比后所制定出的汇率。

> 交叉汇率:也叫套算汇率,一般通过对美元的汇率进行套算而得出。例如,计算欧元兑日元的汇率时,如果某日欧元兑美元的基本汇率确定为 1 欧元 =1.099 美元,同时日本汇市中 1 美元 =147.368 日元,则欧元兑日元的汇率计算为 1.099×147.368=161.957。

❶ 在一级市场菜单中,选择【外汇】选项后,默认打开【人民币系列】页面,如图 12-18 所示。

图 12-18

❷ 单击【人民币中间价】选项,即可查看当日人民币在外汇交易中心交易的汇率,如图 12-19 所示。

图 12-19

> 人民币中间价指的是央行每日 9:15 公布的人民币基准汇率。央行通过公布人民币中间价，来确定人民币在外汇交易中心交易的汇率波动范围。

12.5 新股民学堂——基金投资与赎回技巧

基金由专门的基金经理负责操作，相对于股票风险要小，但风险小不是盲目投资的理由，只有掌握了基金投资和赎回的技巧，才能获利。

12.5.1 基金投资的5个技巧

常见的基金投资方法有平均成本法（即定期定投法）、固定比例法、分散投资法、利息滚入本金再投资法和货币型基金与成长型基金互换法等。

1. 平均成本法

平均成本法的操作要点是每隔固定的时间（通常为一个月或一个季度），以固定的资金额，购买一定数量的基金单位。用该方法投资，从长期购买基金的经验来看，比一次花大笔资金买到的基金单位多，分散了高成本认购基金的风险。

采用该种投资方法有两个条件：一是要有固定的、相当数量的投入资金；二是要持之以恒。三天打鱼，两天晒网，不按固定时间投入定额资金，这个方法的优点将显示不出来。

采用平均成本法最大的优点是可以以较低的成本买进较多的基金份数，虽然不能达到最优，但还是有较大的赚钱机会。

2. 固定比例法

该投资法是将资金按固定比例分别投资于成长型基金、收入型基金等不同种类基金。当某类基金的价位上升、投资比例发生变化时，就迅速卖出，买入另一类基金，使各种不同类投资基金保持固定的比例。

3. 分散投资法

分散投资法是将资金分散投资于不同类型的基金。成长型基金风险大，但收益高；收益型基金风险小，但收益稳定。

根据资产组合理论，分散投资可分散风险。从我国基金市场的情况来看，分散投资有三种方式：一是按市场分散，分别投资于上海、深圳证券交易所上市的基金；二是按价位分散，分别投资于高、中、低价位的基金；三是按盘子分散，分别投资于大、中、小三种盘子的基金。

综上所述，分散投资既可以分散风险，也可以分享收益。

4. 利息滚入本金再投资法

目前，国内的基金一般将利息、现金股息发放给投资者；但在国外，投资者可以将利息、股息滚入本金，换取额外的股份，让资产不断地成长，而且这种额外股份的取得，无须交佣金，因而深受投资者欢迎。如某投资者以 1 万元本金投入某基金，该基金年成长率为 12%（这是一个比较适中的成长率），若该投资者在 20 年内本利都不动，20 年后为 9.646 万元；若 35 年本利都不动，那么在 35 年后为 52.8 万元，复合成长的好处可见一斑。

5. 货币型基金与成长型基金互换法

股票价格与市场利率是成反比关系，当市场利率上升时，股价下跌；当市场利率下降时，股价上升。这样，就可以在货币型基金与成长型基金之间相互转换。当利率上升时，卖掉成长型基金，买入货币型基金；当利率下降时，卖掉货币型基金，而买入成长型基金。

目前，我国采取该方法可以在国债基金和股票之间互换。当利率上升时，买入国债基金；当利率下降时，将国债基金换成股票基金。

12.5.2 基金赎回的5个技巧

股市风云变幻，投资者经常遇到不知是否应该赎回的情况，那么基金赎回有没有技巧呢？答案是肯定的。

1. 分批赎回法

这种方法主要视投资者对资金的需求程度来决定。

在持有基金的过程中，投资者可能会因为自身经济条件、工作、消费能力的变化而需要调整持有的基金份额，以应对这种变化。但由于这会影响持有基金的增值能力，投资者可以尝试做分批赎回，避免错失基金增长的良机。

2. 本利分离法

这种赎回办法是一种常见的基金操作方法，即利用投资者资金赚取的盈利以分红方式分配给投资者，投资者可以现金方式领取或以红利再投资的方式投资。

这种方式对投资者获取稳定的投资收益是非常有利的。

3. 止损、止盈法

投资者应结合自身的风险承受能力、理财目标等因素设定止盈点和止损点，与此同时，面对市场的涨跌，要控制自己的情绪，这样才能顺利达到自己的理财目标。

基金投资虽然不像股票一样可以短线进出，但适度转换或调整投资组合也是必要的，因为有些风险是无法规避的，如周期性风险，即使是绩优的明星基金也必须承担随着景气与产业周期起伏的风险。

对于不少基民而言，若未能适时获利了结，过一段时间走势转换，收益也会大幅缩水；在高点介入的人，若未能适时止损出场，会被套牢，动弹不得。

因此，设定适当的止损点和止盈点是十分必要的。

> 止损：也叫"割肉"，是指当某一投资出现的亏损达到预定数额时，及时斩仓出局，以避免产生更大的亏损。
> 止盈：简单地讲，就是在你的目标价位挂单出货。

4. 定点了结法

这种基金赎回的操作方法是针对不同的基金产品而言的。例如，货币型基金可以随时确定时点进行赎回，而股票型基金需要结合证券市场环境，在达到一定的点位时，通过赎回基金份额或者转换基金份额的方式回避风险，以避免大盘上涨过快、累积的风险过高而带来的投资风险。

5. 特定赎回法

不同的基金产品，其投资操作的风格完全不同，从而会带来不同的投资风险。特别是当面临基金经理的频繁变动、基金换手率的加快、基金分红状况发生改变，以及基金投资策略和运作性质的变化等情况时，投资者应当对这些影响基金净值变动的敏感因素加以关注，做出基金份额的调整。

第 13 章

全球视野——全球股市动态洞察

全球化思考，本地化行动。——托马斯·弗里德曼

大智慧软件的全球行情分析，可让投资者实时掌握全球股市动态，获取各大市场报价和新闻。在全球化的今天，了解全球股市动态对于投资者来说至关重要。本章将引导读者以全球视野来观察和分析股市，同时结合本土市场的实际情况，运用多方信息来做出明智的投资决策。通过洞察全球股市的联动效应和影响因素，读者将能够更好地把握本土市场的机遇并规避风险。

13.1 全球指数行情分析

通过大智慧软件可以查看全球重要指数和各地区的相关指数行情报价，及其对应的分时走势图和技术分析图等。

❶ 在一级市场菜单中，选择【指数】选项后，在二级菜单中选择【全球指数】选项，在打开的页面中展示了美洲股市、欧洲股市、亚太股市和其他指数的信息，如图 13-1 所示。

图 13-1

❷ 双击某个指数，可以打开该指数的分时图。例如，双击亚太指数列表中的【韩国 KOSPI 指数】，显示如图 13-2 所示。

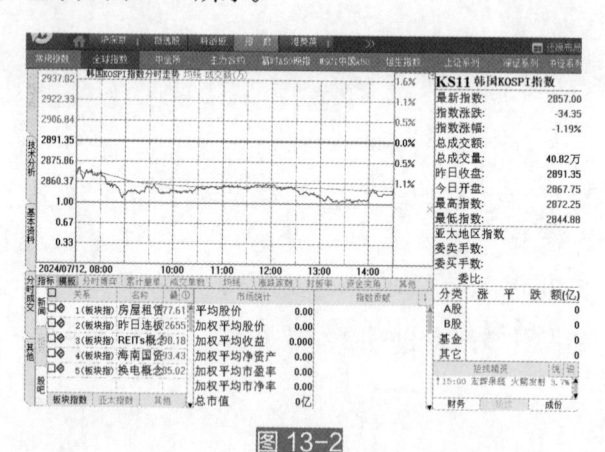

图 13-2

13.2 美股行情分析

大智慧软件专门提供了美股的行情报价。

❶ 在一级市场菜单中，选择【港美英】选项后，在二级菜单中选择【全球指数】选项，如图 13-3 所示。在页面中显示了道琼斯工业平均指数、纳斯达克综合指数、标普 500 指数等。

图 13-3

❷ 在某个指数区域双击，即可查看该指数的分时图、盘口信息、指数新闻等。例如，双击【道琼斯工业平均指数】，结果如图 13-4 所示。

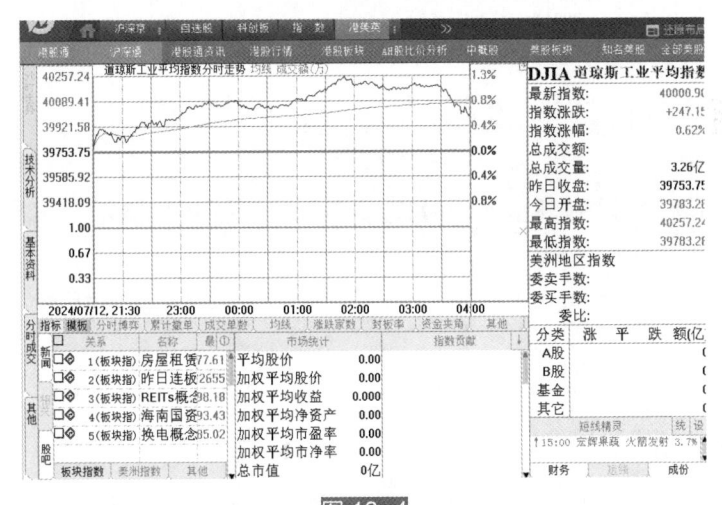

图 13-4

❸ 在二级菜单中选择【知名美股】选项，显示如图 13-5 所示。

❹ 在二级菜单中选择【全部美股】选项，可以查看所有美股的行情，如图 13-6 所示。

❺ 在二级菜单中选择【中概股】选项，可以查看中概股的行情，如图 13-7 所示。

序号	代码	名称	最新	涨跌	涨幅	总手	换手率	现手	总额	昨收
1	AXP	美国运通	238.630	-0.120	-0.05%	261.23万		2612283		238.750
2	C	花旗集团	64.520	-1.190	-1.81%	3012.54万		30125384		65.710
3	GM	通用汽车	49.010	+1.080	2.25%	1628.96万		16289556		47.930
4	MET	大都会保险	73.390	+0.950	1.31%	391.67万		3916727		72.440
5	PFE	辉瑞制药	28.920	+0.260	0.91%	2839.70万		28396984		28.660
6	VZ	Verizon通讯	41.430	+0.130	0.31%	1112.91万		11129067		41.300
7	YUM	百胜餐饮	131.310	+1.790	1.38%	233.88万		2330834		129.520
8	TXN	德州仪器	201.870	+1.880	0.94%	368.38万		3683813		199.990
9	BA	波音	182.310	-1.600	-0.87%	512.93万		572303		183.910
10	FDX	联邦快递	299.020	-0.520	-0.17%	144.57万		1445706		299.540
11	IBM	IBM公司	182.830	+4.520	2.53%	478.56万		4785565		178.310
12	MCD	麦当劳	253.900	-0.900	-0.35%	454.30万		4543006		254.800
13	MMM	3M	104.040	+0.810	0.78%	338.12万		3381190		103.230
14	PG	宝洁	166.610	+1.070	0.65%	468.46万		4684642		165.540
15	MSFT	微软	453.550	-1.150	-0.25%	1632.43万		16324274		454.700
16	QCOM	高通	202.430	+2.500	1.29%	721.72万		7217319		199.850

图 13-5

序号	代码	名称	最新	涨跌	涨幅	昨收	今开	最高
1	A	安捷伦	132.230	+1.410	1.08%	130.820	131.170	133.400
2	AA	美铝	38.950	-0.230	-0.59%	39.180	40.110	40.410
3	AACT	ARES ACQUISITION CORPORA				10.685		
4	AACT.UN	ARES ACQUISITION CORPORA				10.700		
5	AAM-A	APOLLO ASSET MANAGEMENT				25.010		
6	AAM-B	APOLLO ASSET MANAGEMENT				25.010		
7	AAN	THE AARONS COMPANY INC				9.960		
8	AAP	领先汽车配件	62.920	+1.440	2.34%	61.480	61.920	63.980
9	AB	联博控股				33.970		
10	ABBV	艾伯维	170.280	+0.370	0.22%	169.910	170.630	171.625
11	ABEV	安贝夫啤酒	2.150	+0.010	0.47%	2.140	2.150	2.160
12	ABG	阿斯伯里汽车				243.550		
13	ABM	ABM工业				50.550		
14	ABR-D	ARBOR REALTY TRUST INC 6.3				19.420		
15	ABR-E	ARBOR REALTY TRUST INC SE				19.070		
16	ABR-F	ARBOR REALTY TRUST INC 6.2				20.320		
17	ABT	雅培制药	104.220	+0.040	0.04%	104.180	104.670	104.930
18	AC	ASSOCIATED CAP GROUP INC				30.060		
19	ACA	ARCOSA INC				85.270		
20	ACCO	ACCO BRANDS CORPORATION				4.670		

图 13-6

序号	代码	名称	最新	涨跌	涨幅	总手	换手率	现手	总额
1	HOLI	和利时自动化	25.270	+0.260	1.04%	115.31万		1153137	
2	SVA	科兴生物							
3	CYD	玉柴国际	9.200	-0.010	-0.11%	5574		5574	
4	DSWL	德斯维尔工业	2.400	-0.000	0.00%	62886		62886	
5	CPHI	惠普森医药	0.267	-0.003	-1.11%	13.52万		135236	
6	CGA	绿色农业	2.290	+0.260	12.81%	6484		6484	
7	GURE	海湾资源	1.190	-0.070	-5.56%	38576		38576	
8	CREG	中国循环能源	1.030	+0.040	4.04%	82872		82872	
9	SEED	奥瑞金种业	3.500	-0.480	-12.06%	68678		68678	
10	NTES	网易	92.880	+1.060	1.15%	123.91万		1239097	
11	CAAS	中国汽车系统	3.510	-0.010	-0.28%	47784		47784	
12	KNDI	康迪车业	1.990	-0.000	0.00%	44615		44615	
13	CLWT	欧陆科仪	1.560	+0.050	3.31%	7418		7418	
14	CNET	中网载线	0.810	+0.050	6.58%	18778		18778	
15	CHNR	中国天然资源	0.762	-0.027	-3.42%	72376		72376	
16	ATHM	汽车之家	28.220	+0.100	0.36%	42.56万		425613	
17	WB	新浪微博	8.500	-0.090	-1.05%	116.75万		1167462	
18	TOUR	途牛	0.914	-0.012	-1.30%	92402		92402	

图 13-7

> 中概股即中国概念股,指在海外注册和上市,但最大控股权(通常为 30% 以上)或实际控制人直接或间接隶属于中国境内的民营企业或个人的公司,目前共有 276 只中概股。

13.3 沪伦通行情分析

沪伦通是中国上海证券交易所与伦敦证券交易所互联互通的合作项目,旨在让中国的投资者可以通过上海证券交易所的交易平台,购买伦敦证券交易所上市的全球公司的股票。

❶ 在一级市场菜单中,选择【港美英】选项后,在二级菜单中选择【沪伦通 GDR】选项,显示如图 13-8 所示。

图 13-8

❷ 单击任意一只股票即可进入该股票的详情页面,如图 13-9 所示。

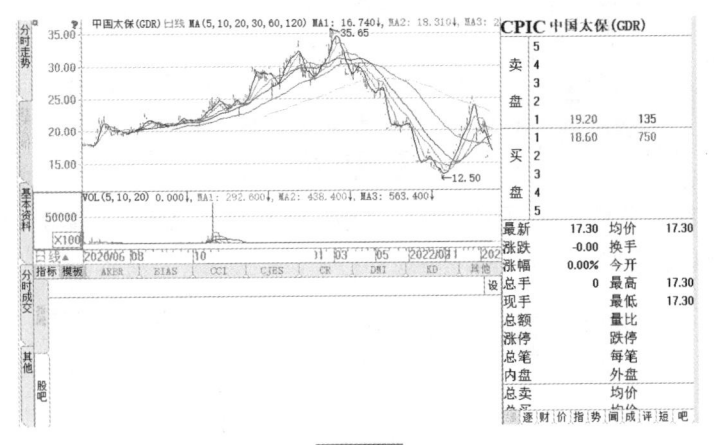

图 13-9

13.4 港股行情分析

大智慧软件提供的港股市场数据和信息,为热衷于投资港股的投资者提供了即时、准确的港股行情走势。

❶ 在一级市场菜单中，选择【港美英】选项后，在二级菜单中选择【港股行情】选项，页面如图 13-10 所示。从中可以查看所有港股的涨跌、涨幅、总额、换手率等行情。

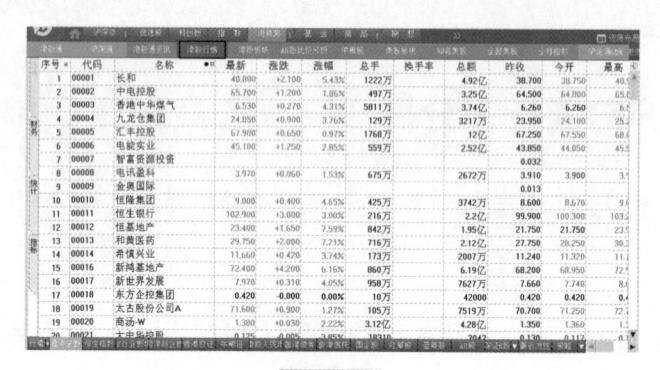

图 13-10

❷ 单击下方的【红筹股】标签，可以查看红筹股的行情，如图 13-11 所示。

图 13-11

❸ 在二级菜单中选择【港股通】选项，默认打开【恒生指数】选项卡，在下方单击【港股通】标签，可查看港股通的行情，如图 13-12 所示。

图 13-12

第 13 章　全球视野——全球股市动态洞察

❹ 在二级菜单中选择【AH 股比价分析】选项，可查看同时在国内 A 股与港股上市的股票的两市行情，如图 13-13 所示。

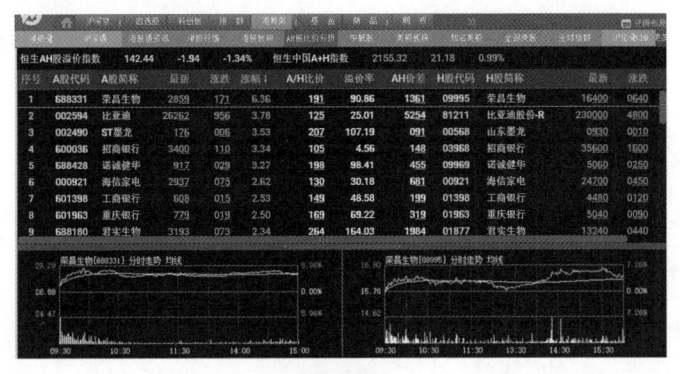

图 13-13

❺ 在二级菜单中选择【港股通资讯】选项，可查看 AH 股、港股和沪股的香港新闻信息，如图 13-14 所示。

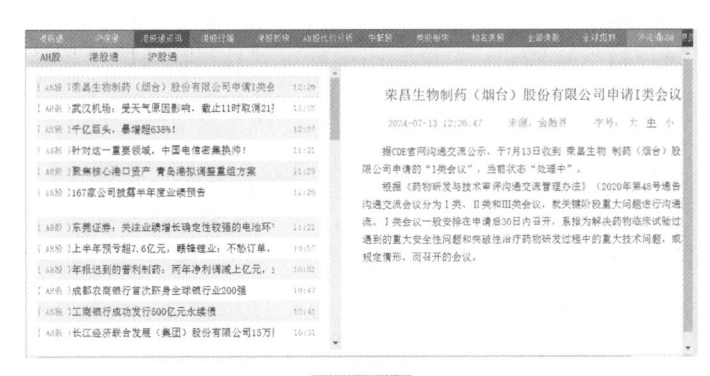

图 13-14

❻ 在二级菜单中选择【港股板块】选项，可查看港股板块的信息列表，如图 13-15 所示。

图 13-15

165

13.5 新股民学堂——全球行情对中国股市的影响

全球行情对中国股市的影响是多方面的，包括资本流动、贸易关联、投资者的心理预期、跨国公司的表现、跨境合作与并购机会等。

1. 资本流动

全球市场的波动可以引发资本在不同国家之间的流动。

2022年，由于美联储的加息政策，美国国债收益率上升，部分资金从美国股市流出，寻找更高回报的投资机会。

这部分资金部分流入了中国股市，推动了中国股市的交易量增长，尤其是部分成长性强、盈利能力好的上市公司。

2. 贸易关联

许多中国上市公司与海外公司有贸易往来或供应链合作。因此，全球贸易紧张局势或关税调整可能影响这些公司的盈利和股价。

2019年，中美贸易战期间，美国对中国部分商品加征关税。这导致中国出口企业面临成本上升的压力和销量下滑的挑战，相关行业（如纺织、家具等）的上市公司股价受到较大影响。

3. 投资者的心理预期

全球市场的走势和新闻事件可能影响投资者的心理预期和投资决策。

4. 跨国公司的表现

在中国股市中，有许多跨国公司或在全球范围内运营的公司。这些公司的股价和业绩受全球市场的影响更为直接。

5. 跨境合作与并购机会

全球市场动态也可能影响中国企业跨境合作或并购的决策。例如，当某一行业在全球范围内出现整合趋势时，中国企业可能会考虑跨境并购。这为中国企业提供了新的市场和商机，但同时也需要应对跨境合作和并购的风险与挑战。

第14章

龙头引领财富——锁定龙头股的技法

> 跟着龙头走,财富自然有。——股市谚语

龙头股是股市中的领军者,具有强大的市场影响力和上涨潜力。大智慧软件通过观察大盘走势,分析市场趋势,并结合个股基本面和技术面分析,提高买卖点的精准度,从而为投资者提供全面的股票投资策略,有助于实现稳健的投资收益。本章将揭示锁定龙头股的技巧和方法,帮助投资者识别和跟踪这些市场领导者。通过掌握龙头股的走势和特征,投资者将能够更准确地把握市场机会,实现投资收益的最大化。

14.1 趋势操盘技巧

趋势操盘技巧主要是根据市场趋势来买卖股票，评估大盘风险系数，选择上升趋势个股，投资者应该顺势而为，做出买卖决策。

14.1.1 评估大盘走向趋势

评估大盘走向趋势需要综合考虑多种因素，包括分时图、市场热点和宏观经济环境等。本节主要介绍通过分时图评估大盘走向趋势的相关内容。

当分时图中黄线呈上升趋势，白线呈下降趋势时，说明市场上的小盘股流入资金较多，大盘股流出资金较多，大盘走势可能会下跌；反之，当黄线呈下降趋势，白线呈上升趋势时，说明市场上的大盘股流入资金较多，小盘股流出资金较多，大盘走势可能会上涨。

> 大盘分时图中，白线代表大市值大盘股，黄线代表小盘股。在白底色的风格界面中，蓝线代表大市值大盘股，粉色代表小盘股。

1. 白上黄下，且开口越来越大

白线持续上升，呈现一波高于一波的趋势，然而黄线并未出现相应的增长，反而处于横盘或震荡下跌的状态，导致两线之间的距离逐渐扩大，如图14-1所示。这造成了指数与市场情绪之间的背离。尽管指数在上涨，但下跌的股票数量实际上远超过上涨的股票数量。这种虚假的指数上涨使散户处于一种困境，即便赚取了指数，却难以获得实际的收益。

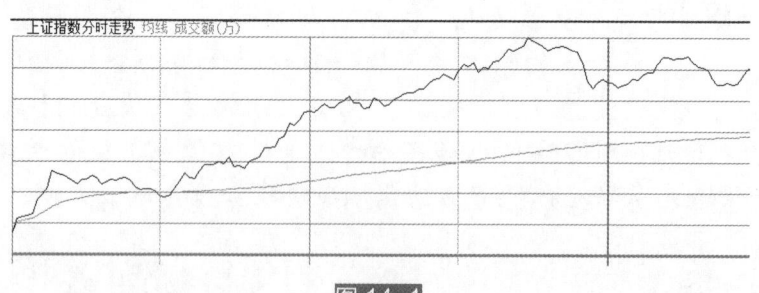

图 14-1

2. 白上黄下，但开口不大

白线呈现震荡上扬的态势，且后一波高于前一波。与此同时，黄线与白线保持紧密的跟随关系，两者之间的距离相当接近。尽管白线始终位于黄线的上方，但这是市场权重股和题材股共同飙升的行情。然而，权重股在此期间的热度明显超过题材股。当证券板块出现连续涨停的情况时，这是最为明显的表现，此时市场的赚钱效应也相当明显，如图14-2所示。

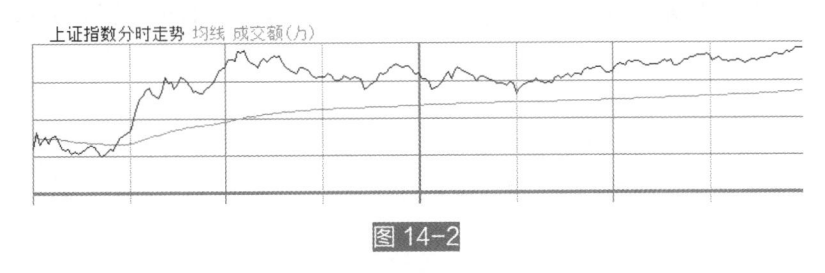

图 14-2

3. 白上黄下，随后黄线上穿白线运行

白线呈现震荡上扬的态势，且后一波高于前一波。与此同时，黄线紧紧跟随白线的涨势，甚至穿越到白线的上方，并在白线的上方保持运行。这就是市场权重股和题材股相互配合的行情，也是散户最容易获利的时期。

4. 黄上白下，且同时上升

当黄线上升时，白线也跟着上升，两者之间没有背离的情况。这表明市场情绪良好，小股票表现活跃。只要没有出现白线大幅下跌，导致黄白线之间的距离持续扩大，就说明指数和情绪没有背离。因此，投资者可以继续持有股票，或者选择合适的时机参与市场。

5. 黄上白下，且开口越来越大

当黄线上升时，白线却呈现横盘或下跌的趋势，导致两者之间出现背离。这表明市场情绪依然良好，小股票仍受到市场的青睐。然而，此时风险已经悄然而至。由于指数和情绪之间的背离，这种上涨行情可能不会持久。因此，投资者需要谨慎对待，避免盲目跟风。

14.1.2 如何选择上升趋势的个股

上升趋势是指股票价格处于大幅上涨的阶段，通常称为主升浪。在这个阶段，股票价格涨幅最大，也是投资者最希望把握的阶段。一般来说，要判断一只股票是否处于主升浪，需要满足以下条件。

- 股票价格处于明显的上升趋势，且趋势较为稳定。
- 股票价格在上升的过程中不断创出新高，或者在创新高后继续保持上涨态势。
- 股票的成交量不断放大，显示出市场资金对这只股票的关注和追捧。
- 公司的基本面良好，业绩稳定增长，具有一定的投资价值。

- 股票的技术形态符合主升浪的特征，例如，出现明显的均线多头排列、MACD 指标金叉等。

淮北矿业（600985）从 2023 年 9 月 1 日到 2023 年 12 月 4 日，短短 3 个月时间，股价从 11.8 元一路飙升到 16.27 元，在这个过程中股价不断上涨，屡创新高，其中，9 月 1 日，成交量为 35.3 万手，成交额为 4.28 亿元，涨幅为 4.25%；10 月 31 日，股价涨到 14.29 元，成交量为 25.84 万手，成交额为 3.78 亿元，涨幅为 2.37%；11 月 29 日，最高价为 16.27 元，成交量为 28.41 万手，成交额为 4.56 亿元，涨幅为 2.68%。淮北矿业 K 线走势如图 14-3 所示。

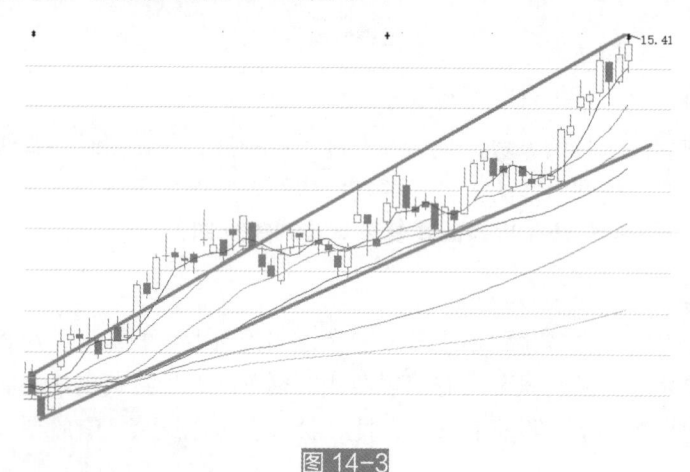

图 14-3

14.1.3 买卖决策

V 形反转是实战中比较常见的、力度极强的反转形态，它往往出现在市场剧烈波动时，在价格底部或者顶部区域只出现一次低点或高点，随后就改变原来的运行趋势，股价呈现出相反方向的剧烈变动。

V 形反转有两种形态，即 V 形底和 V 形顶，如图 14-4 所示，左图为 V 形底，右图为 V 形顶。

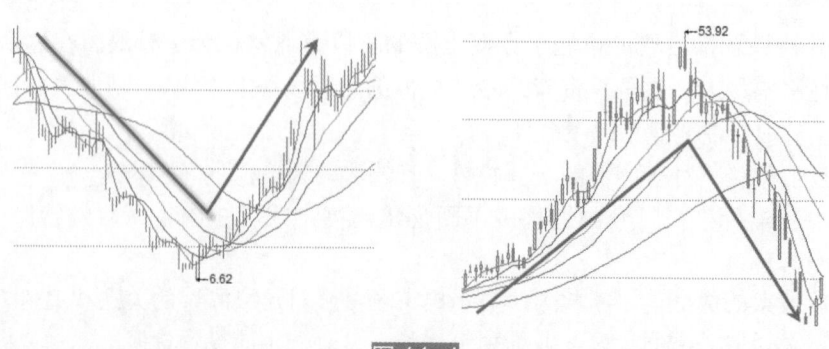

图 14-4

V形底通常是因为在经历了一段时间的下跌后，市场出现了一股强大的买方力量，使得价格开始稳步持续地上升，即进入上升通道。在这个过程中，买方力量不断增强，而卖方力量逐渐减弱，使得价格迅速上升。当价格达到某个点位时，由于某些因素的影响，卖方力量突然增强，而买方力量迅速减弱，使得价格在短时间内迅速下滑，即进入下降通道。这种下跌的幅度较大，几乎是以前上升速度的两倍，形成一个倒 V 形的移动轨迹。

V 形顶的形成过程则相反。在经历了一段时间的上涨后，市场出现了一股强大的卖方力量，使得价格开始稳步持续地下降，即进入下降通道。在这个过程中，卖方力量不断增强，而买方力量逐渐减弱，使得价格迅速下滑。当价格达到某个点位时，由于某些因素的影响，买方力量突然增强，而卖方力量迅速减弱，使得价格在短时间内迅速上升，即进入上升通道。这种上升的幅度较大，几乎是以前下降速度的两倍，形成一个 V 形的移动轨迹。

V 形走势可以分为以下三个阶段。

1. 下跌阶段

通常 V 形下跌阶段的斜率较大，且持续时间较短。

2. 转势点

V 形的底部非常尖锐，通常在两三个交易日内形成，在这个低点处成交量明显增加。有时候，这个转势点会在恐慌交易日中出现。

3. 回升阶段

股价从低点开始回升，成交量也随之增加。

延伸 V 形走势是 V 形走势的一种变形。在形成 V 形走势的过程中，上升（或下跌）阶段会出现一段横向发展的成交区域，随后打破这个徘徊区，继续完成整个形态。倒转 V 形和倒转延伸 V 形的形态特征与 V 形走势相反。

投资者在操作时需要注意以下几点。

- ➢ V 形走势在转势点必须有明显的成交量配合，以在图形上形成 V 形。
- ➢ 股价在突破延伸 V 形的徘徊区顶部时，必须有成交量增加的配合；而在跌破倒转延伸 V 形的徘徊区底部时，则不需要成交量增加的配合。

14.2 如何选择龙头股

龙头股指的是在某一时期内，在股票市场的炒作中对同行业板块的其他股票具有影响和号召力的股票。它的涨跌往往对其他同行业板块股票的涨跌起引导和示范作用。成为龙头股的依据是，任何与某只股票有关的信息都会立即反映在股价上。

14.2.1 龙头股的标准和特点

1. 市场地位

一般来说，龙头股具有较高的市场份额和良好的品牌声誉，在市场上拥有较高的知名度和影响力。

2. 业绩表现

龙头股通常具有优秀的业绩表现，包括高增长率、高利润率和高市盈率等指标。

3. 竞争优势

龙头股通常具有较强的竞争优势，如技术领先、品牌优势、成本优势等。

> 龙头股并不是一成不变的，其地位往往只能维持一段时间。

14.2.2 如何选择上升趋势的龙头股

选择上升趋势的龙头股需要综合考虑多个因素，包括市场环境、板块效应、技术形态、基本面等。以下是一些可能有用的方法。

1. 市场热点和板块效应

龙头股通常与市场热点相关，因此需要关注当前市场的热点板块和题材。同时，也需要观察同一板块内其他股票的走势和表现，以判断该板块是否具有整体上涨的趋势。

2. 技术形态分析

技术形态是股票走势的反映，可以通过观察股票的K线图、均线、量能等指标，来判断其是否处于上涨趋势。例如，观察股票是否突破了重要的技术压力位、均线是否呈现多头排列等。

以贵州茅台（600519）为例，该公司在白酒行业中具有领先地位，随着近年来白酒市场回暖，贵州茅台股价呈现上涨趋势，成为市场的龙头股之一。从2022年10月28日到2023年1月16日，股价从1292.97元涨到了1837.01元，55个交易日涨幅达42.07%，如图14-5所示。

3. 基本面分析

基本面包括公司的财务状况、业务情况、股东结构等，可以通过分析这些因素来判断某只股票是否具有上涨趋势。例如，公司的盈利能力、成长性、估值水平等都是重要的基本面因素。

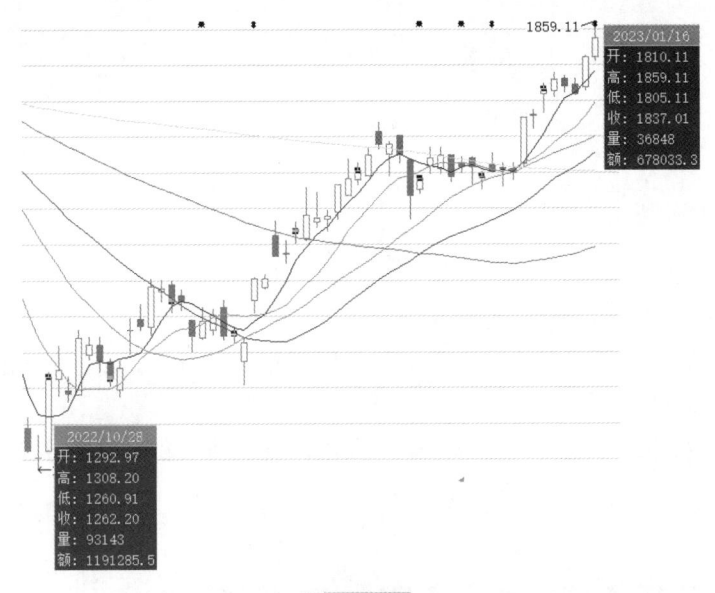

图 14-5

以中国平安（601318）为例，该公司在保险行业中具有领先地位，在中国经济持续增长的背景下，中国平安股价也呈现上涨趋势，成为市场的龙头股之一，如图 14-6 所示。

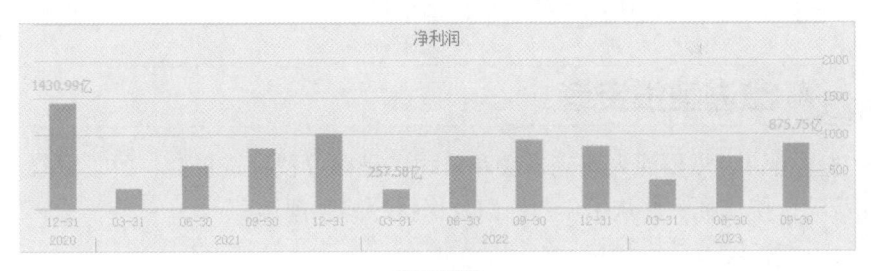

图 14-6

从财务指标看，其过去 3 年中，每个季度的净利润都在 300 亿元以上，近两个季度的净利润稳定在 700 亿～900 亿元。

截至 2024 年 12 月，6 个月内共有 24 家机构预测 2024 年净利润约为 1293.32 亿元，较去年同比增长 27.05%，如图 14-7 所示。

4. 关注市场资金流向

市场资金流向是影响股票走势的重要因素之一，可以通过观察股票的龙虎榜、大宗交易等数据，来判断是否有大额资金流入该股票。

图 14-7

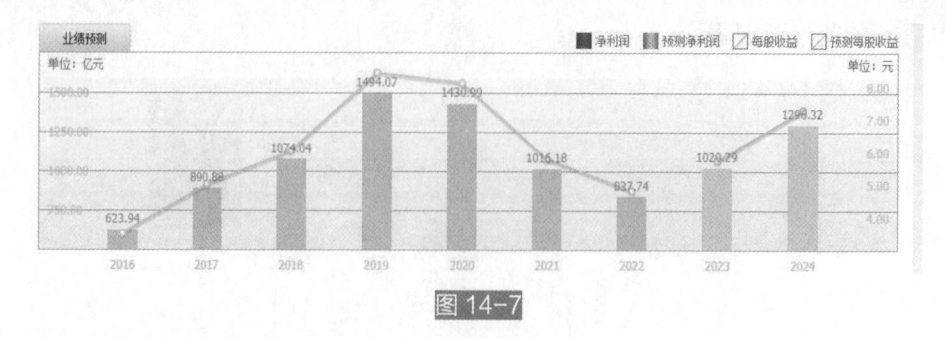

5. 参考专业机构的研究报告和分析

可以参考证券公司、基金公司等机构的研究报告和分析，以了解它们对某只股票的观点和投资建议。

选择上涨趋势的龙头股并不是一件容易的事情，需要综合考虑多个因素。投资者也需要保持冷静，不要盲目跟风或冲动交易。

14.3 不同类型的投资者的选股技法

激进型投资者和保守型投资者是投资风险偏好的两种类型。前者更愿意接受高风险、高收益的投资品种，比如期货、衍生品等；保守型投资者则倾向于追求低风险、低收益的固定收益品种，比如银行存款、国债等。

14.3.1 激进型投资者

激进型投资者需要深入研究市场和公司，积极寻找投资机会，敢于冒险，快速决策和行动，接受损失并从中学习，以及保持冷静和理性。

1. 深入研究市场和公司

通过深入了解市场和公司，投资者可以更好地把握投资机会，做出更加明智的投资决策。

2. 积极寻找投资机会

积极寻找投资机会，包括跟踪行业趋势、研究公司公告和市场传闻等。需要保持敏锐的市场嗅觉，以便在出现投资机会时迅速行动。

巴菲特1988年开始投资可口可乐公司时，可口可乐公司面临着巨大的竞争压力，其市场份额也面临着百事可乐等竞争对手的挑战。但是，巴菲特通过深入了解可口可乐公司的基本面，认为其具有强大的品牌优势和深厚的市场基础，未来有望实现持续增长。因此，他决定大量买入可口可乐公司的股票，并长期持有。最终，巴菲特的判断得到了验证，可口可乐公司的股票价格持续上涨，他也因此获得了巨大的投资收益。

3. 敢于冒险

敢于冒险，以抓住市场机遇。需要有勇气在市场上涨时买入高风险的股票，也需要有勇气在市场下跌时卖出低风险的股票。

2008年，巴菲特以每股8港元的价格购买2.25亿股比亚迪股票，2022年套现了133万股比亚迪股票，平均价格为277.1港元/股，这笔投资收益达到了惊人的33.6倍。

敢于冒险，但并不是盲目冒险。投资前要深入了解市场趋势，精心策划投资策略和严格的风险管理，才能成功地获得巨额收益。

4. 快速决策和行动

在充分了解市场和公司情况后，迅速做出投资决策并采取行动。例如，在得知某家公司即将发布利好公告时迅速买入该公司股票，以期获得股价上涨带来的收益。

5. 接受损失并从中学习

在投资过程中，可能会遭受损失，但这些损失是投资的一部分。通过接受损失并从中学习，可以更好地理解市场和公司情况，并做出更加明智的投资决策。

6. 保持冷静和理性

在投资过程中，需要保持头脑清醒，不被市场波动和噪声干扰，做出更加明智的投资决策，避免因情绪波动而犯错。

14.3.2 保守型投资者

对于保守型投资者来说，购买股票需要遵循一定的原则和策略，需要注意风险控制和多元化投资。只有做好充分的准备和规划，才能获得稳定的收益。以下是一些建议。

1. 用闲钱炒股

投资者不应该用即将用到的钱或借来的钱来炒股，而应该使用闲钱来投资，这样可以减轻投资压力，避免陷入财务困境。

2. 挑选优质股票

投资者应该选择每个行业的龙头股票进行投资，这些公司的财务状况通常较为稳定，风险相对较低。同时，投资者还需要了解公司的基本面，包括财务状况、业务情况、股东结构等，以便做出明智的投资决策。比如，选择银行、保险和科技等行业的龙头股票进行投资。

3. 多元化投资

投资者应该将资金分散到不同的行业和股票中，以降低投资风险。同时，投资者还需要注意股票的市盈率、市净率等指标，避免买入指标过高的股票。比如，将资金投资到科技、消费、能源等行业。这样，即使某个行业或股票出现下跌，其他行业和股票也可以为投资者提供一定的缓冲。

李嘉诚是多元化投资的典型代表。他在20世纪80年代开始实施多元化投资的战略。除了房地产外，他还涉足了石油、天然气、港口、电力等领域；到了20世纪90年代，李嘉诚进一步接触了高科技产业，并建立了维港投资公司。

4. 关注市场情绪

投资者应该关注市场情绪的变化，避免在市场过热或过冷时做出投资决策。在市场过热时，要保持冷静，不要盲目跟风买入，避免追高，选择等待；在市场过冷时，可以关注优质股票的回调机会。

5. 长期持有

做好长期投资的准备，不要频繁地买卖股票，以免增加交易成本和税费。长期持有优质股票可以获得稳定的收益，同时也可以降低短期市场波动带来的风险。

巴菲特是一位著名的长期投资者，他以长期持有优质股票的投资策略而闻名。他通过选择具有强大竞争优势和稳健增长潜力的公司，长期持有这些公司的股票并耐心等待回报。

巴菲特于1988年开始持有可口可乐公司的股票，一直持有到2008年。他看中的是可口可乐在全球市场的领先地位和其强大的品牌影响力。在持有期间，可口可乐公司的股票价格持续上涨，为巴菲特带来了丰厚的投资回报。

除了可口可乐公司，巴菲特还长期持有一些其他优质股票，如美国运通、IBM、苹果等。他通过长期持有这些公司的股票，实现了稳健的投资回报。

巴菲特的长期投资策略是"买入并持有"，他主张不要过于追求短期收益，而是要把眼光放长远，寻找具有持续增长潜力的公司并长期持有。他认为，只有深入了解市场和公司，才能做出正确的投资决策。

6. 定期评估投资组合

投资者应该定期评估自己的投资组合，根据市场变化和公司基本面情况及时进行调整。如果发现某只股票不再符合投资要求，需要及时进行换仓或卖出。

14.4 大智慧炒股的特殊战术

股市的一些异常，可以给投资者敲响警钟，同时也可以成为投资者买入和卖出的突破点。

14.4.1 上压板和下托板看透主力意图

当盘口出现大量的委卖盘挂单，称为上压板；当盘口出现大量的委买盘挂单，称为下托板，如图 14-8 所示。

601599 浙文影业			
卖盘	5	2.82	1707
	4	2.81	1481
	3	2.80	2677
	2	2.79	2246 （上压板）
	1	2.78	8578
买盘	1	2.77	819
	2	2.76	1790
	3	2.75	1063 （下托板）
	4	2.74	7731
	5	2.73	697

图 14-8

上压板的真正用意是迫使散户交出筹码或阻止股价暂时上升。在股价处于中低价区时，如果主动性买盘较多而盘中出现了下托板，往往预示主力有积极做多的意图，交易者可考虑逢低介入。然而，当股价升幅较大且处于高价区时，如果盘中出现了下托板，此时交易者要注意主力是否在诱多出货。通常，大托单被撤销或被吃掉是不祥之兆，交易者此时要考虑避开风头。

下托板的真正用意是迫使散户抢单或阻止股价下跌。交易者如果真看好该股，通常会朝现有的卖单直接申报，甚至直接照卖2、卖3的价位挂单，很难在盘面上出现有大量委买单的现象。委买单越多，只会迫使其他交易者以更好的价格买入，而挂在盘口的买单是无法很快成交的。因此，迫使散户抢单或阻止股价下跌，是下托板的真正用意。

上压板和下托板都是股票交易中的一种操作策略，通过控制买卖订单的数量来影响股票价格的走势，以此达到一定的目的。

14.4.2 追击强势龙头股战术

强势股是指在股市中稳健上涨的股票。强势股具有两个特点：一个是高换手率，强势股的每日成交换手率一般不低于5%，某些交易日达到10%以上，甚至可能达到20%～30%；另一个是具有板块效应，强势股可能是一波行情的龙头股，也可能是热点板块中的代表性股票，强势股的涨跌，会影响同板块股票的涨跌。

例如，特宝生物（688278）在一段时间内出现了稳步上涨的趋势，如图14-9所示，这时，投资者就可能考虑买入股票。

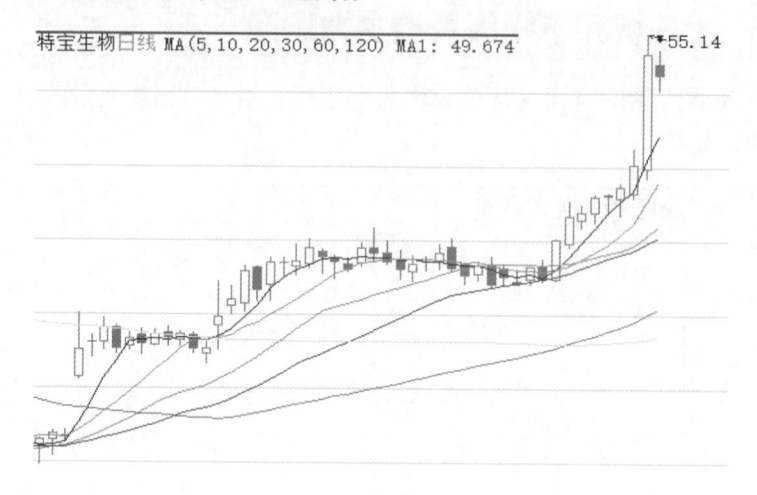

图 14-9

追击强势股的方法主要有以下几种。

1. 追击龙头股

一般情况下，龙头股就是一只比较强势的股票，追击龙头股主要是在以行业、地域和概念为基础的各个板块中选择最先启动的领头上涨股。

2. 在涨盘中追击强势股

强势股主要是指在涨幅榜、量比榜和委比榜上均排名居前的个股。这类个股已经开始启动新一轮行情，是投资者短线追涨的重点选择对象。

3. 把握追涨停板的最佳时机

（1）涨停时间越早的比晚的好，早盘先涨停的比尾盘涨停的好得多。

（2）涨停时换手率小的比大的好。

（3）低位盘整一段时间后突然涨停的比连续上涨后再拉涨停的好。

（4）把握大盘走势，大盘向下时不要追涨停。

（5）规避重大利好被披露的股票。

14.4.3 急跌买入卖出技法

在股市中，投资者有时会遇到所持的个股出现连续的急速下跌。如果在这个时候操作出现错误，可能会在做出离场决定后，发现自己的股票卖出了地板价，即低于实际价值的价格。如果决定持有等待，又可能会在后续的市场中遭受更大的损失。

例如，股票中国卫通（601698）先通过快速推高股价来吸引其他投资者的关注，然后通过打压股价来制造一种股价下跌的假象，从而在低位吸货，最终实现快速上涨的目标。这种策略旨在迷惑其他投资者，让他们在错误的时机买入或卖出股票，如图14-10所示。

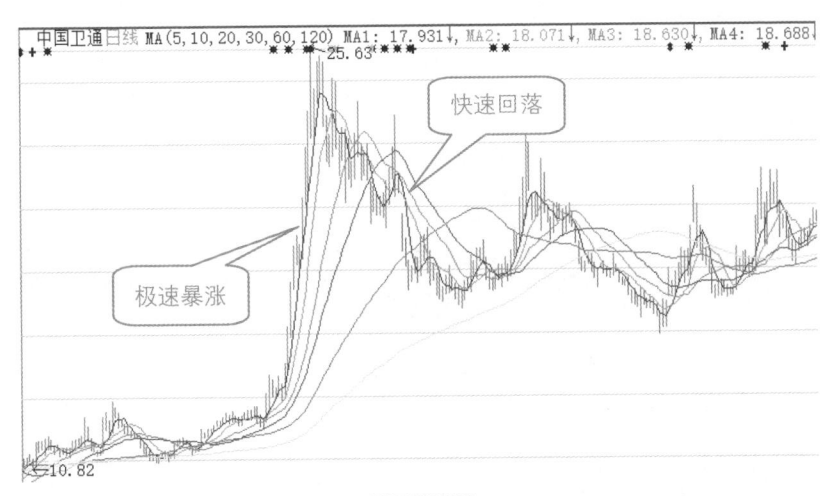

图 14-10

在股市中遇到急跌的情况，投资者需要保持冷静，做出买入或卖出决策。

1. 买入决策

冷静分析股票的基本面和市场走势，判断股票的价值是否被低估。如果股票的基本面良好，市场前景广阔，股票价格只是因为市场情绪波动而出现下跌，那么这时可以适当考虑买入。但需要注意的是，买入时不要盲目追涨杀跌。

2. 卖出决策

对于已经持有该股票的投资者，如果股票出现连续急跌，股票的基本面出现恶化或者市场前景不佳，而股票价格仍然处于高位，那么这时候需要考虑卖出股票以避免进一步损失。但需要注意的是，卖出时也不要盲目跟风或者听信小道消息，以免造成不必要的损失。

14.5 新股民学堂——支撑位买入、压力位卖出技法

支撑位是指股票价格下跌过程中的一个重要位置，如果股价在该位置获得支撑，可能会反弹上涨；压力位是指股票价格上涨过程中的一个重要位置，如果股价在该位置遇到压力，可能会回调下跌。投资者可以在支撑位买入，在压力位卖出，以获得收益，如图14-11所示。

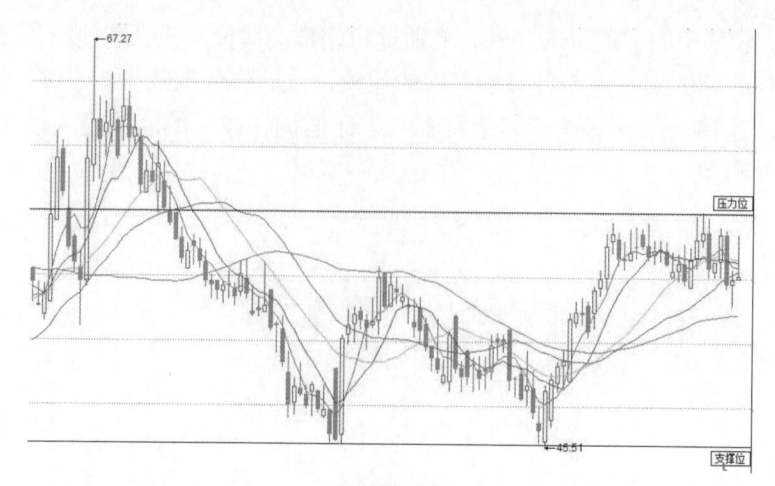

图 14-11

支撑位买入和压力位卖出的要点与注意事项如下。

（1）压力位和支撑位是动态变化的。

随着市场情绪和资金流入流出，压力位和支撑位的位置可能会不断变化。

（2）设定止损位和止盈位。

当股价跌破支撑位或涨破压力位时，需要及时止损或止盈，以避免亏损扩大或错失机会。

（3）结合其他技术指标进行判断。

支撑位和压力位是技术分析中的重要概念，但并不是唯一的判断标准。投资者还需要结合其他技术指标（如 MACD、RSI、KDJ 等）进行综合判断，以提高交易的准确性和成功率。

第 15 章

分时图中的"金矿"——精准捕捉短线买卖时机

机会总是青睐有准备的人。——路易斯·巴斯德

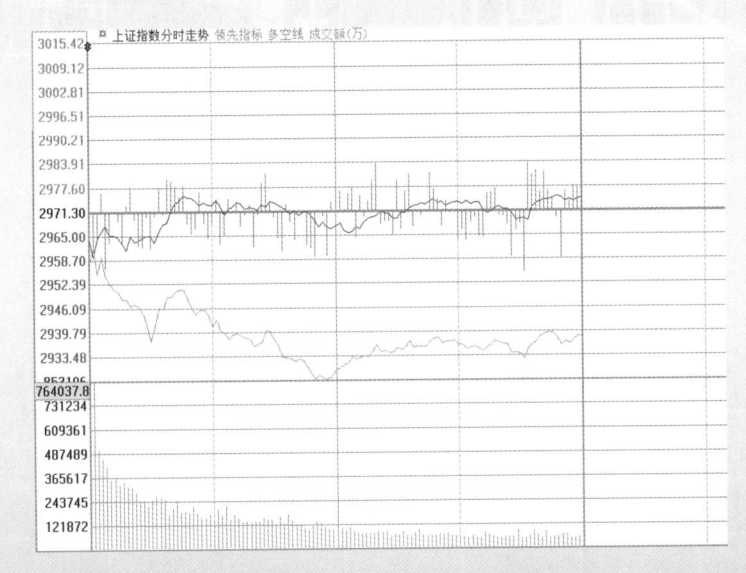

分时图清晰地记录了当天大盘或个股的量价变化,是多空两股力量短期交战的结果,它有助于完整地认识多空力量对比,从而选择有利的买卖时机。对于股票投资者而言,研判分时图是盈利的一个重要法宝。本章深入探讨分时图中的交易信号,指导投资者如何在短时间内精准捕捉买卖点,利用分时图的波动规律来增加投资收益。

15.1 捕捉分时界面中的买卖时机

分时走势图也叫即时走势图,是把股票市场的交易信息实时地用曲线在坐标图上加以显示的技术图形。坐标的横轴是开市的时间,纵轴的上半部分显示的是指数或股价,下半部分显示的是成交量。分时走势图是股市现场交易的即时资料。

15.1.1 大盘分时图界面包含的信息

分时走势图分为大盘指数分时走势图和个股分时走势图。大盘指数分时走势图是指上证综合指数和深证成分指数的分时走势图,按 F3 快捷键可以调出柱状图,如图 15-1 所示。

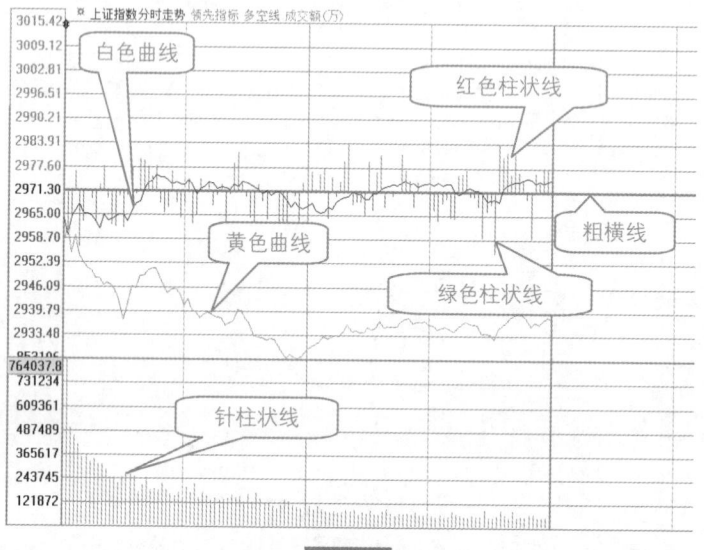

图 15-1

1. 粗线

大盘分时走势图中,粗横线表示上一交易日指数的收盘位置,它是当日大盘上涨和下跌的分界线。粗横线上方是大盘上涨的区域,下方是大盘下跌的区域。

2. 分时曲线

大盘分时走势图中的曲线有白色和黄色两种。白色曲线表示的是加权指数,也就是平常所说的大盘股指数;黄色曲线是不加权指数,也就是平常所说的小盘股指数。

当指数上涨时,如果白色曲线在黄色曲线之上,表示发行数量大(大盘股)的股票涨幅较大;当白色曲线在黄色曲线之下时,则表示发行数量少(小盘股)的股票涨幅较大。

当指数下跌时，如果白色曲线仍然在黄色曲线之上，表示大盘股的跌幅小于小盘股的跌幅；如果黄色曲线反居白色曲线之上，则说明大盘股的跌幅大于小盘股的跌幅。

3. 柱状线

大盘分时走势图中，柱状线错落分布在粗横线的上方和下方，包括红色柱状线和绿色柱状线两种。

大盘指数向上运行时，在粗横线上方会出现红色的柱状线。红色柱状线表示买盘（外盘），数量越多，长度越长，表示指数上涨的力度越强；反之，红色柱状线数量减少，长度缩短，表示指数上涨势头减弱。

大盘指数向下运行时，在粗横线下方会出现绿色柱状线。绿色柱状线表示卖盘（内盘），数量越多，长度越长，指数下跌的力度越强；反之，绿色柱状线数量减少，长度缩短，表示指数下跌力度减弱。

4. 针柱状线

针柱状线表示大盘的成交量（买盘和卖盘成交量之和），一条针柱状线代表1分钟的成交量，成交量单位为手（1手=100股）。

成交量是反映股市上人气的一面镜子，也是观察主力动态的有效途径。由于主力的资金规模巨大，他们的买卖行为通常会对成交量产生显著影响。因此，当成交量骤增时，很可能是主力在进行买卖操作。通过观察成交量的变化，我们可以更好地了解市场的走势和主力的动向，从而做出更明智的投资决策。

15.1.2　个股分时图界面包含的信息

个股分时图包括上个交易日收盘价、分时价位线、分时均价线和成交量柱状线，如图15-2所示。

1. 上个交易日收盘价

在个股分时图中，上个交易日收盘价用粗横线表示，它是当日股票上涨与下跌的分界线，在它的上方，是股票的上涨区域，下方是股票的下跌区域。

2. 分时价位线

在个股分时图中，分时价位线用白色曲线表示。分时价位线直观地反映了当日股价的动态和即时成交价位。当股价持续在分时均价线上方运行时，表明市场购买需求强烈，大部分买入的投资者处于盈利状态，属于强势盘口特征。反之，如果股价持续在分时均价线下方运行，表明卖方市场占优，大部分买入的投资者处于亏损状态，属于弱势盘口特征。

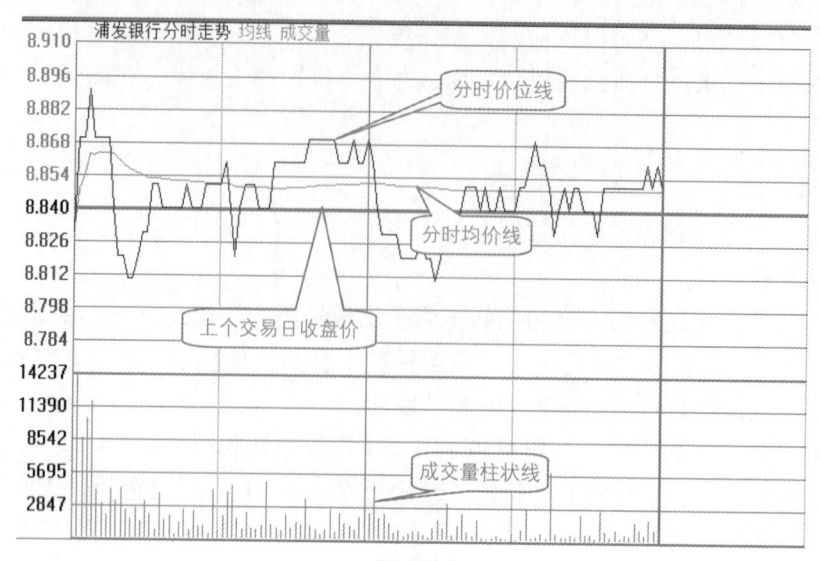

图 15-2

3. 分时均价线

分时均价线本质上是一条移动平均线，代表了当天买进该股的所有投资者的平均买入成本。

一般来说，分时价位线在分时均价线上方远离均价线时，正乖离率过大，股价回落的可能性较大，反之则回升的可能性较大。如果收盘后分时价位线收在分时均价线的上方，表示股价短线呈现强势，收在下方表示股价短线走弱。

> 在个股分时走势图上，主力的某笔异常交易，比如尾盘瞬间拉高，可能会改变分时走势曲线的形态，但分时均价线不会因此发生大幅波动。因此，通过分时均价线和分时价位线的比较，可以有效地识别出主力是否在刻意制造虚假信号或骗线行为。

4. 成交量柱状线

一条柱状线表示 1 分钟的成交量，单位为手（1 手 =100 股），成交量越大，柱状线就越长，反之就缩短。

柱状线分别用黄色和蓝色表示。黄柱代表多方力量，蓝柱代表空方力量。如果黄柱的数量较多，高度较高，说明多方力量占据主导地位，反之则说明空方力量占据主导地位。

在价格上涨的过程中，多方力量占据主导地位，并且成交量增加，行情回落时，空方力量占据主导地位。因为成交量是股价变化的重要因素，所以在实际分析中具有非常重要的地位。

15.2 分时图中的买卖时机

每个交易日，除去开盘与收盘各半个小时，其余时间为盘中交易时段。股价在盘中的走势，无论是探底拉升、窄幅震荡，还是冲高回落，全部都体现在分时图的走势中。下面就从分时均价线和分时成交量来对其进行分析。

15.2.1 分时均价线看盘技法

1. 股价在均价线上方运行

当股价在均价线上方运行，且分时均价线从低位持续上扬时，表明市场预期提高，投资者纷纷入场，推动股价持续上涨，市场平均持仓成本不断抬高。由于分时均价线对股价形成支撑，因此该股未来几日上涨的概率非常大，如图15-3所示。

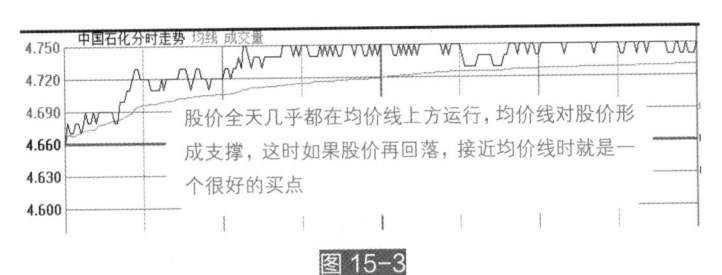

图 15-3

2. 股价在均价线下方运行

当股价在均价线下方运行，分时均价线从高位持续下挫时，表明市场预期变差，投资者纷纷离场，迫使股价不断下跌。当股价顺势而下，跌穿分时均价线时，均价线就会对股价形成压制，因此该股未来几日下跌的概率就非常大，如图15-4所示。

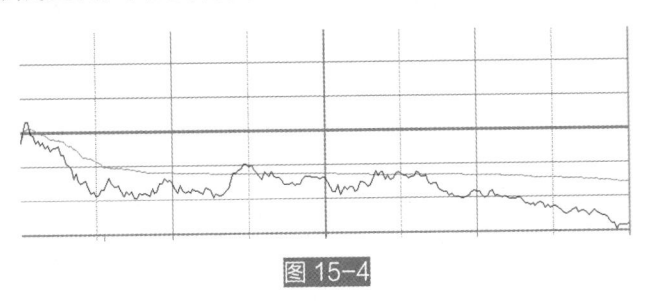

图 15-4

15.2.2 分时成交量与价格的关系

在观察指数或股价的分时走势时，利用量价关系来进行综合分析，不仅可以观察到全天盘中分时走势的强弱，还可以捕捉到当天操作的时机。在大盘或个股进入震荡调整或横盘的时候，短线介入的时机应该是量价关系由反向配合转为同步配合的时候。而短线出局的机会，则是量价关系从同步配合转变为反向配合的时候。

1. 量价同步

量价同步简单说就是，成交量变化的每一个波峰，对应的都是指数或股价分时走势小波段的高点，局部放量对应的是指数或股价冲高的波段，而局部缩量对应的是盘中回调的阶段。

量价同步表示大盘或个股的短线走势处在强势状态中，如图15-5所示。

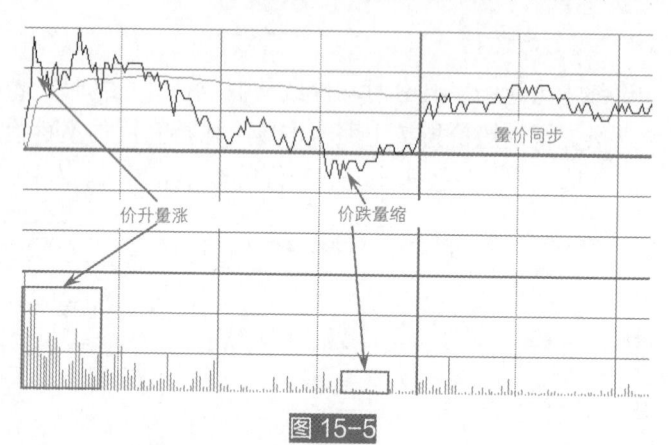

图 15-5

2. 量价反向

所谓量价反向，就是说在分时走势图中，成交量变化的每一个波峰，对应的都是指数或股价分时走势小波段的低点。局部放量集中在指数或股价盘中下跌的波段，而指数或股价的反弹波段对应的是缩量。出现这种情况，表示大盘或个股向上运行的力度减弱，指数或股价处在弱势之中，很可能调头向下或继续向下运行，如图15-6所示。

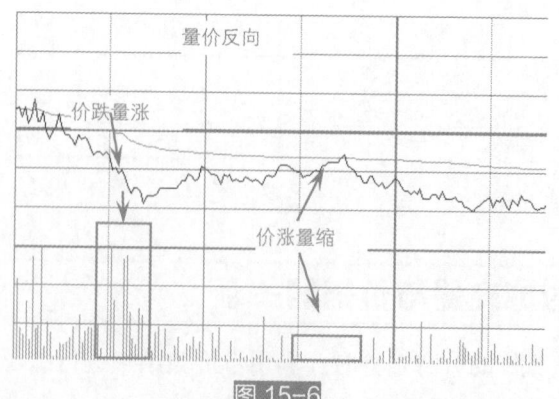

图 15-6

15.3 使用分时图的注意事项与常见问题

分时图包罗万象,用户初接触分时图,往往一头雾水,会有各种问题。下面就从分时图需要注意什么、个股分时图和分时图形态等几个方面对分时图常见问题进行总结。

15.3.1 分时图需要注意什么

分时图的时间周期非常短,因此需要注意以下几点。

(1)观察走势:分时图中的价格走势往往受到市场情绪的影响,因此需要观察市场情绪的变化。例如,当市场情绪高涨时,股价可能会上涨;而当市场情绪低落时,股价可能会下跌。

(2)关注量价关系:在分时图中,成交量和价格是两个重要的因素。当成交量放大时,价格可能会出现明显的上涨或下跌,因此,需要关注量价关系的变化。

(3)判断主力意图:在分时图中,主力的操作意图可能会通过一些特征表现出来。例如,主力可能会在分时图中制造一些虚假图形来误导散户,因此,需要仔细判断主力的意图。

(4)结合其他指标:在分时图中,可以结合其他技术指标进行分析,例如KDJ指标、RSI指标等。这些指标可以提供更多的信息,帮助投资者做出更准确的判断。

15.3.2 个股分时图常见问题

个股分时图常见问题有分时图的适用范围、看分时图从何入手以及分时图和日K线有什么不同。

1. 分时图的适用范围

从盈利模型来看,分时图适用于短线交易、超短线交易、日内回转交易、高频交易和波段滚动套利等。

2. 看分时图从何入手

分时图可从以下几个方面入手学习。

(1)分时图自身的曲线结构,包括各种形状、态势、框架等。

(2)与分时图相对应的技术指标,包括各种主图指标和附图指标。

(3)与分时图相对应的量能结构,包括各种量峰、量柱组合等。

(4)与分时图相对应的明细数据,包括买卖盘、成交明细、逐笔明细、资金流等。

(5) 与分时图相关联的扩展数据，包括各种关联报价、关联品种、关联资讯等。

3. 分时图与日K线有什么不同

　　分时图的实战技术，从根本上来说，和日K线并没有区别。如果非要说有什么不同，那就是分析周期的不同，与日K线图相比，分时图提供的是更短时期的价格变化信息。在分时图中，我们可以看到个股或大盘的实时走势，包括价格、成交量和市场情绪等信息。除此之外，所有关于日K线的分析技术，例如趋势线、支撑位、阻力位、MACD指标等，都可以应用于分时图。

15.3.3 分时图形态的常见问题

1. 单日分时图形态可靠还是多日分时图形态可靠？

　　多日分时图形态相比单日分时图形态具有更高的参考价值。多日分时图形态是将多日的分时图作为一个整体进行分析，通过综合观察和分析，能够更清晰地看到股价的走势，更准确地理解主力的操盘意图。因此，多日分时图形态是一种更有效、更实用的分析工具。

2. 分时图形态出现买入信号，是不是立即买进比较合适？

　　不一定。每个人的风险承受能力是不一样的，因此，投资者需要根据自己的实际情况制定相应的交易系统，然后根据自己的交易系统来买卖。分时图形态出现买入信号，对比较激进的投资者来说，可以试探性买入部分仓位；而对于比较保守的投资者来说，此时可以继续观望，不必急于进场。

15.4 新股民学堂

　　前面介绍的都是查看单日分时图，本节介绍如何查看多日分时图、如何同时查看个股和大盘分时图，以及如何查看某只股票的历史分时图。

15.4.1 如何查看多日分时图

　　下面讲述如何查看对比多日的分时图。

　　❶ 打开大智慧软件，进入某只股票的分时图，如图15-7所示。

　　❷ 按键盘上的向下箭头，按一次，增加一个分时图。图15-8所示为两日分时图同列。

　　❸ 按键盘上的向上箭头，按一次，减少一个分时图。

图 15-7

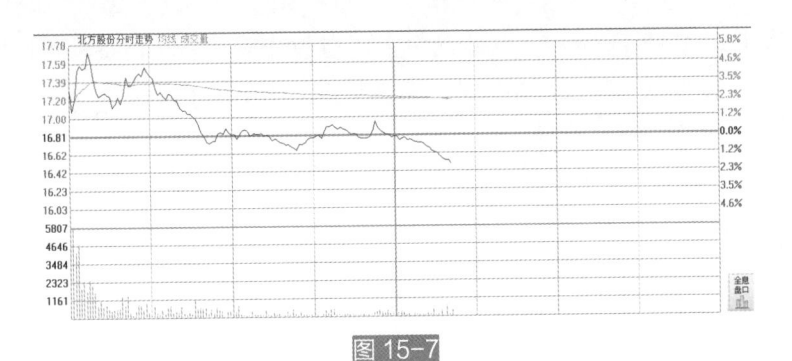

图 15-8（前一日的分时图／当日的分时图）

15.4.2 如何同时查看个股和大盘分时图

下面学习如何同时查看个股和大盘分时图。

❶ 打开大智慧软件，进入某只股票的分时图，右击鼠标，在弹出的快捷菜单中选择【图形叠加】命令，如图 15-9 所示。

❷ 弹出【主图叠加 选择股票】对话框，选择【上证指数】选项，单击【确定】按钮，如图 15-10 所示。

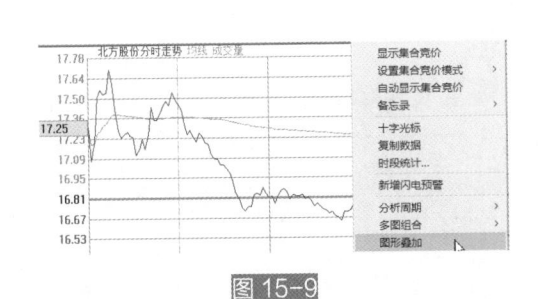

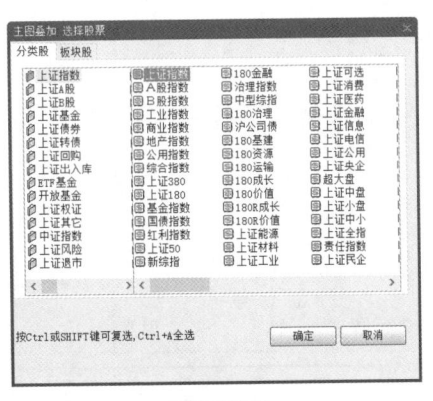

图 15-9

图 15-10

❸ 结果如图 15-11 所示。单击选中上证指数线后按 Delete 键，可以将该指数分时图删除。也可以选择上证指数线后右击鼠标，并在弹出的快捷菜单中选择【删除主图叠加】命令，如图 15-12 所示。

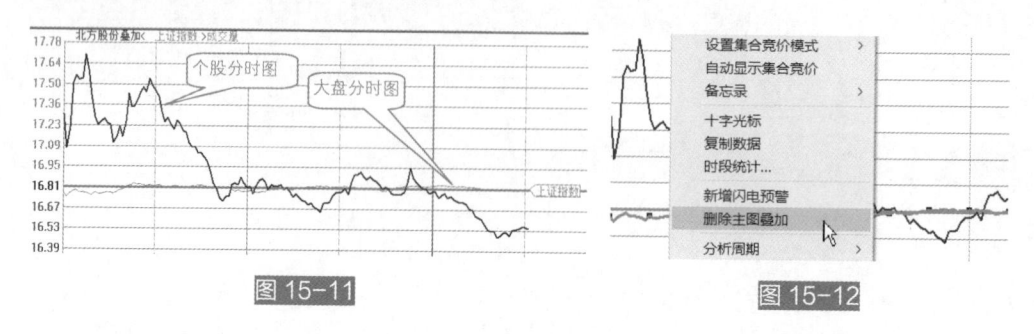

图 15-11

图 15-12

15.4.3 如何查看历史分时图

下面学习如何查看历史分时图。

❶ 打开大智慧软件，进入某只股票的分时图，选择【菜单】→【文件】→【打开历史回忆（H）】命令，如图 15-13 所示。

❷ 打开【历史回忆】对话框，选择不同的时间后，系统将同步更新对应时间的分时图，如图 15-14 所示。

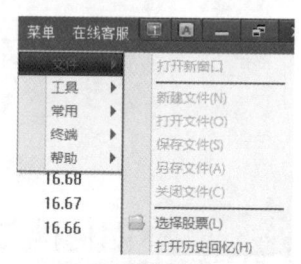

图 15-13

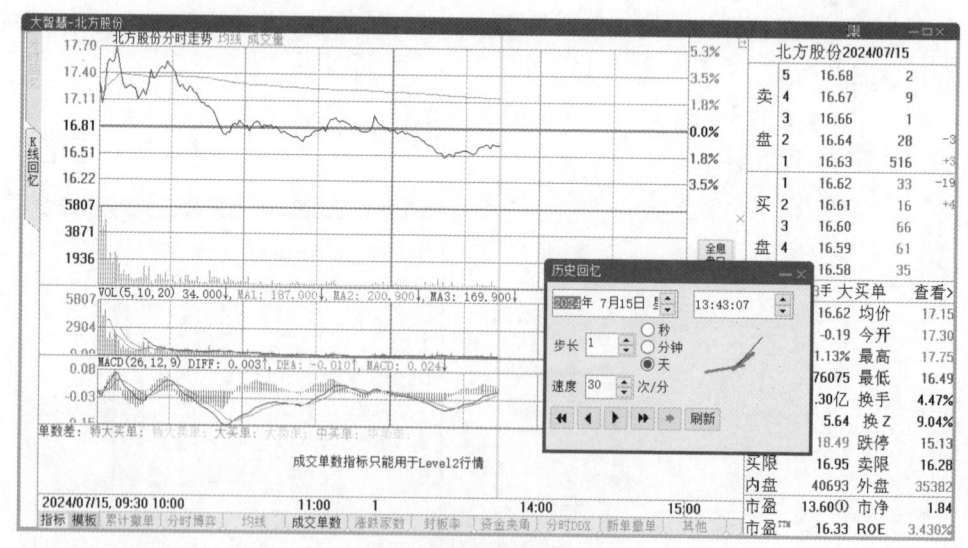

图 15-14

第16章

分时曲线的奥秘——洞悉庄家意图

> 知彼知己，百战不殆；不知彼而知己，一胜一负；不知彼，不知己，每战必殆。——《孙子兵法·谋攻篇》

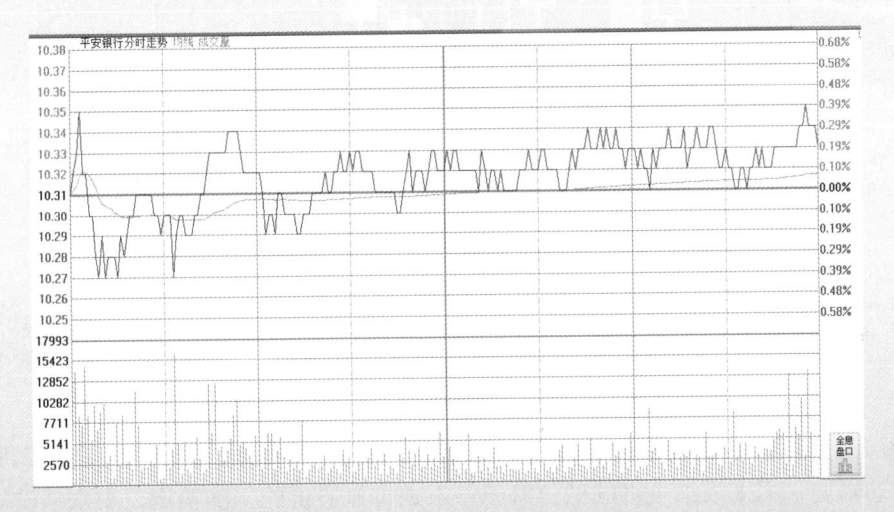

分时曲线记录了股票每一个最小的交易时间节点的走势轨迹。在目前五档普通行情软件里，通常是每6秒撮合一笔成交，因此，可以认为，分时走势图就是由无数个6秒成交轨迹连接起来的曲线图。本章通过分析分时曲线的形态，帮助投资者洞悉庄家的操作意图，从而更好地把握市场整体走势和节奏。

16.1 解析分时图的波长奥秘

分时图的波长是指每一个波形结构里从起点到终点的长度。一般来说，如果波长涉及的价位不超过 3% 的涨跌幅度，可视为短波；如果在 3%～5%，属于中波；如果超过了 5%，则可以视为长波。

16.1.1 短波

分时图上，短波通常出现在操盘力度比较小的区间，不管上涨还是下跌，极小的波长都说明主力操盘的力度不大，还属于小心翼翼阶段，如图 16-1 所示。

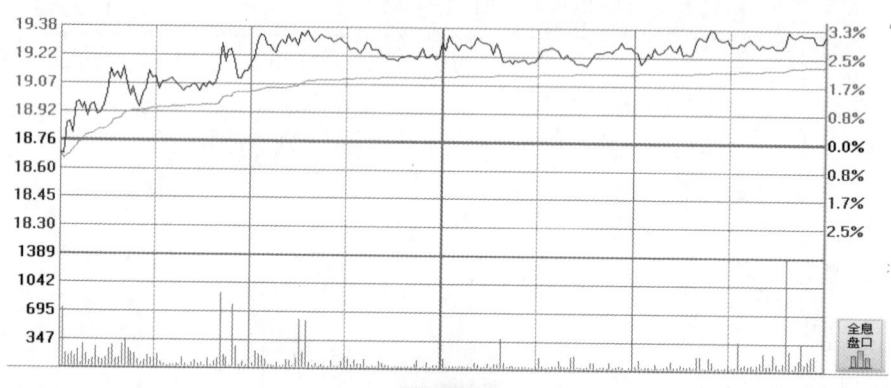

图 16-1

短波有时是主力为了掩盖自己的操盘意图而刻意做出来的。目的一是压制股价的波动幅度，用来吸纳更多的低位筹码；二是抑制股价的上涨幅度，用来清洗短期获利者，诱使他们出局。

短波可以出现在不同的位置，如果出现在低位，就是建仓时常见的波形；如果出现在高位，则是引导跟风盘时常见的波形。

短波的密度和主力的操盘频率有关，密度越大，操盘的频率就越大。

16.1.2 中波

个股分时图包括上个交易日收盘价、分时价位线、平均价位线和成交量柱状线，如图 16-2 所示。

中波的操盘力度强于短波。不同位置的中波，有不同的含义。如果出现在低位，是主力大力度建仓的常见波形；如果出现在高位，是为了清洗浮筹或出货；如果出现在盘头阶段，则是滚动出货的常见波形。

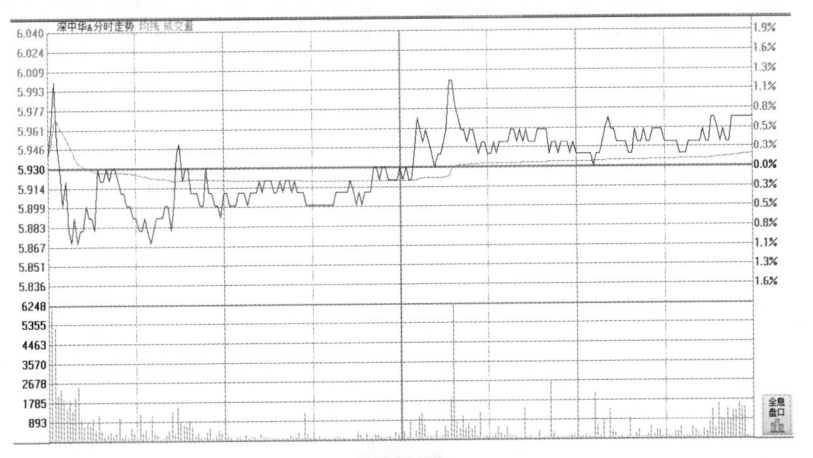

图 16-2

中波的使用频率非常高，尤其是在震仓阶段，反复使用中波，可以获得拉升股价清洗浮筹的操盘效果。因此，不少控盘主力特别喜欢这种波形。

中波经常和短波配合起来使用，以达到理想的操盘效果。

16.1.3 长波

长波可以向上运行，也可以向下运行，是主力做盘最为常见的波形之一。长波的特点是从起始价位到终止价位的幅度很大，可以用来激活盘面，打破原来的沉闷格局，如图 16-3 所示。

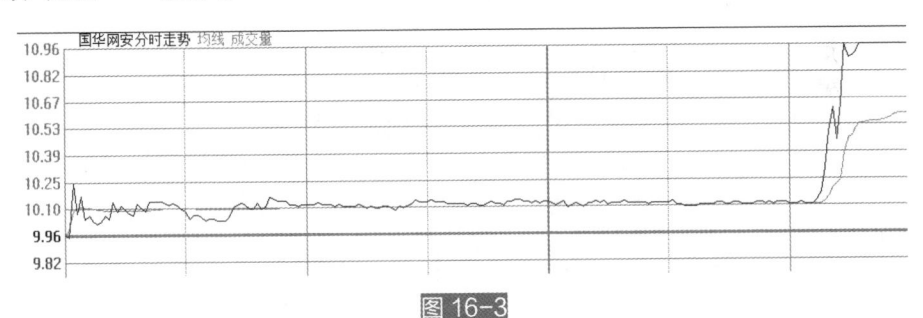

图 16-3

长波可以出现在不同的时间段，也可以出现在不同的位置。如果出现在早盘阶段，那么主力操纵股价的意图更为明显；如果出现在盘中，更多是为了造势；如果出现在尾盘，则可能是为了投机。

在分析长波的时候，一定要结合当前股价的波动范围来考量。

16.1.4 混合波

所谓混合波，就是指短波、中波和长波相互混合，并根据盘面的情况不断调整使用的次序，以期达到最佳操盘效果。混合波是主力做盘最常见的组合波之一，如图 16-4 所示。

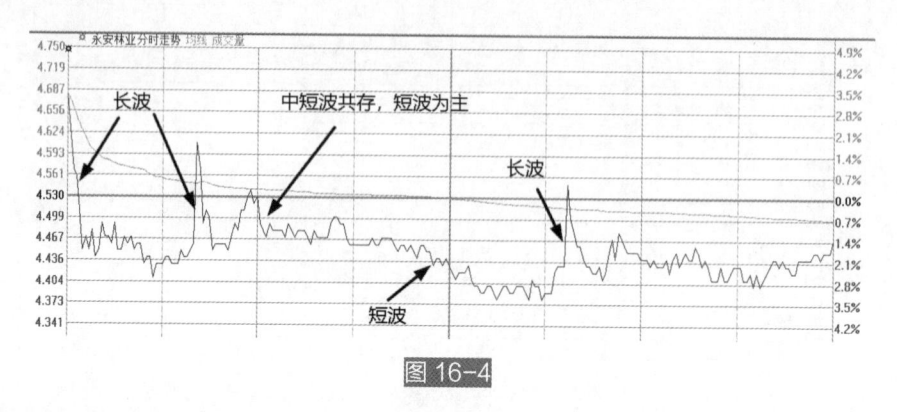

图 16-4

16.2 解读股市分时图角度的内涵

分时图上的角度，就是分时图曲线与股价启动点的水平线之间的夹角。股价的启动点向上启动叫作上涨启动点，预示股价即将上涨。股价的启动点向下启动叫作下跌启动点，预示股价即将下跌，如图 16-5 所示。

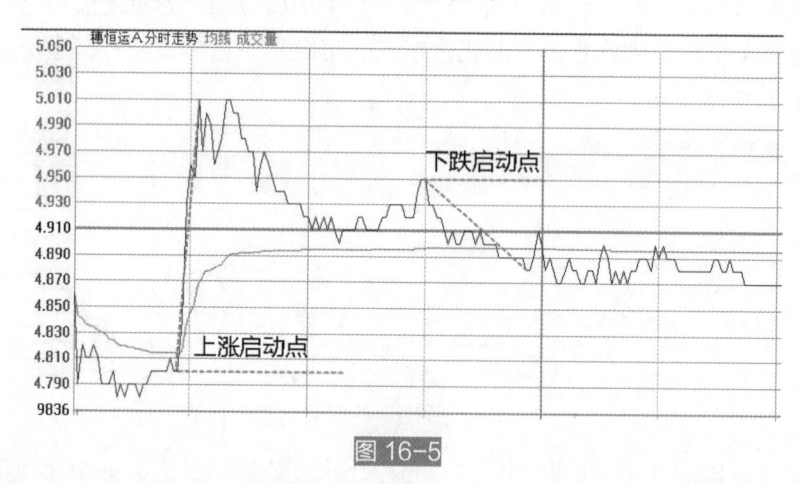

图 16-5

16.2.1 分时图角度的大小分类

分时图角度一般划分为三种：30°以下的，属于小角度；30°～70°，属于中角度；70°以上的，属于大角度，如图 16-6 所示。不同的角度反映了主力不同的操盘力度，不同的操盘力度折射出不同的操盘思路和操盘意图。

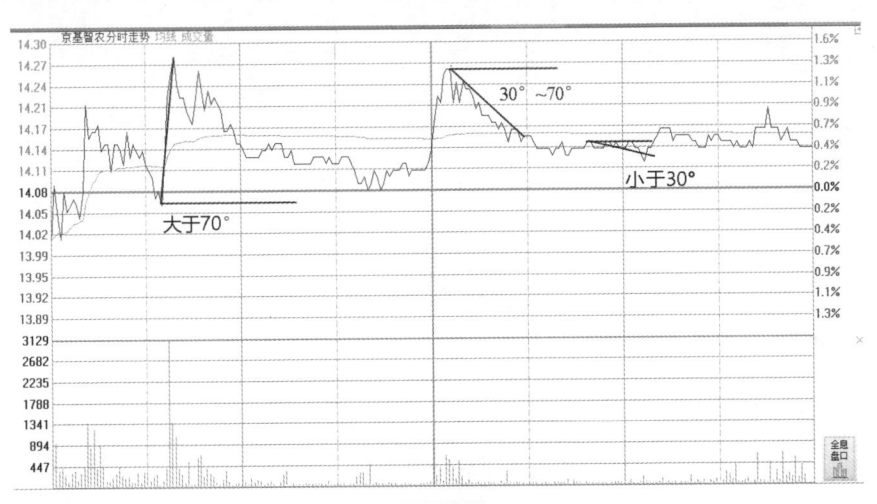

图 16-6

16.2.2 小于30°的上涨

这是弱势拉升的常见模式，股价在拉升之前，已经呈现出弱势震荡的特征，但震荡的幅度不大，成交也不活跃，说明此时主力的操盘力度不大，如图 16-7 所示。

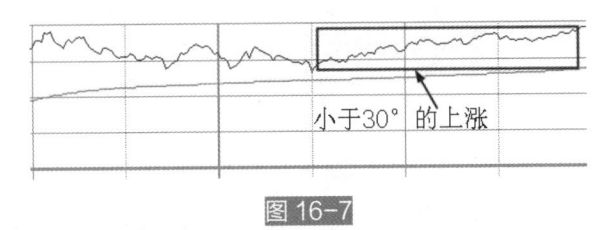

图 16-7

在启动拉升的阶段，股价上涨缓慢，分时图曲线与均价线之间偏离不大，属于典型的盘中小角度上涨类型，说明此时攻击性拉升的能量不足，强力做多的意愿很小。

再从成交量来看，量峰较低，分布稀疏，很明显，主力的参与程度不深。从实战的角度来说，盘中小角度上涨不构成短线交易机会，此时宜保持观望。

16.2.3 小于30°的下跌

小于30°的下跌和小于30°的上涨正好相反，盘中小角度下跌是很常见的弱势整理态势，可能是主力洗盘的时候主动示弱的表现，如图 16-8 所示。

盘中低位小角度下跌，说明主力不愿意大幅打压，以免造成筹码松动，或波动过大，导致盘面失控。如果盘中高位小角度下跌，说明主力虽有出货意愿，但对手盘不多，无法出货，又不愿意大幅杀跌，因此只能硬扛，以抵抗性下跌来应对。

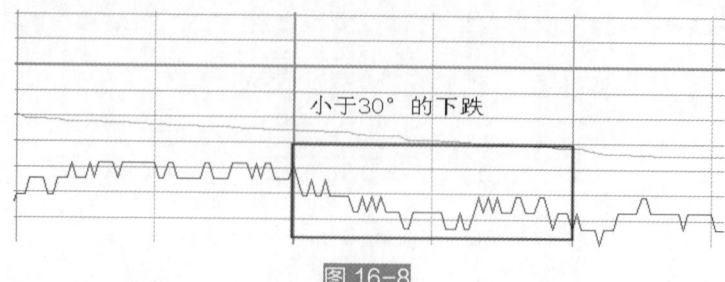

图 16-8

无论是哪一种类型的盘中小角度下跌，都属于方向不明的表现，此时应当保持观望。

16.2.4 30°～70° 的上涨

中等角度的拉升最为常见，也最为稳定、健康、长久，行情的持续时间比较长，如图 16-9 所示。

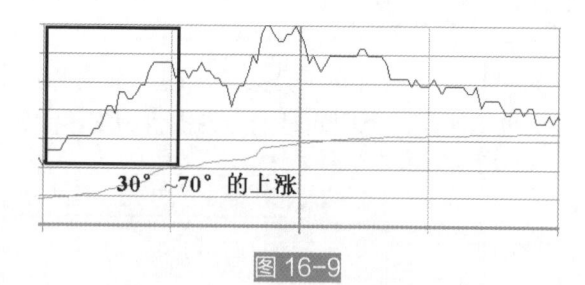

图 16-9

分时图上中等角度上涨通常出现在下午的第四、第五时间段，偶尔也会出现在上午的第二、第三时间段。如果出现在第一时间段，那么全天拉升的概率就比较大。

在判断股票走势时，要特别注意观察拉升之前的酝酿时段。如果酝酿时间很长，那么后市拉升的空间可能就比较大；相反，则空间比较小。

在分时图上，中等角度上涨是主力最常用的拉升方式，也是中小投资者最容易理解和看懂的操盘模式。这种上涨方式通常表明主力有足够的动力和信心推动股价上涨，同时也表明市场对该股票的认可度较高。因此，对于中小投资者来说，如果能够读懂和看懂这种操盘模式，那么就可能在股票市场中获得更好的收益。

16.2.5 30°～70° 的下跌

分时图上中等角度下跌是最为常见的下跌模式，是洗盘和出货常用的做盘手法，如图 16-10 所示。

在股价的走势图上，我们可以观察到一种比较平和的下跌趋势。这种下跌并非迅猛急促，而是在下跌过程中伴随着一些小反弹，具有一定的欺骗性。然而，仔细分析分时图的趋势，我们可以发现，股价的高点和低点都在不断下移，整体趋势是向下的，因此，面对这样的走势，不要抱任何幻想。

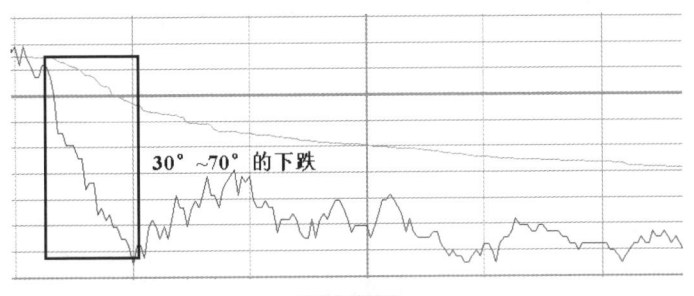

图 16-10

从成交量来看，呈现出逐渐放大的趋势，说明随着时间的推移，抛盘的压力越来越大。在实战中，对于这种下跌模式的股票，我们可以在盘中寻找合适的机会进行减仓操作。

16.2.6 大于70°的上涨

70°以上的大角度上涨是主力操纵股价的常用手法之一。我们平时所说的急拉，或者盘中出现的快速拉升，就属于这种类型，如图 16-11 所示。

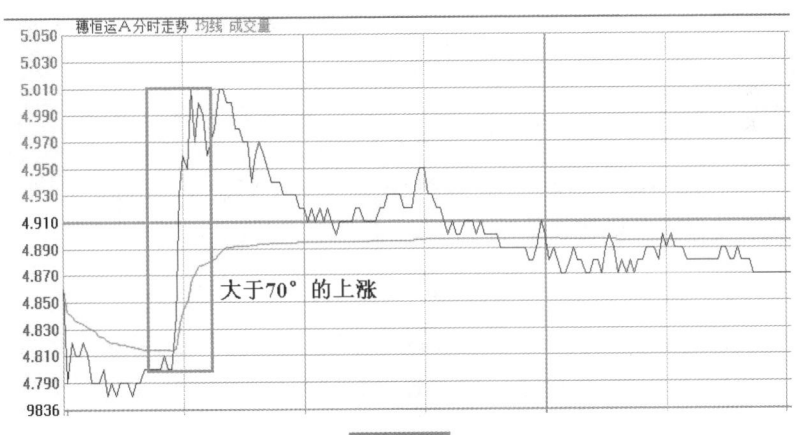

图 16-11

70°以上的大角度上涨可以出现在任何时间段。如果这种走势出现在开盘后，那么主力可能急于推高股价，接下来的调整可能性很大。此时，投资者应该考虑适当卖出以规避风险。如果此时股价已经处于高位，那么这种快速拉升很可能是主力为了制造足够的出货空间而使用的策略。随后，股价可能会慢慢下跌，主力逐渐出货。

16.2.7 大于70°的下跌

70°以上的大角度下跌是主力砸盘时常用的手法之一。在技术分析中，我们常常提到的快速杀跌、急跌、盘中急跌、尾盘急跌等，从分时图上看都属于这种类型，如图16-12所示。

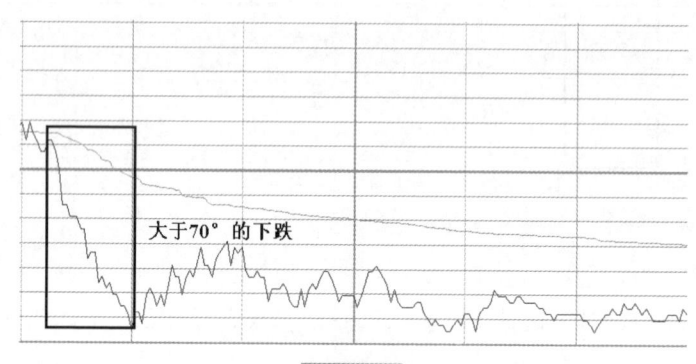

图 16-12

这种大角度下跌可以出现在任何时间段，图16-12所示为盘中出现的加速下跌，是主力为了打破原有均衡态势而采取的极端手段。在实战中，如果遇到这种走势，而股价此时已处于低位，那么这种走势可能是主力诱空的行为。因此，在急速放量下跌之后，可以考虑在低点买入。

16.2.8 分时图中角度的疑问

1. 分时走势图上的角度越大越好吗？

分时图的角度不存在好坏之分，其只是主力操纵股价留下的痕迹，它可以揭示主力的行踪，反映主力的操盘意图。

2. 分时走势图上的角度跟涨跌有什么关系？

两者之间没有直接关系，角度是涨跌的体现，先有涨跌后有角度。因此，分时走势图上的角度只是我们分析主力行为的原始材料，我们可借此来跟踪分析主力的行踪，仅此而已。

3. 为什么有些分时图走势很突兀？

分时走势图从本质上来说是主力行为的反映，可以认为分时图就是主力的脑电图。不管是向上的突兀还是向下的突兀，都是主力操盘思路的体现。

16.3 看透分时图量柱背后的意图

分时图上的量柱也叫分时成交量,是指分时走势图的每个固定时间间隔成交撮合而成的手数。分时图的曲线走势向上,表示主动买盘,成交量以红色柱线显示;曲线走势向下,表示主动卖盘,成交量以绿色柱线显示。

不管是哪一种成交情况,都是主力操纵的结果,成交量的大小,跟主力的操盘节奏有关。研究分时图量柱的核心是透过表面成交量,洞察其背后隐藏的庄家操盘意图。

16.3.1 上升密集型量柱

分时图上密集堆量,呈价升量增的态势,遇到这种情况,一定要冷静,因为这种情况有两种可能:一种是自然成交的结果;另一种则可能是人为操纵出来的结果,是主力为了迎合大多数人认为的先见量后见价的观念而刻意为之,如图16-13所示。

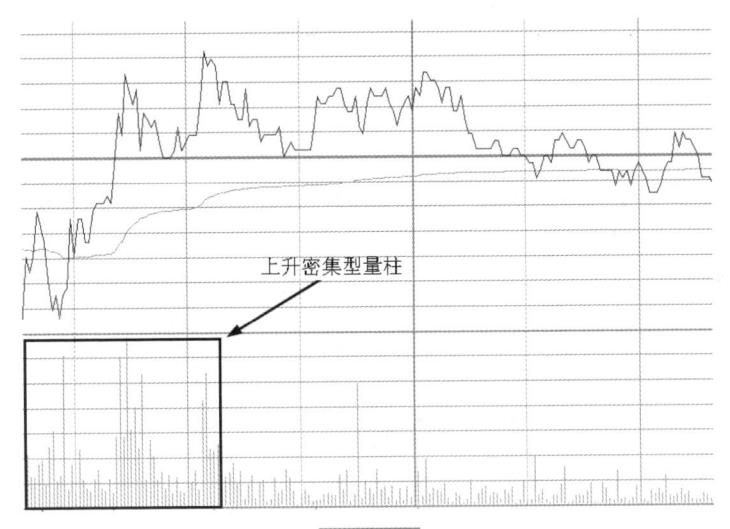

图 16-13

遇到密集堆量,一是从厚度来考量,查看厚度是否足够;二是从高度来考量,查看高度是否足够。如果既有厚度也有高度,说明量柱厚实,气势非凡,这通常被视为股价进一步上涨的坚实基础。

16.3.2 下跌密集型量柱

不同时间段,不同价格与位置的下跌密集型量柱,所包含的市场含义和技术含义并不相同,需要仔细甄别,不能教条地理解。这部分内容是最重要的,也是最难理解的。如果低位出现密集型堆量下跌，且没有重大的利空配合，那么很可能是诱空行为，估计股价会很快就恢复到原来的位置。如果股价处于高位，出现这样的密集堆量，则可能是主力快速出货，如图 16-14 所示。

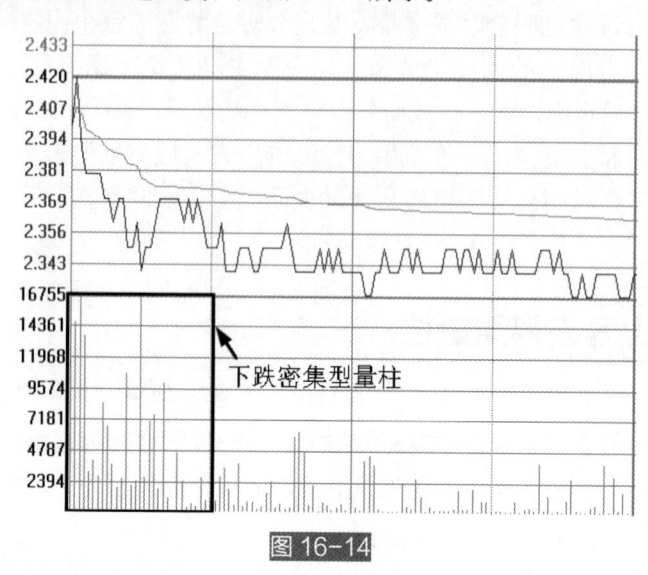

图 16-14

16.3.3 上升稀疏型量柱

分时图上成交量稀少的原因是多方面的。一是跟风不足，导致成交量稀少；二是筹码高度集中，主力暂时无出货计划；三是对手盘太少，无法出货。不管是哪一种类型，量柱稀少都说明市场不够活跃，如图 16-15 所示。

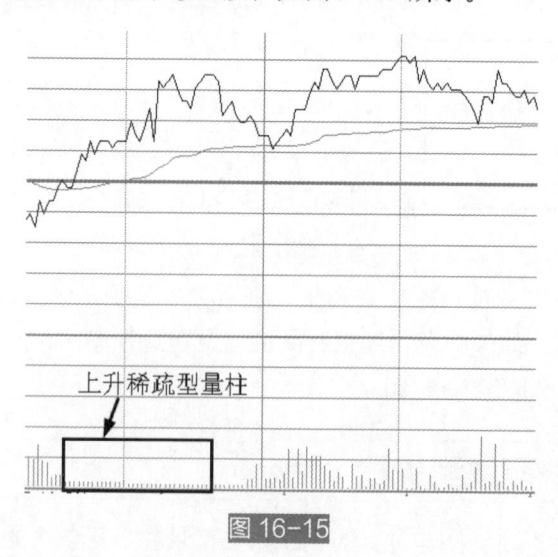

图 16-15

如果量柱稀少而股价还能够不断上升，说明盘口很轻。如果股价继续攀升，量柱依旧稀少，说明筹码锁定性良好。

16.3.4 下跌稀疏型量柱

分时图上的缩量下跌可以出现在任何时间段、任何价位，只是各自的市场含义和技术含义不相同。下跌的过程中出现成交量稀少，说明抛盘比较稀少。如果出现在上升趋势的回调过程中，则可以理解为缩量洗盘，这时候可能是低吸的好机会，可以逢低介入，如图 16-16 所示。

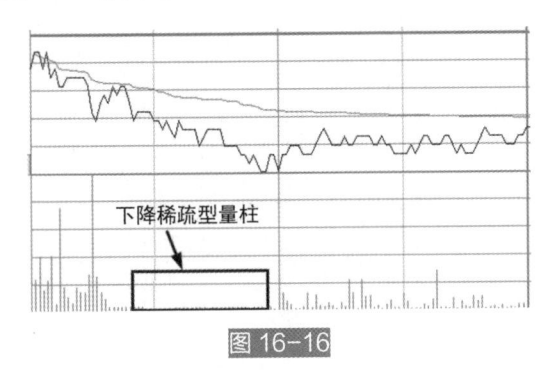

图 16-16

分时图上的股价下跌而成交稀少，和日线图上的缩量下跌属于同一类型，它们的技术含义和市场意义大体相同，投资者可以对照分析。

16.4 通过分时图解读庄家出货意图

从理论上来讲，任何一种分时形态都可以表现庄家意图，无论是建仓、洗盘还是出货，都必然会通过分时图表现出来。如果庄家开始出货，那么后面的下跌便是一种必然，如果在分时图上不能把握这一形态，亏损则不可避免。

庄家出货的分时图形态主要表现为以下几点。

1. 开盘大成交量，分时图显示股价冲高回落

分时图出现开盘股价快速升高后迅速回落，并伴有大成交量，这种情况多是庄家出货造成的，如图 16-17 所示。

2. 分时图显示股价振幅很大，成交量也很大，但是涨幅却不成比例

分时图出现大幅的波动并有杀跌拉升的情况出现，这种情况多是庄家出货造成的，如图 16-18 所示。

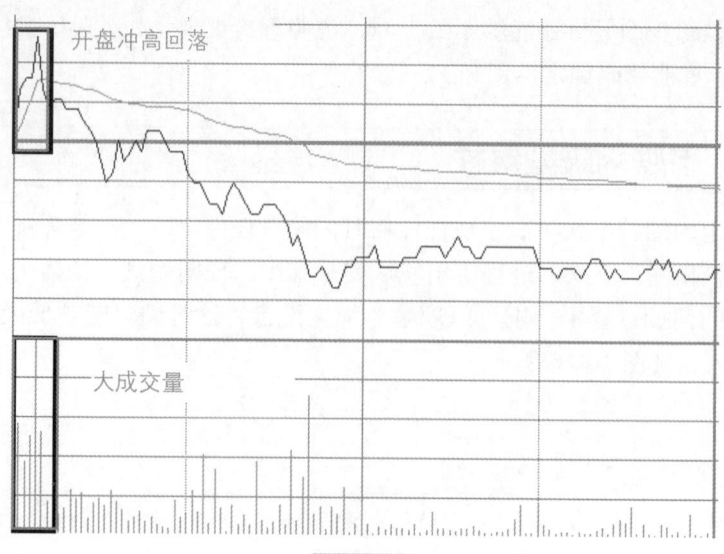

图 16-17

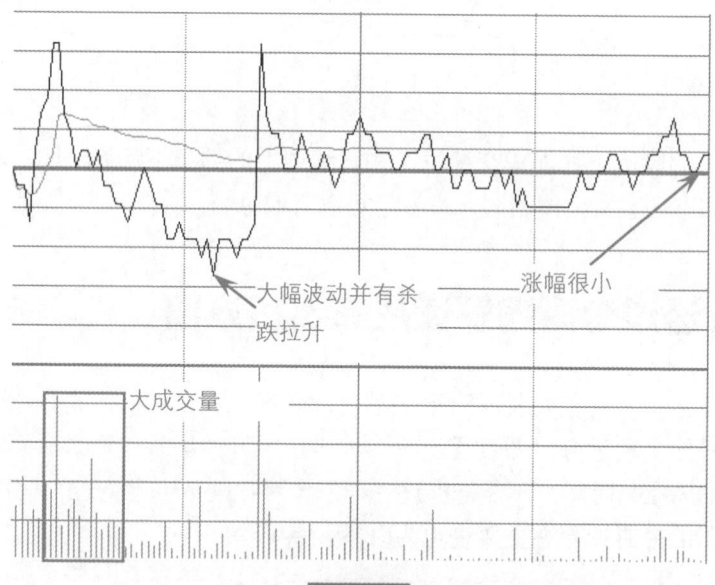

图 16-18

3. 低开，盘中突然拉升到高位回落，并出现大成交量

　　这种情况大概率是庄家故意做出来的，目的就是引起投资者关注，利于庄家出货。对于庄家来讲，就是要让分时走势图中的出货行为看起来像在吸货，让关注的投资者有更强烈的买入意愿。在实际操作中，几乎所有的成功出货都是通过这种方式来实现的，如图 16-19 所示。

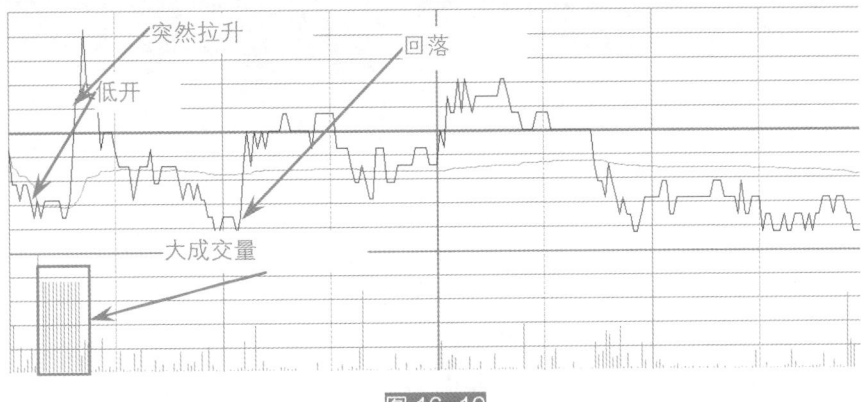

图 16-19

16.5 新股民学堂——分时图捕捉涨停股

涨停是股票价格的一种特殊运动状态，分时图记录了当天交易的数量、金额以及主力资金的运作意向、运作力度等各种信息。运用分时图记录的这些信息，可以对涨停个股进行捕捉。

1. 涨停股分时图的特定特征

（1）分时图走势攻击性强，上涨则快速拉高，同时成交量放大，在推高过程中，一般呈现加速上攻的形态，而不是拱形上涨，如图 16-19 所示。

（2）在成交量上，无推升动作时，保持平稳温和，尤其在横盘过程中，成交量呈现阶梯状的逐渐缩减，且缩减过程有序而不杂乱。

2. 涨停股分时图中隐藏的陷阱

涨停股有时候可能是庄家的陷阱。例如，近期成交量以及 K 线显示该股明显走弱，此时突然出现的放量大涨，就应该注意了，这可能是庄家诱多出货，这类股票即使涨停，多半也会在涨停的过程中先是成交量暴增，第二天低开下跌。

强势涨停个股的分时图呈现以下形态时，应该引起投资者的重点关注。

（1）成交量有规律地放大，并且随着股价的走高而不断放大。

（2）分时线运行非常顺滑，没有曲折的迹象。

（3）股价上涨的时候，分时线的上涨角度较为陡峭。

（4）股价上涨的时候，上涨的趋势非常明确。

第17章

支撑与压力的博弈——分时图中的力量对比

一力降十会。——谚语

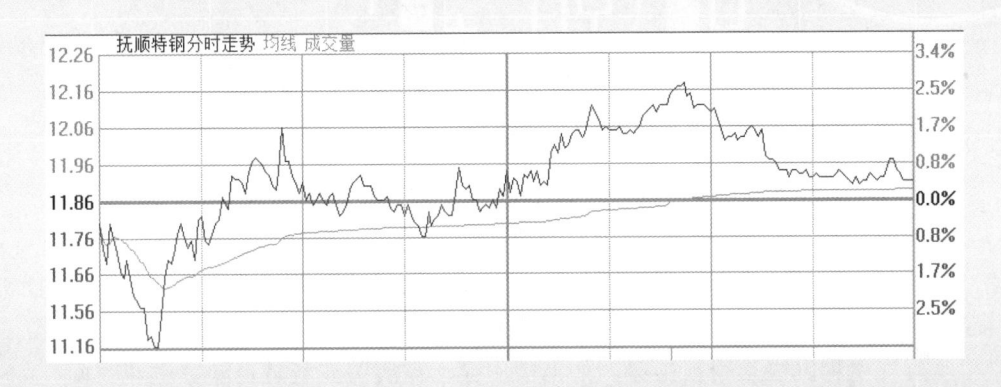

分时图的支撑和压力位就是股价在下跌或上涨过程中可能遇到反弹或回调的位置。当股价下跌到支撑位附近时，买盘力量可能会占据优势，推动股价反弹；而当股价上涨到压力位附近时，卖盘力量可能会占据优势，推动股价回调。本章讲解如何通过分时图识别支撑位与压力位，利用市场力量的对比来制定交易策略，从而在博弈中占据优势。

17.1 寻找分时图中股票最佳买入点

分时图上的支撑位是指股价曲线在回落的过程中被强大的买盘托住，不再下跌，这个止跌的价位或者区域就称为支撑位，支撑位的延长线称为支撑线。

17.1.1 分时图的支撑位

当日分时图的支撑位从以下四点寻找：一是当天的开盘价，二是当天的均价线，三是当天的最低点，四是前一交易日的收盘价，如图 17-1 所示。

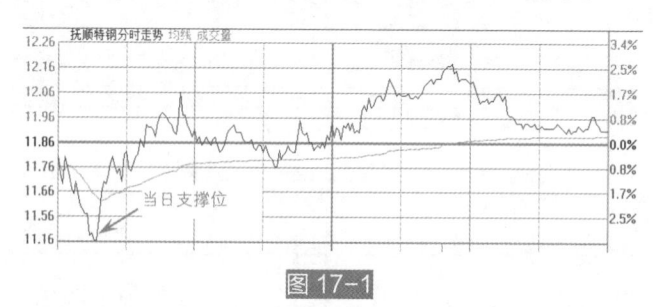

图 17-1

❶ 判断开盘价是否被击穿，如果被击穿，说明开盘价的支撑力度不够，预示着接下来的走势会更加复杂多变，以震荡为主。

❷ 观察均价线是否被击穿，如果被击穿，需要关注其是否能够迅速收回，如果不能，则当天走势可能存在问题。

❸ 考虑当天的低点，如果后续走势不断刷新低点，那么支撑力度不够，如果不再刷新低点，则可以认为获得短暂的支撑。

❹ 查看前一日收盘价是否被击穿，如果没有被击穿，可以认为支撑力度较大。

17.1.2 均价线强力支撑和弱势支撑

分时图上的均价线强力支撑是盘口分析的关键要领之一。均价线强力支撑，是指股价每次回落到均价线附近都被快速拉起，如图 17-2 所示。

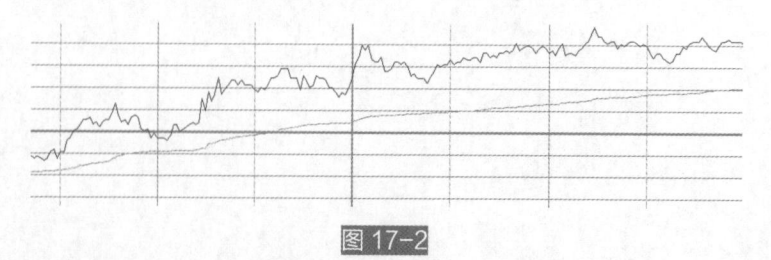

图 17-2

均价线的强力支撑可视为短线的买入点。

均价线弱势支撑，是指股价在均价线上下波动，最终击穿均价线。通常情况下，分时图上的弱势支撑不构成买入依据，此时需要保持观望，如图17-3所示。

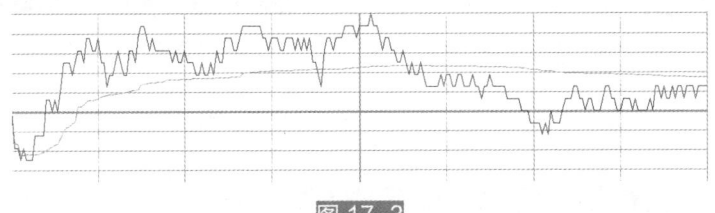

图 17-3

均价线的强力支撑可以出现在不同的时间段和价格位置。同理，均价线的弱势支撑也可以出现在不同的时间段和价格位置。

17.1.3 前一天收盘价的强力支撑和弱势支撑

前一天收盘价的强力支撑是盘口技术的重要元素之一。当日的分时走势图中，一旦股价跌落到前一日的收盘价附近，便会被强大的购买力量推动回升，形成坚实的支撑。如果全天的股价都保持在前一日收盘价之上，这通常意味着走势强劲，可以在低点买入，如图17-4所示。

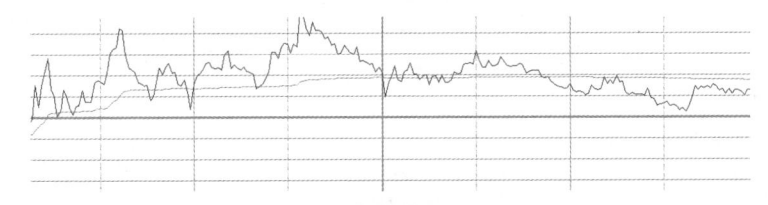

图 17-4

前一天收盘价的强势支撑可以出现在不同的时间段，也可以出现在不同的股价位置。

前一天收盘价的弱势支撑也是盘口分析技术中的核心内容。当股价多次跌破前一天收盘价，又多次被拉起，这样反复发生，但前一天收盘价始终没有被击穿，支撑特征依然明显，如图17-5所示。

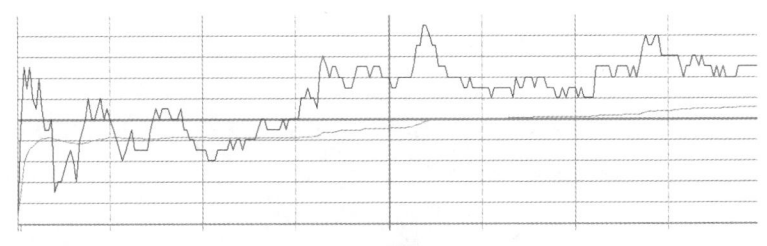

图 17-5

这种弱势支撑表明主力操盘技术不够成熟或者有意为之。如果出现在股价相对低位，这种走势可以被理解为是主力刻意制造的空头陷阱。相反，如果出现在股价相对高位，这种走势就值得警惕，需要特别谨慎，以免被欺骗。

前一天收盘价的弱势支撑可以出现在不同的时间段和不同的股价位置。因此，在分析盘口时，需要综合考虑各种因素，以便更准确地判断主力的意图和市场走势。

17.2 寻找分时图中股票最佳卖出点

分时图上的压力位是指分时图的股价曲线在拉升的过程中被强大的卖盘压制，股价滞涨或者难以上升甚至不再上升，这个停滞的价位或者区域就称为压力位，压力位的延长线称为压力线。

17.2.1 拉升过程中的压力位

当股价拉升到一定的高位之后，出现回落，那么前面的高点就成了后续走势的压力点，也称压力位，如图17-6所示。

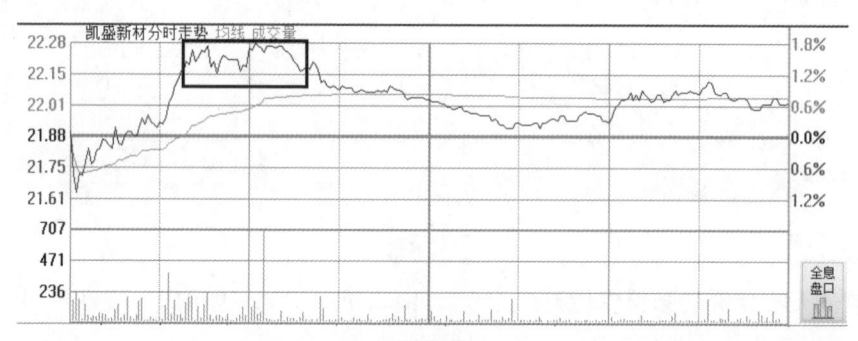

图17-6

压力位是分时图分析技术的核心内容之一。在分析上升趋势压力位的时候，要注意观察当天分时图上明显放量的位置和放量的时间节点。放量的位置和时间节点不同，表示主力不同的操作意图。如果压力位出现在近期股价的低位，可能是主力的诱空动作；相反，则可能是主力出货。

> 当股价回落到一定的低位后出现反弹，那么当天的均价线就首先成了压力线，成为最重要的一个压力位。

17.2.2 均价线强势压力位和弱势压力位

当股价下行，穿透均价线后不再回头，股价虽上下波动，但每次反弹的高点始终被均价线压制，这时均价线就构成了强势的压力位，如图17-7所示。

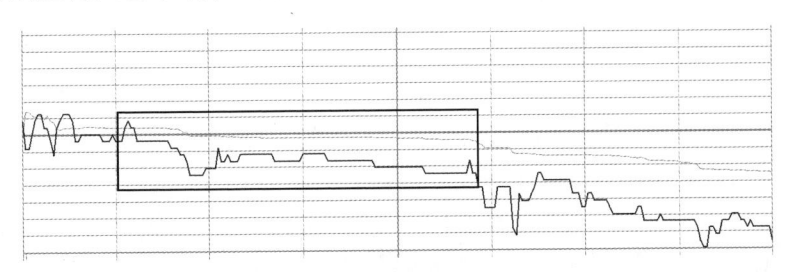

图 17-7

强势均线压力位构成后，注意观察此时成交量柱的放量位置，如果成交量总是在低位出现大笔成交，那么全天的分时图必然是逐波下行，呈现为一泻千里的走势。

强势均线压力位如果出现在近期股价的低位，主力可能在诱空；相反，如果出现在近期的高价位，则主力可能要出货。

所谓弱势均线压力位，是指分时走势图虽然跌穿均价线，但成交量并不大，在随后的强力买盘加持下，股价屡创新高，原先的压力位反而变成了支撑位，如图17-8所示。

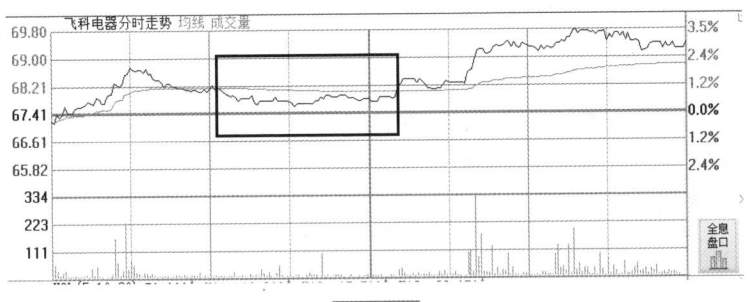

图 17-8

分时图上的弱势压力位出现的时间节点不同，所表达的含义也不同。如果出现在近期股价低位，属于主力示弱动作，随后的走势多半会呈现冲击波型。如果出现在股价的高位，则很可能是主力诱多的前奏，随后的走势多半会边拉升边出货。

17.2.3 前收盘价的强力压力和弱势压力

前收盘价的强力压力作用，也可以理解为前一天的收盘价对当天的股价产生了强大的抑制作用。当股价接近前一天的收盘价时，往往会遭遇阻力，导致股价回落。即使股价试图反弹，也很难突破前一天的收盘价，如图17-9所示。

图 17-9

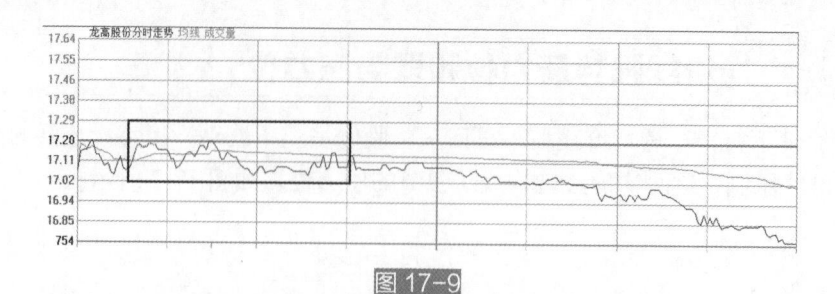

如果股价在整个交易日内都低于前一天的收盘价,这表明前收盘价对股价产生了强大的压力。如果股价既低于前收盘价,又低于当天的均价线,则表明市场非常弱势。如果这种情况出现在股价的低位区域,可能是主力在洗盘;相反,如果出现在高位区域,则可能是主力在压低出货。

前收盘价的弱势压力是指,虽然前一天的收盘价对当天的股价产生了一定的压力,但是这种压力并不强烈,而且经常会被打破,如图 17-10 所示。

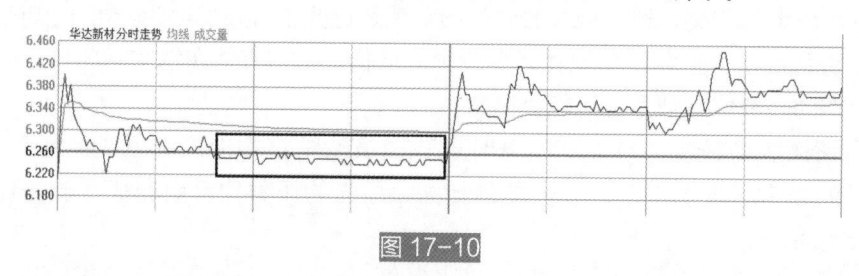

图 17-10

这种弱势压力通常出现在早盘或者盘中。如果出现在早盘,可能是主力在拉升之前的一次洗盘动作,以示弱来吸引更多的散户卖出,从而降低拉升的难度。如果这种弱势压力出现在盘中,那么随后出现强力拉升的可能性比较大。

17.3 股市分时图的典型形态

分时图上的形态是指分时走势图的波形所构成的各种形状的图形,这些图形可以是局部的,也可以是整体的;可以是当天的,也可以是连续几天的。分时图的形态与日 K 线图有关,可以通过对比日线图的形态来进行分析。

17.3.1 反转形态

分时图的反转形态是指分时走势中,股价由上升形态转为下跌形态,或由下跌形态转为上升形态。常见的反转形态如表 17-1 所示。

第 17 章 支撑与压力的博弈——分时图中的力量对比

表 17-1

序号	名称	顶部反转	底部反转
1	V 形顶/底		
2	圆顶/底		
3	头肩顶/底		
4	双重顶/底		
5	三重顶/底		
6	菱形顶		
7	矩形顶/底		
8	楔形顶/底		
9	上升/下降三角形		

菱形反转一般只会出现在顶部，矩形反转出现在底部比出现在头部的情况要多。表 17-1 中，1~6 形态一般只会是反转形态；7~9 形态没有走完前有可能是反转形态，也有可能是整理形态。

由于篇幅原因，我们这里主要介绍 V 形反转、双重底、圆形底、头肩顶、双重顶等几种形态。

1. V 形反转

V 形反转是指股价在快速下跌或上涨的过程中，突然出现反向的走势，形成一个类似于 V 字形的形态。这种形态的出现往往是由于市场情绪的突然变化，或者是重大利好或利空消息的刺激，如图 17-11 所示。

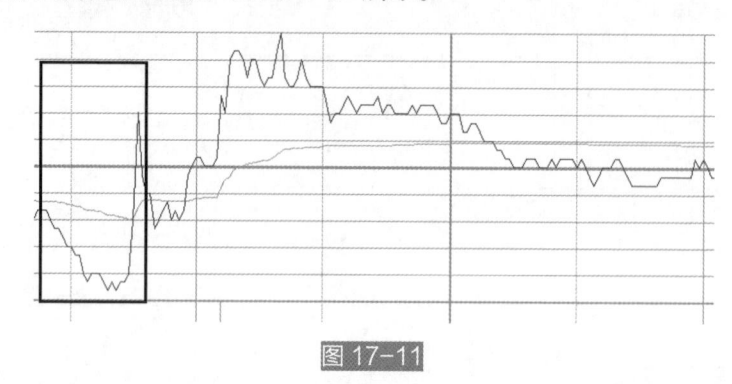

图 17-11

分时图中股价开盘就一泻千里，10 分钟左右跌至谷底，下挫 4.73%，然后急速拉升，短短 20 分钟股价犹如过山车般，在放量过程中完成 V 形反转。

在短线股价的快速下跌中，V 形反转的走势表明主力是有备而来的。这种快速杀跌的走势表明主力并不希望股价在底部停留太久，因为这样会减少其未来的操作空间。在实战中，如果分时图中的这种探底回升的走势得以延续，那么它很可能会成为买入点，因此，投资者需要密切关注这种走势，以便及时把握买入机会。

2. 双重底

双重底形态也叫 W 底形态，其形态特征是股价在连续下跌过程中，形成两个底部，且两个底部的最低点大致在同一水平线上。这种形态通常出现在股价的底部区域，是市场主力资金进场抄底的表现。

双重底形态的出现通常伴随着成交量的放大，因为在股价下跌过程中，大量筹码被套牢，而市场主力资金进场抄底需要大量的资金。当股价在底部区域企稳后，市场主力资金通过拉升股价来吸引散户跟风买入，从而推动股价上涨。

> 双重底形态并不是绝对的底部形态，有时也可能是主力资金出货的表现。因此，投资者在操作时需要结合其他技术指标和市场信息进行综合分析，以确定是否真正的双重底形态。

在双重底形态中，第一个底部通常是主力资金进场抄底的位置，第二个底部则通常是主力资金继续拉升股价的位置。当股价突破颈线（连接两个低点的水平线）时，标志着 W 底形态的形成，也是市场主力资金开始拉升股价的信号，如图 17-12 所示。

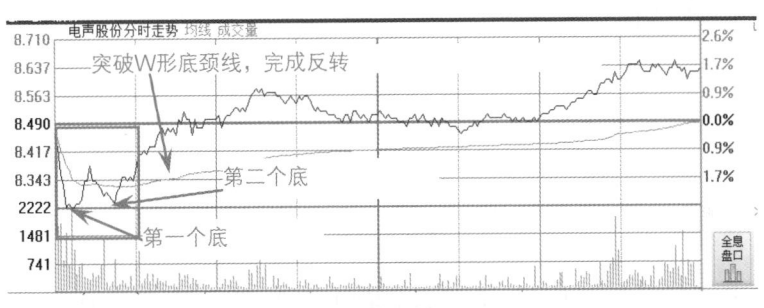

图 17-12

3. 圆形底

对于价格反转形态，其规模越大，对价格上涨的推动作用越显著。如果反转形态在整个交易时段都持续存在，那么对应的反转走势就更加可靠，圆形底就是这种形态，如果有效把握圆形底，投资者的盈利空间将会大大提高。

如图 17-13 所示，股票价格在开盘期间一度出现冲高的情况，但是涨幅不大。盘中价格持续回落的过程中，跌幅一度达到了 1.99%。从整体形态上来看，该股分时图中完成了圆形底形态的反转走势。该反转形态几乎占据了分时图中大部分交易时间，投资者有足够的时间发现这一反转形态。当价格突破圆形底颈线的时候，表明反转形态已经完成。

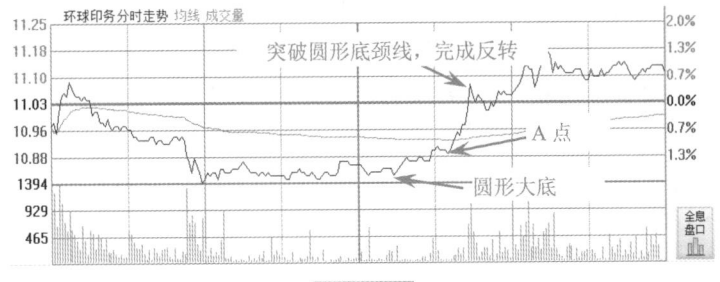

图 17-13

从价格走势来看，投资者不必等待圆形底颈线形成后再考虑买入。如果已经判断该股能够完成圆形底的反转形态，那么投资者可以在盘中就开始开仓。图 17-13 中 A 点位置是价格企稳后的支撑点，在均价线附近，股价能够达到这个位置，表明多方力量较强，投资者可以在这个位置考虑入手。

4. 头肩顶

头肩顶是指股价先出现上涨，然后短暂下跌后继续上涨，在到达最高点后开始下跌，短暂上涨后开始大幅下跌，如图 17-14 所示。

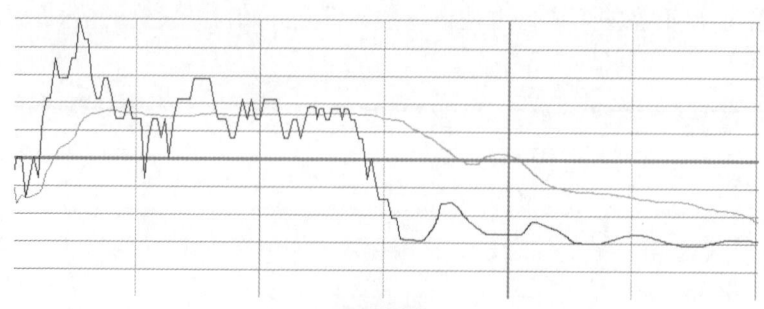

图 17-14

从分时图的走势可以看出，当日该股高开，然后小幅下跌后上扬，此阶段成交量较大，可能是主力诱空。几分钟后股价跌破头肩顶颈线，头肩顶形态得以确认。

从图 17-14 中来看，该股空头趋势中快速跌破头肩顶形态的颈线以后，该股盘中空头趋势就此展开。从分时图中股价接下来的走势看，股价并未形成有效的反弹。

单从分时图中头肩顶的形态来看，投资者发现卖点其实并不困难。股价开盘即形成头肩顶，然后再无强力拉升，已经显著揭示了该股的基本运行趋势。

5. 双重顶

双重顶又称双顶或 M 头，是技术图线中较为常见的反转形态之一，由两个较为相近的高点构成，其形状类似于英文字母 M，因而得名。

在连续上升过程中，当股价上涨至某一价格水平时，成交量显著放大，股价开始掉头回落；下跌至某一位置时，股价再度反弹上行，但成交量较第一高峰时略有收缩，反弹至前面的高峰附近之后再次下跌，并跌破第一次回落的低点，股价移动轨迹像字母 M，双重顶形成，如图 17-15 所示。

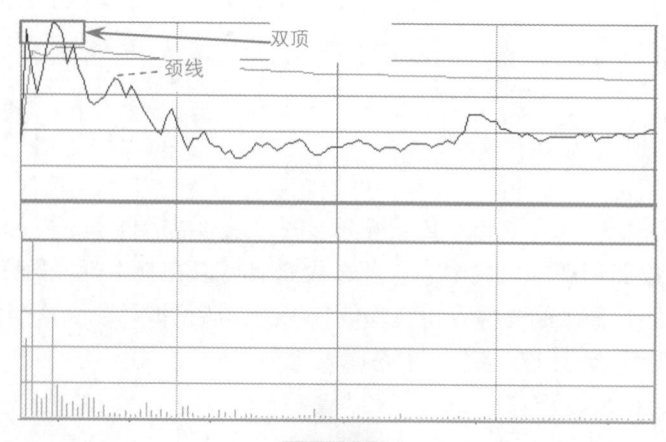

图 17-15

17.3.2 横盘形态

横盘又称盘整，是指股价在一段时间内波动幅度小，无明显的上涨或下降趋势，股价呈牛皮整理形态，该阶段的行情震荡幅度小，方向不易把握，是投资者最迷惑的时候。

横盘不仅仅出现在头部或底部，也会出现在上涨或下跌途中。投资者这时不应参与操作，应注意观察，等形态走好，再介入搭顺风车。

1. 高位横盘

高位横盘形态的基本特征：股价在开盘后短暂上涨，然后在一个相对较高的位置稳定下来，并在均价线附近横向波动，直到收盘时仍保持这种状态，如图17-16所示。

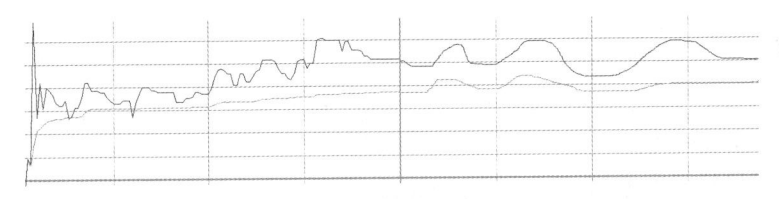

图 17-16

高位横盘形态的出现，意味着在开盘时，该股吸引了大量买方，股价因此上涨。然而，随着时间的推移，买方力量逐渐减弱，而卖方也没有显著增加，导致股价在高位保持稳定，形成了横盘整理的态势。

高位横盘潜在的机遇：

（1）在行情上涨阶段的初期或相对底部区域，如果高位横盘形态出现，并且成交量明显放大，那么后市股价上涨的概率较大。

（2）如果高位横盘形态出现在股价长期下跌走势之后，那么主力利用这种形态进行诱多出货的可能性较大。

（3）当高位横盘形态出现时，如果股价以阳线或大阳线收盘，且行情正处于K线图中的均价线系统上方运行，这表明股价已经进入上涨趋势，行情持续上涨的概率较大。

> 高位横盘处于短期均价线上方，短期持续上涨概率较大；高位横盘处于中期均价线上方，中期持续上涨概率较大；高位横盘处于长期均价线上方，长期持续上涨概率较大。

2. 低位横盘

低位横盘形态的基本特征：股价开盘即跌，价格线下穿均价线；在随后的整个交易日中，行情均处于低位整理的走势之中，直到收盘时，股价依然在低位横向运行，如图 17-17 所示。

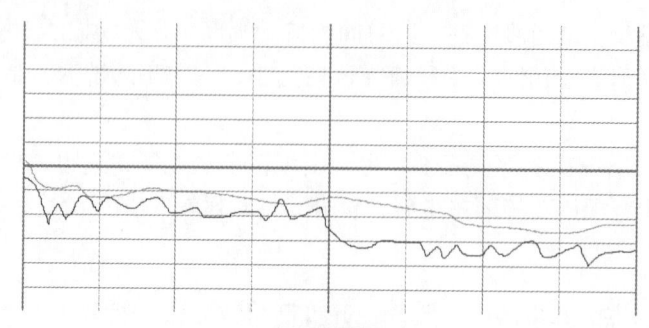

图 17-17

低位横盘形态的出现，说明该股中隐藏着大量的主动卖盘，属于后市看跌的走弱信号。

低位横盘潜在的风险如下。

（1）如果市场价格已经大幅上涨并在相对高位出现其他顶部形态，那么未来价格下跌的可能性较大。

（2）如果股票价格短期出现超买现象，并且大盘走势呈现疲软，那么该股票下跌的概率会增加。

（3）如果市场正处于一个向下的阻力区域，那么未来价格持续下跌并创新低的可能性会增加。

（4）如果股票以阴线或大阴线收盘，且当日下跌时成交量放大，同时当日股价突破了短期均价线，那么这可能意味着该股票已经进入短期下跌趋势，未来持续下跌的可能性较大。

> 低位横盘处于短期均价线下方，短期持续下跌概率较大；低位横盘处于中期均价线下方，中期持续下跌概率较大；低位横盘处于长期均价线下方，进入熊市概率较大。

17.3.3 反复震荡调整分时图

反复震荡形态的基本特征：反复震荡形态是横盘震荡的整理形态，股价自开盘之后就涨跌不定，价格线围绕均价线时而上涨，时而下跌，具体方向无法确定，随后的整个交易日中，行情均保持这种状态，如图 17-18 所示。

反复震荡形态的出现，意味着该股票当日的买卖双方力量相对均衡，市场走势尚未明朗。因此，这种形态在股价低位和高位出现的意义截然不同。

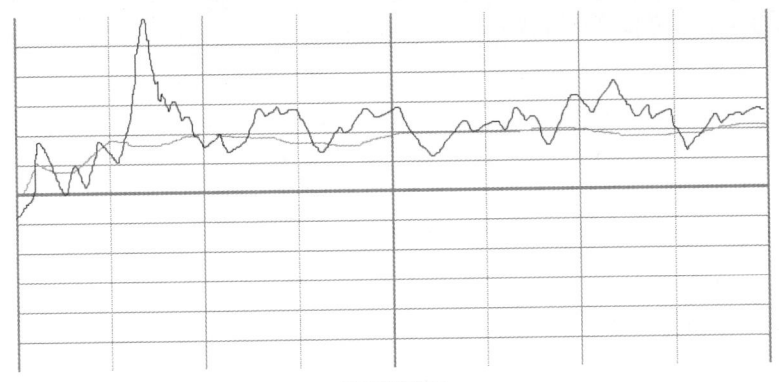

图 17-18

在上涨阶段出现反复震荡形态，可能表明市场正在消化获利盘，后市持续上涨的概率较大。然而，在股价已经大涨的顶部区域出现反复震荡形态，并伴随着日K线图中成交量的突然放大时，投资者应提高警惕，这可能是主力出货导致股价下跌。一旦股价下跌，应及时平仓或减仓。

由于反复震荡形态是一种不确定的走势形态，投资者必须根据日K线图中的长期趋势对其进行综合评估，才能做出有意义的判断。

反复震荡形态潜在的机遇与风险：

（1）在上涨行情中，若行情明显超买且日K线出现顶部形态，后市走低的概率较大；在下跌行情中，若行情明显超卖且日K线出现底部形态，则后市走高的概率较大。

（2）如果股价在日K线图中的短期均价线上方运行，说明股价已经进入了短期上涨趋势，短期行情持续上涨的概率较大；反之，短期持续下跌的概率较大。

> 反复震荡形态如果出现在中期或长期均价线上方，则中长期行情持续上涨的概率较大；反之，中长期持续下跌的概率较大。

17.4 新股民学堂——多日分时图的支撑位与压力位

多日分时图的支撑位和压力位也是盘口分析的关键要素之一，除了可以沿用当日分时图的分析技术外，还有一些新的特点。

1. 多日分时图的支撑位

分析多日分时图支撑位的第一步是查看前面的分时图明显放量的地方是什么位置，凡是明显放量的地方，要么构成支撑，要么构成压力，如果股价突破了这些地方，它们就成为支撑，如图 17-19 所示。

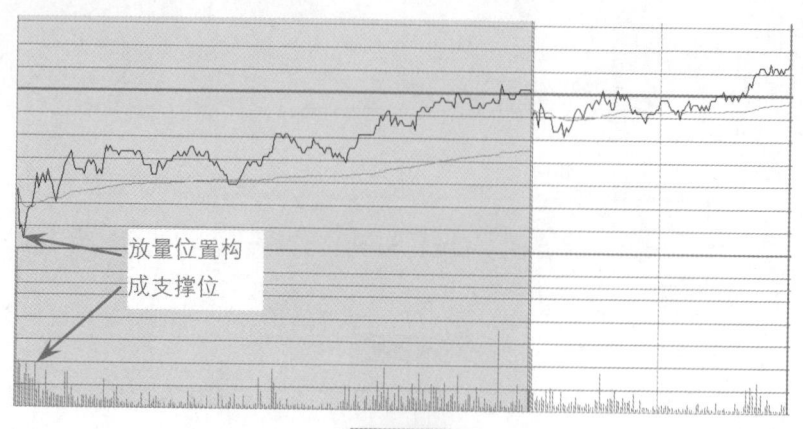

图 17-19

第二步是查看前面分时图走势的主要波形以及它们的高低点。第三步是查看当日分时图的量价关系和前面的分时图之间的关系。

2. 多日分时图的压力位

多日分时图的压力位和量能关系确实密切。在分析时，需要注意观察前面分时图放量的位置，特别是那些最大量峰出现的位置。当股价在某一天或某一段时间内出现明显放量的现象，这通常意味着该位置存在大量的卖盘或买盘，从而构成了一个压力位或支撑位。这些位置在后续的分时图中可能会继续影响股价的走势，如图 17-20 所示。

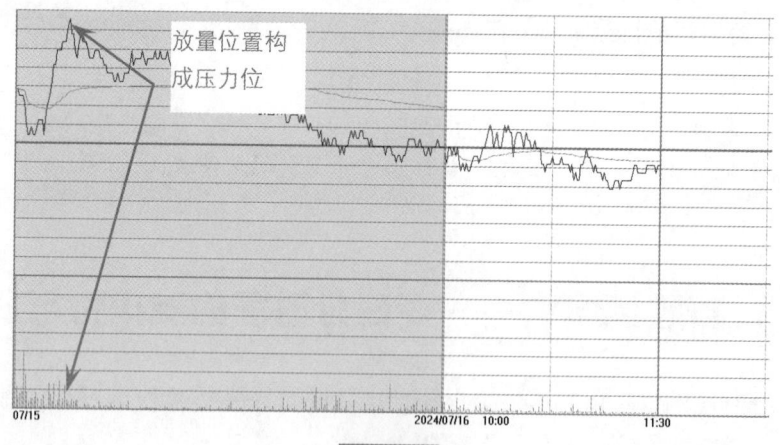

图 17-20

第 18 章

精准建仓——建仓与卖出的艺术

> 买卖不争毫厘。——古商业谚语

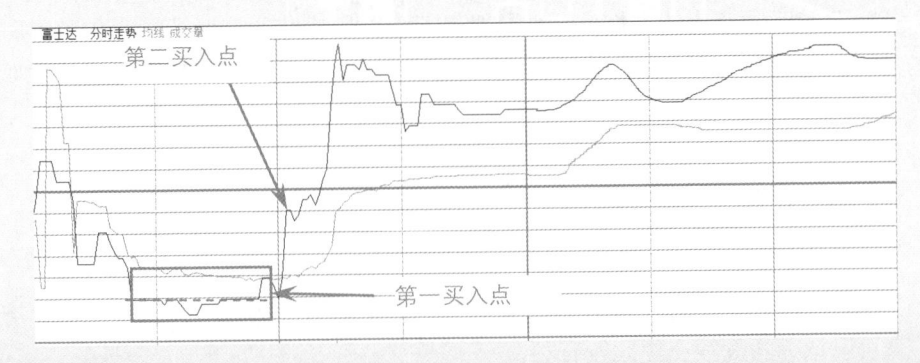

分时图可以为短线或超短线投资者提供买入或卖出的时机,通过分时图还可以捕捉庄家主力的意图。本章传授投资者依据分时图精准建仓与卖出的技巧,强调在合适的时机进行买卖操作的重要性。

18.1 分时图中股票买入卖出要领

分时图分析的核心在于买入卖出要领，它关乎如何精准选择买卖点。分时图的买入卖出点从不同的角度来看有不同的说法，由于篇幅原因，我们只选择一些常见的买入卖出技术进行讲解。

18.1.1 分时图的买入要领

分时图的买入要领简单概括如下。

（1）当日的均价线支撑力度，这是分时买入的重中之重。

（2）关键时间节点的支撑位，如早盘开盘三线、上午第二时段、下午整点时段和尾盘阶段是重要的买入时间点。这些节点经常出现绝佳的买入机会，因此需要重点关注。

（3）当日分时形态的支撑力度。

（4）前一日收盘价的支撑力度。

1. 早盘均价线买入要领

早盘的走势对全天的走势有着重要的影响。早盘股价屡次回调而不能击穿均价线，就可以认为均价线支撑比较有利。

如果均价线不断向上倾斜，而分时曲线高点和低点也不断上移，则强势特征明显，如图18-1所示。

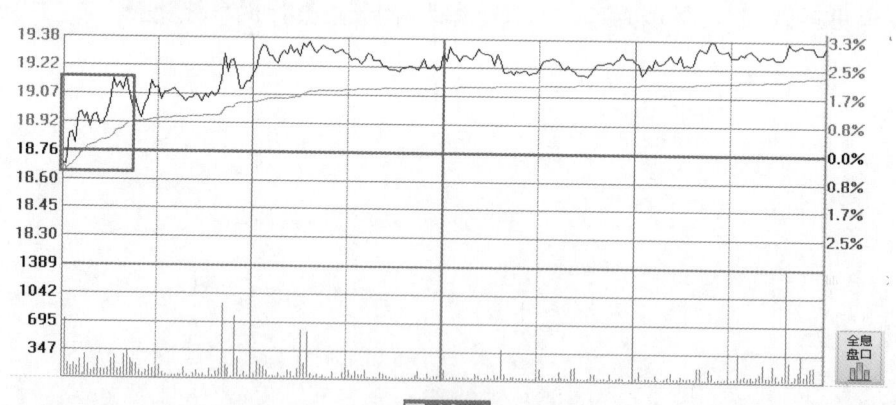

图 18-1

符合上面的条件，就可以认为短线买点已经出现，可以在均价线附近适当建仓。

2. 盘中均价线买入要领

盘中分时图建仓点很简单，如果均价线不断向上倾斜，而分时曲线高点和低点也不断上移，表明强势支撑特征明显，买盘强大，攻击力十足，可以逢低建仓，如图 18-2 所示。

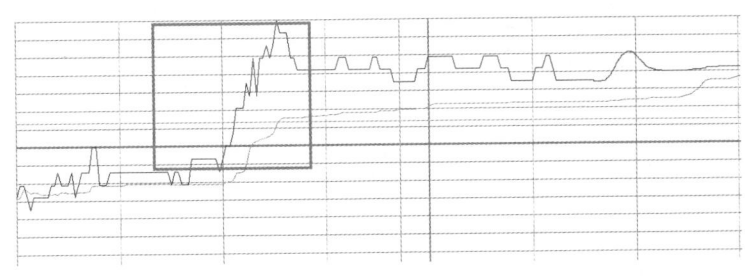

图 18-2

3. 盘尾均价线买入要领

如果尾盘阶段均价线开始向上倾斜，且成交量柱出现密集堆量拉升，说明很可能有主力入场，股价即将上涨，此时可以在均价线附近选择低点适当买进，如果是首次建仓，建议仓位不要超过 30%。尾盘是很多求稳短线投资者买入的时间点，如图 18-3 所示。

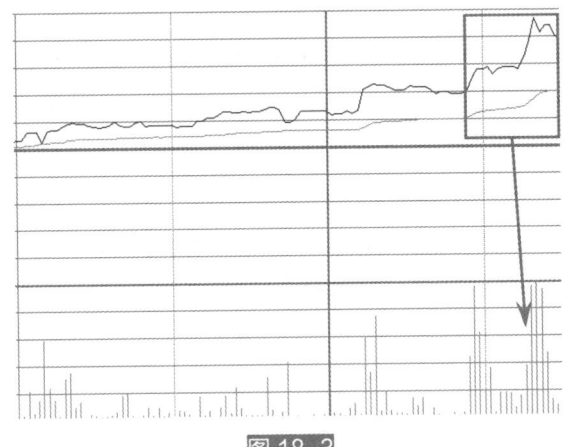

图 18-3

如果尾盘阶段均价线虽然向上倾斜，但量柱单一，这可能是有人故意制造虚假交易量和股价波动，则应保持观望。

18.1.2 分时图的卖出要领

分时图的卖出要领概括如下。

(1) 当日的均价线压力力度，这是卖出的重中之重。

(2) 关键时间节点的压力位，如早盘开盘三线、上午第二时段、下午整点时段和尾盘阶段是重要的卖出时间点。这些节点经常出现较好的卖出机会，因此需要重点关注。

（3）当日分时形态的压力力度。

（4）前一日收盘价的压力力度。

1. 早盘均价线卖出要领

早盘分时图卖出形态主要包括双顶、头肩顶、尖刀顶和平顶等，如果这些形态出现在近期股价的高位，就是典型的出货形态，如图 18-4 所示。

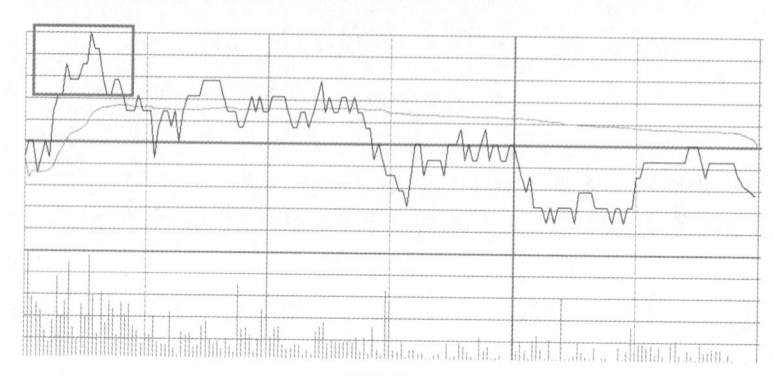

图 18-4

如果这些形态出现在近期股价的低位，则属于洗盘操作，洗盘后可能会沿着原来的趋势拉升。

2. 盘中均价线卖出要领

图 18-5 所示为典型的盘中顶背离。所谓盘中顶背离，是指在盘中出现明显的量价背离，股价创出了新高，而成交量柱却出现了萎缩。

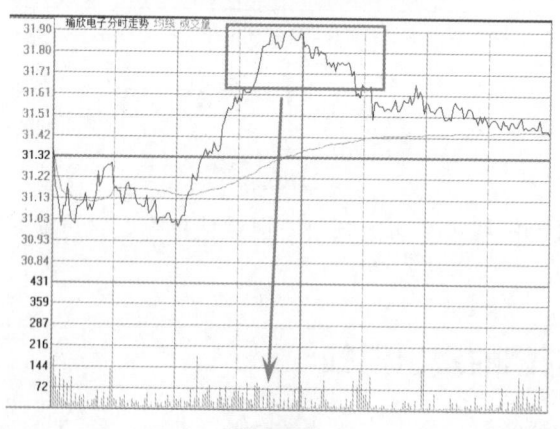

图 18-5

如果盘中出现明显的顶背离，需要坚决减仓，甚至直接清仓，确保资金安全。如果仓位比较重，则需要分批减仓。如果仓位比较轻，可以选择尾盘或者下一个交易日寻找低位适当回补，保持适当的仓位。

3. 盘尾均价线卖出要领

图 18-6 所示的技术形态称为"尾盘回头波"，也可以称为"尾盘反抽"或"尾盘冲高回落"。

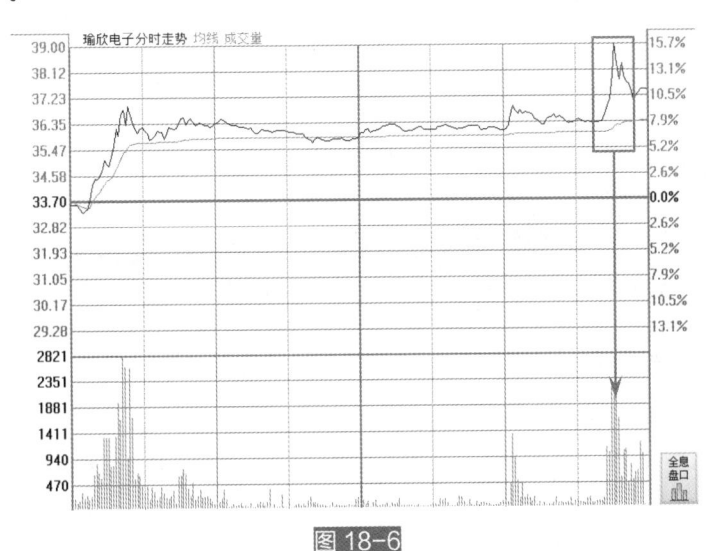

图 18-6

所谓尾盘回头波，指的是在尾盘阶段，股价出现放量冲高，然后迅速回落，形成类似于波浪状的走势，这是典型的阶段性出货走势。

尾盘回头波如果出现在近期股价的低位，通常是典型的洗盘动作；如果出现在近期股价的高位，则可能是阶段性出货动作。

凡是出现回头波走势，都说明随后可能会出现低点。此时选择适当减仓，回笼资金，乃明智之举。

18.2 分时图中股票买入建仓信号

分时图为短线投资者建仓和出货提供了有力的技术支持。比如，我们前面介绍的均价线支撑位、均价线压力位、V形反转、双重底、圆形底、头肩顶、双重顶都是建仓或出货的信号。本节我们再介绍一些常见的分时图建仓形态。

18.2.1 三重底

三重底是指股价线经过一段时间深跌后，先后出现了三个差不多处在同一水平线上的低点，这三个低点叫作"三重底"，如图 18-7 所示。

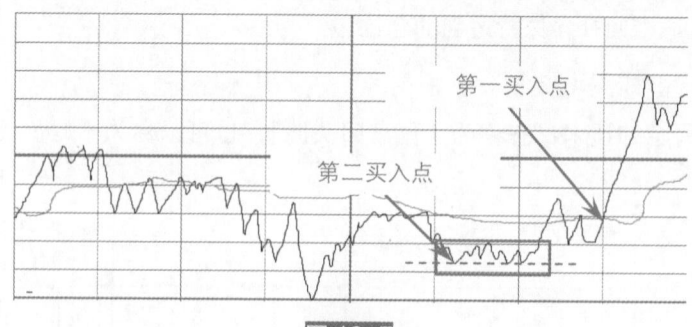

图 18-7

三重底的形态特征如下。

（1）该形态形成前，股价必须是下跌走势，下跌的幅度一般要大于 2%。

（2）该形态形成时，股价线必须始终处在均价线之下，而且颈线位也要始终保持在均价线之下。

三重底的买入技巧如下。

（1）三重底最低价处有两个买点：第一买点是在低位出现三平底后，股价线与均价线的交叉点；第二买点是在股价向上突破颈线位时买入，前提是颈线位低于均价线。

（2）当股价线与均价线之间的距离较近时形成的三重底，不宜进行操作。较为理想的情况是，股价线与均价线之间的距离（乖离率）应该小于 −0.5%。距离越大，收益就越高。

（3）开盘后股价线下跌的幅度超过 1.5% 时形成的三重底较为可靠。

（4）如果出现多次三重底，那么最后一次最可靠。

（5）在几经波折后出现的三重底，是最可信的买入信号。

18.2.2 步步高

步步高形态是指股价经过一段下跌后，在低位形成多个底部，且一底高于一底，如图 18-8 所示。

步步高的形态特征如下。

（1）在该形态出现之前，股价需要经历一段较长时间的下跌趋势，且跌幅要超过 2%。

（2）在该形态形成过程中，所有的底部都必须位于均价线以下，且股价一般不在中途上穿均价线。

（3）在该形态中，多个底部的低点应该只是略微抬高，且后续低点的总升幅不能超过 5%。

图 18-8

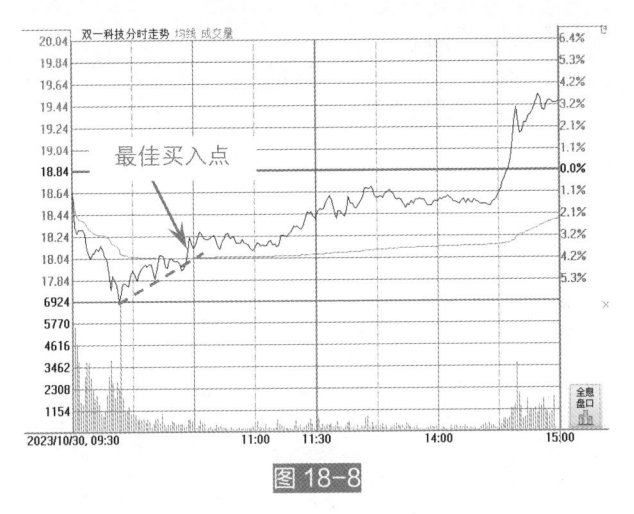

步步高形态的买入技巧如下。

（1）步步高形态最佳买入点是后面的低点形成后，股价线向上穿均价线时的交叉点。

（2）步步高形态要求股价线在均价线之下，且在股价线上升到均价线之前形成。

（3）标准的步步高形态要求底部一个比一个高。非标准的步步高形态可以允许前面的几个低点相同，但最后一个低点必须高于前面的低点。

18.2.3 对称涨跌

对称涨跌是指开盘后，在短时间内股价大幅上涨，达到某一高度后（上涨大于2%），股价突然向下，在短时间内，跌幅等于前面上涨的幅度，如图 18-9 所示。

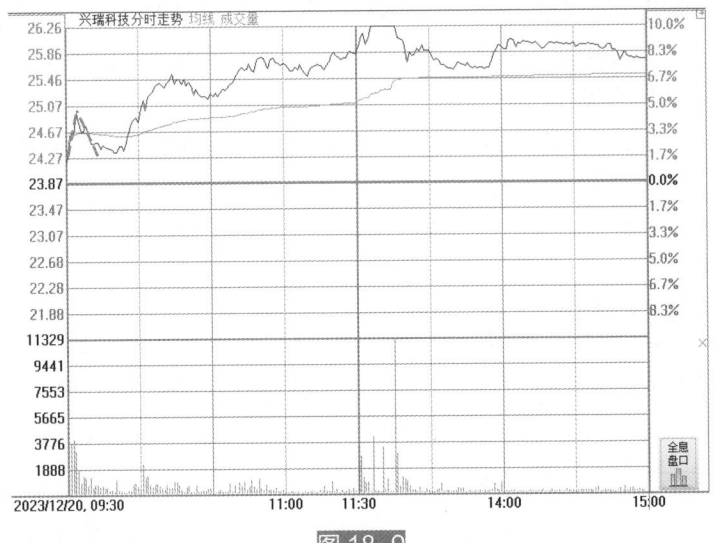

图 18-9

对称涨跌形态的买入技巧如下。

（1）股价上涨幅度必须大于2%，且涨跌幅度大致相等。

（2）必须在上午出现时才能操作，下午出现时不可买入。

（3）股价的当前位置必须在低位才能操作。

18.2.4 突破整理平台

突破整理平台是指股价线向上突破前面横向整理期间形成的平台，如图18-10所示。

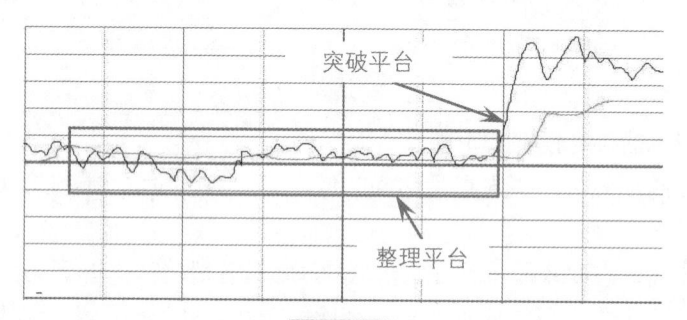

图 18-10

突破整理平台的形态特征如下。

（1）股价线在某一特定价位需要进行长时间的横向整理，这个过程应持续至少30分钟。

（2）股价线应与均价线保持密切接触，波动幅度较小，同时形成的高点基本在同一水平线上。

（3）在整理期间，均价线应保持基本水平，没有明显的波动和起伏。

（4）股价线需要向上突破平台的最高点，这是判断股价上涨的重要标志之一。

突破整理平台的买入技巧如下。

一个交易日里，可能会出现多次突破整理平台的情况。首个突破整理平台出现，可以考虑买入。当第二个突破整理平台出现时，如果涨幅还不算显著，同样可以考虑买入。然而，当第三个突破整理平台出现时，应该拒绝买入。

18.2.5 突破前期高点

突破前期高点是指股价在上升途中超越前期高点。图18-11所示的分时图多次突破前期高点，其中，第一次可以果断买入，第二次也可以买入，第三次需要谨慎买入，第四次、第五次不建议买入。

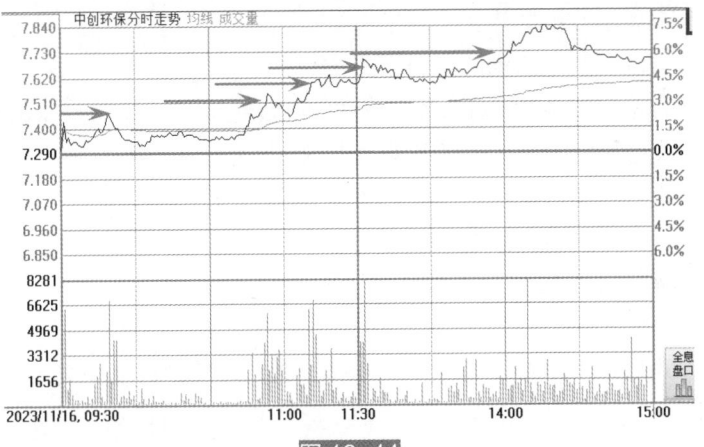

图 18-11

突破前期高点形态的买入技巧如下。

在超过前期波峰高点时，前两次突破一般可以安心买入，第三次则需谨慎行事，因为此时价位已经较高，获利盘的抛压可能变得沉重。

突破前期高点买入点与日 K 线图的走势密切相关。只有在日 K 线图显示上升趋势且价位适中时，才可以放心买入。如果股价处于盘整和下跌趋势的高位，那么在第三次突破前期高点时，应该考虑平仓或卖出。

18.2.6 一波三折

一波三折是指股价线在一段下跌或上涨行情中出现的三个下降或上升的波浪。一个波浪称为一折，三个波浪就是三折。该形态是判断行情是否见底或见顶的"航标"性指标，如图 18-12 所示。

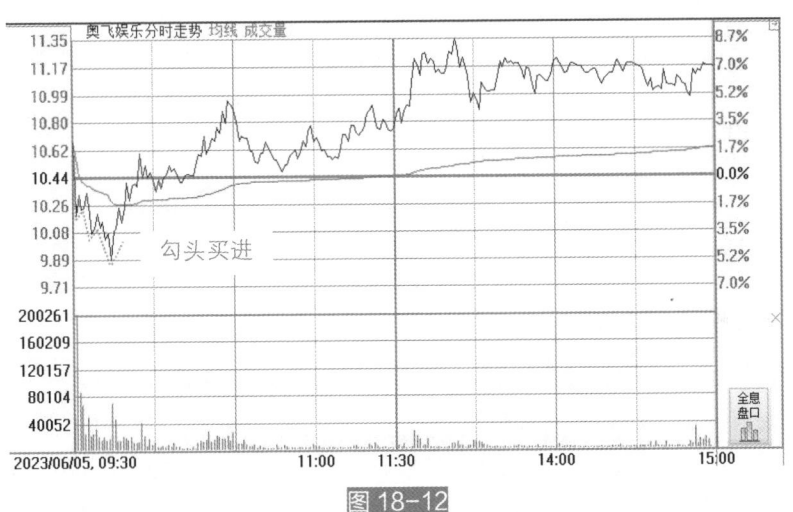

图 18-12

一波三折的形态特征如下。

（1）要有明显的三个波动的走势形态。

（2）三折的总波幅不能少于3%，波动的幅度越大，买进的收益就越高。

（3）三折只能发生在同一价格波动范围内，也就是说，当股价跌破某一均价线时，其后的下跌走势只能在该均价线所在的波动范围内发生；同样，当股价向上突破某一均价线时，其后的上涨走势也只能在该均价线所在的波动范围内发生。

一波三折形态的买入技巧如下。

（1）下降中的"一波三折"，最佳买入点是第三折出现后，股价刚勾头向上的第一档价位。买入时最好分批买入，待股价上穿均价线时再加仓买入。

（2）上涨中的"一波三折"，最佳买入点是第三折出现后，股价刚掉头向下的第一档价位。

（3）不论是下降还是上涨中的"一波三折"，总跌幅或总升幅都不应少于3%，不满足这点，不建议操作。

18.2.7 量比突破买入法

量比突破买入法是指在股价和量比指标同时突破前期高点时买入，如图18-13所示。

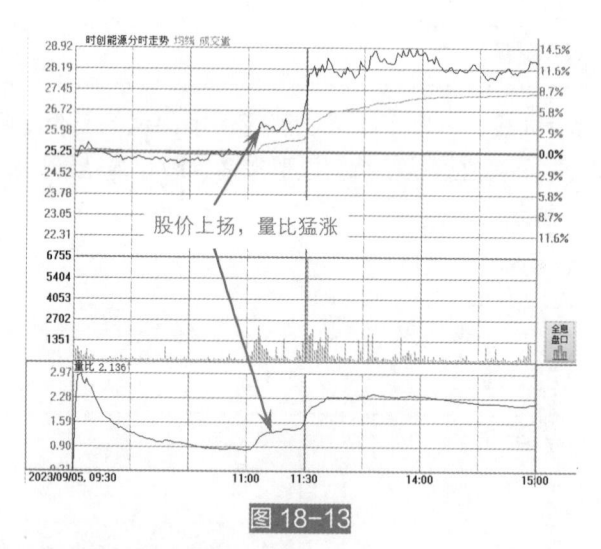

图 18-13

量比突破买入法的买入技巧如下。

（1）只有第一次和第二次股价与量比指标同时突破前期高点时才可靠，第三次就要小心或放弃了，因为股价涨幅已经过高了。

（2）必须结合K线所处的位置和该股的短、中期走势，如在高位，则需要小心谨慎。

18.3 分时图中股票卖出信号

上一节介绍了分时图建仓买入信号,这一节来介绍分时图卖出信号。

18.3.1 一顶比一顶低

一顶比一顶低是指股价上升到高位后,先后出现三个以上的顶峰,且顶峰一个比一个低,如图 18-14 所示。

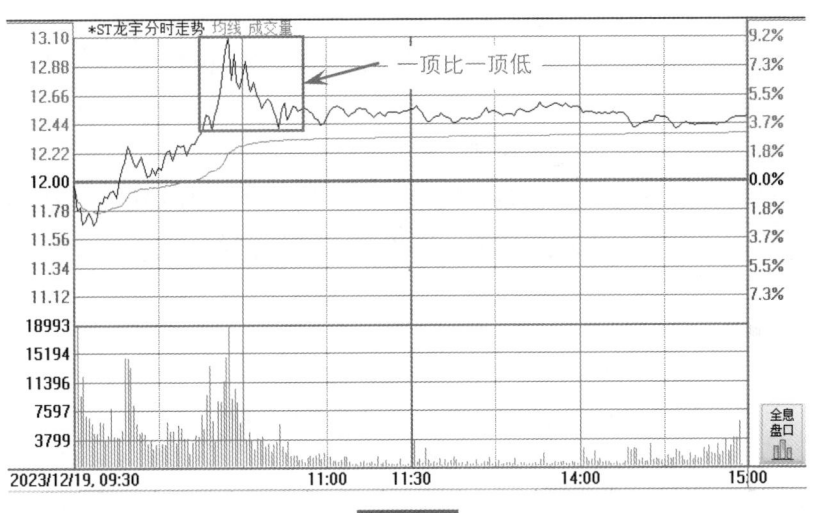

图 18-14

一顶比一顶低的形态特征如下。

(1)股价线和均价线必须处在前收盘线之上。
(2)第一个顶出现时,当天的股价上升的幅度不小于 5%。
(3)三个顶和所夹的两个谷底的股价线,均应在均价线之上。

> 依据一顶比一顶低形态卖出后,如果当天出现急跌的走势,跌幅超过 5% 且有止跌迹象,还可买进,然后在反弹到一定高度时卖出。

18.3.2 跌破整理平台

跌破整理平台是指股价线在离均价线较近的地方进行长时间的横向盘整后向下跌破平台的走势,如图 18-15 所示。

图 18-15

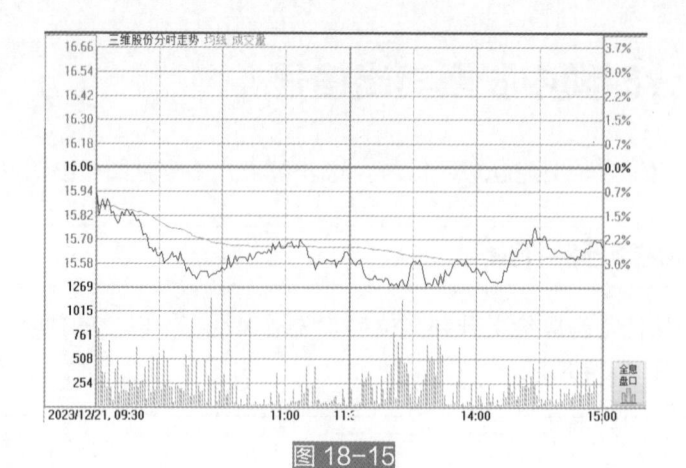

跌破整理平台的形态特征如下。

（1）跌破平台之前，一定要出现一段横盘走势，形成一个明显的盘整平台。

（2）当股价线跌破平台低点后，通常会在短时间内反弹回到平台低点附近，然后再一次跌破平台低点。此时可以确认跌破平台形态已经形成，这是最佳的卖出时机之一。

跌破整理平台形态的卖出技巧如下。

（1）要把握跌破平台形态的卖出时机。最好在第一个平台跌破时卖出。第二个平台跌破时需谨慎，因为此时跌幅已较大，有杀低的风险。

（2）一旦股价跌破平台，应避免当日再次逢低买进，这可能是追逐市场的行为，是危险的操作。

（3）应考虑跌破平台的位置，如果平台是在低位区，就不应该卖出，反而应该考虑在破位时买进，第二天可逢高点卖出。

18.3.3 跌破前期低点

跌破前期低点是指股价在下降途中，跌破了前期的谷底低点。一旦出现跌破前期低点的形态，股价会有不小的跌幅，如图 18-16 所示。

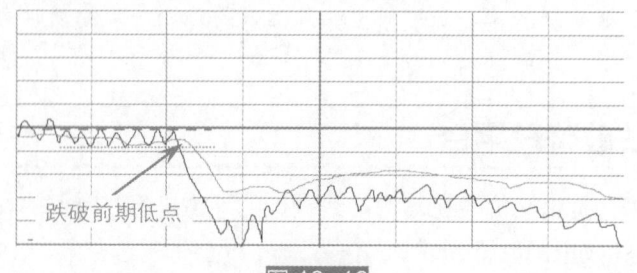

图 18-16

跌破前期低点形态的卖出技巧如下。

（1）跌破前期低点形态只有当K线处在高位区域时才可卖出。

（2）在一个交易日中，有时会有多个跌破前期低点形态出现，最好在第一次跌破前期低点时卖出。

18.3.4 开盘急涨

开盘急涨是指一开盘就向上急涨，上涨的过程在短时间内完成，一般情况下会在当天出现急跌，如图18-17所示。

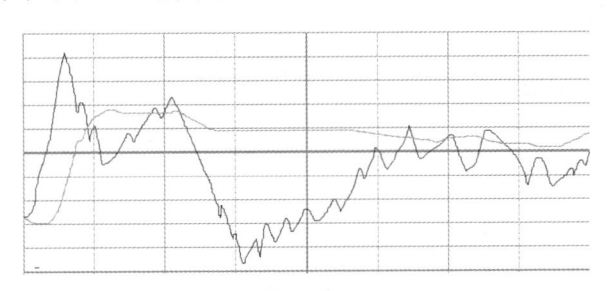

图 18-17

开盘急涨的形态特征如下。

（1）上涨的过程在短时间内完成，股价线呈垂直上升状态，中间一般没有波折，上涨的幅度一般不低于3%。

（2）股价线与均价线的距离拉得越远越好。

（3）开盘后短暂小幅下跌后急速拉升和开盘后短暂横盘后急速拉升，这两种情况也可以认为是开盘后急涨形态。

开盘急涨形态的卖出技巧如下。

要快进快出，在高位卖出，在低位买入。如果股价已在较高位置了，则只可卖出，不可买入。

18.3.5 前收盘线阻挡

前收盘线阻挡是指前收盘线阻挡股价线向上涨升的一种走势。股价线在开盘后有一段下跌的过程，跌幅不少于3%，下跌的幅度越大，后市获利的可能性就越大。

股价线、均价线、收盘线三线必须出现过"股价线在下,均价线居中,收盘线在上"的走势。

前收盘线阻挡可以分为接近式、接触式和略超式三种情况。

1. 接近式阻挡

接近式阻挡是指分时线离前收盘线还有一点距离时就停止前进，如图18-18所示。接近式前收盘线阻挡，每个高点是最佳卖出点。

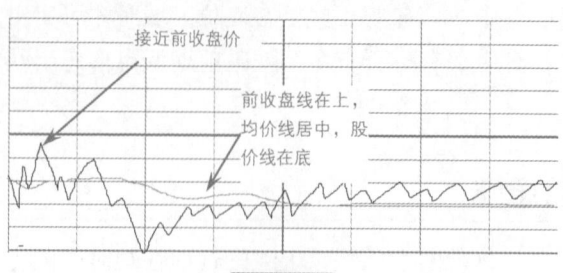

图 18-18

2. 接触式阻挡

接触式阻挡是指股价线与前收盘线刚一接触就掉头下行，如图 18-19 所示。接触式前收盘线阻挡，在接触点或接近前股价线时卖出为妥。

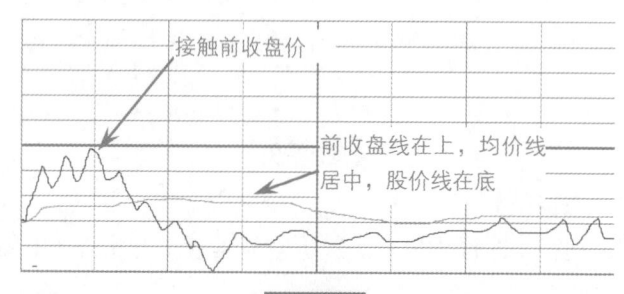

图 18-19

3. 略超式阻挡

略超式阻挡是指股价线上穿昨日收盘线后才掉头下行，如图 18-20 所示。略超式前收盘线阻挡，投资者在股价线上穿收盘线时卖出为好。

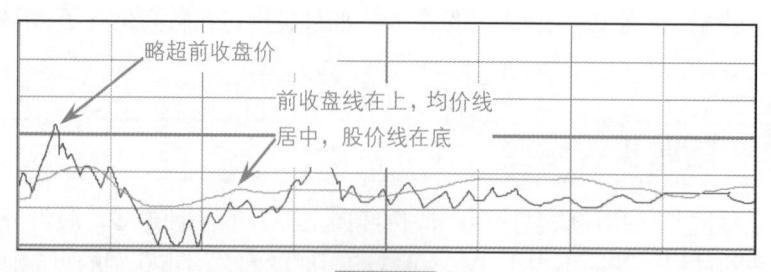

图 18-20

> 在前收盘线阻挡形态下卖出时，要注意该股的 K 线，只有 K 线上的股价处在高位或处在下降途中时，才可卖出；如果是处在调整后的低位，要谨慎操作。

18.3.6 量比卖出信号

量比卖出信号分为两种情况，一种是股价线与量比指标相背离，另一种是股价线与量比指标同向。

1. 股价线与量比指标相背离

股价线走高，而量比指标走平或走低是可信的卖出信号，如图 18-21 所示。

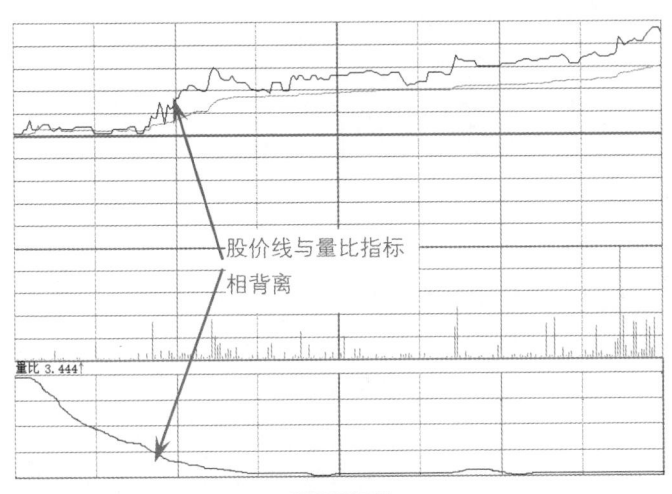

图 18-21

2. 股价线与量比指标同向

股价线已经从高位走低，量比指标也与其同步走低，是卖出信号，如图 18-22 所示。

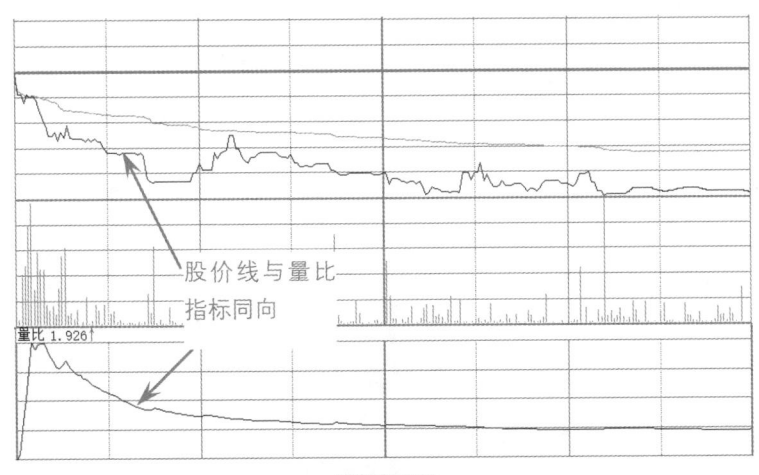

图 18-22

18.4 新股民学堂——分时图解读庄家出货

最常见的庄家出货分时图形态有以下两种。

（1）开盘成交量很大，分时图显示股价迅速冲高，然后快速回落，这通常是庄家的出货表现，如图18-23所示。

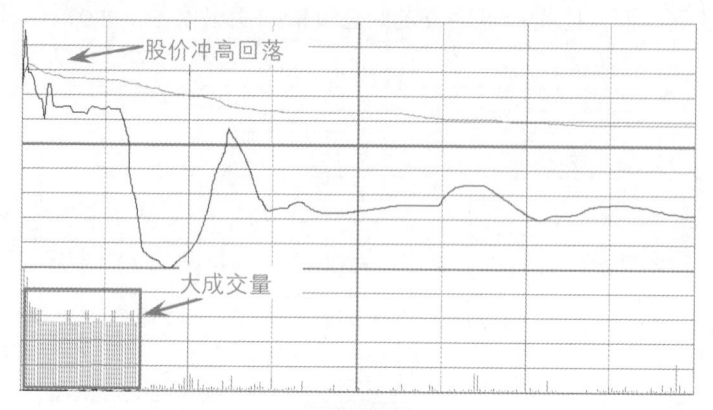

图 18-23

（2）分时图显示的股价振幅很大，成交量也很大，但涨幅却不成比例。分时图出现大幅的波动并有杀跌拉起的情况出现，此种情况多是庄家出货造成的，如图18-24所示，该股当日振幅高达13.36%，涨幅却仅为2.56%，成交量为76.44万手，成交金额为9.68亿元。

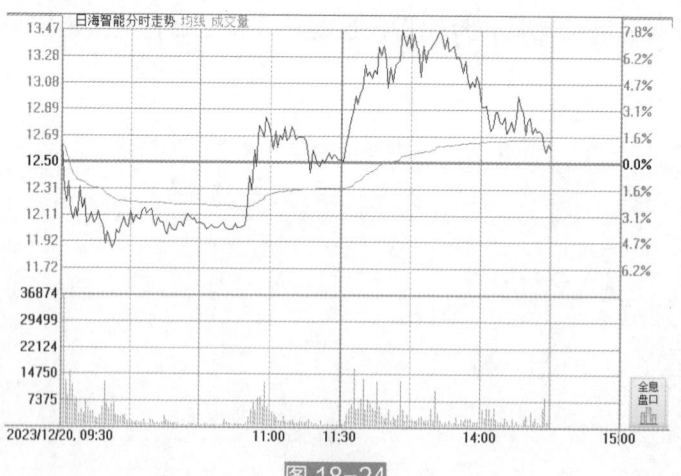

图 18-24

第 19 章

K线图的智慧——股市走势一目了然

一叶落而知天下秋。——《淮南子·说山训》

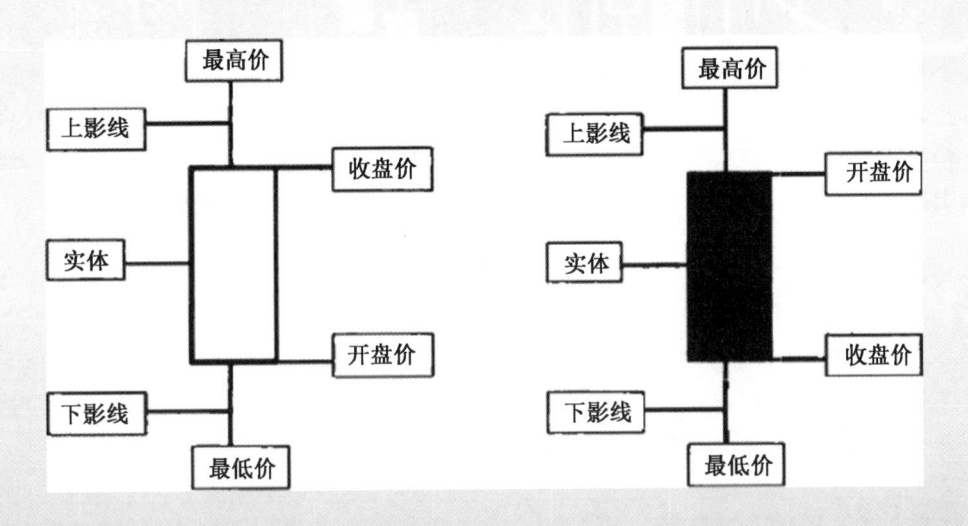

```
        最高价                          最高价
         │                               │
上影线 ───┤                     上影线 ───┤
         ├─── 收盘价                     ├─── 开盘价
         │                               │
实体 ────┤                     实体 ────┤
         │                               │
         ├─── 开盘价                     ├─── 收盘价
下影线 ───┤                     下影线 ───┤
         │                               │
        最低价                          最低价
```

K线是将每日、每周、每月的股价变动情形用图形表示出来，投资者可依照形状研判股价未来走势。本章通过解读K线图的形态和组合，帮助投资者快速把握股市的整体走势，为投资决策提供依据。

19.1 股市K线的起源

K线最早可溯源至18世纪日本德川幕府时代的米市。当时的日本正处于稳定、和平时期，农业生产日益发展，商业活动在宽松的环境下逐渐发达起来，而米市成为一种交易旺盛的场所，人们不仅交易当前已有的现货大米，而且还对未来收获的大米（称为"空米"）提前买卖。为了能够更好地了解米价的走势情况，分析预测其后期走势，详尽地记录米价的波动情况、走势就显得极为重要。正是基于这一需求，一个叫本间宗久的大米商人，开始用两种不同颜色的矩形来表示当日米价的涨跌，实心和空心矩形就是我们今天所说的阴阳线，随之"K线"应运而生。

K线图，其形状犹如一根根蜡烛，通过阴阳两种颜色来形象地展现价格的上涨或下跌。这种图形具有直观、立体感强、信息量大等特点，可以清晰、形象地展现价格在每一天的波动情况。1990年，美国人史蒂夫·尼森（Steve Nison）通过《日本蜡烛图技术》一书将"日本K线图"引入西方金融界，引发了巨大的轰动。

19.2 股市K线的基本知识

K线图又称蜡烛图、日本线、阴阳线等，是世界上最古老、最通用的图表分析方法，现在已经成为股市期货市场应用最广泛的技术分析工具。

19.2.1 K线的特点

K线具有多变性、四个维度和无形性的特点。

1. 多变性

K线的阴阳、实体的大小、上下影线的长短，都有可能引发不同的股价波动趋势。反映股价波动的K线图是千百万投资者相互作用的客观反映，是有章可循的，正因如此，K线才如此具有魅力，成为股市技术分析的重要工具。

2. 四个维度

四个维度是指K线的上、下、左、右四个方向的发展都是无限制的，其上下的突破构成空间的延伸，左右的发展又构成时间上的延伸。K线的四个维度与股票市场的风险特征完美吻合。

3. 无形性

K线分析的无形性，是指其能在无形中把握大势走向的难度。

在技术分析的世界中，许多技术指标都是可见的，它们以有形的方式呈现，如KD线、强弱指标等。这些数据分析方法具有一定的局限性，因为它们是大家都可以看到和使用的公共工具。例如，强弱指标（RSI）在80以上被认为是高位区，20以下被认为是安全区，这是广为人知的。同样，在持续上涨和下跌行情中，这些技术指标会出现钝化现象，使得这些技术参数的可信度受到质疑。

然而，K线的分析研判要求投资者在掌握一般技术手段的基础上，通过观察这种无形的变化来把握未来股价的波动趋势。这是技术分析的更高层次，它要求投资者具备敏锐的洞察力和深入的理解能力，以便从K线的形态和组合中获取有价值的预测信息。

19.2.2 K线的组成与分类

K线由实体和影线两部分组成。开盘价与收盘价形成的较粗部分称为实体。在K线图的实体上下方，各有一条竖线，称为上影线、下影线，两条线分别表示在K线所表示的期间内，股价曾达到过的最高值和最低值。

根据属性可将K线划分为阳线和阴线两大类。当收盘价高于开盘价时，K线图就用红色或空心显示，为阳线；反之，当收盘价低于开盘价时，K线图用绿色或实心显示，为阴线，如图19-1所示。

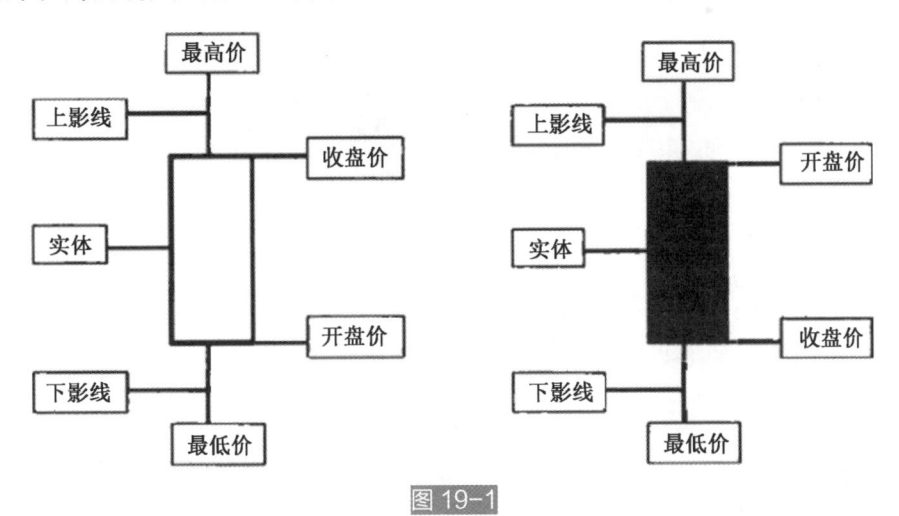

图 19-1

根据计算周期可将其分为时K线、日K线、周K线、月K线及年K线。K线图的横轴表示时间，纵轴表示价格和成交量。

日 K 线图是根据股价在一天的走势中形成的四个价位，即开盘价、收盘价、最高价及最低价绘制而成的。周 K 线图是以周一的开盘价、周五的收盘价、全周最高价和全周最低价绘制的 K 线图。月 K 线图是以一个月的第一个交易日的开盘价、最后一个交易日的收盘价、全月的最高价与全月的最低价绘制的 K 线图。年 K 线图是以该年的第一个交易日的开盘价、最后一个交易日的收盘价、全年的最高价与全年的最低价绘制的 K 线图。

19.2.3 单根K线的线形分析

一般来说，阳线说明买方的力量强过卖方，经过一天多空双方力量的较量，以多方的胜利而告终。而且阳线越长，说明多方力量超过空方的越多，大盘继续走强的可能性就越大；与之相反，阴线越长，说明空方力量越大，大盘走弱的可能性越大。

根据开盘价与收盘价的波动范围，可将 K 线分为极阴、极阳、小阴、小阳、中阴、中阳、大阴和大阳等线形。其中极阴线和极阳线的波动范围在 0.5% 左右，小阴线和小阳线的波动范围一般在 0.6%～1.5%，中阴线和中阳线的波动范围一般在 1.6%～3.5%；大阴线和大阳线的波动范围在 3.6% 以上，如图 19-2 所示。

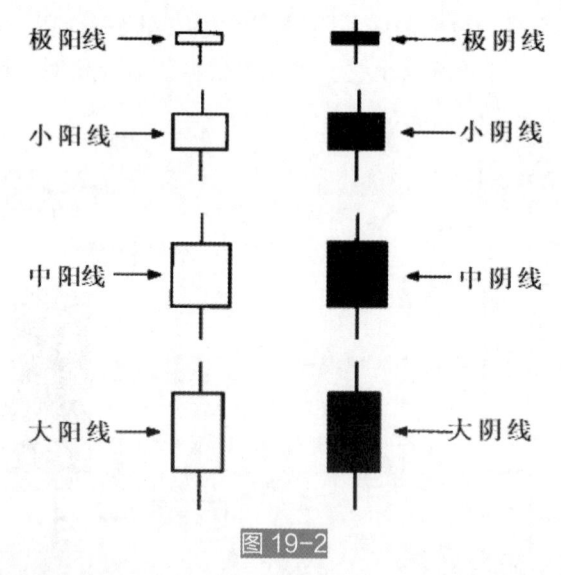

图 19-2

根据股票价格的不同取值，阳线和阴线又可以衍生出不同的状态，并分别代表不同的市场含义，如表 19-1 所示。

第 19 章　K 线图的智慧——股市走势一目了然

表 19-1

名　称	形　态	股价表现	市场含义
带上下影线的阳线	上影长　下影长	收盘价高于开盘价，但收盘价不是最高价，开盘价也不是最低价	实体长，表示高位虽有阻力，但多方的优势比较明显，后市有很大可能会上涨。上影线长，表示高位阻力强，后市难以逾越。下影线长，表示低位承接力较强，如果此时股价在低位，后市看好；股价在高位，只能说明短期有支撑，有待进一步观察
带上下影线的阴线	上影长　下影长	收盘价低于开盘价，但收盘价不是最低价，开盘价也不是最高价	实体长，表示低位略有支撑，但空方的优势比较明显，后市非常有可能下跌。上影线长，高位阻力较强，后市下跌的可能性大。下影线长，低位承接力强，如果股价在低位，后市看好；股价在高位，只能说明短期有支撑，总体看来，还是不容乐观
光头阳线	实体长　下影线长	开盘价低于收盘价，全天还有一个比开盘价更低的最低价，而收盘价就是最高价	实体长，表明价位下跌不多，即受到买方支撑，价格大幅度推进，买方优势明显。下影线长，股价曾大幅下挫，之后在低价位遇买方支撑，但实体部分较小，说明买方优势并不是很大，如果第二天卖方全力反攻，则阳线可能很快被吞没
光头阴线	实体长　下影线长	开盘价即为全天最高价，全天还有一个比收盘价更低的最低价，故只有下影线而没有上影线	实体部分长，表明抛售压力沉重，虽然在低点遇到买方的阻力，但影线部分较短，说明买方把价位上推不多，总体上看，卖方占优势。影线长，表示卖方把价位打压后，在低价位遇到买方顽强抵抗并组织反击，逐渐把价位上推，最后虽以阴线收盘，但卖方优势不明显，如果延续尾市的表现，后市多方极可能全力反攻，把小阴线吃掉
光脚阳线	实体长　上影线长	开盘价为最低价，故没有下影线，收盘价高于开盘价，但不是全天最高价	实体长，表示买方在高位遇阻后，回落的幅度并不大，多头仍是市场的主导力量，后市继续看涨。影线长，表明高位遇到卖方的全面反击，短线获利回吐者众多，多方实力将受到严重考验。如果图形在高价区出现，则后市看跌

239

续表

名 称	形 态	股价表现	市场含义
光脚阴线	实体长　上影线长	收盘价低于开盘价，且为最低价，故没有下影线。中途有高于开盘价的最高价	实体长，表示多方未曾把价位推上特别高的位置，稍微上行，立即遇到强大压力。空方明显占据优势，后市继续下跌。影线长，在高位出现，表明股价大幅度冲高回落，是见顶信号；在低位出现，可能是主力在低位建仓
光头光脚阳线		开盘价为最低价，收盘价为最高价，故无上下影线	开盘多方就积极进攻，价格始终在开盘价之上，多方力量强大，一直到收盘都控制着主动权，使价格一路上扬，以最高价位收市，表明多方占据绝对优势，后市继续看涨
光头光脚阴线		开盘价为最高价，收盘价为最低价，故无上下影线	开盘后，股价一路下跌，空方力量强大，一直到收盘都控制着主动权，使价格一路下跌，以最低价收盘，表明空方占绝对优势，市场出现恐慌心理，后市继续看跌
十字形		开盘价与收盘价相同，全天各有最高价和最低价，所以只有上下影线没有实体	多方与空方实力势均力敌。对比上下影线的长度，上影线越长，表示卖方压力越大，顶部明确，下影线越长，则底部明确，多方转强。当十字星在股票高位或低位出现时，意味着后市将要反转
T字形		开盘价与收盘价相同，且为段内的最高价，另有一个全天最低价，故没有实体，没有上影线，只有下影线	股价在开盘后一度回落，在开盘价以下的价位成交，但多方力量转强，尾市又以当天最高开盘价收盘，后市对多方有利。如果股价在底部区域，则为明确的见底信号，行情即将回升
倒T字形		开盘价与收盘价相同，且为时段内的最低价，另有一个全天最高价，故没有实体，没有下影线，只有上影线	股价开盘后一度冲高，在开盘价以上的价位成交，多方不断发力，但能量慢慢枯竭，空方逐渐占据优势，尾市以当天最低价收盘。后市对空方有利，如在高价区出现，则为明确的见顶信号，行情将转趋下跌
一字形		开盘价、收盘价、最高价及最低价完全相同	全天股价只在一档价位成交，这可能出现在极度冷清的市场。另外，股价开盘至收盘一直处于涨、停、跌、停的状态，K线图上也会出现一字形。这种情况下，多空势力可谓一边倒，后市将延续前面的升（跌）势

240

19.3 新股民学堂——单根阴阳线的强弱演变

这一章我们主要介绍了各种单根 K 线涨跌幅度，以及特殊形状 K 线所表示的市场含义，那么这么多 K 线它们之间的强弱关系如何呢？这一节我们就来探讨一下这些 K 线的强弱演变。

1. 阳线由强到弱的演变

阳线由强到弱的演变如图 19-3 所示。

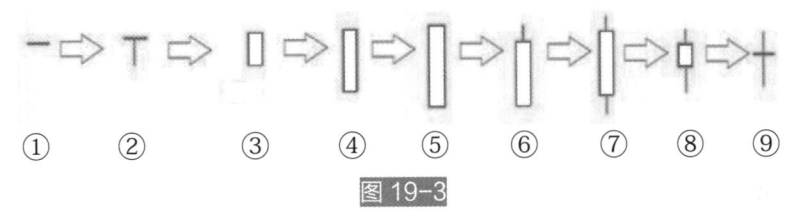

图 19-3

图 19-3 中：① 一字板涨停 K 线；② T 字涨停 K 线；③ 小阳涨停 K 线；④ 大阳线涨停 K 线；⑤ 光头光脚大阳线；⑥ 带长上影的大阳 K 线；⑦ 普通的大阳线；⑧ 普通的中小阳线；⑨ 十字星。

2. 阴线由强到弱的转变

阴线由强到弱的转变如图 19-4 所示。

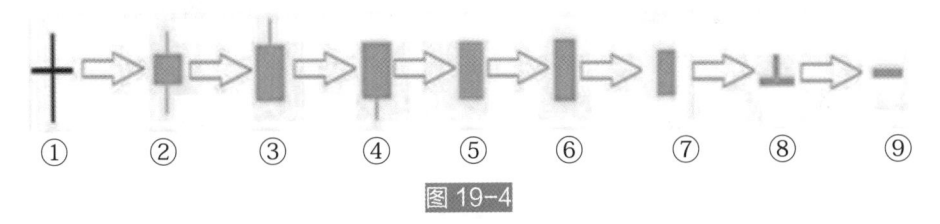

图 19-4

图 19-4 中：① 十字星；② 小阴线；③ 带上影线的阴线；④ 光头大阴线；⑤ 光头光脚大阴线；⑥ 跌停大阴线；⑦ 低开跌停阴线；⑧ 倒 T 字形的跌停 K 线；⑨ 一字板跌停 K 线。

第 4 篇

交易实战篇

本篇聚焦于K线图和均线理论在股市交易中的应用。通过解读K线图中的信息，识别各种K线买卖信号和组合攻略，帮助交易者在股市中把握趋势，决胜千里。同时，还深入探讨了均线稳健盈利策略，解密均线形态与趋势，帮助投资者利用均线形态与趋势解密股市涨跌的秘密，发掘潜力股。

- 21种单根K线买卖信号——把握趋势，决胜股市
- 15种K线组合买入攻略——买入信号的精准识别
- 卖出不迷茫——18种K线组合卖出信号的判断与执行
- 选股有道——K线图助力发掘潜力股
- 均线稳健盈利策略——股票买卖的制胜法宝
- 均线形态与趋势——解密股市的趋势
- 均线特殊组合形态——解锁股市盈利新姿势

第 20 章

21 种单根 K 线买卖信号——把握趋势，决胜股市

顺势而为，事半功倍。——道家哲学

特殊的单根K线	锤子线和上吊线	
	倒锤子线和射击之星	
	T字线	
	倒T字线	
	十字星	
	十字线	
	长十字线	
	螺旋桨	

从单独一根 K 线对多空双方优势进行衡量，主要依靠实体的阴阳长度和上下影线的长度。本章教授投资者如何根据 K 线图中的买卖信号来把握市场趋势，从而在股市买卖过程中做出明智的决策。

20.1 单根阳线的股票买卖技法

阳线表示多方占优势,阳线实体的大小决定了多方的力量强弱。根据实体的大小和有无影线,阳线又分为极阳线、小阳线、中阳线、大阳线、光头阳线、光脚阳线和光头光脚阳线。

20.1.1 极阳线

极阳线的收盘价略高于开盘价,波动范围很小,在 0.5% 左右。这表示市场目前处于不明确的状态,未来趋势难以预测。

图 20-1 所示为国脉文化(600640)K 线图,该股前期处于大幅上涨行情中。在股价创出新高后,出现了射击之星的形态,预示股价见顶下跌。而在下跌初期出现了极阳线的 K 线形态,这就意味着股价将继续下跌。随后,该股走出了一波下跌行情。

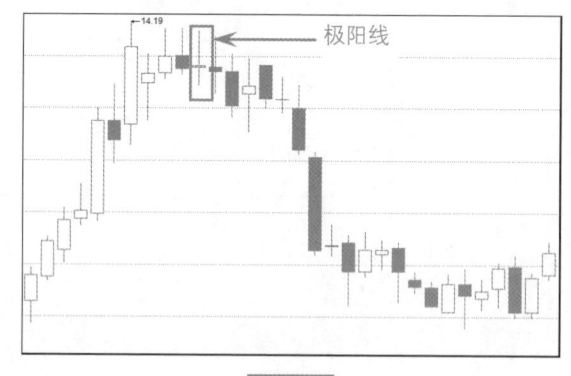

图 20-1

20.1.2 小阳线

小阳线是阳线的一种,其实体部分较短,波动范围通常在 0.6% ~ 1.5%。这表明多空双方在进行小型对抗,但最终多方以微弱优势获胜。当小阳线出现时,通常意味着行情不明朗,涨跌难测。然而,单独一根小阳线的研判价值并不大,投资者应结合其他 K 线形态或技术指标来进行更准确的判断。

图 20-2 所示为信达地产(600657)K 线图,该股在前期经过一轮下跌后,已逐渐呈现出稳步上涨的行情。在上涨途中,该股于 2023 年 7 月 20 日收出一根小阳线,说明多方势强,而空方势弱,这就预示着股价还将延续先前的上涨行情。随后,股价持续上涨了十多天。

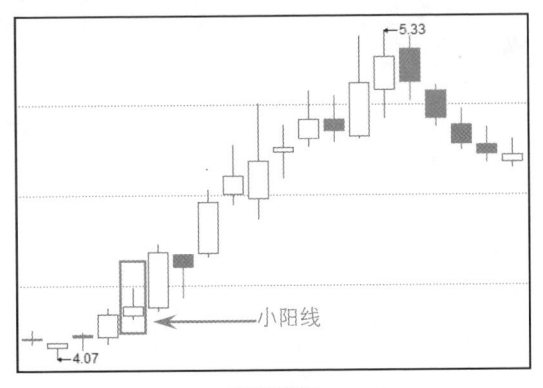

图 20-2

> 如果小阳线出现在上涨行情初期，并伴随着成交量放大，通常意味着股价仍将上涨一段时间。

20.1.3 中阳线

中阳线的收盘价比开盘价高 1.6%～3.5%，虽然没有大阳线那么明显，但依然能够清晰地看出多方占优。如果上涨行情中出现了中阳线，意味着上涨行情还会继续；如果中阳线出现在下跌行情中，则可能会出现向上反弹。

图 20-3 所示为中华企业（600675）K 线图，该股在 2023 年 5 月 30 日经历了一轮阴跌之后，走出阴霾开始上涨，在两天下跌后，于 6 月 14 日走出了一个中阳线，当日涨幅达 3.19%，说明前两天虽有小挫，但多方依然较强，之后整体趋势依然上涨，这轮涨势持续了两个多月。

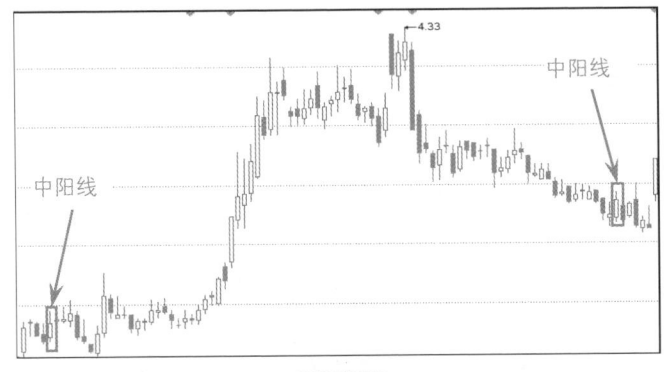

图 20-3

同年 10 月 24 日，股价经历了一轮下跌后，于当日走出了一个中阳线，当日涨幅达 2.36%，随后股价有所回头，多空双方形成拉锯战。

20.1.4 大阳线

大阳线是实体较长，上下影线短甚至没有的阳线，实体波动幅度超过 3.6%。这表明从开盘到收盘，多方占据了绝对优势，市场上涨趋势强烈，股市情绪高涨。阳线实体的大小，代表多方力量的强弱。

图 20-4 所示为金牛化工（600722）K 线图，该股在经历了一轮下跌后，于 2023 年 10 月 24 日走出了一根大阳线，当日涨幅达 4.6%。在底部出现大阳线，这是多方明显看好后市，果然随后近两个月该股一直处于上涨趋势。

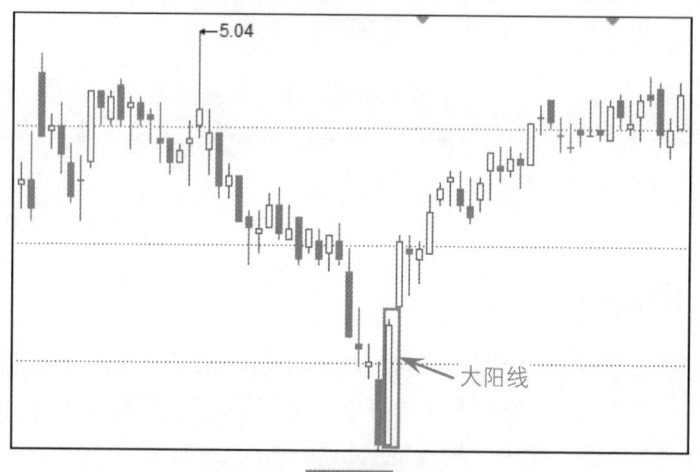

图 20-4

虽然大阳线有代表上涨的意思，但它出现在底部区域、顶部区域、上涨途中或是下跌途中时，表达的意思并不相同，不可一概而论。

20.1.5 光头阳线

光头阳线的重点不在于是大阳线还是小阳线，而是以当日最高价收盘的。光头阳线的次要点在于幅度，小光头阳线可预判一两日行情，大光头阳线可预判一周甚至更远的行情。

光头阳线若出现在低价位区域，在分时走势图上表现为股价探底后逐渐走高且成交量同时放大，预示着新一轮上升行情的开始。如果出现在上升行情途中，表明后市继续看好，如图 20-5 所示。

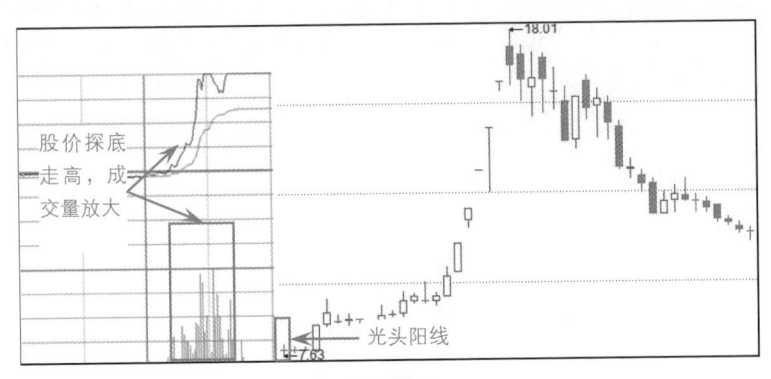

图 20-5

20.1.6 光脚阳线

光脚阳线是一种特殊的阳线形态，只有上影线而没有下影线，市场走势先涨后跌，多方强，但空方在高位施压，通常表示市场上涨趋势，但也有分歧，投资者需谨慎。

如果光脚阳线出现在高价位区，并且上影线长于实体，说明卖方的力量不断增强，行情看跌，如图 20-6 所示。

如果光脚阳线在低价位区出现，并且实体长于上影线，说明买方开始准备上攻，行情看涨，如图 20-7 所示。

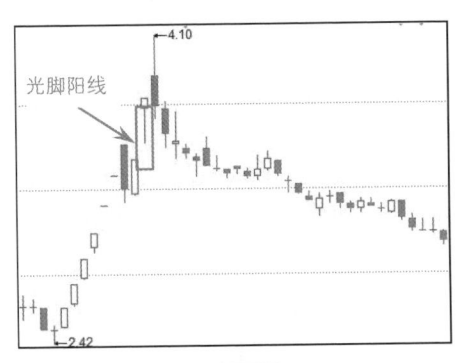

图 20-6 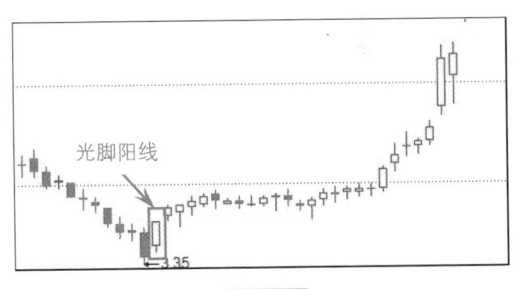 图 20-7

20.1.7 光头光脚阳线

光头光脚阳线是指从开盘一路高涨直至收盘，这是一种极强的 K 线，通常被认为是牛市的继续或熊市反转的一部分。

光头光脚阳线分为光头光脚中大阳线和光头光脚小阳线。

光头光脚中大阳线，强势尽显，K 线实体厚重。股价上下震荡，宽幅波动，揭示多方力量强大，空方无力抗衡。在股价上涨或高位拉升的阶段，此形态常出现，意味着多方已掌握主导权，空方难以组织有效反击。而其后的 K 线可能呈现跳空阳线或高位十字星形态，预示着市场的动态变化。图 20-8 所示的股价在拉升阶段出现了一系列的光头光脚中大阳线。

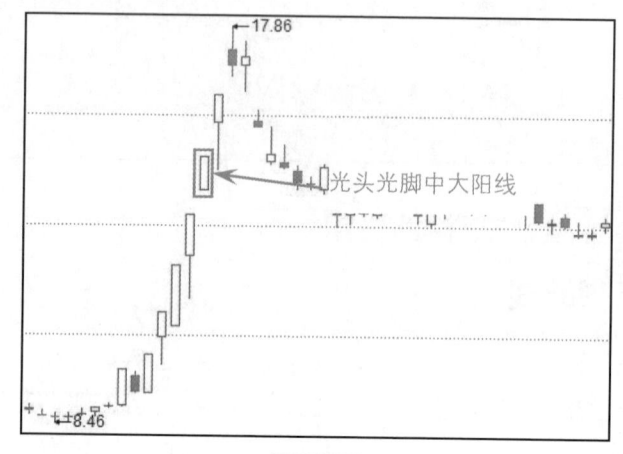

图 20-8

光头光脚小阳线，K 线实体短小，股价波动幅度有限，如图 20-9 所示。这种形态通常出现在股价上涨的初期、回调结束或横盘整理阶段，表明多方力量正在逐渐增强。

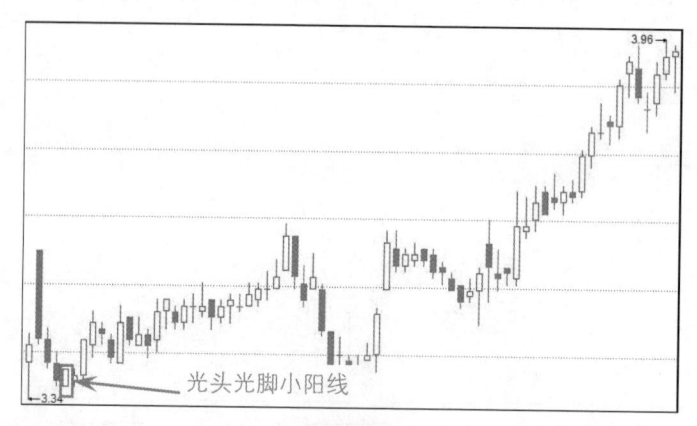

图 20-9

20.2 单根阴线的股票买卖技法

阴线表示空方占优势，阴线实体的大小决定了空方的力量强弱。根据实体的大小和有无影线，阴线又分为极阴线、小阴线、中阴线、大阴线、光头阴线、光脚阴线和光头光脚阴线。

20.2.1 极阴线

极阴线的开盘价略高于收盘价,波动范围很小,在 0.5% 左右。这表明市场目前处于不明确的状态,未来趋势难以预测。

图 20-10 中,极阴线出现在该股震荡行情中,说明多空双方力量相差不大,后市走强、走弱都有可能,投资者需结合其他技术指标做出决策。

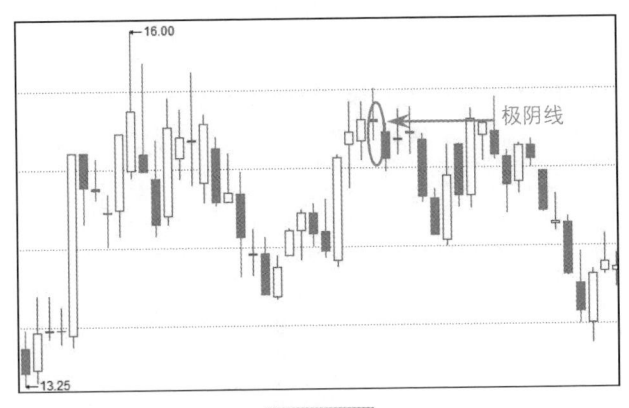

图 20-10

20.2.2 小阴线

小阴线是阴线的一种,其实体部分较短,波动范围通常在 0.6%~1.5%。这表明多空双方在进行小型对抗,但最终空方以微弱优势获胜。当小阴线出现时,通常意味着行情不明朗,股价涨跌难测。

图 20-11 所示的 K 线中,该股在下跌途中出现小阴线,说明空方略占优势,未来市场走势不是很明朗。后期,该股呈现出了小幅震荡下行的走势。

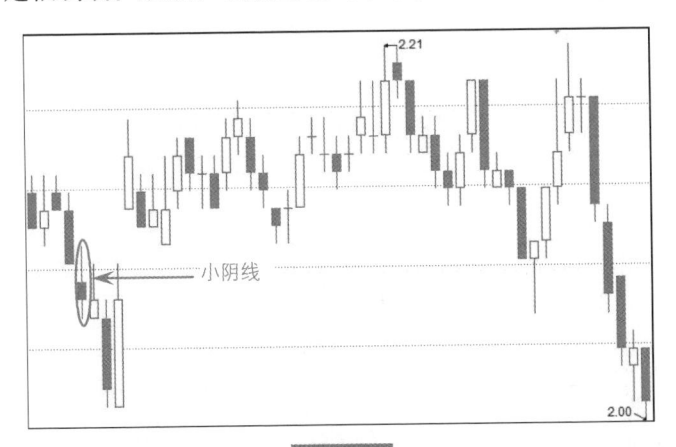

图 20-11

20.2.3 中阴线

中阴线的开盘价比收盘价高 1.6%～3.5%，虽然没有大阴线那么明显，但依然能够清晰看出空方占优。

如果上涨行情中出现了中阴线，意味着上涨行情可能会掉头向下，如图 20-12 所示。

图 20-12

下跌行情中出现中阴线，股价可能会加速下跌，如图 20-13 所示。

图 20-13

20.2.4 大阴线

大阴线是实体较长，上下影线短甚至没有的阴线，实体波动幅度超过 3.6%。这表明从开盘到收盘，空方占据了绝对优势，市场下跌趋势明显，股市情绪低迷。阴线实体的大小，代表空方力量的强弱。

阴线出现在不同的位置，表达的含义不同。如果大阴线出现在上升行情中，行情可能会向下回调；如果大阴线出现在下跌行情中，行情可能会加速下跌。

图 20-14 所示为渤海汽车（600960）K 线图，在 2023 年 12 月 6 日股价达到一个小高峰后，第二天出现了一个大阴线，当日股价下挫 8.53%，之后股价一路下行。

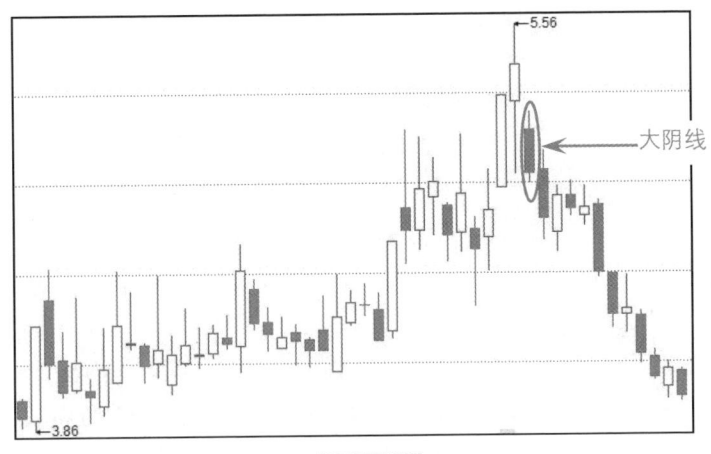

图 20-14

20.2.5 光头阴线

光头阴线表示一开盘卖方力量就特别大，价位一直下跌，但在低价位上遇到买方的支撑，后市可能会反弹。

光头阴线实体的长度代表着空方抛出的坚决程度。具体可以理解为：

➢ 实体长于下影线时，表明卖方压力比较大，卖方优势明显；
➢ 实体等于下影线时，表示卖方占优，但买方抵抗非常强烈，卖方把价格拉下来后，买方也在积极应对，但整体卖方仍占优势；
➢ 实体短于下影线时，说明买卖双方实力相当，卖方试图将价格压低，但在低位遭遇买方的有力反击。尽管最终以阴线收盘，但卖方仅获得微弱优势。这种形态预示着后市买方可能全力反攻，完全收复失地。

除了 K 线实体和影线的长度比例，光头阴线的位置也影响着市场的未来趋势。如果光头阴线出现在股价的高位，这可能预示着股价即将盘整或下跌。相反，如果光头阴线出现在低位，可能是抄底资金的介入使股价呈现反弹迹象，但反弹不一定立即发生，如图 20-15 所示。

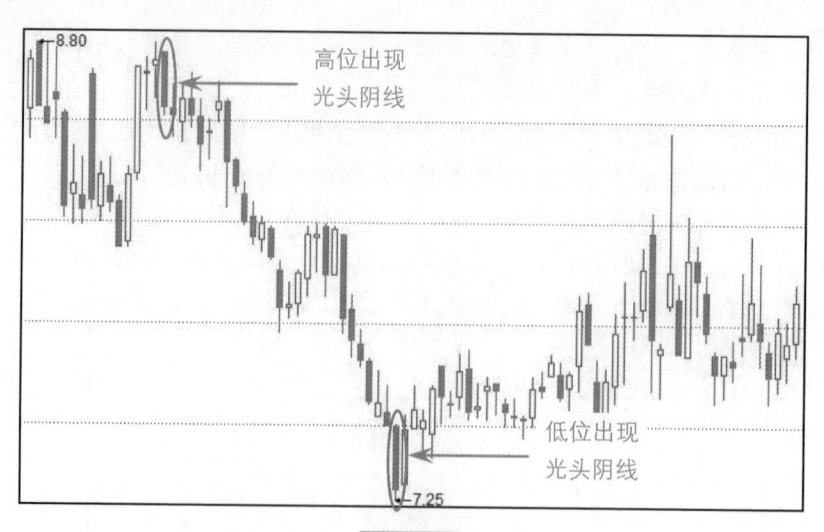

图 20-15

20.2.6 光脚阴线

光脚阴线是一种没有下影线的特殊阴线，收盘价就是全天最低价。

光脚阴线分为实体长于影线、实体等于影线、实体小于影线三种形态。具体意义说明如下。

- ➢ 实体长于上影线时，表明空方优势明显，打压使得多方的推高意图落空；
- ➢ 实体等于下影线时，多空双方交战后，最终空方占主导地位；
- ➢ 实体短于下影线时，空方略占优势，不过很有可能被多方反扑。

除了K线实体和影线的长度比例，光脚阴线的位置也影响着市场的未来趋势。在下跌途中或盘整末期出现光脚阴线，后市走低概率较大；但在持续大跌之后的低价位区域出现光脚阴线，股价可能会出现转势，如图 20-16 所示。

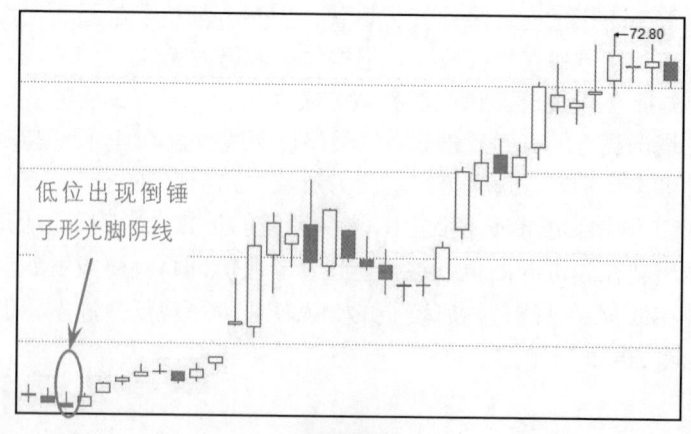

图 20-16

> 在股价大幅下跌后，当底部低位区域出现实体短小、上影线显著的光脚阴线，形成倒锤子线形态时，这预示着市场行情可能即将发生逆转。

20.2.7 光头光脚阴线

光头光脚阴线是只有实体而没有上下影线的阴线，其开盘价是最高价，收盘价是最低价，如图 20-17 所示。

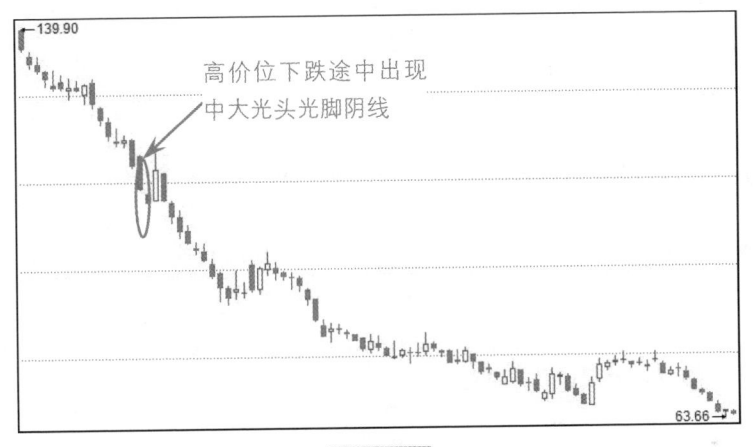

图 20-17

光头光脚阴线分为光头光脚中大阴线和光头光脚小阴线。

当光头光脚中大阴线出现在低价位区时，如果此时成交量在萎缩之后出现价涨量升的情况，预示着后市可能要走高。如果光头光脚中大阴线出现在盘整末期或下跌趋势中途，股价继续探底的可能性较大。

当光头光脚中大阴线出现在连续上涨之后的高价位区时，如果此时成交量急剧放大，说明主力很可能在出货。

在下跌末期的低价位区，若出现光头光脚小阴线，且其最低价高于上一日最低价，这预示着未来股价走势可能发生逆转，如图 20-18 所示。

在上升途中，光头光脚小阴线的出现只是暂时的调整，股价继续上升的可能性仍然很大。

当光头光脚小阴线出现在大幅上涨之后的高价位区时，若后续连续收出阴线，并跌破最高价的 5%，这很有可能是主力正在进行出货操作。

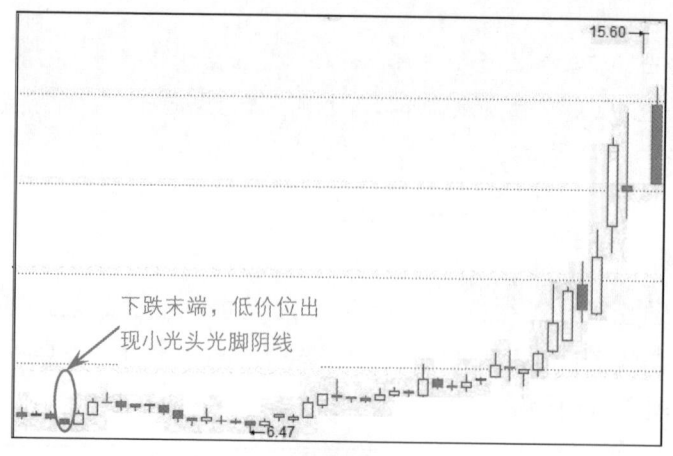

图 20-18

20.3 新股民学堂——特殊形状的单根K线

单根K线存在着一些形状特殊的线型，它们因为独特的形态而被赋予了极具特色的名字，比如锤子线、射击之星、十字星、螺旋桨等。

20.3.1 锤子线和上吊线

锤子线和上吊线是形态完全相同、意义不同的两种形态。

> 上吊线也称吊颈线或绞刑线。

相同点：实体很小，下影线很长，一般等于或大于实体的2倍，没有上影线或上影线很短，形状如图20-19所示。

不同之处：它们的不同之处主要在于出现的位置不同，所表征的意义也不同。出现在股价大跌之后的位置就叫锤子线，是见底的信号；出现在股价大涨之后的位置就是上吊线，是见顶的信号，如图20-20所示。

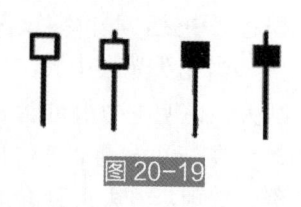

图 20-19

> 单根锤子线或上吊线只能作为参考，不能作为交易的唯一标准，它只是提醒投资者转机即将到来。从实战来看，阳锤子线的转势信号比阴锤子线更强烈，阴上吊线的转势信号比阳上吊线强烈。

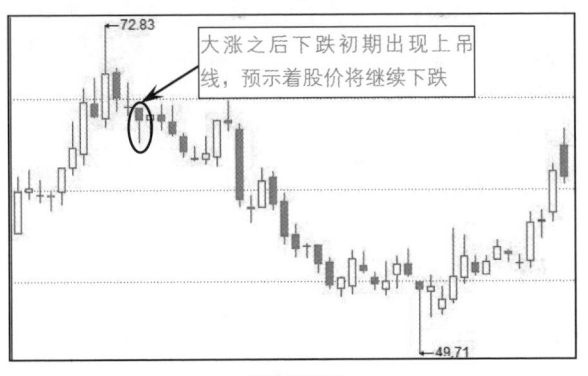

图 20-20

20.3.2 倒锤子线和射击之星

倒锤子线，顾名思义，就是锤子线倒过来，实体很小，上影线很长，一般等于或大于实体的 2 倍，没有下影线或下影线很短，如图 20-21 所示。

射击之星的形状和倒锤子线完全相同，区别在于，出现在股价大跌之后的位置就是倒锤子线，出现在股价大涨之后的位置就是射击之星。

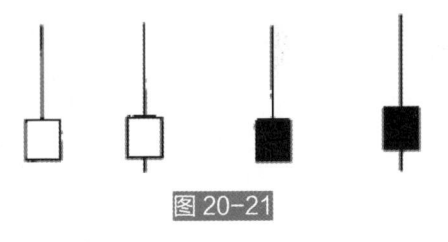

图 20-21

🔔 射击之星也称流星或扫帚星。

倒锤子线是见底信号，预示接下来股价即将走高；射击之星是见顶信号，预示未来股价可能下挫，如图 20-22 所示。

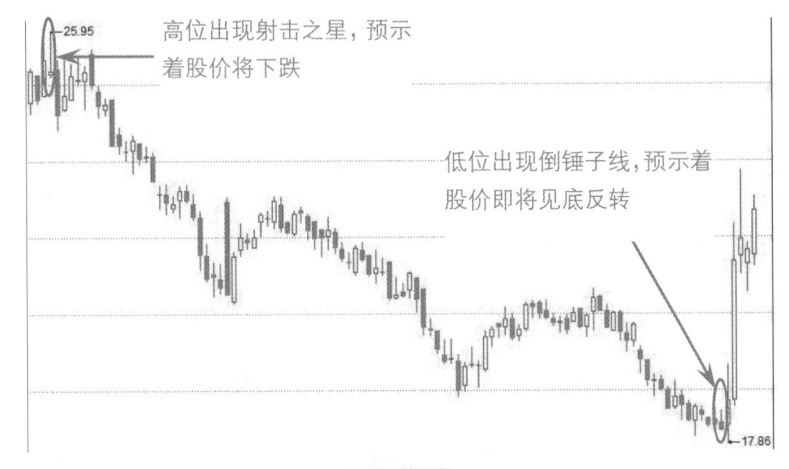

图 20-22

单根倒锤子线或射击之星只能作为参考，不能作为交易的唯一标准，它只是提醒投资者转机即将到来。从实战来看，阳倒锤子线的转势信号比阴倒锤子线更强烈，阴射击之星线的转势信号比阳射击之星强烈。

20.3.3 一字线

一字线是开盘价、收盘价、最高价和最低价都相同的 K 线，沪深股市几乎所有的一字线都是涨停板或跌停板。一字线因 K 线形状像汉字的"一"而得名。

单凭散户投资者的力量，很难在开盘时就将股价推至涨停板或打压至跌停板，并且维持这种走势直到收盘。一字线通常是大庄家强力操盘的结果。

上涨和下跌行情都可能出现一字线。一字线如果出现在上涨初期，表示是走强趋势的开始；如果出现在下跌初期，则可能是大跌的开始，如图 20-23 所示。

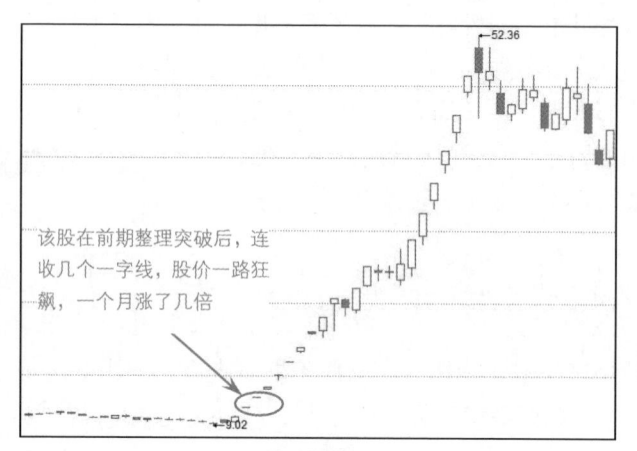

图 20-23

20.3.4 T字线和倒T字线

T 字线是只有下影线没有上影线，或上影线非常短的 K 线。T 字线因为形状像英文字母"T"而得名，又称蜻蜓线，如图 20-24（a）所示。

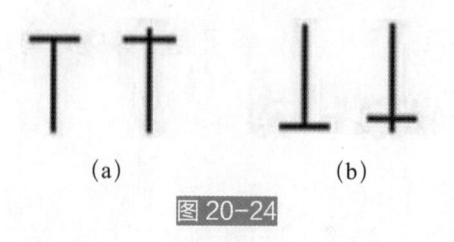

(a)　　　　(b)

图 20-24

倒 T 字线是只有上影线没有下影线，或下影线非常短的 K 线，如图 20-24（b）所示。

T 字线和倒 T 字线转势信号的强弱与影线长短成正比，影线越长，转势信号越强烈。

T 字线和倒 T 字线若出现在波段高位，是主力试盘出货的见顶信号；若出现在波段低位，是探底回升、趋势转好的信号；若出现在上升或下降趋势中，则基本保持原来态势不变，如图 20-25 所示。

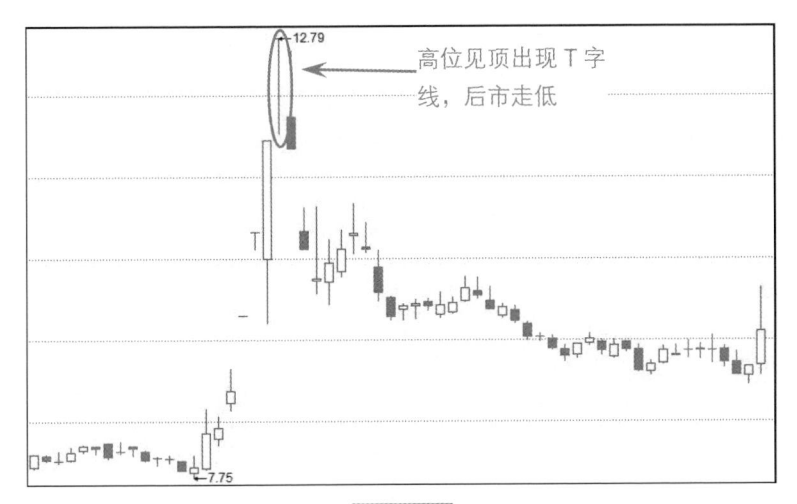

图 20-25

20.3.5 十字星和十字线

十字星是指实体长度和上下影线长度都很短的 K 线，十字线是上下影线长度都很短的同价位线。

十字星和十字线非常相似，两者的差别在于前者当日开盘收盘价略有浮动，后者则完全相同，如图 20-26 所示。

图 20-26

十字星和十字线既可出现在上涨行情中，也可出现在下跌行情中。

如果出现在涨势途中，暗示涨势继续；若出现在大涨之后，可看作见顶信号。

如果出现在大跌途中，表示会继续下跌；若出现在大跌之后，则可看作见底信号，如图 20-27 所示。

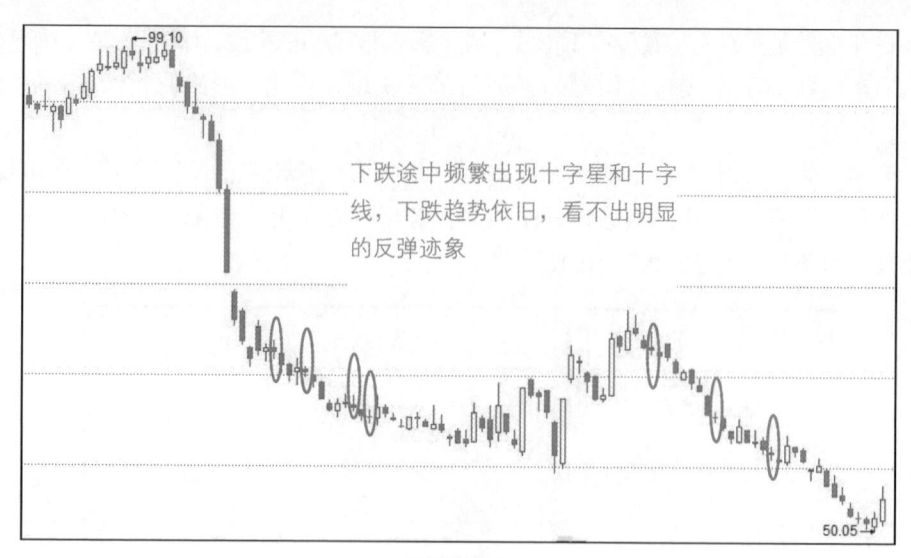

图 20-27

> 十字星和十字线都不是很强的转势信号，如果没有其他明显的转势信号出现，单根的十字星和十字线不能作为判断转势的依据。

20.3.6 长十字线

长十字线是上下影线都很长的同价位线。上影线越长，表示卖盘压力越重；下影线越长，表示买盘越激烈，如图 20-28 所示。

图 20-28

长十字线是转势形态，若出现在高价位区域，表示股价可能即将见顶，很快就会走向跌势；如果出现在低价位区域，则表示股价可能即将见底，很快会走向涨势。

需要特别注意的是，单纯的一根长十字线不能作为上涨或下跌的依据，要想更加准确地判断未来走势，必须结合其他形态的 K 线共同研判。例如，长十字线出现的同时，是否伴有中阴线，大阴线、中阳线、大阳线等，出现的位置是在压力位还是支撑位等，如图 20-29 所示。

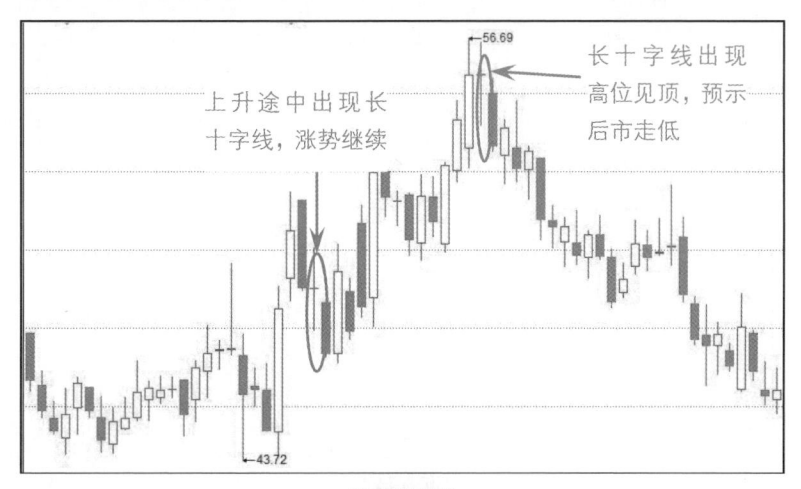

图 20-29

如果长十字线出现在上涨或下跌途中，则继续看涨或看跌。

20.3.7 螺旋桨

螺旋桨K线是指实体很小、上下影线都很长的十字星线，因形状像飞机的螺旋桨而得名，如图 20-30 所示。

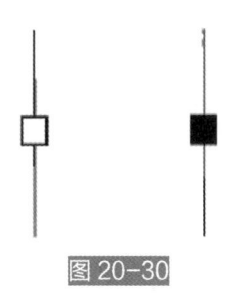

图 20-30

螺旋桨的上下影线，技术含义和长十字线相同。螺旋桨和长十字线都是转势信号，只是螺旋桨K线的转势信号更强。

螺旋桨若出现在高价位区域，表示股价可能即将见顶，很快就会走向跌势；如果出现在低价位区域，表示股价可能即将见底，很快会走向涨势；如果出现在上涨或下跌途中，则继续看涨或看跌，如图 20-31 所示。

在技术分析中，十字星、十字线、长十字线和螺旋桨都是重要的转势信号，但它们的可靠程度有所不同，从弱到强的顺序是：十字星、十字线、长十字线和螺旋桨。

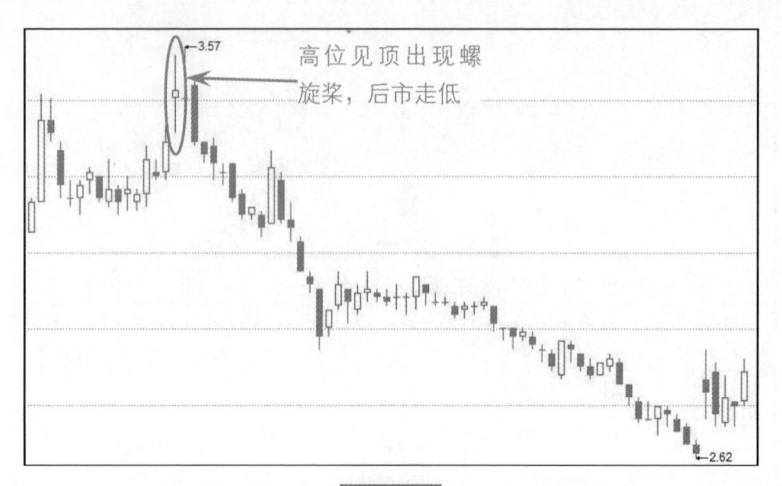

图 20-31

在上涨趋势中，阴线的螺旋桨转势信号比阳线螺旋桨更强烈；在下跌趋势中，阳线的螺旋桨转势信号比阴线螺旋桨更强烈。

第 21 章

15种K线组合买入攻略——买入信号的精准识别

> 细节决定成败。——民间谚语

分类	名称	图示	名称	图示
表见底的两根K线组合	好友反攻		曙光初现	
	旭日东升			
	平底			
表见底的多根K线组合	早晨之星		红三兵	
	上涨两颗星		低位并排阳线	
	高位并排阳线		跳空上扬	
	上升三部曲		塔形底	
	两阳夹一阴			
	跳空下跌三颗星			
	圆底			

买入信号的K线组合通常出现在股价的底部，它们是市场即将发生反转的信号，也是提醒投资者建仓入场的信号。本章深入探讨K线组合的形态和意义，指导投资者精准识别买入信号，提高投资成功率。

21.1 股票买入信号的双K线组合

股价经过一轮下跌行情后，如何在谷底买入，成功抄底，是很多投资者梦寐以求的事情。接下来介绍几种典型的预示见底形态的双K线组合，以供参考。

21.1.1 好友反攻

好友反攻是指在下跌过程中先出现一根中阴线或大阴线，接着出现一根低开中阳线或大阳线，阳线收盘价与阴线收盘价相同或相近，如图21-1所示。

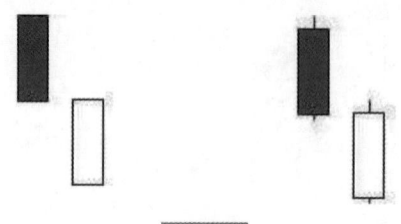

图 21-1

好友反攻是见底信号，但信号较弱，预示后市有可能止跌回升。出现好友反攻K线组合，投资者可暂时持币观望，切莫慌忙入场，如图21-2所示。

股价经过一轮调整后出现了好友反攻K线组合，并且是大阳线，是见底回升的信号

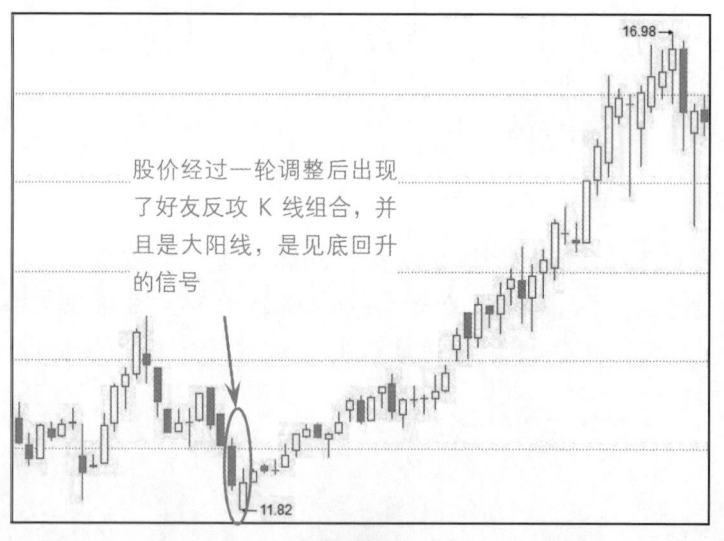

图 21-2

好友反攻出现时，如果第一天出现的是缩量中长阴线，第二天出现的是放量中长阳线，可在好友反攻形成当天收盘前少量买入；如果没有出现价跌量缩、价升量增的情况，则需要观察等待。出现好友反攻K线组合后第二天，如果股价表现强势，

稳步上涨，可认为是买入的良机。

21.1.2 曙光初现

在长夜之后出现一线曙光，是见底回升的信号。

曙光初现是下跌趋势中先出现一根大阴线或中阴线，然后再出现一根低开高走的大阳线或中阳线，阳线实体深入阴线实体一半以上的两根K线组合，如图21-3所示。

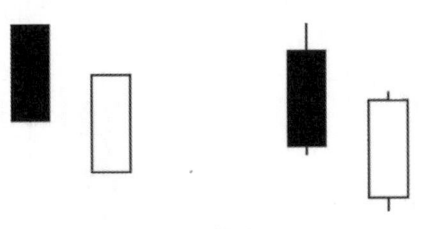

图21-3

曙光初现是见底的信号，但趋势整体上可能依然是下降的。为稳妥起见，曙光初现后，投资者可再耐心等待一段时间，等股价稳定后再入场，如图21-4所示。

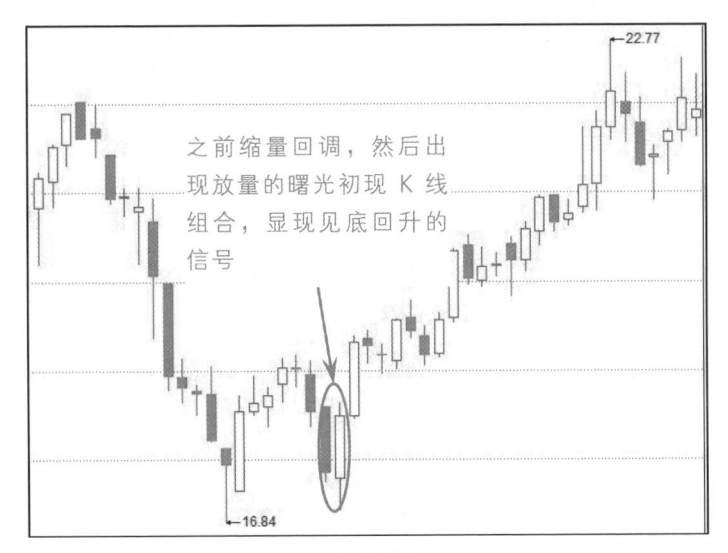

之前缩量回调，然后出现放量的曙光初现K线组合，显现见底回升的信号

图21-4

投资者运用曙光初现时，还需要注意以下几点。

（1）曙光初现形态出现前一定要伴随着成交量的萎缩。

（2）涨幅过大时出现的曙光初现，可能是庄家的操纵行为，需要警惕。

（3）曙光初现形成后，如果股价有一个短暂的蓄势整理过程，随后可能会出现强劲的上涨行情；如果股价立即上涨，则其上涨的力度会相对较小。

> 阳线实体和阴线实体重合得越多，其转势信号越强烈。

21.1.3 旭日东升

旭日东升是指在下跌过程中先出现一根中阴线或大阴线，接着出现一根高开中阳线或大阳线，阳线的收盘价高于阴线开盘价，如图 21-5 所示。

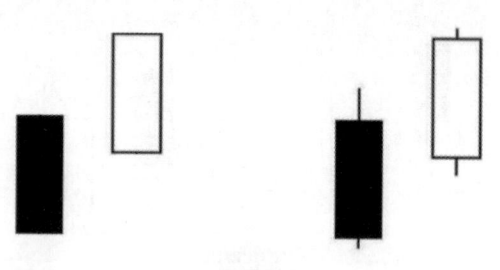

图 21-5

出现旭日东升是见底信号，预示后市看涨，如图 21-6 所示。

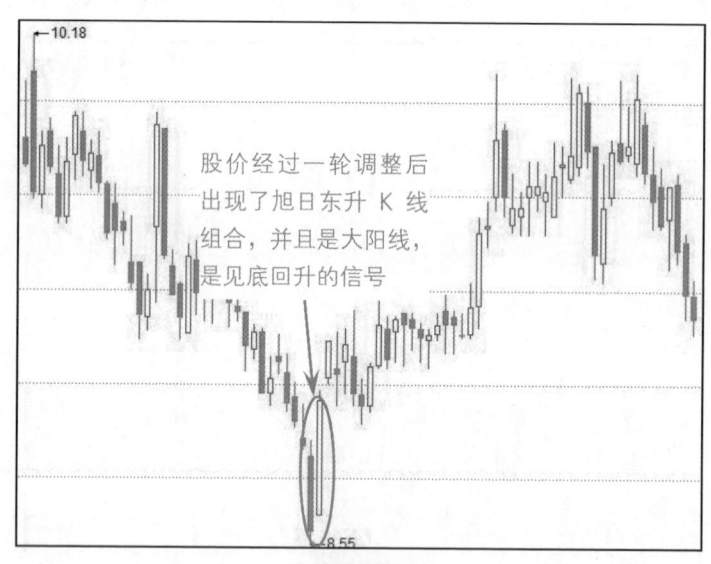

股价经过一轮调整后出现了旭日东升 K 线组合，并且是大阳线，是见底回升的信号

图 21-6

需要注意的是旭日东升出现的时机。

（1）如果在相对高位震荡盘整时出现旭日东升形态，只能短线做多，并且要时时警惕，防止在高位套牢。

（2）如果在明显的下降趋势中出现旭日东升形态，可以暂时观望，等趋势明朗后再入场。

（3）如果在上涨初期、回调过程中出现旭日东升形态，则可果断加仓跟进。

> 阳线实体高出阴线实体的越多，转势的信号就越强烈。转势信号强度：旭日东升＞曙光初现＞好友反攻。

21.1.4 平底

平底又称钳子底，是在下跌趋势中最低价都相同的两根或两根以上的K线组合，如图21-7所示。

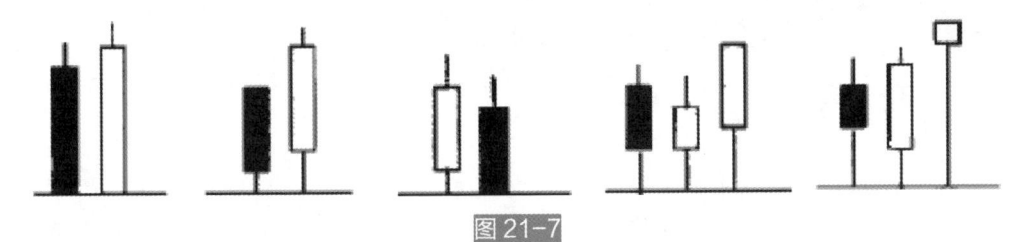

图 21-7

当平底形态出现在阶段性的相对低点时，表明空方力量正在减弱，多方力量则开始会聚。平底可以是两根K线组合，也可以是多根K线组合，组合数量越多，反弹信号越强烈，如图21-8所示。

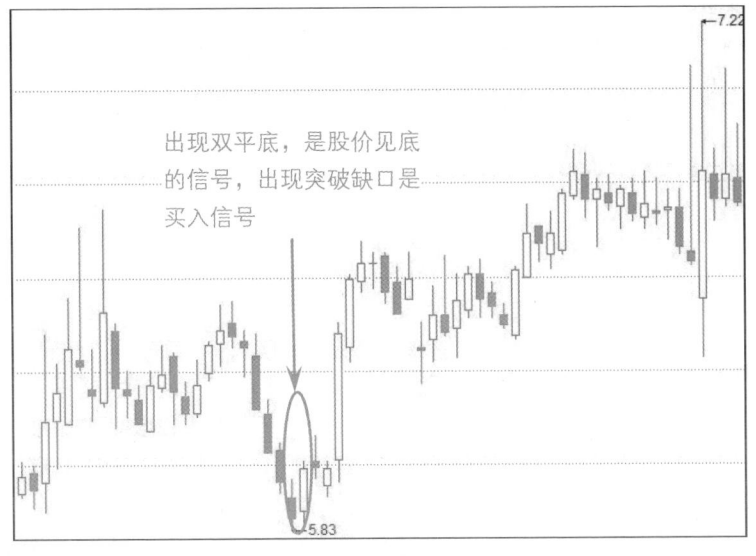

出现双平底，是股价见底的信号，出现突破缺口是买入信号

图 21-8

21.2 股票买入信号的多根K线组合

表示买入的多根K线组合是指一系列的K线组合在一起，形成一个明显的底部形态，预示着股价可能已经见底并开始回升，是入场的好时机。

常见的表示买入形态的多根K线组合有早晨之星、红三兵、上涨两颗星、跳空上扬、两阳夹一阴等。这些形态的出现往往代表了市场多空力量的转换，是投资者买入或加仓的重要信号之一。

> 不能仅根据平底信号就买入，必须有其他上升趋势信号佐证。

21.2.1 早晨之星

早晨之星，也称为希望之星或启明星，它由三根K线组成，形成了一个清晰的倒三角。第一根K线是一根阴线，表示市场的下跌趋势。第二根K线是一根小阴线或小阳线，位于第一根阴线的下方。第三根K线则是一根深入第一根阴线实体的阳线，标志着市场的反转，由跌转升。早晨之星如图21-9所示。

> 当第二根K线是十字线时，该组合形态又叫早晨十字星、希望十字星，是早晨之星的特殊形态。早晨之星、早晨十字星的阴线和阳线之间也可以是两根小K线。早晨十字星如图21-10所示。

图21-9

图21-10

早晨之星或早晨十字星出现在下跌趋势中，是见底反转信号。

图21-11所示为东方坦业（000962）的日线走势图，股价经过一轮下跌后，在底部形成了早晨之星形态，随后股价触底反弹，出现一波大涨。

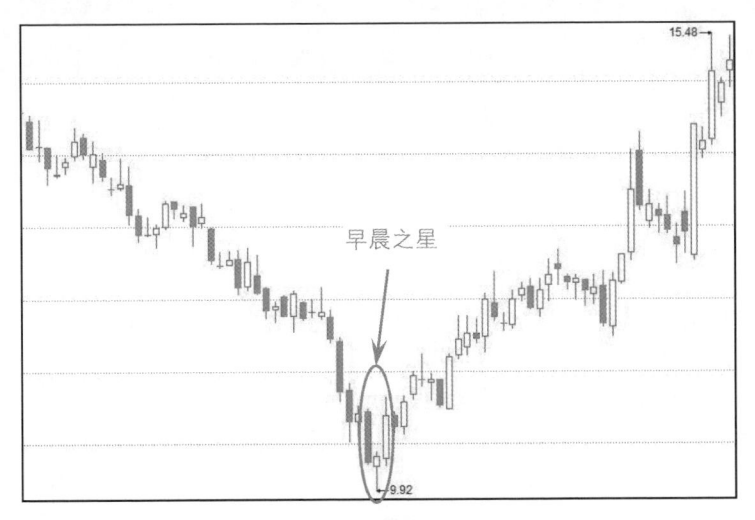

图 21-11

早晨之星技术要点说明如下。

（1）第一根 K 线对应的成交量越小，第三根 K 线对应的成交量越大，反转信号越强。

（2）阳线实体深入阴线实体的部分越多，转势信号作用就越可靠。

（3）第二根 K 线和第三根 K 线之间如果出现向上跳空缺口，则趋势反转的概率更大。

（4）早晨十字星的转势信号比早晨之星更强烈，更可靠。

21.2.2 红三兵

红三兵（三个白武士）是在上涨行情初期或横盘之后，连续收出三根创新高的小阳线，如图 21-12 所示。

红三兵如果出现在下降趋势中，一般是市场的强烈反转信号；如果股价在较长时间的横盘后出现红三兵的走势形态，并且伴随着成交量的逐渐放大，则是股票启动的前奏。

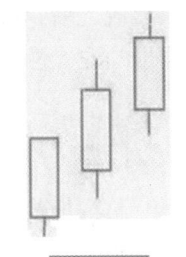

图 21-12

当三根小阳线收于最高点或接近最高点时，称为三个白武士，如图 21-13 所示。三个白武士拉升股价的作用要强于普通的红三兵。

图 21-13

图 21-14 所示是口子窖（603589）的日 K 线图，在股价见底之前，出现了三连阳，仔细观察可以发现，尽管这些 K 线都是阳线，但股价并未显著上涨，几乎是在原地踏步，因此不满足红三兵的定义。

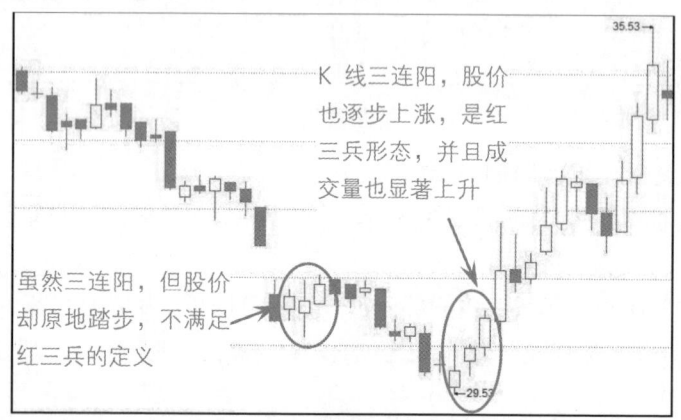

图 21-14

股价继续下探，终于在底部又出现了连续三天阳线，这三连阳和之前的三连阳完全不同。三天 K 线呈现出持续上涨的态势，因此，这个组合形态是红三兵。红三兵形成之后，股价开始了一波有力的中线反弹，进一步证实了红三兵作为市场反转信号的准确性和可靠性。

21.2.3 上涨两颗星

虽然名称是两颗星，实际上这个组合是由三根 K 线组成的，先是收出一根实体较长的阳线，随后出现两颗并排的实体较小的 K 线或十字星。上涨两颗星 K 线形态如图 21-15 所示。

无论是在上涨途中，还是连续下跌之后，出现上涨两颗星都是上涨信号，遇到这样的 K 线组合，投资者可以考虑买入。

图 21-16 所示是鹏翎股份（300375）的 K 线走势图，经过一个多月的调整后，以一根大阳线收盘，接着连续两天收出小阳线，这三天的 K 线图形成了上涨两颗星形态，股价借着上涨两颗星结束调整，开启了一波上涨之势。

图 21-15

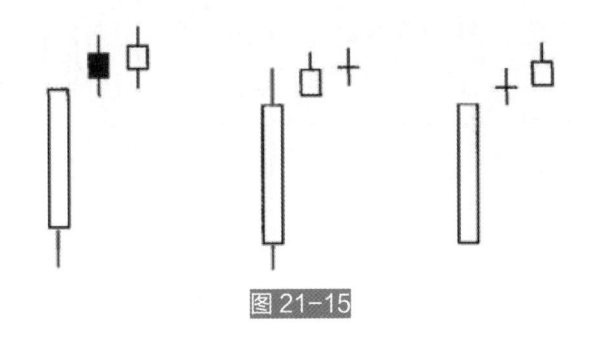

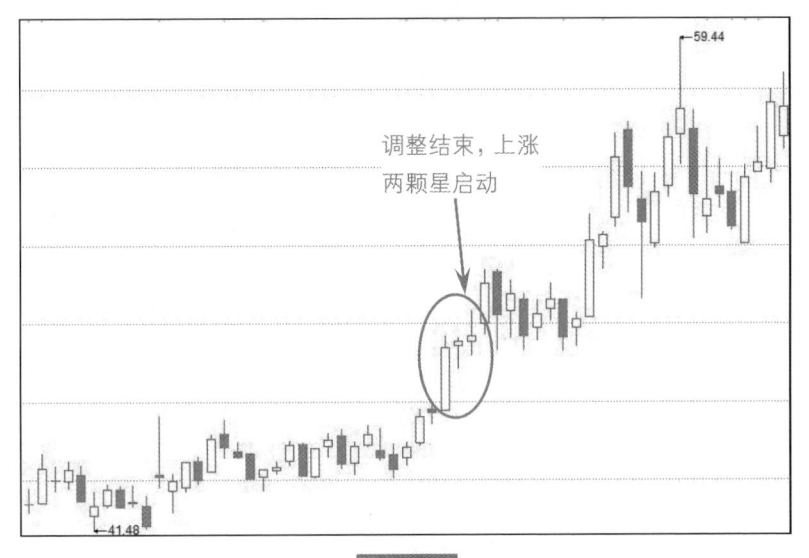

图 21-16

通过上涨两颗星买入时，要注意以下两点。

（1）第一根长阳线成交量应放大，两颗星对应的成交量应萎缩。

（2）股价突破两颗星的高点，可以加码买入。一旦股价跌破第一根阳线的低点，应该及时止损。

21.2.4 低位并排阳线

低位并排阳线是指下跌趋势中，在股价的相对低位，先收出一根阴线，然后连续出现两根并肩而立的阳线，且第一根阳线与前面 K 线留有跳空缺口的 K 线组合。低位并排阳线形态如图 21-17 所示。

低位并排阳线可能由主力资金在低位吸筹或做超短线交易所形成，也可能是市场情绪波动导致的技术性反弹。

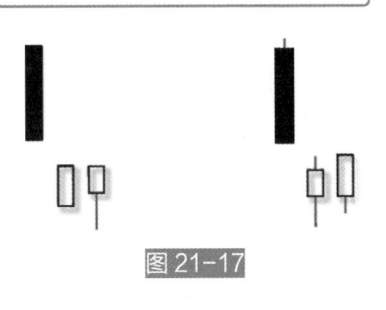

图 21-17

图 21-18 所示为光正眼科（002524）的日 K 线图，在下跌横盘中出现了"低位并排阳线" K 线组合形态，表明股价已经筑底完成，而后股价一路开始上涨。

第一根阳线跳空低开，收盘时在前一根K线下方留下一个跳空缺口，形成低位并排阳线

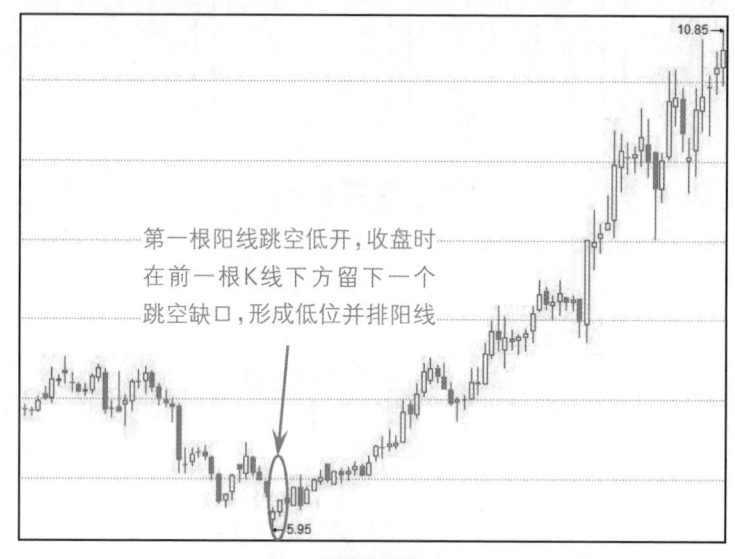

图 21-18

> 低位并排阳线不是强烈的见底信号，如无其他看涨信号相互印证，投资者应谨慎介入。

21.2.5 高位并排阳线

高位并排阳线由两根开盘价基本相同的跳空阳线组成。第一根阳线跳空向上，收盘时在前一根 K 线上方留下一个跳空缺口。第二根阳线与第一根阳线并排，开盘价与第一根阳线的开盘价基本相同。高位并排阳线形态如图 21-19 所示。

高位并排阳线一般出现在上涨趋势中，是一种强烈的看涨信号，表明多方力量强劲，后市继续看好。

图 21-20 所示是亚翔集成（603929）的 K 线图，股价在上涨过程中，连续三日跳空高开收出阳线，后两日形成的 K 线与前一日形成高位并排阳线形态，并最终在 K 线图上留下缺口，之后股价略做调整便展开波澜壮阔的上涨行情。

图 21-19

当高位并排阳线出现后，投资者可以密切关注股价走势，如果股价回落不补缺口，可以买入做多；如果股价回调并回补缺口，则表明股价走势已经转弱。

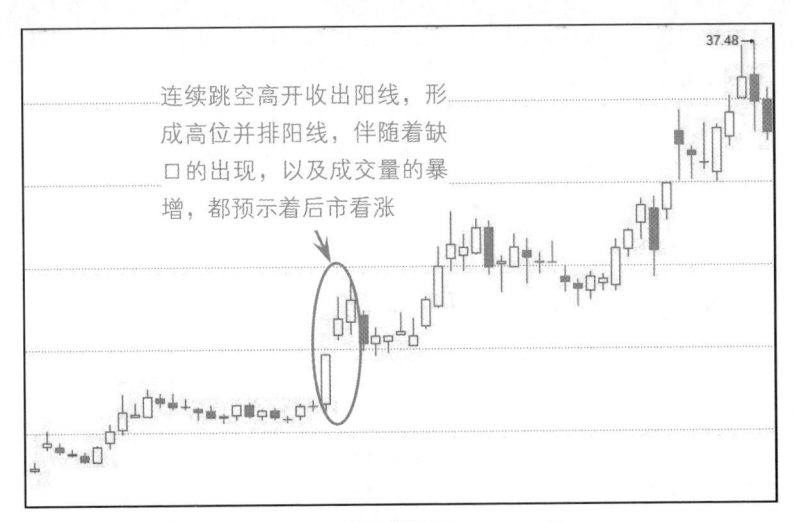

连续跳空高开收出阳线，形成高位并排阳线，伴随着缺口的出现，以及成交量的暴增，都预示着后市看涨

图 21-20

21.2.6 两阳夹一阴

两阳夹一阴（两红加一黑／多方炮）由三根 K 线组成，第一根为阳线，第二根为阴线，第三根为阳线。两阳夹一阴又称为两红加一黑或多方炮，是看涨的信号，其形态如图 21-21 所示。

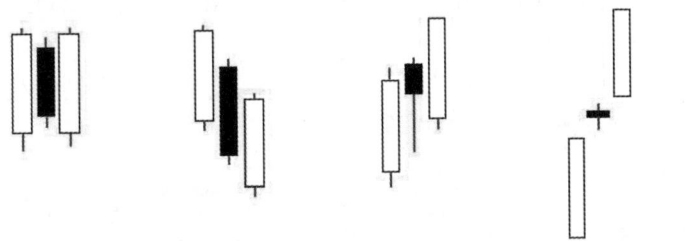

标准两阳加一黑　　弱势两阳加一黑　　强势两阳加一黑　　超强两阳加一黑

图 21-21

在上涨趋势中出现两阳夹一阴，一般是上升过程中多方主力洗盘所致。在上涨初期收出两阳夹一阴后，洗掉了一部分套牢盘和获利盘，股价继续上涨。

两阳夹一阴如果出现在股价低位，且伴随着量能递增，一般是上涨的信号。如果两阳夹一阴出现在股价的高位，且量能在递减，一般是最后的冲刺信号，是短线到头的信号，投资者要特别注意。

图 21-22 所示为三一重工（600031）的 K 线图，图中出现了两次两阳夹一阴：第一处在股价刚开始上涨，且成交量呈递增之势时；第二处已处于股价的高位，且成交量明显萎缩。因此，第一处是建仓入场的时机，第二处则要特别注意，随时准

备清仓离场。

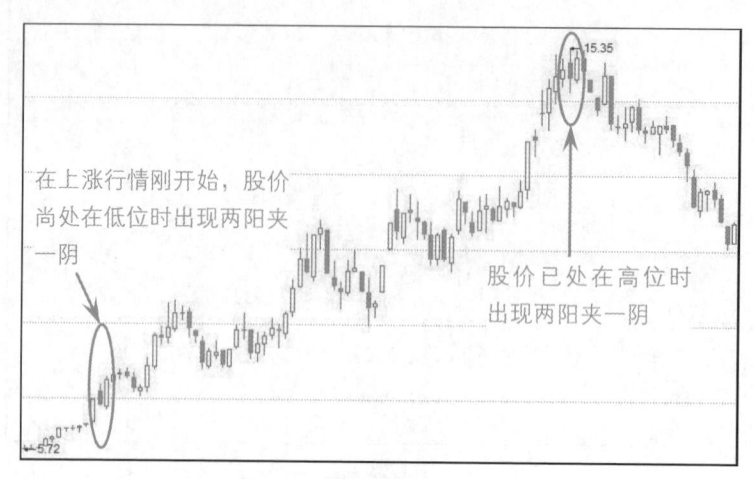

图 21-22

21.2.7 跳空上扬

跳空上扬又称升势鹤鸦缺口，多出现在上涨初期或上升趋势途中，由三根K线组成。第一根K线是大阳线或中阳线，第二根K线是跳空高开的阳线，第三根K线是高开低走的阴线，但收盘价在高开缺口附近获得了有效支撑，未回补缺口。

一般情况下，跳空上扬是看涨的信号，预示股价可能仍会继续往上攀升。跳空上扬形态如图 21-23 所示。

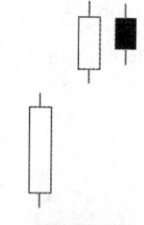

图 21-23

> 第三根阴线有可能只是股价上升途中的震仓洗盘，后市只要不回补缺口，上涨趋势就维持较好。

图 21-24 所示是中国船舶（600150）的 K 线图，在上涨过程中出现跳空上扬 K 线组合，跳空高开留下的缺口，在之后股价上涨过程中是重要的支撑位。股价在缺口上方盘整一段时间后继续上涨。

> 一般而言，跳空上扬的缺口是股价的重要支撑位，如果股价跌破这个缺口，走势就可能会转弱，此时应考虑离场。

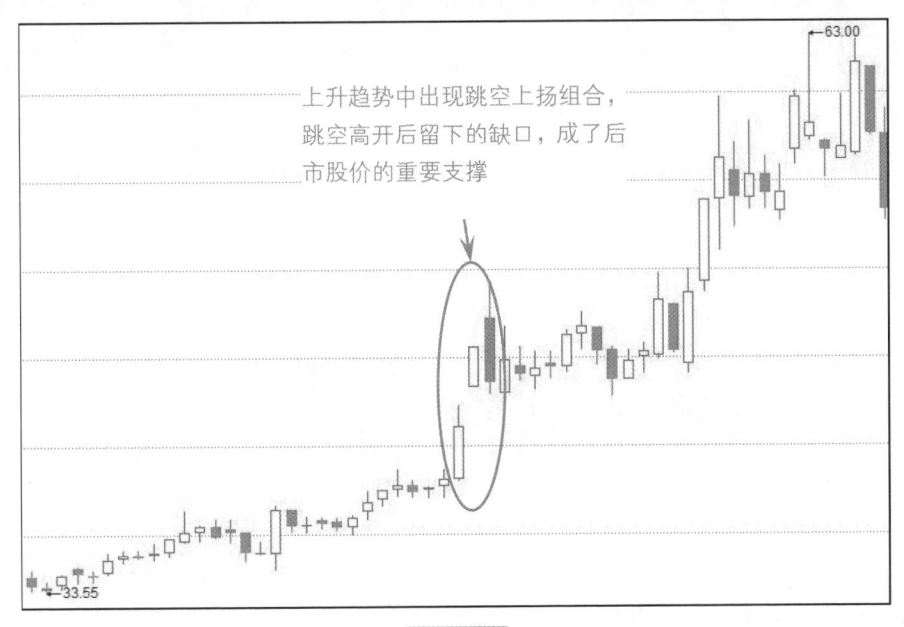

图 21-24

21.2.8 跳空下跌三颗星

跳空下跌三颗星常出现在连续下跌的过程中，由三根开盘价和收盘价都处在差不多价格位置的小阴线组成，三根小阴线和前一根 K 线有一个向下的跳空缺口，如图 21-25 所示。

在下跌趋势中，先收出一根阴线，预示下跌仍在持续。然后连续三天收出小阴线，因为这三根小阴线开盘价和收盘价都处在差不多价格位置，所以股价或指数并没有跌下去，但空方的气力将竭，难以继续对多方行使统治权，预示市场可能正在筑底。

图 21-25

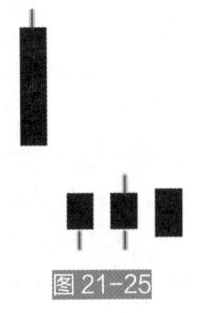

图 21-26 所示是国泰集团（603977）的 K 线走势图，该股经过了长期的低速下滑之后，收出了跳空下跌三颗星的 K 线形态，股价也跌到了长期以来的低谷 7.9 元，预示股价已经见底，尤其是随后两天，连续收出光脚大阳线，表示股价已经开始反弹，之后股价虽然又经历了一段波折，但很快又走回了上升轨道。

如果三根小阴线之后收出一根大阳线，则见底回升的可能性更大。

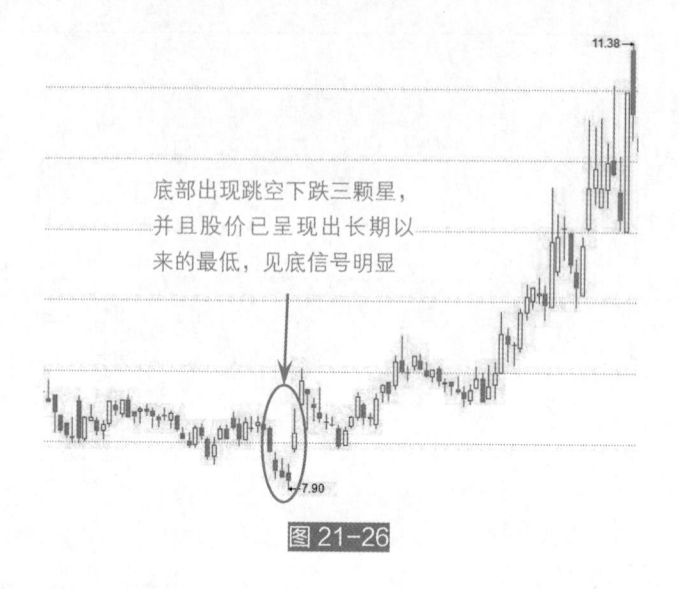

图 21-26

21.2.9 上升三部曲

上升三部曲又称升势三鸦或上升三法，出现在上涨途中，是由两根中阳线或大阳线，中间夹着三根没有跌破第一根阳线开盘价的小阴线组成的。上升三部曲的走势有点像英文字母 N，如图 21-27 所示。

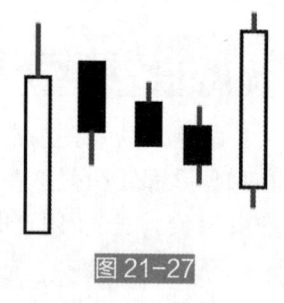

上升三部曲是买入信号。在上升趋势中，先收出一根大阳线，显示多方力量强大，使股价继续上扬。接着连续收出三根小阴线，三根小阴线说明了空方的反扑。而后的大阳线再创新高，意味着股价仍处于强势上涨阶段，此时是买入的信号。

图 21-28 所示是盛新锂能（002140）的 K 线图，在股价上涨过程中，出现标准的上升三部曲，并且伴随成交量的配合，之后股价继续上涨。

图 21-27

图 21-28

上升三部曲的 K 线组合，也需要观察成交量的配合。比较理想的成交量变化：第一根中阳线或大阳线放量上攻，而随后回调整理的小阴线成交量出现逐渐萎缩的态势，最后一根 K 线成交量再次放大。

21.2.10 塔形底

塔形底是下跌过程中先收一根大阴线或中阴线，接着在阴线底部收出几根小阴线和小阳线，最后收出一根大阳线或中阳线，因其形状像一个倒扣的塔顶而得名。塔形底形态如图 21-29 所示。

一般来说，塔形底的出现预示着市场可能会出现一波反弹或反转行情。在塔形底形态中，股价在低位区域反复震荡，形成一个相对平坦的底部，同时成交量也呈现逐渐放大的趋势。当股价突破塔形底的顶部时，通常会伴随着成交量的进一步放大，这时投资者可以考虑跟进做多。

图 21-29

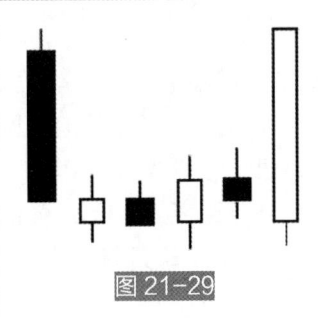

图 21-30 所示是外运发展（600270）的日 K 线图，股价下跌一段时间后，在底部出现了塔形底 K 线组合形态，表明股价已经筑底完成，而后股价一路开始上涨。投资者可以在塔形底形成后买入。

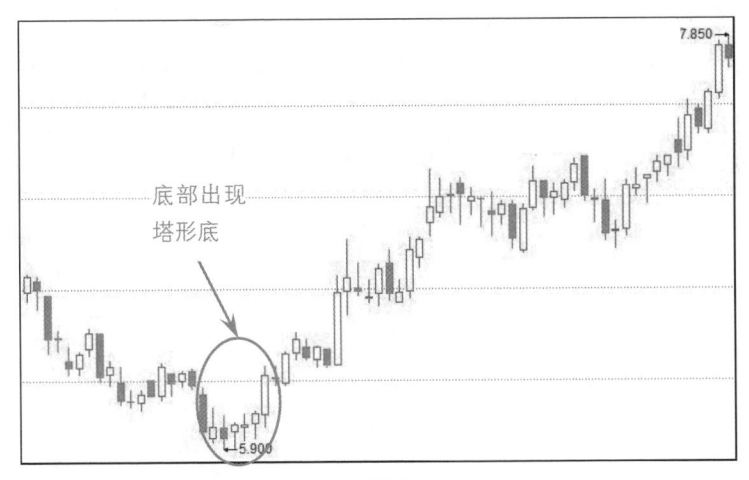

图 21-30

塔形底的形态特征如下。

（1）在高位呈现塔形底形态时，必须保持警惕，防止主力进行诱多。此时，适宜进行短期做多操作，或观察分批入场。

（2）塔形底不仅传达了见底的信号，而且确立了一条支撑线。一旦跌破这个最低点，预期后市将呈现下跌趋势。

(3) 大阴线、大阳线的实体越长，小阴线、小阳线的实体、振幅越小，见底信号越强烈。

(4) 塔形底之前的跌幅越大，下跌时间越长，见底信号越强烈。在整理行情中，塔形底没有特殊含义，需结合当时的走势进行综合判断。

21.2.11 圆底

圆底是下跌过程中或横向整理时，先出现一根大阴线或中阴线，接着在阴线底部收出若干走势呈向上圆弧形的小阴线和小阳线，最后以一根向上跳空缺口形式K线收尾的组合形态。

圆底组合的形态如图21-31所示。

圆底K线组合表示在一段时间内，股价先是下跌或横向整理，随后在底部形成一个类似圆弧形的反转形态。当股价向上突破这个圆弧形的底部时，通常会伴随着成交量的放大，表明市场开始出现买入力量，从而形成一轮上涨行情。

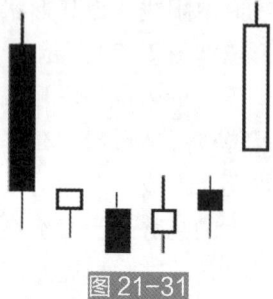

图 21-31

一般来说，圆底K线组合的出现意味着市场上的空方力量已经逐渐减弱，多方力量开始占据主导地位。因此，投资者在见到这种组合时，可以考虑适量买入，等待后市的上涨。

图21-32所示是大唐电信（600198）的日K线图，从图上看股价进入了一个下跌轨道，当股价从最高点处跌至3.6元时，形成了一个圆底的K线形态，在圆底构筑过程中，可以看到成交量也在温和放大，这是资金持续流入的体现。因此，可以判断后市看涨，逢低买入。

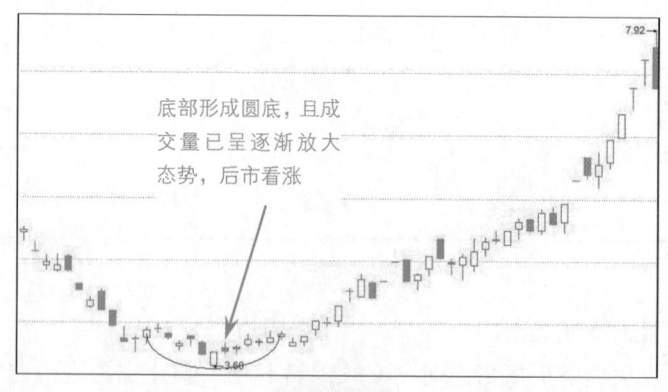

底部形成圆底，且成交量已呈逐渐放大态势，后市看涨

图 21-32

圆底形态特征如下。

(1) 在低价区，股价呈现平稳的连续变动，初始阶段缓慢下滑，然后转为平稳

上升，K线连接成的轨迹呈现出圆弧形状。

（2）成交量的变化与股价变化相呼应，先是逐步减少，随后随着股价的回升，成交量也逐步增加，同样呈现圆弧形状。

（3）圆底形态形成的后期，股价迅速向上突破，同时成交量显著放大，股价上涨迅猛且少有回调。

（4）圆底形态的形成时间具有不确定性，有些形态的形成时间较短，但也存在长达半年的情况。

21.3 新股民学堂——K线界面的其他信息

大智慧分析软件的K线走势图由三个画面组成，最上面的画面是日K线走势图，中间的画面是成交量图形，最下面的画面是某个技术指标（技术指标可任意选择）图形。图21-33所示为深证指数K线图。

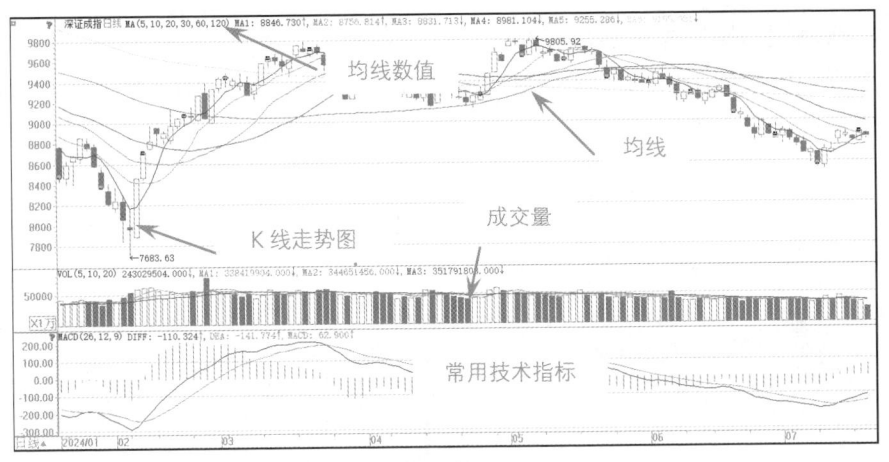

图 21-33

> 因为本章主要介绍的是K线的内容，所以在截图时只截取了K线走势图的画面，并且为了能清晰地看到K线的形状，关闭了均线，如果读者想要参考均线走势，按Tab键即可。

1. 均线和均线采样栏

均线，全称是移动平均线，是一种反映一定时期内市场平均成交情况（也就是交投趋势）的技术性指标。

采样栏显示了几个不同时间周期的均线在某日内的数值，至于显示几个周期，可以根据自己的需要进行设置。图 21-33 中显示了五个周期，分别是 MA5、MA10、MA20、MA30 和 MA60，它们分别表示 5 日平均线、10 日平均线、20 日平均线、30 日平均线和 60 日平均线。

2. 均线走势图

穿插在 K 线走势图中的曲线就是均线，可以用不同的颜色表示不同周期的均线。例如，蓝色表示 5 日均线，紫色表示 10 日均线，粉色表示 20 日均线等。如果不清楚颜色对应的周期，可以将曲线颜色和采样栏字体颜色进行对照识别。

3. 成交量

成交量柱状图是将每日的成交量用柱体表示在坐标系中。如果当日的 K 线为阳线，一般将成交量柱体画为红色；如果当日的 K 线为阴线，则一般将成交量柱体画为绿色。

单日成交量会受到很多因素的影响，在成交量柱状图上会出现跳动的现象。然而将移动平均线性的原理引入到成交量图中，就可以得到比较平滑的均量线。

4. 常用技术指标图形显示栏

此栏可以根据采样需要任意选择技术指标，如 MACD、KDJ、RSI、BLL 等。

第22章

卖出不迷茫——18种K线组合卖出信号的判断与执行

知足不辱,知止不殆。——老子

卖出信号的两根K线组合	淡友反攻		乌云盖顶初现
	倾盆大雨		
	平顶		
卖出信号的多根K线组合	黄昏之星		黑三兵
	双飞乌鸦		两阴夹一阳
	下降三部曲		跛脚阳线
	三只乌鸦		倒三阳
	塔形顶		圆底
买入卖出皆可表的K线组合	尽头线		
	穿头破脚		
	身怀六甲		
	镊子线		

卖出信号K线组合是一种重要的技术分析指标,这些K线组合的出现往往意味着股价在短期内可能达到顶峰,是提醒投资者卖出的重要信号。本章强调在合适的时机卖出股票的重要性,指导投资者如何根据K线图判断卖出信号并果断执行。

22.1 股票卖出信号的两根K线组合

股价的涨跌是股市的基本规律，经过一轮大涨后，如何能在见顶前夕变现是很多投资者最关注的事情，而通过观察一些特定的K线组合形态，我们或许能提前感知到股价可能见顶的信号。

22.1.1 淡友反攻

淡友反攻是指在上升行情中，先出现一根中、大阳线的，次日再出现一根与阳线收盘价相同或相近的中、大阴线。淡友反攻形态如图22-1所示。

淡友反攻与好友反攻是一对冤家，二者形态相同，颜色、方向和技术含义却相反，前者是见顶信号，后者是见底信号。

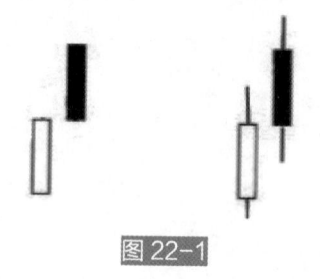

图 22-1

一般情况下，方向和阴阳线相反的同一种K线形态，见顶的信号总是比见底信号强烈。比如，淡友反攻见顶信号的可靠性就比好友反攻的见底信号强。

图22-2是汉钟精机（002158）的K线图，从图上看淡友反攻出现在该股震荡行情的高点。第一天在股价顶部区域拉出一根大阳线，第二日股价高开低走，并以前一日的收盘价收盘，最终走出一根中阴线，这就形成了淡友反攻的形态。虽然淡友反攻是较弱的见顶信号，但接下来该股又低开收获一根阴线。至此，可判断该股已形成下行趋势。

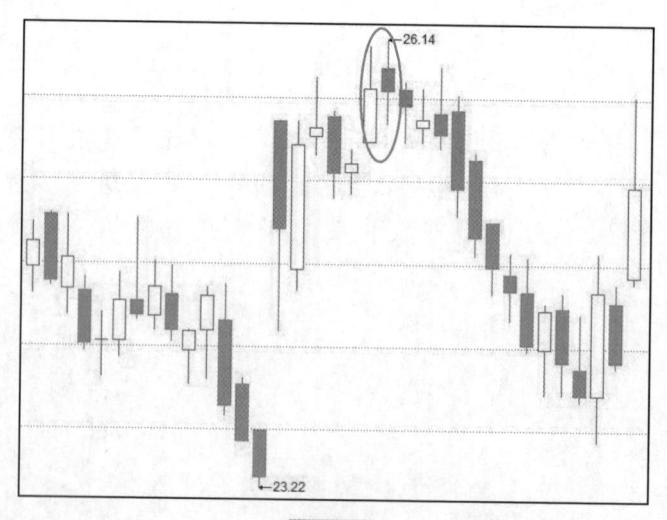

图 22-2

> 淡友反攻的可靠性弱于乌云盖顶，但如果伴随着大的成交量，其可靠性和乌云盖顶相当，甚至超过后者。

22.1.2 乌云盖顶

乌云盖顶是指在上涨过程中，第一天为一根中阳线或大阳线，第二天为一根高开中阴线或大阴线，且阴线实体深入到阳线实体的二分之一以下，阴线与阳线实体重合得越多，见顶回落的转向趋势越可靠，如图 22-3 所示。

顾名思义，乌云盖顶，天空一片阴云，随时可能下雨。此形态也是一种见顶回落的转向形态。

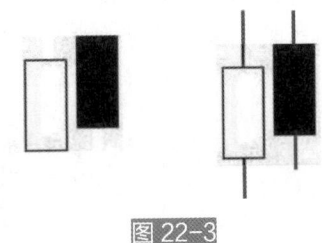

图 22-4 所示是广电运通（002152）的 K 线图，该股经过前期的连续高走，在出乌云盖顶前，连收两个涨停板，并且第二根阳线跳空高开，这些都是见顶的表现，果然，第二天该股跳空高开低走，出现乌云见顶形态，之后股价一泻千里，短短一个月，该股暴跌近 60%。

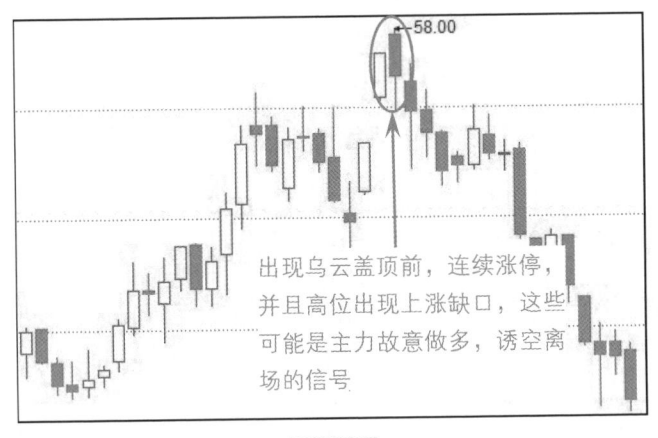

图 22-3

出现乌云盖顶前，连续涨停，并且高位出现上涨缺口，这些可能是主力故意做多，诱空离场的信号

图 22-4

仅凭乌云盖顶的形态并不足以作为趋势反转和清仓离场的决定因素。然而，当乌云盖顶之后连续出现四根阴线，这一信号的力量被逐步加强，投资者可以考虑在第一根阴线出现时开始逐步减仓或清仓。连续的阴线强化了乌云盖顶的警告信号，投资者应根据这一信号调整自己的交易策略。

22.1.3 倾盆大雨

倾盆大雨是指在上涨过程中先是一根中阳线或大阳线，接着是一根低开中阴线或大阴线，阴线收盘价低于阳线开盘价。倾盆大雨形态如图 22-5 所示。

倾盆大雨的见顶信号要强于乌云盖顶，且阴线实体部分低于阳线实体部分越多，则转势信号越强，可靠性越高。

图 22-6 是汉钟精机（002158）的 K 线图，该股经过一波上涨行情后，在波段顶部区域收出一根中阳线，第二日股价低开并以大阴线收盘，这就形成了倾盆大雨形态的 K 线，预示股价已见顶。此后的一段时期内，该股票股价暴跌。

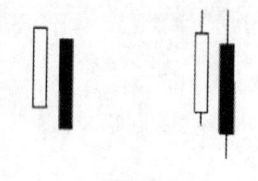

图 22-5

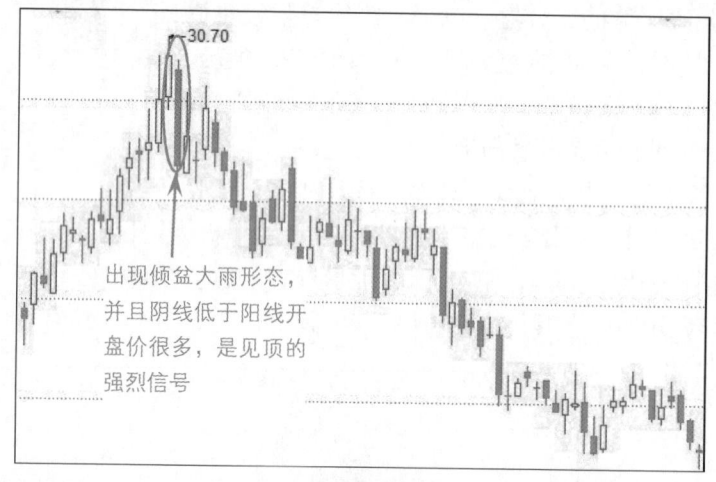

图 22-6

22.1.4 平顶

平顶又称镊子顶，是在上涨趋势中最高价相同的两根或两根以上 K 线组合，如图 22-7 所示。

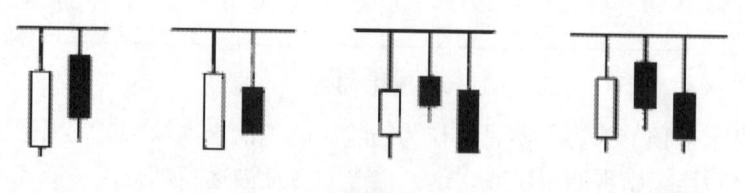

图 22-7

平顶和平底的 K 线形态都是预警的反转形态，所不同的是平顶形态预示股价见顶，平底形态则表示股价见底。

图 22-8 所示是常铝股份（002160）的 K 线图，该股之前经历了一次显著的上涨，但当股价达到顶部时，K 线形态呈现平顶，这表示多方在尝试继续上涨时遭遇了空

方的强烈抵抗，导致股价无法进一步突破，随后开始回落。这一现象暗示了该股未来可能的下跌趋势。之后，该股走势确实发生了转变，股价大幅下跌。

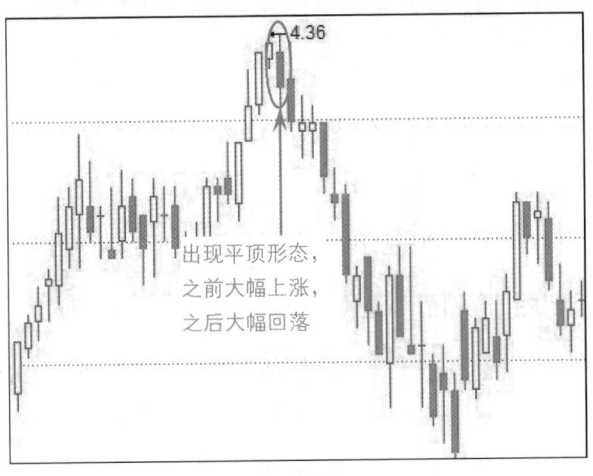

图 22-8

22.2 股票卖出信号的多根K线组合

表示卖出信号的多根K线组合是指一系列的K线组合在一起，形成一个明显的顶部形态，预示着股价可能已经见顶，投资者应及时卖出。

常见的表示卖出信号的多根K线组合有黄昏之星、黑三兵、双飞乌鸦、两阴夹一阳、下降三部曲、跛脚阳线、三只乌鸦、塔形顶、圆顶等。这些形态的出现往往代表了市场多空力量的转换，是投资者进行卖出或减仓的重要信号。

22.2.1 黄昏之星

黄昏之星是三根K线的组合，第一根是阳线，第三根是深入第一根阳线实体的阴线，第二根是在阳线和阴线上方的小阴线或小阳线。

黄昏之星的组合如图 22-9 所示。

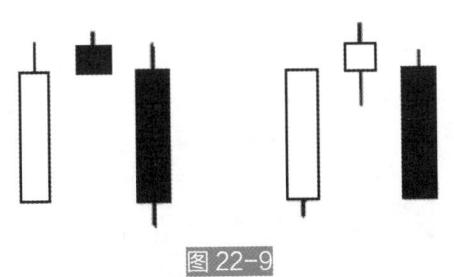

图 22-9

第二根K线是十字线时又叫黄昏十字星,是黄昏之星的特殊形态。黄昏之星、黄昏十字星的阴线和阳线之间也可以是两根甚至多根小K线,如图22-10所示。

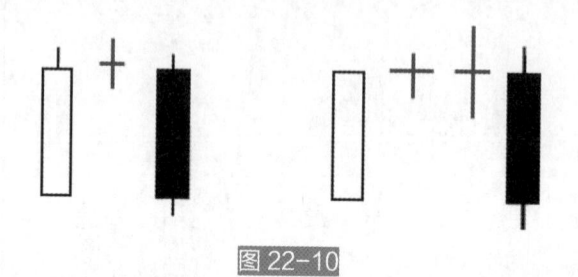

图22-10

黄昏之星经常出现在市场一波上涨的末端,最初多方占主导,然后多空双方平衡,最后空方占据主导,是多空力量转变过程的体现。投资者遇到此种K线要及时减仓或清仓出局。

图22-11所示是兴民智通(002255)的K线图,股价持续上涨后,收出黄昏之星,预示后市看跌,投资者应当尽快离场。该股后市果然走低,并在一个月后出现断崖式跳空下跌,即使之后多次上涨,依然难以达到黄昏之星之前的股价。

图22-11

黄昏之星的技术要点如下。

(1) 如果阴线实体深入阳线实体的部分很深,那么这种转势信号就会非常强烈。

(2) 第一根 K 线对应的成交量越小，而第三根 K 线对应的成交量越大，那么这种信号的可靠性就越强。

(3) 如果第二根 K 线是阴线的话，那么它的转势作用会比阳线更显著。

22.2.2 黑三兵

黑三兵 K 线组合也称为"绿三兵"，由三根连续小阴线组成，其特点在于三根 K 线的开盘价、最高价、最低价、收盘价均依次降低。在形态上，这三根小阴线就像三名穿着黑色服装的卫兵在列队，因此得名。

黑三兵的形态如图 22-12 所示。

和红三兵不同，黑三兵既可以出现在上涨趋势中，也可以出现在下跌趋势中。在上涨趋势中出现时，通常暗示行情即将转为跌势，因此投资者在见到这种形态时，应考虑做空。当黑三兵出现在一段下跌行情之后，由于连续做空，空方力量得到释放，这时极有可能进入反弹行情，此时的形态准确地说更可能是上升三部曲。

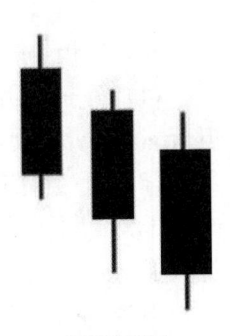

图 22-12

此外，值得注意的是，阴线实体部分的大小也是判断涨跌的重要依据。如果实体部分较大，则可能转化为三只乌鸦或下跌三连阴形态，表示下跌的信号更强烈。

图 22-13 所示是华联股份（000882）的 K 线图，该股经过前期的连续走高后开始震荡整理，之后收出黑三兵，后续看跌，投资者应及早清仓离场。

图 22-13

22.2.3 双飞乌鸦

双飞乌鸦出现在上涨趋势中，由三根 K 线组成。其中第一根是阳线，第二根是高开低走且收盘价高于阳线收盘价的阴线，第三根是完全包覆了前一根阴线的阴线。

双飞乌鸦 K 线形态如图 22-14 所示。

双飞乌鸦是见顶信号，其技术特征如下。

（1）第一根阴线的实体部分与阳线形成缺口，构成起飞的形状，但后继无力，出现低收的情形。

（2）第二根阴线的实体部分较长，较为理想的是第二根阴线开盘价高于第一根阴线开盘价，然后低收，将第一根阴线完全包覆，形成类似于穿头破脚的图形。

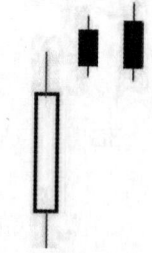

图 22-14

出现双飞乌鸦时，表示在上升趋势中连续两日高开，但未能贯彻始终，全部以低价收市，构成两只阴线，使多头对后市产生疑虑，开始获利了结，从而造成向下调整的压力。作为见顶回落的组合，双飞乌鸦一旦出现，可先获利了结或止损出局。其较好的获利点与止损点为第二根阴线之后一两天之内的小阴小阳时。

图 22-15 所示为易普力（002096）的 K 线图，该股经过一波上涨行情后，在波段顶部区域收出一根光脚中阳线，然后连续两日跳空高开低走，收出两根光头大阴线。至此，形成了双飞乌鸦形态的 K 线，预示股价已见顶。此后股价经过短暂的盘旋震荡之后，一路暴跌。

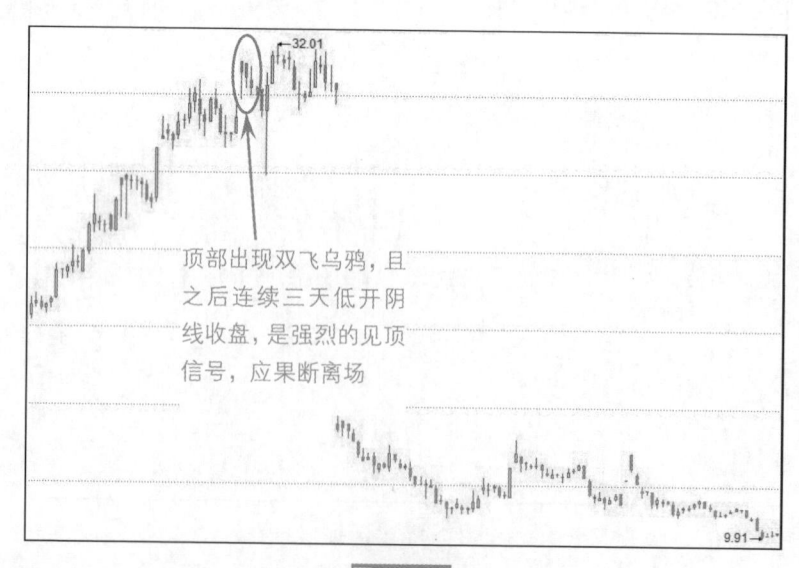

顶部出现双飞乌鸦，且之后连续三天低开阴线收盘，是强烈的见顶信号，应果断离场

图 22-15

22.2.4 两阴夹一阳

两阴夹一阳，又名两黑夹一红，由两根较长的阴线夹着一根较短阳线组成，形态如图 22-16 所示。

两阴夹一阳形态中，连续的阴线表示卖方力量强大，而阳线代表买方在抵抗，但最终失败。

两阴夹一阳大多数出现在上涨行情中，是见顶卖出信号。两阴夹一阳出现在跌势中的情况较少，如果出现，继续看跌。

图 22-17 是青海华鼎（600243）的 K 线图，该股之前经历了一段震荡上涨，但当股价达到顶部后，出现两阴夹一阳 K 线组合形态，这表示多方在尝试继续上涨时遭遇了空方的强烈抵抗，导致股价无法进一步突破，随后开始断崖式回落。

图 22-16

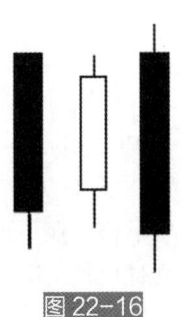

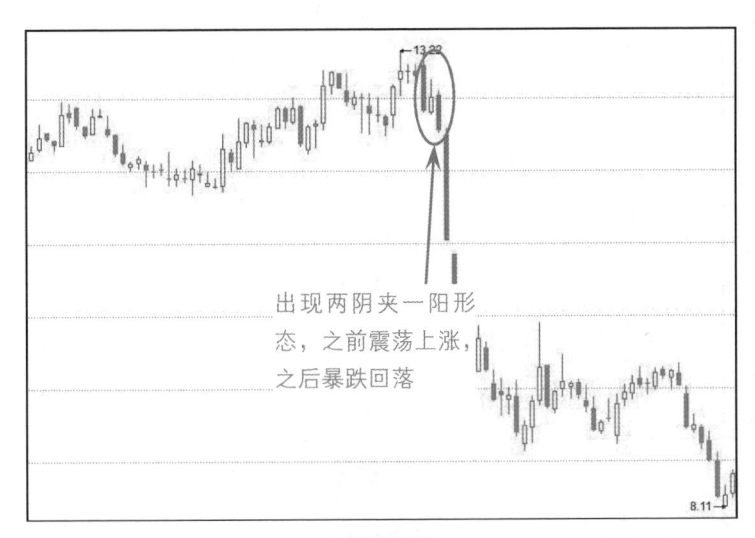

图 22-17

22.2.5 下降三部曲

下降三部曲又称"降势三鹤""下跌三部曲"或"三阳做客"，是指股价在下跌过程中出现一根实体较长的阴线，随后连续收出三根向上攀升的小阳线。但最后一根阳线的收盘价仍比前一根长阴线的开盘价要低，之后紧接着又出现一根长阴线，把前面三根小阳线全部或大部分都包围住。

下降三部曲的 K 线形态如图 22-18 所示。

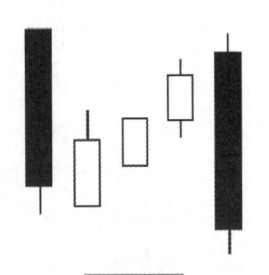

图 22-18

> 中间小实体可以大于三个,但是相隔的天数不能太长,否则不利于股价维持原来的趋势。

下降三部曲的出现表明多方虽然想做反抗,但最后在空方打压下依然落荒而逃。这表明股价还会进一步向下滑落。因此,投资者见此K线图形后应顺势而为,减持手中的仓位。

图22-19是黔源电力(002039)的K线图,股价在形成阶段头部之后,低点不断下移,在下跌过程中形成了下降三部曲形态,预示后市继续看跌,这个时候应该及时止损离场。

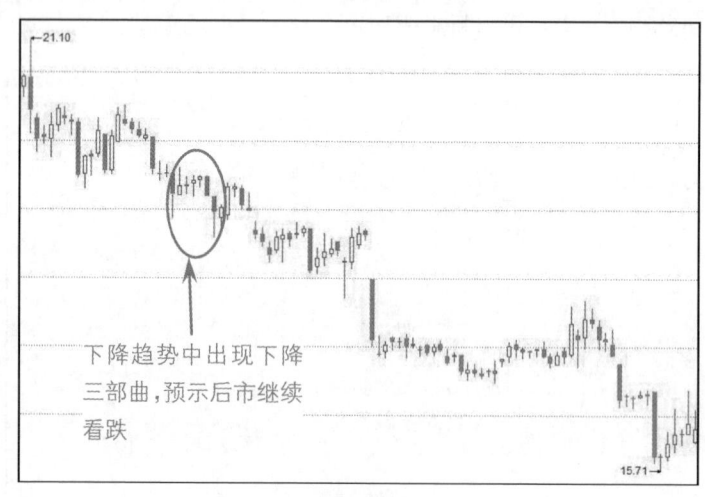

图 22-19

如果下降三部曲出现在下跌行情的整理区,通常意味着主力诱多出货,所以遇到这种情况,首先要考虑的是离场止损。

22.2.6 跛脚阳线

跛脚阳线出现在涨势中,由三根阳线组成,其中第一根和第二根一般是大阳线或中阳线,第二根和第三根是低开阳线,且第三根阳线实体很小,被第二根阳线包覆住。

跛脚阳线K线形态如图22-20所示。

跛脚阳线形态的出现通常意味着多方遭遇到上方沉重的抛压,是滞涨的信号,后市看淡。

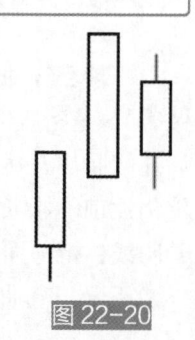

图 22-20

> 跛脚阳线的后两根阳线实际上已经形成了"身怀六甲"形态，跛脚阳线可以是三根以上阳线组成，但不能少于三根。

图 22-21 所示是三峡水利（600116）的 K 线图，该股经过一轮上涨，在股价头部出现了跛脚阳线形态，随后紧接着收出一根低开中阴线，这是股价下跌的信号，表示多方力量已经耗尽，空方的反攻已经开始，因此，投资者应在该形态完成后的次日，出现中阴线确认股价已经走低时卖出股票，规避风险。

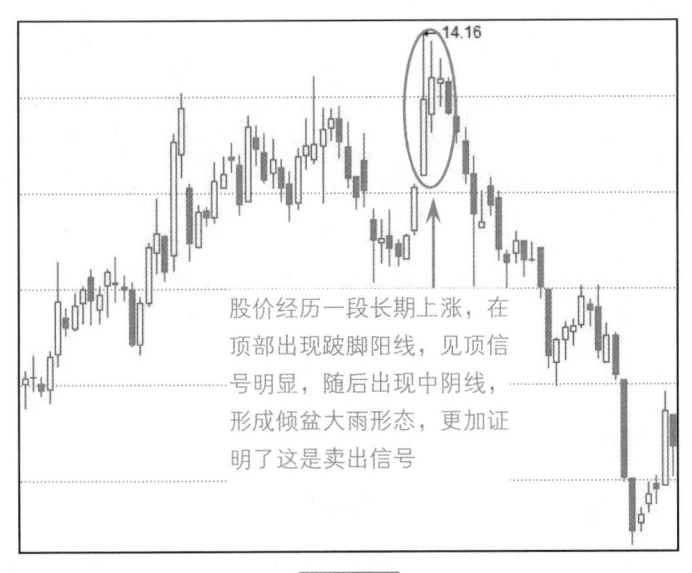

图 22-21

在交易中，如果看到跛脚阳线的形态，投资者应做好离场准备。此外，跛脚阳线之后如果再出现中阴线，形成倾盆大雨的 K 线形态，这是见顶反转信号，投资者应当减仓或清仓。

22.2.7 三只乌鸦

三只乌鸦又叫暴跌三杰，是在上涨趋势中以跳高开盘的三根大阴线或中阴线组成的，其 K 线形态如图 22-22 所示。

当股价在高位出现三只乌鸦的 K 线组合形态时，表明一波行情已走到尽头，巨大的获利筹码等待着套现出局，这是暴跌的前兆，也是卖出信号。

图 22-23 所示是中国建筑（601668）的 K 线图，我们将图中的 K 线分成六段来分析主力是如何一步一步筑底、吸筹、洗盘、拉高出货的。

图 22-22

图 22-23

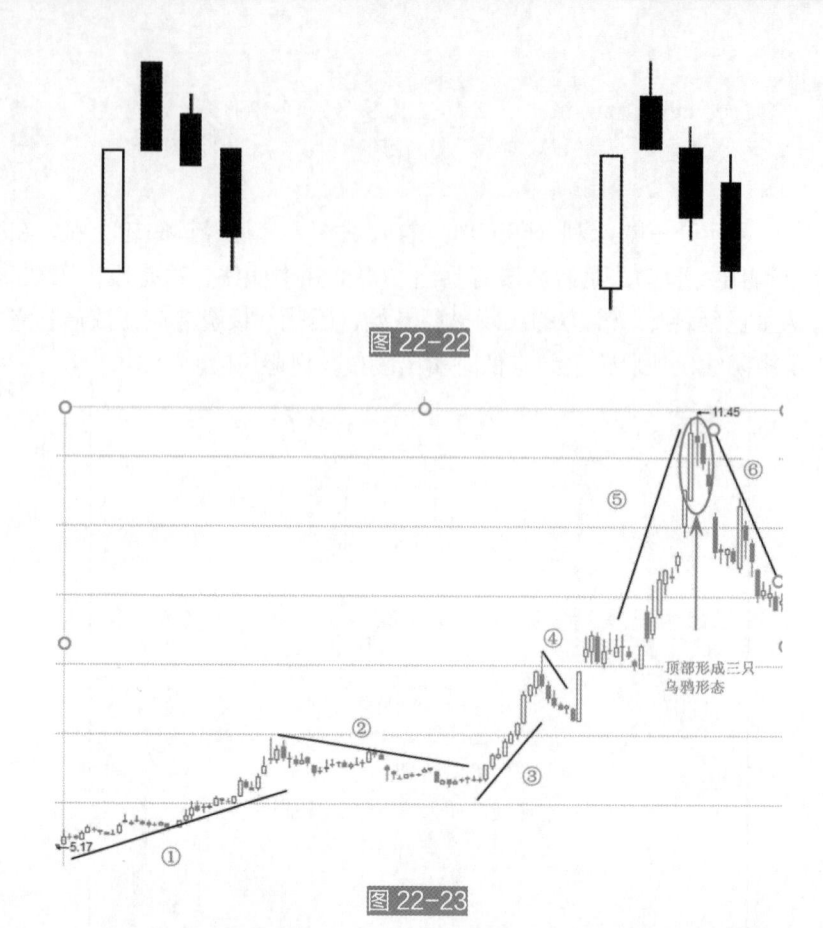

第一阶段主力资金不断进场，股价底部不断抬高；第二阶段主力利用利空消息打压吸筹，降低建仓成本；第三阶段主力加速吸筹；第四阶段主力在洗盘；第五阶段股价到了顶峰，主力在拉高出货；第六阶段出现了三只乌鸦，暴风雨开始了，没有赶在三只乌鸦形态出现前卖出的投资者，将面临被套牢的风险。

22.2.8 倒三阳

倒三阳是指在下跌初期，由三根低开阳线组成的K线组合。这三根阳线均为低开，且收盘价接近或低于前一天收盘价。

倒三阳K线组合形态如图 22-24 所示。

倒三阳K线组合与通常的三连阳线的走势完全不同，股价虽然连续三天收阳线，但走势像连续收阴线一般，股价一天比一天低。

图 22-25 是罗牛山（000735）的K线图，该股经过一段时间的横盘整理后出现了倒三阳形态，股价虽然连续收出阳线，但都是跳空低开，且收盘也留出了巨大缺口，此时暴跌已经开始。

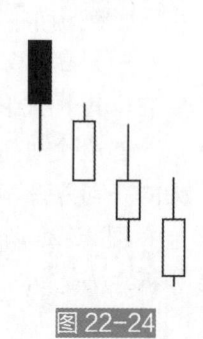

图 22-24

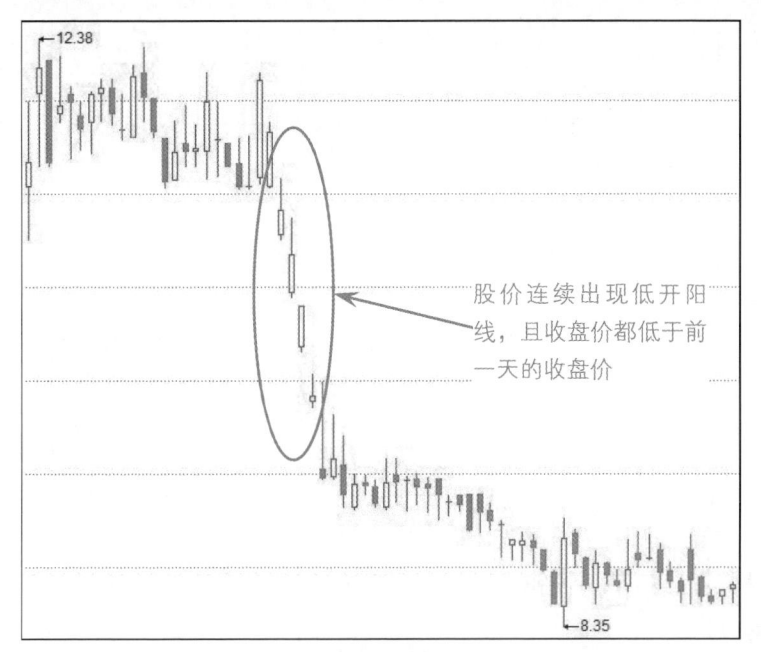

图 22-25

倒三阳一般出现在股票走势下跌的初期，是庄家为了出逃而放出的烟幕弹。出现这种 K 线组合意味着股价已步入了跌势，投资者不应受阳线迷惑，应趁早落袋为安。

22.2.9 塔形顶

塔形顶是在上涨过程中，在头部先收出一根大阳线或中阳线，随后经过几天的高位盘整，在阳线顶部收出几根小阴线和小阳线，最后收出一根大阴线或中阴线，大阴线的收盘价接近或超过大阳线的开盘价。

塔形顶因形状酷似宝塔顶部而得名，其形态组合如图 22-26 所示。

塔形顶形态预示着股价阶段顶部的形成，是即将反转的信号。一般来说，见到此类形态，大概率是空头将至，后市看跌，应清仓离场。

图 22-27 是万科 A（000002）的 K 线图，该股经过一段时间的上涨，在顶部收出一根大阳线，然后多空双方在高位展开了激烈竞争，最后以收出一根大阴线，形成塔形顶宣告空方胜出，整盘结束后股价开始大幅下跌。

图 22-26

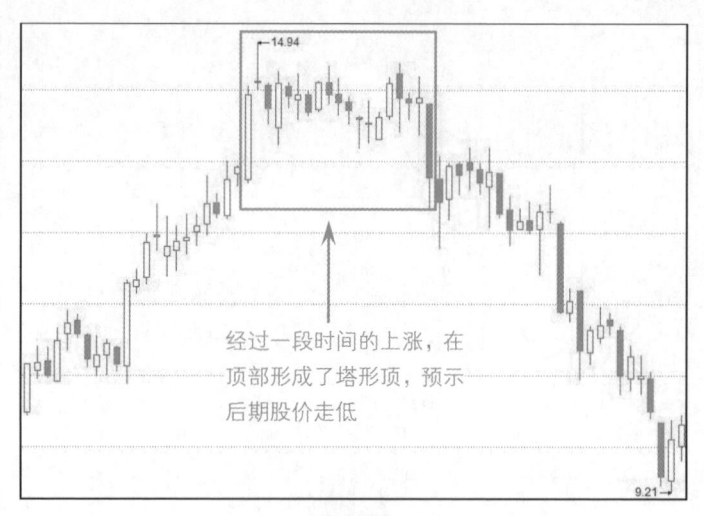

图 22-27

如果投资者在前期高速拉升阶段已经获利，高位整盘阶段情况不明，应该见好就收，逐步清仓。

22.2.10 圆顶

圆顶是上涨过程中或横向整理时，收出一根大阳线或中阳线后，在阳线顶部收出若干走势向下的圆弧形的小阴线和小阳线，最后以向下跳空缺口确认成立的K线组合形态。

圆顶形态如图 22-28 所示。

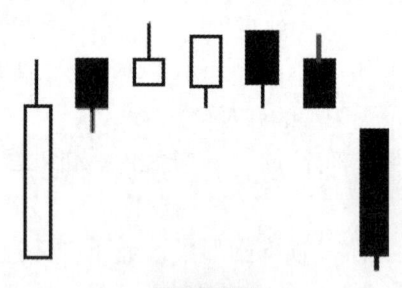

图 22-28

圆顶是一种见顶反转信号，后市看跌，是卖出提醒。

图 22-29 是锡业股份（000960）的K线图，股价在上涨途中，先收出一根大阳线，阴线和阳线交替出现，表示多空双方在激烈竞争，最终空方胜出，在收出一根大阴线后，股价进入了长期的下行轨道。在圆顶形成的过程中，全面展现了股价快速上涨、上涨减速、停止上涨、缓慢下跌、加速下跌的全过程。

值得注意的是，大多数时候圆顶的形成需要非常长的周期，有的甚至需要数月之久，因此，为了能顺利找到圆顶，很多时候需要用周 K 线图进行观察。

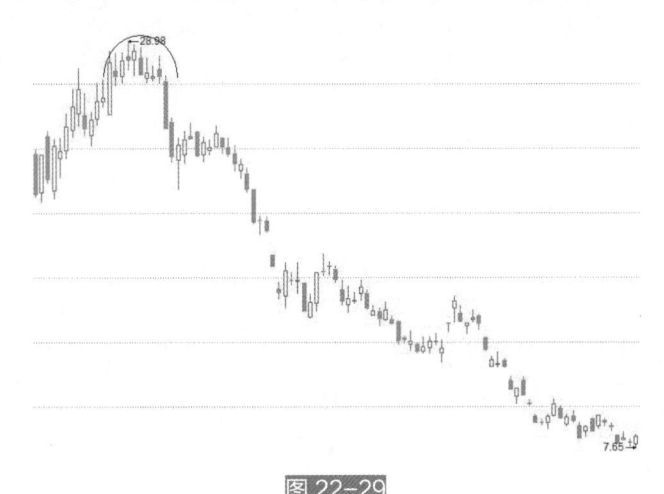

图 22-29

22.3 新股民学堂——买入卖出信号皆可表的K线组合

在众多 K 线组合形态中，有几个既可以是买入信号，也可以是卖出信号，比如尽头线、穿头破脚、身怀六甲和镊子线等。

22.3.1 尽头线

尽头线是指在第一根 K 线的上影线或下影线的右方藏一根小 K 线，在涨势或跌势中都有可能出现。若尽头线在涨势中出现，为见顶信号；在跌势中出现，为见底信号。

若尽头线出现在上涨趋势中，第一根 K 线为带有上影线的大阳线或中阳线，第二根 K 线是完全涵盖在上影线范围之内的十字星、十字线、小阴线或小阳线。

若尽头线出现在下跌趋势中，第一根 K 线为带有下影线的大阴线或小阴线，第二根 K 线是完全涵盖在下影线范围之内的十字星、十字线、小阴线或小阳线。

尽头线的 K 线形态如图 22-30 所示。

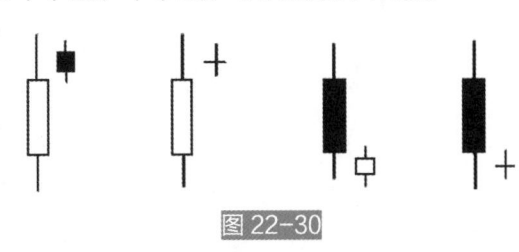

图 22-30

> 不论是上涨趋势还是下跌趋势，第二根 K 线越小，表明反弹信号越强。

图 22-31 所示是新益昌（688383）的 K 线图，该股之前经历了一次疯狂大逃亡，

295

股价一路从 138.5 下挫至 72.86 收出尽头线，经过近 3 个月的下跌，在尽头线之前已连续收小阳线和中阳线，显示多方已经开始蓄力，而空方略显乏力，股价已有回升之势。并且在此之前股价早已跌破支撑位，而收出尽头线之后连续两日飘红，并伴随成交量大增。至此，可以判断股价即将迎来反弹。

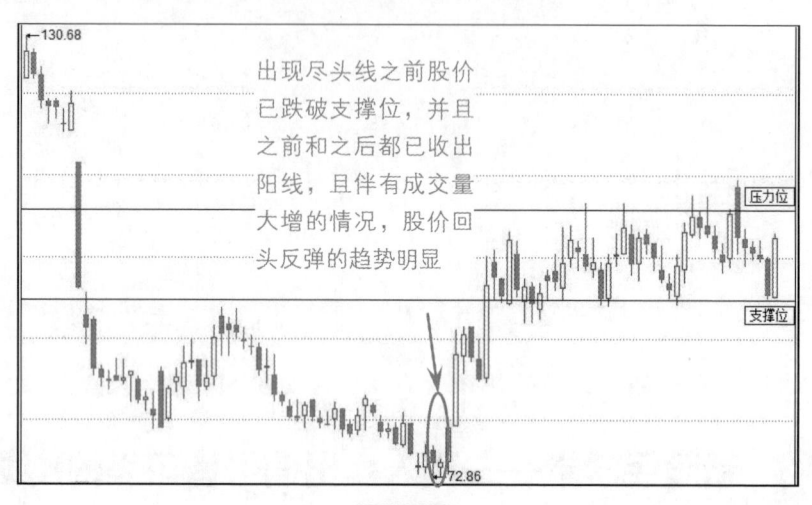

图 22-31

图 22-32 是 ST 数源(000909)的 K 线图，该股在顶部形成了一大波下降趋势形态。首先整个上升趋势形成扩散三角形，并且已经跌破了扩散三角形的下边线，是清仓离场的标志一；经历了一波大幅涨势之后收出尽头线，这是见顶下行趋势的标志二；其在收出尽头线的前一天也收了一根中阳线，这根中阳线和尽头线形成了"声势停顿"形态的 K 线组合，这是见顶下降趋势标志三。

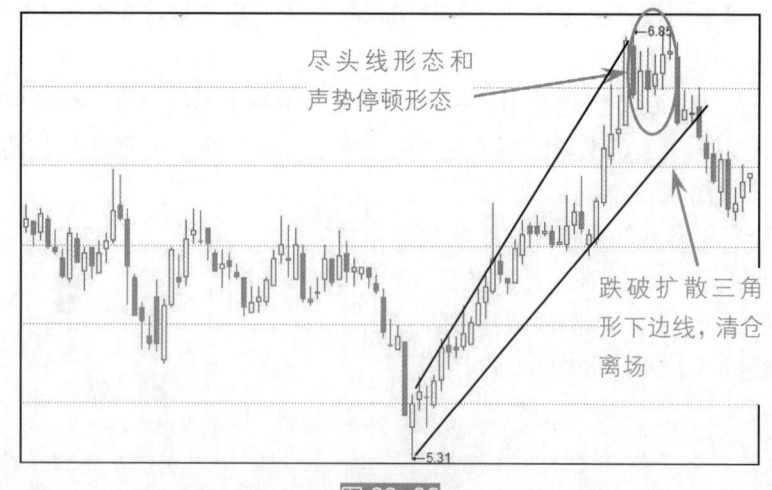

图 22-32

22.3.2 穿头破脚

穿头破脚的形态由阴阳两根K线组合而成，其中第二根K线的实体部分将第一根K线的实体部分完全覆盖（不包括影线部分），如图22-33所示。

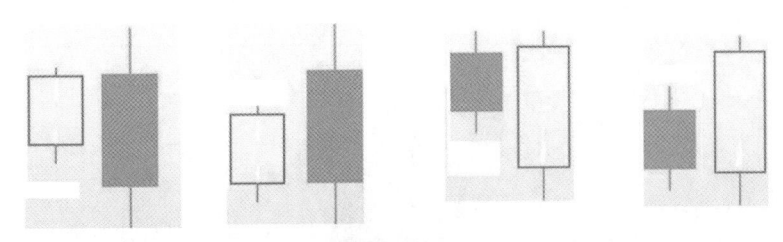

图22-33

穿头破脚K线组合既可能出现在上涨行情，也可能出现在下跌趋势中。上涨趋势中，第一根K线为阳线，第二根K线为阴线。在下跌趋势中，第一根K线为阴线，第二根K线为阳线。

图22-34所示是深康佳A（000016）的日K线走势图，该股经过连续阴跌后，股价直线下滑。一波下行趋势之后，谷底收出一根小阴线，已有刹车之势，表明空方已显疲态。紧接着第二天，收出一根大阳线，将与前一日的小阴线实体完全包覆，形成穿头破脚的形态，且两K线实体相差较大，这是反弹的信号。

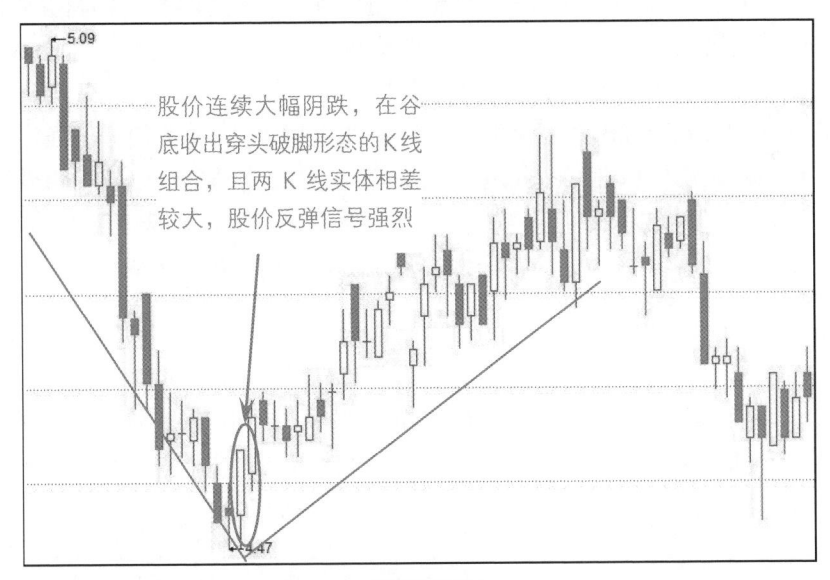

股价连续大幅阴跌，在谷底收出穿头破脚形态的K线组合，且两K线实体相差较大，股价反弹信号强烈

图22-34

从K线的整体走势看，已形成V形底，是明显的转势信号，果然之后股价开始回升反弹。为稳妥起见，投资者可在穿头破脚形态出现后观察1~2个交易日，

确认股价回头再入场。

图 22-35 是赛伍技术（603212）的日 K 线图，图中出现了两次穿头破脚形态。第一次是在谷底，股价经过一段时间大跌之后，在谷底形成了穿头破脚形态，两根 K 线实体相差较大，与此同时，成交量放大，说明多方正在蓄势发力，是股价上涨的前兆。

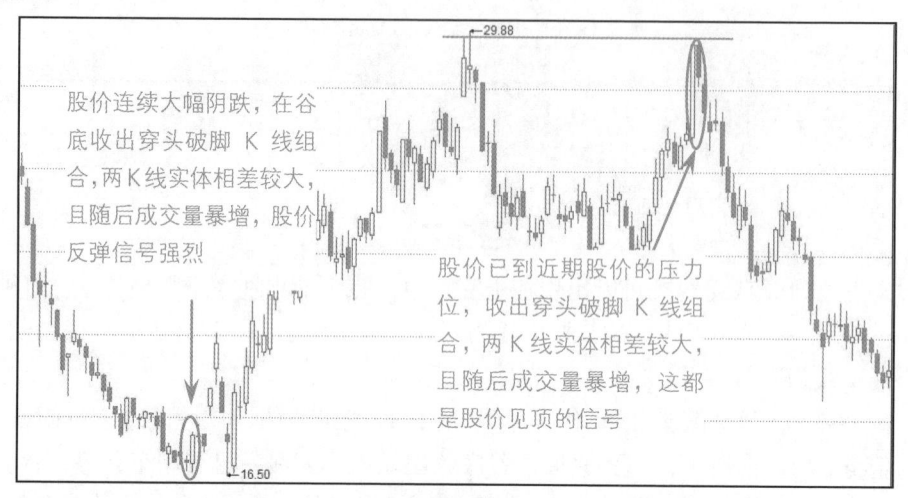

股价连续大幅阴跌，在谷底收出穿头破脚 K 线组合，两 K 线实体相差较大，且随后成交量暴增，股价反弹信号强烈

股价已到近期股价的压力位，收出穿头破脚 K 线组合，两 K 线实体相差较大，且随后成交量暴增，这都是股价见顶的信号

图 22-35

第二次出现穿头破脚形态时是在股价的高位点，并且此时股价即将突破近期压力位，同时伴随着成交量的大增，可判断股价已见顶，投资者此时可考虑减仓。随后观察几日，股价依然阴跌不休，这时投资者可进一步减仓，或者清仓。

当穿头破脚形态形成时，如果伴随有下列情况出现，则转势信号更强烈：
（1）股价涨跌幅度越大、时间越长或者速度越快，转势的信号就越明显。
（2）两根 K 线的实体长度越悬殊，转势的力度就越强，信号就越可靠。
（3）如果第二根 K 线的成交量异常放大，则转势信号更加可靠。

22.3.3 身怀六甲

身怀六甲的形态由实体一长一短的两根 K 线组成，其中第一根较长，第二根较短，并且第一根完全包覆第二根 K 线实体。身怀六甲 K 线组合，因其形态好像一名怀胎的孕妇而得名，故又称母子线、孕线，如图 22-36 所示。

> 当第二根 K 线是十字线时，又称为十字胎，如图 22-37 所示。

图 22-36　　　　　　　　　　　　　图 22-37

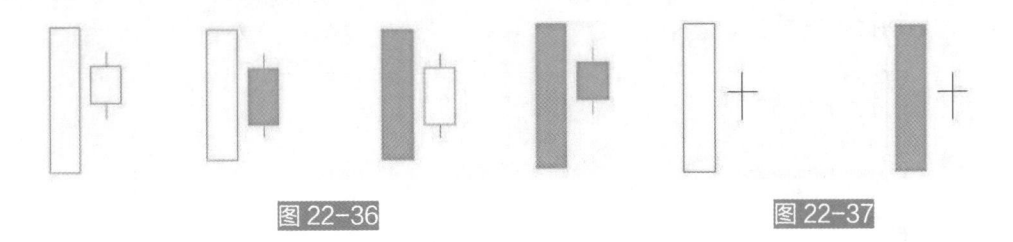

身怀六甲K线组合和穿头破脚K线组合相同，都是由一长一短两根K线组合而成，且都既可出现在上升趋势行情中，也可以出现在下跌趋势行情中。两者不同之处在于身怀六甲K线组合第一根长，第二根短，且两根K线可以是阴阳组合，可以是阴阴组合，也可以是阳阳组合。

图 22-38 是渤海租赁（000415）的日K线图，在一片火红的阳线上涨趋势后，收出了身怀六甲形态的K线组合。身怀六甲的第一根K线依然是大阳线，表明还是多方在主持大局，成交量的高企也印证了这一点。但接下来一根小小的阴线实体，给红火牛市带来了一丝丝凉意，反映市场参与各方都在狐疑不定，多空双方突然之间都变得谨小慎微，说明推动牛市的动力正在衰退，成交量的萎缩也进一步佐证了转势的信号。

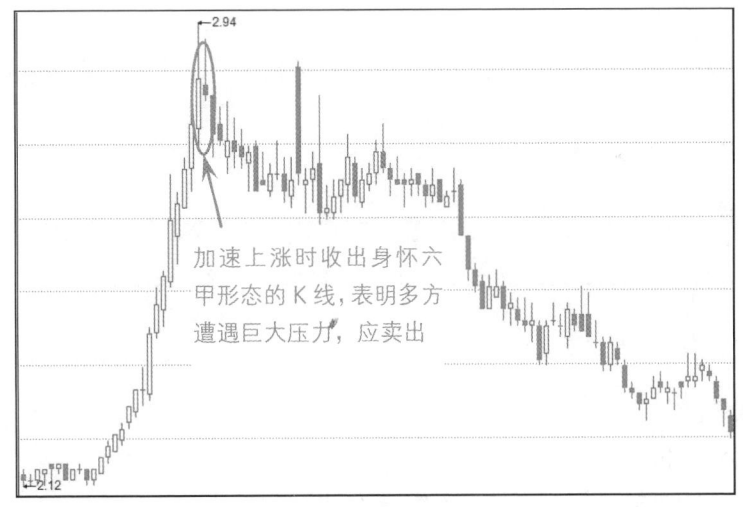

图 22-38

图 22-39 是飞亚达（000026）的日K线图，经过一段时间的震荡整理后，出现了十字胎形态，预示着这一段多空博弈,以空方胜出收尾。接下来股价进入了下滑期，虽然期间也有起伏回弹，但整体依然是下跌趋势。

在下降趋势中，出现了身怀六甲形态，第一根巨大阴线表明空方压力依然沉重，多方似乎无法抵抗，但随后的阳线小实体表明多方顶住了空方的压力，这也预示着行情正在转变，前面巨大阴线表明空方也许已是强弩之末，此时投资者应当提高警惕，时刻捕捉抄底机会。

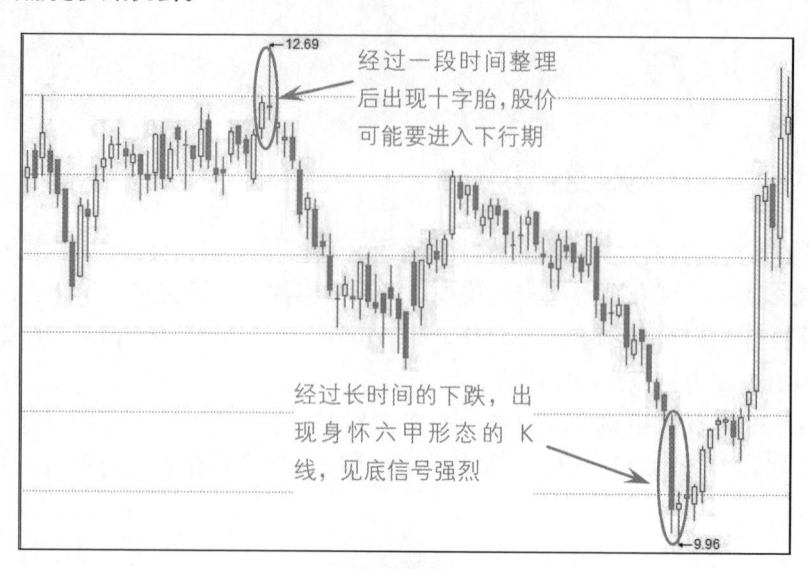

图 22-39

22.3.4 镊子线

镊子线有两种，一种是平头镊子线，另一种是平底镊子线，因形状就像有人拿着镊子小心翼翼地夹着一块小东西而得名。

镊子线的 K 线组合形态如图 22-40 所示。

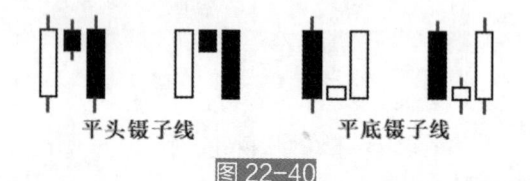

图 22-40

平头镊子线经常出现在上升行情中，由一阳一阴两根阴线夹着一根小 K 线，且三根 K 线的最高价基本处在同一水平位置上。

平底镊子线也经常出现在下跌行情中，由一阴一阳两根阴线夹着一根小 K 线，且三根 K 线的最低价基本处在同一水平位置上。

镊子线是典型的转势形态，如果是在上涨行情初期，是建仓的好机会；如果出现在上涨行情中期，以观望为主；如果出现在上涨行情末期，这是见顶信号，应果断卖出离场。如果下跌行情中出现镊子线形态，那么买入、卖出与上涨行情正好相反。

图 22-41 所示是中国石化（600028）的 K 线图，主力为了清除浮码，在股价攀升的同时震荡洗盘。经过多轮震荡后，股价最后一次拉升，创下了 14.35 元的新高。然后主力开始出货，两连阴形成了平头镊子线，之后股价迅速下跌。

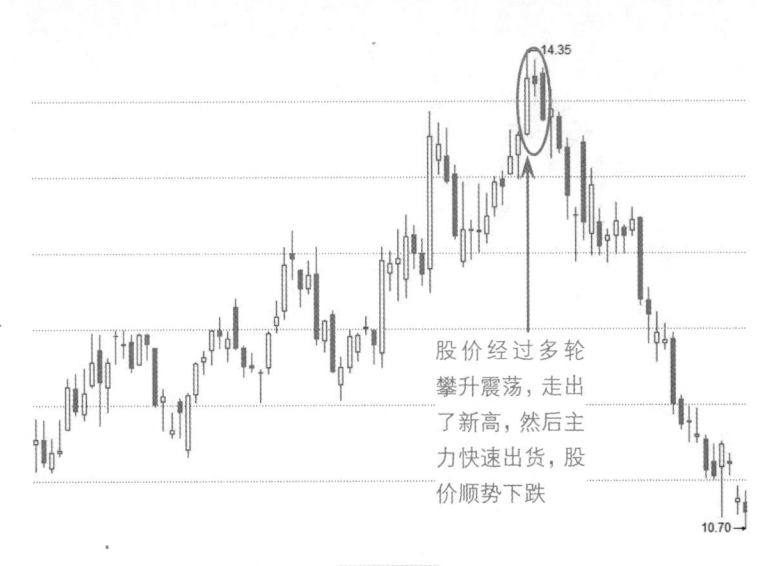

第 22 章 卖出不迷茫——18 种 K 线组合卖出信号的判断与执行

股价经过多轮攀升震荡，走出了新高，然后主力快速出货，股价顺势下跌

图 22-41

图 22-42 是卓郎智能（600545）的 K 线图，股价在经过一轮下跌后，首先收了一个单针探底的形态，略做横盘处理之后形成平底镊子线的形态，股价经过一段时间的震荡之后迎来一波上涨行情。

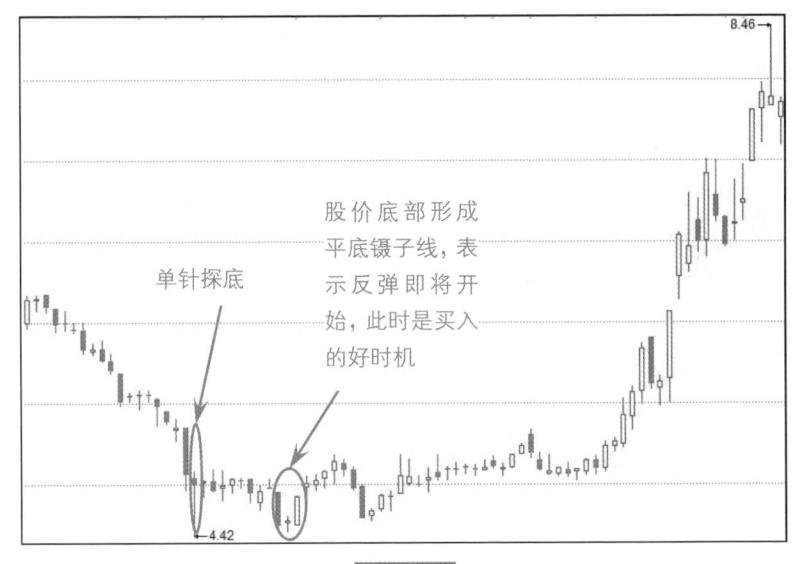

股价底部形成平底镊子线，表示反弹即将开始，此时是买入的好时机

单针探底

图 22-42

单针探底通常出现在下跌趋势中，其特征是有一根 K 线的长下影线几乎达到前期最低点。单针探底是股票市场中一个重要的反转信号，通常表示股价可能即将止跌反弹。

第23章

选股有道——K线图助力发掘潜力股

> 千里马常有，而伯乐不常有。——韩愈《马说》

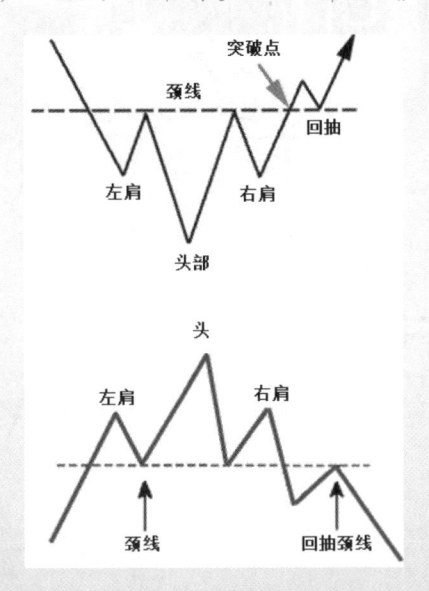

K线技术分析分为两种，一种是K线形态组合，另一种是K线技术图形。它们都是通过研究K线的排列和变化来预测市场走势的。形态组合更注重K线的位置和形态，而技术图形更注重图形的结构和功能。本章通过K线图的分析，指导投资者如何发掘具有潜力的个股，为选股提供有力支持。

23.1 股票买入信号的K线图形

趋势由下跌转为上升是买入的信号，由下跌转为上升的K线图形称为表示买入信号的K线图形，这类K线主要有头肩底、W底（双重底）、三重底、V形底等。

23.1.1 头肩底

头肩底是一种典型的趋势反转形态，通常出现在市场下跌的尾声，形成三个明显的中间略低于两边的低谷。三个低谷从左往右依次称为左肩、头部和右肩。标准的头肩底形态如图23-1所示。

> 头肩底有时候突破颈线后还会回抽，遇到颈线的强力支撑后再上涨，如图23-2所示。

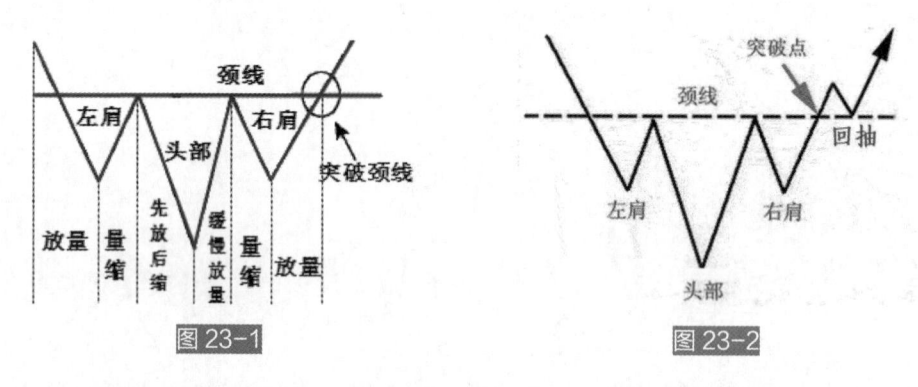

图23-1

图23-2

头肩底的出现预示着后市看涨，是买入的信号，具体形成过程如下。

1. 形成左肩

当股价接近底部时，下跌突然加剧，随后开始止跌并反弹，形成第一个波谷，这就是左肩。在左肩形成的过程中，成交量呈现出放大的趋势，表明卖方力量在增强。

当股价从左肩的最低点开始反弹时，成交量却有减少的迹象，这意味着买方力量开始逐渐占据主导。

2. 形成头部

形成左肩后，股价反弹受阻后再次下跌，并且跌破了前一次的低点，之后股价再次止跌反弹，从而形成第二个波谷，这就是头部。形成头部的时候，成交量会有所增加。

3. 形成右肩

股价在头部第二次反弹，再次在第一次反弹高点处受阻，这两次反弹的高点连线就是颈线。

遇颈线受阻后，股价又开始第三次下跌，但股价下跌到与第一个波谷低点相近的位置后就不下跌了，成交量出现极度萎缩的现象，此后股价再次上涨，从而形成第三个波谷，这就是所谓的右肩。股价第三次反弹时，一般会伴随着成交量的显著增加。当第三次反弹突破颈线后，头肩底形成。

> 有时候头肩底的头肩并不是一次形成的，可能需要反复多次才能形成，这就是复合头肩底，如图23-3所示。

股价只有向上成功突破颈线后，头肩底才算真正形成，由下跌转为上升趋势才明朗，而右肩突破颈线的点就是第一买入点。

图23-4是中炬高新（600872）的K线图，该股经过一段时间的下跌，在3.6元上下长时间震荡。

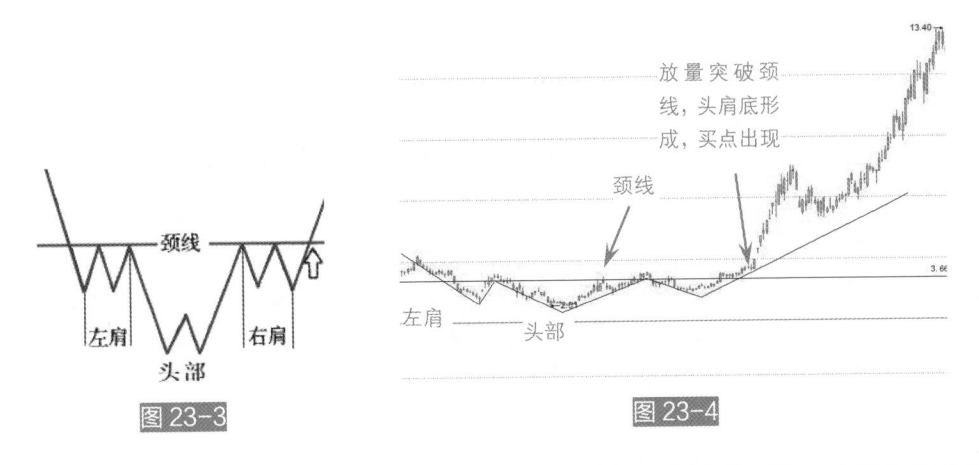

图23-3

图23-4

伴随着成交量的不断放大或缩小，股价也一轮轮地上涨或下跌，当股价突破颈线位置后，头肩底形态正式成立。股价突破颈线位置的点就是买入点，并将颈线位置设为止损位。

> 股价突破颈线的位置，通常被视为第一买入点。股价突破颈线回抽，与颈线的接触点，通常被视为第二买入点。但是，第二买入点不一定会出现。

23.1.2 W底

W底又称双重底，由两个价位相近的低点构成，其形状类似于英文字母W，因而得名。

W底形态中，股价先是大幅下跌，之后股价止跌回升。但此时，空头仍占据主动，于是股价再次回落。当股价跌至前一个低点附近时，做多热情再次被点燃，股价掉头直上并突破颈线。

W底形态如图23-5所示。

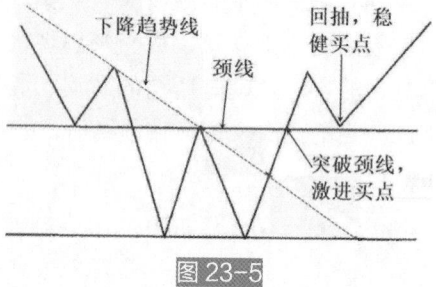

图23-5

> 左右两侧的底不一定在同一水平线，有时候是前高后低，有时候则是前低后高。

W底一般都出现在股价底部或阶段性底部区域。双底在形成第二个底部时成交量较小，但在突破颈线位时，成交量一般都会放大。股价突破颈线位后，一般都会有一个回抽动作，回抽的位置会在颈线处，之后股价止跌回升，以此确认向上突破有效。

两个低点形成的时间跨度不能太短，因为时间太短的话，形成的W底信号不太可靠，这时就需要随时注意股价的回落。

W底是一个底部的转势信号，但由于它是股价二次探底，其见底信号没有头肩底强烈，所以在双底形成且股价突破颈线位后，在股价回抽颈线位的位置买进股票是比较稳健的操作，但需要注意的是，如果股价不回抽，就没有该点。

图23-6是国新健康（000503）的K线图，该股经过一段时间的下跌，在3.6元附近触底反弹，形成第一个底。第一次反弹至4.5元处受到空方激烈抵抗，股价再次回调，并在3.6元附近第二次反弹。这次反弹多方聚集能量，一举突破了颈线，该突破点也是激进型投资者的入场点。

成功形成W底后，股价上涨一段时间后回抽至颈线位置，该位置是稳健型投资者的买入点，之后股价一路上升。

W底的技术要点说明如下。

（1）W底确认的关键在于颈线的突破。W底的颈线，是指穿过两个低点之间的最高点的水平线。如果颈线没有被突破，即使K线形态看着类似W底，也不是W底形态。W底形态构筑失败，最后变为三重底形态。

（2）颈线被突破后即可确认W底形态。但是，在实际行情走势中，颈线被突破后经常还有个回抽确认的过程。如果回抽后股价继续呈现上升的趋势，同样意味着W底形态成立。反之，则为假突破。

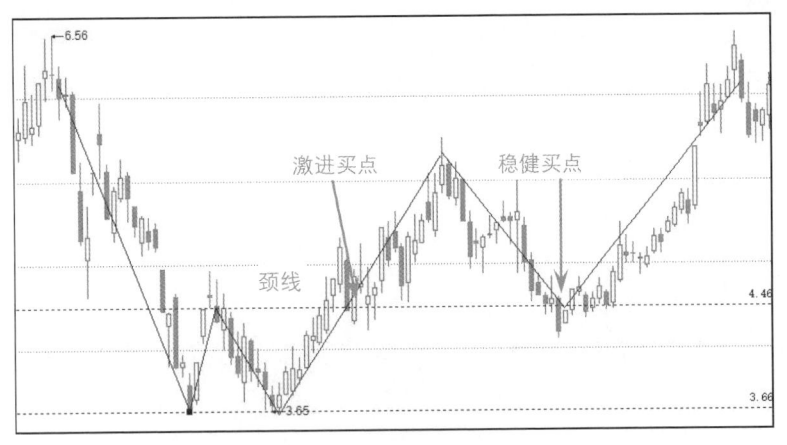

图 23-6

(3) W底只有出现在低位，才是重要的反转形态。如果W底形态出现在高位，就不能按照反转形态进行操作。

(4) W底形态之前，股价下跌的幅度越大，其相应的上涨幅度也会越大。两个底应该有一定的时间间隔，通常时间间隔越大，转势的可靠性越高。

(5) W底形态分为标准形和复合形两种。标准形只有两个底部，复合形除了两个明显低点外，还会出现多个小底部。不管是标准形还是复合形，均为反转信号。

23.1.3 三重底

三重底实际上是W底的复合形态，三重底比W底多了一次探底过程。因此，三重底的形成过程和W底一样，技术含义也相同。

在三重底的形成过程中，成交量会减少，直至股价从第三个低点开始反弹时，成交量才随之温和放大，当股价有效突破颈线时，三重底才能得以确认。

三重底和W底一样，通常出现在下跌趋势中，只是三重底的底部形态更牢靠，反转信号更强烈。

三重底的形态如图23-7所示。

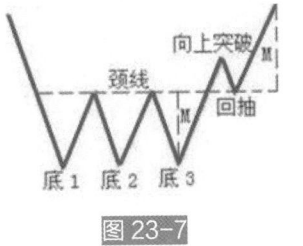

图 23-7

图23-7中M点为理论最低目标位，也就是说，突破颈线后，上涨幅度不能低于颈线与最低点的价差。

图23-8是瑞泰科技（002066）的K线图，该股分别在A点、B点、C点形成了三次探底过程。该股三次探底的低点位置比较接近，在11.7元上下，完全符合三

重底的基本技术要求。

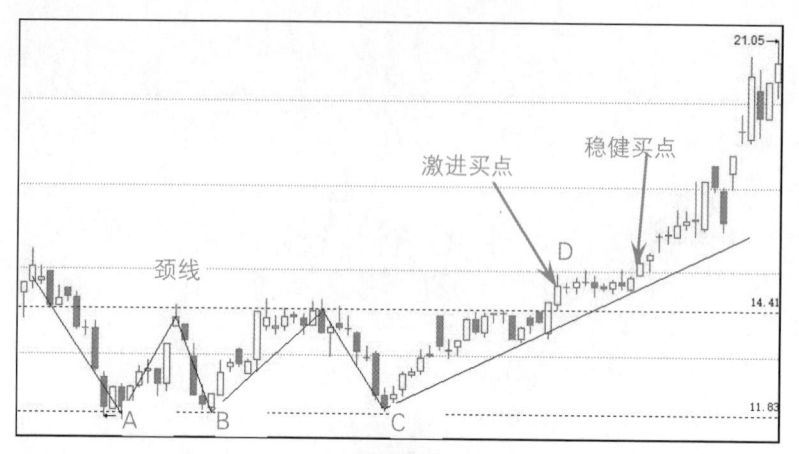

图 23-8

在 D 点位置，突然放量突破形态的颈线位置。此后，该股强劲上涨，在突破颈线 25 个交易日后，股价上涨了 40%，超过了颈线到最低点的跌幅 18%。

三重底的技术要点如下。

（1）三重底形态的三次低点时间，通常要保持在 10 个交易日以上，如果时间间隔过小，往往说明行情只是处于震荡整理中，底部形态的构筑基础不牢固，即使形成了三重底形态，由于其形态过小，后市上攻力度也会有限。

（2）三重底形态的三次上攻中，成交量要呈现出逐次放大的势态，尤其是最后一次，不仅要放量，还要有增量资金积极介入，这不仅决定了三重底是否能形成，还影响着后市的反弹力度。

（3）三重底形态的低点到颈线位的距离越远，形态形成后的上攻力度就越强。股价在底部的盘旋时间越久，其上涨力度就越大。

23.1.4 V形底

V 形底是指股价或指数在快速下跌时突然止住，接着在成交量的配合下快速向上飙升。V 形底由跌转升的时间非常短，一般在两三个交易日内，有的甚至当日反转，因走势很像英文字母 V，所以称为 V 形底。有一部分 V 形底形态在上升或下跌阶段会出现时间很短暂的整理区域。V 形底形态如图 23-9 所示。

V 形反转是转势技术图形，但逆转的大多是中期趋势，很少有以 V 形反转方式结束的短期趋势和长期趋势。

图 23-10 是利民股份（002734）的 K 线走势，从图中可以看到，该股股价从 48 元附近直线暴跌至 20 元，期间成交量萎缩。之后毫不停留，直接掉头向上，一口气涨回 49 元，期间成交量也很配合地放大。

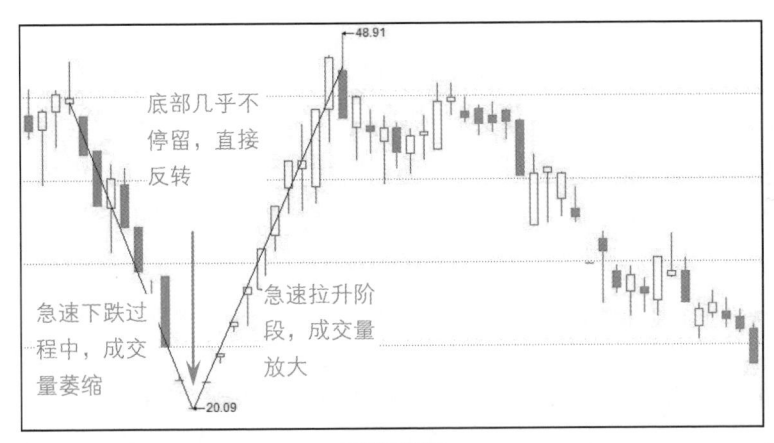

第 23 章 选股有道——K 线图助力发掘潜力股

图 23-9

图 23-10

从山峰到低谷，再从低谷到山峰，只用了短短 20 个交易日，期间没有任何的停顿，在走势上形成一个 V 形。

V 形底的技术特征是，在下跌趋势中，股价下跌速度越来越快，触底后随即开始反弹，反弹的高度接近或高于前期下跌的幅度。

V 形底在实际操作中很难把握，因为它变化太快，当投资者意识到形态反转时，股价早已脱离底部，而一旦投资者追进去，很有可能追在山顶。因此，对于保守型的投资者，要避免在股价出现剧烈波动时进行仓位上的大幅调整。但对于激进型的投资者，如果看准了，可果断入场。

23.2 股票卖出信号的K线图形

趋势由上升转为下跌是卖出的信号，由上升转为下跌的 K 线图形称为表示卖出信号的 K 线图形，这类 K 线主要有头肩顶、M 顶（双重顶）、三重顶（三尊头）、尖顶（倒 V 形）等。

23.2.1 头肩顶

头肩顶形态一共出现三个顶，也就是说，会出现三个局部高点。中间的高点比另外两个都高，称为头，左右相对较低的两个高点分别称为左肩和右肩。

头肩顶形态如图 23-11 所示。

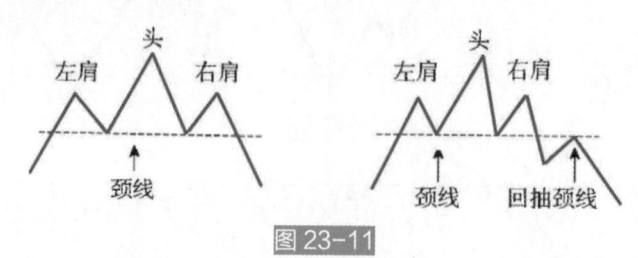

图 23-11

头肩顶的形态特征与头肩底相似，都是比较出名、可靠的走势反转形态之一。只不过头肩底出现是止跌上涨信号，是投资者建仓买入的标志形态。而头肩顶经常出现在上涨行情的末端，是牛市结束、熊市到来的信号，也是投资者清仓逃顶的标志性形态之一。

在形成头肩顶的过程中，将股价第一次从高处回落时的低点作为第一个起点，然后找下一个有代表性的低点连接，这一水平线就是所谓的颈线。当股价第三次上冲失败回落后，这根颈线就会被击破，于是头肩顶就形成了。

在形成头肩顶的过程中，左肩的成交量最大，头部的成交量略小，右肩的成交量最小，成交量呈递减的现象。成交量的不断缩减，表明在股价上升时，市场追涨的力量逐渐减弱。这种递减的成交量暗示着股价上涨可能已接近顶点。因此，头肩顶是市场见顶的信号，一旦这一形态正式形成，股价下跌的趋势基本确定。

当头肩顶的形态初现时，投资者需要开始警惕。即使此时股价尚未跌破颈线，投资者也可以考虑减持部分筹码以降低仓位。一旦确认股价跌破颈线位，应果断清仓离场。

图 23-12 是晋控电力（000767）的周线图，股价经过长周期的上涨后开始回调，伴随着交易量的巨幅增长，左肩形成。

随后股价开始反弹，反弹力度较大，超过前期的高点，但此时的交易量却相比之前出现了下滑，股价在达到阶段性高点后，再次回调，并且回调到与第一次回调相同的低点时，开启了第二波反弹，至此头部形成。

第二次反弹到几乎与第一次反弹相同高点的位置时，价格出现了第三次回调，这次回调再次到了前两次低点位置，受到强力支撑，三次回调几乎都在同一价位，说明该颈线非常牢靠。

第三次反弹时，多方显得明显信心不足，很快股价就开始下跌，这次终于跌破颈线，至此头肩顶形成，随后股价一泻千里，从最初突破点 9.62 元（颈线）附近一路跌到最低的 2.18 元附近，下跌了 77.3%。

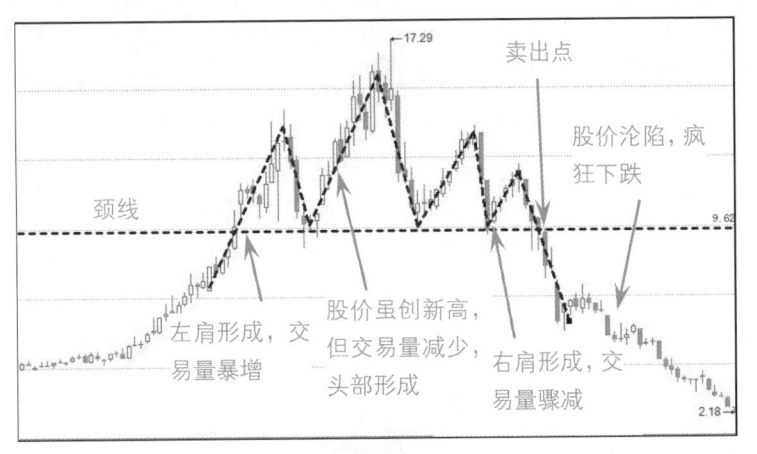

图 23-12

头肩顶操作中的技术要点如下。

（1）头肩顶的形成以有效突破颈线为准，这也是交易者卖出离场的标准。

（2）一般情况下，头肩顶的左肩成交量最大，头部略少，右肩最少。不过，成交量只能作为辅助参考，头肩顶的形成以有效跌破颈线为准，而确认跌破颈线有效与否，仅以价格为准，与成交量是否放大无关。

23.2.2　M顶

M顶，也称双重顶，因其形状像英文字母M而得名。M顶常出现在上升趋势的末端，股价先是在成交量的配合下上涨至某一高点，随后开始回落；当跌至某一位置时，股价再次反弹上行，但成交量较第一个高点时有所萎缩，而且股价在前一高点附近再次掉头向下，并一举击穿了第一次回落的低点。

M顶的形态如图 23-13 所示。

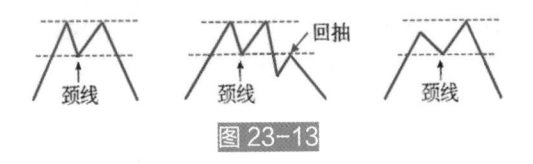

图 23-13

理论上，M顶两个高点应基本相同，但在实际的K线走势中，两峰相差3%左右比较常见。另外，在第一个高峰（左峰）形成回落的低点，在这个位置画水平线，就形成了通常所说的颈线，当股价再度冲高回落并跌破这根水平线（颈线）支撑时，M顶形态正式宣告形成。

在M顶形成过程中，左峰成交量比右峰大，说明股价在第二次反弹过程中资金追涨力度越来越弱，股价有上涨到尽头的意味。M顶形态形成后，股价在下跌过程中往往会出现回抽，但是回抽力度不强，颈线位置构成强阻力。

M 顶有两个卖点，第一个卖点是 M 顶的右顶转折处，此处是 M 顶的最佳卖点，但这个卖点很难把握。M 顶的第二个卖点是颈线位，股价跌破颈线后，表明一轮较大的下跌行情即将来临，此时将手中的货全部卖出，是最明智的操作。

图 23-14 是中国船舶（600150）的周线图，该股在高位区走出了双重顶形态，这是股价滞涨的明显信号。由于该股前期涨幅巨大，双重顶形态时间跨度长（图中为周线，所以看着没那么长，实际时间跨度有 21 个月之久），因此我们认为这是顶部的到来和趋势反转的预示。

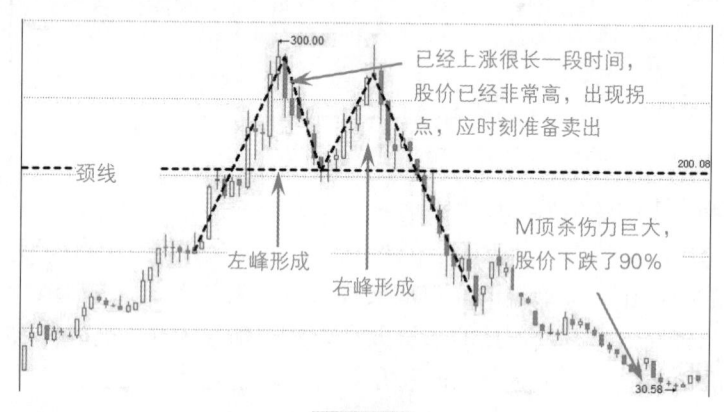

图 23-14

双重顶形态是常见的见顶信号，一旦出现在个股累计涨幅巨大的背景下，其后期的杀伤力极大，对普通投资者而言，应及时卖出，切勿抄底。此股在双重顶形成后，从最高点 300 元跌至最低点 30 元，跌幅达 90%。

23.2.3 三重顶

三重顶形态又称为三尊头形态，是三重底形态的倒影。

从某种程度上来讲，三重顶是头肩顶和 M 顶形态的结合体。它既可以被视为是头肩顶的一般形态（只是没有头部），又可以被视为是 M 顶的扩散形态 [只不过多了一个波峰（波谷）而已]。

三重顶的形态如图 23-15 所示。

三重顶一般出现在上涨趋势中，三个高点基本处在同一位置，两个低点也基本处在同一位置，这两个低点的连线就是颈线，三重顶突破颈线后，是卖出的信号。

三重底从左往右成交量依次减少，但三重顶向上反弹时成交量显著放大；三重底向上突破颈线时，如无成交量的配合，则突破的有效性需要观察。

图 23-15

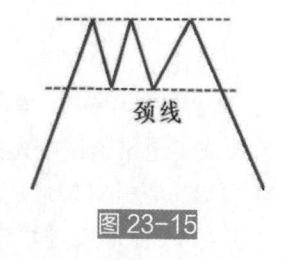

图 23-16 是创新新材（600361）周线图，该股于 26 元高位区附近三次冲高

未果而产生了三重顶形态。

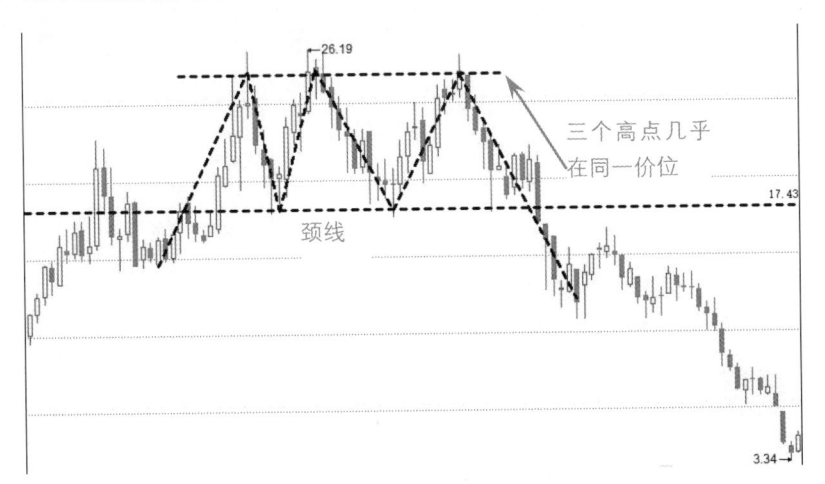

图 23-16

由于该股前期累计涨幅巨大，因此，当三重顶形态出现时，也预示着股价已见顶，即将迎来反转，该股随后的走势确实呈下跌趋势。

三重顶形态是比较可靠的卖出信号，一旦形成应坚决离场，以规避损失。

23.2.4 尖顶

尖顶（倒 V 形）和 V 形反转的图形一样，但方向和技术含义相反。

尖顶是股价在快速拉升后，随即出现了快速下跌的走势，图形上出现了尖尖的顶部，所以称为尖顶形态，因其形态像一个倒置的英文字母 V，所以尖顶又称为"倒 V 形"。

尖顶一般出现在中长期牛市的末期，该形态的出现，多半是短线追涨所致，当多方力量后续跟不上时，空方开始呈现强势，这时多空双方形势反转，股价随即开始急速下跌。尖顶形态如图 23-17 所示。

图 23-17

图 23-18 是康达新材（002669）的 K 线图，该股股价从 18 元附近，伴随着成交量的巨大放量，迅速拉升到 30.30 元，之后掉头向下，一口气跌至 16 元，期间没有任何像样的反弹，在走势上形成一个尖顶。

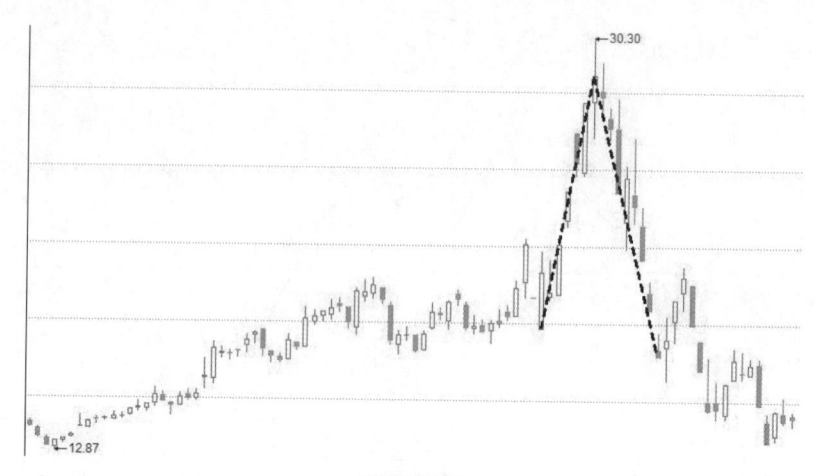

图 23-18

尖顶形反转涨得越猛烈，则下跌同样猛烈的可能性越大。

尖顶形反转放量滞涨和由涨转跌时是卖出信号，但尖顶形反转走势非常难以把握，因此，当股价坐着火箭向上冲时，千万不能错过任何一个尖顶形态给出的减仓机会。

23.3 整理技术图形

整理技术图形又称为整理形态，它分为向上整理和向下整理。常见的整理技术图形有上升三角形、下降三角形、上升（下飘）旗形、下降（上飘）旗形、上升楔形、下降楔形等。

23.3.1 上升三角形

三角形整理形态的股价变动进入密集区，有时上下振荡幅度大，有时则越来越窄，渐渐失去弹性，从线路图看，就如三角形状，盘旋时间不会长，当股价到达三角形尖端时，表示整理形态结束。

指数或股价进入三角形整理形态后，上面始终有一条水平压力线，压力不变，而支撑的力量在逐渐加大，使得三角形有强烈的上升意识，该形态的三角形形态称为上升三角形形态。

上升三角形的形态如图 23-19 所示。

图 23-19

上升三角形一般出现在上涨过程中，极少出现在下跌过程中。每一次上升的高点基本处在一条水平线上，下跌的低点却逐渐升高。连接这些高点就形成了水平压力线时，连接这些低点就形成了支撑线。当股价突破压力线时，后市看涨，是买入的信号。

> 上升三角形成形的过程中，成交量沿着三角形尖端方向逐渐萎缩。

图 23-20 是新华锦（600735）K 线走势，该股经历前期的下跌，于图中 A 处触底回升，至 B 处涨幅已经超过 1 倍，若在此时出现上升三角形态，大概率是上涨中继。

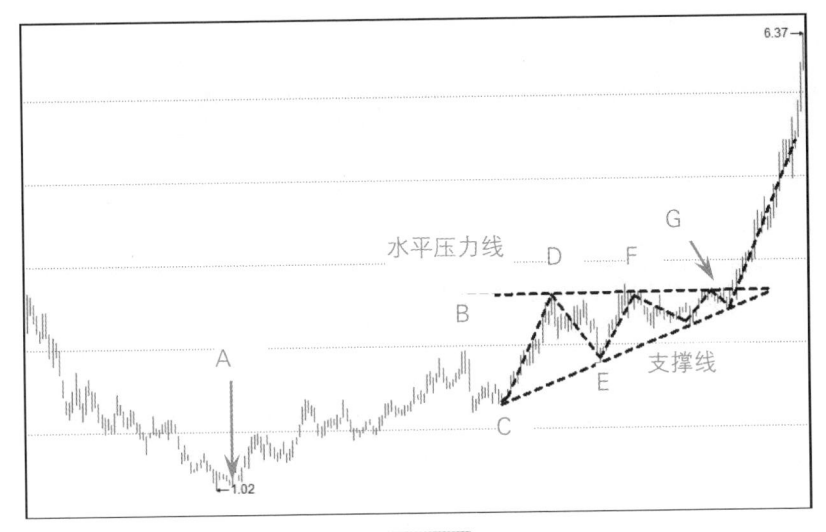

图 23-20

该股在 B 点处经过短暂的下挫回调后，在 C 点处开始上升，上涨至 D 点价位处附近受阻，随后出现缩量回调，但是在高于前低点的位置 E 点止跌回升，经历一波放量上涨后又在前高点（D 点价位）附近受阻。

第二次回调又在更高的位置 F 点止跌回升，如此往复，直到 G 点处放量突破水平压力位。至此，上升三角形形态形成。

G 点处也被认为是买点，该股突破压力位后便强势攀升，随后一个月股价涨幅高达 77%。

需要注意的是，上升三角形只有突破水平压力线，股价上涨后，才是买入信号，如果股价跌破上升三角形的支撑线，后市看跌，则是卖出信号。

23.3.2 下降三角形

下降三角形的形状与上升三角形恰好相反，股价在某特定的水平线形成支撑位，因此股价每次回落至该水平线便反弹回升。随着买方力量不断减弱，股价每一次波动的高点都较前次低,于是形成一条向下倾斜的压力线,成交量在整个形态的完成过程中一直十分低迷,直至股价跌破该水平支撑位,下降三角形形态宣告形成。

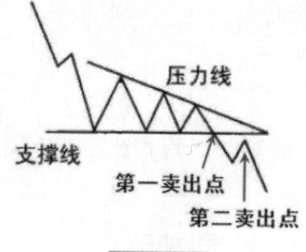

下降三角形的形态如图23-21所示。

下降三角形一般出现在下跌趋势中,少数出现在上涨趋势中。每一次下跌的低点基本处在一条水平线上,上升的高点却逐渐降低。连接这些低点就形成了水平支撑线,连接这些高点就形成了压力线。当股价突破支撑线时,后市看跌,是卖出的信号。

> 下降三角形成形的过程中,成交量沿着三角形尖端方向逐渐萎缩。

图23-22所示是三一重工(600031)的日K线走势图,该股经历前期的震荡上升,于图中A点处触顶回落,跌落至B点处受到支撑开始反弹,在C点处再次受到空方的压力,股价开始下跌,连接A、C两个高点,就是下降三角形的压力线。跌至D点处受到支撑,再次开始反弹,B、D点价位处于同一水平,连接这两点的水平线,形成了支撑线。

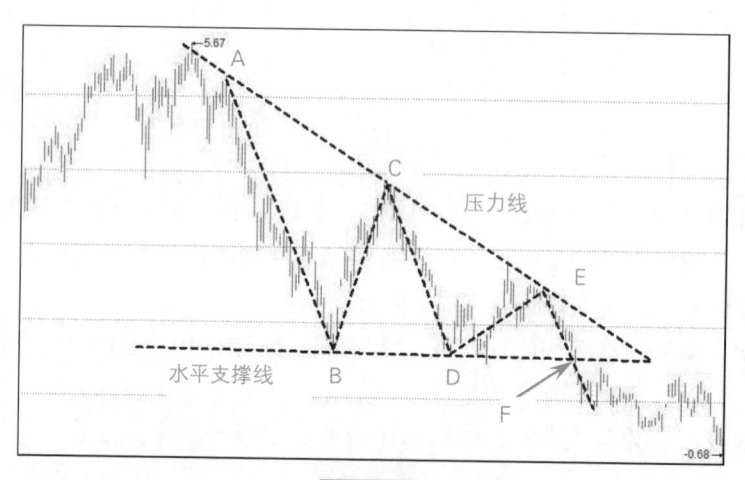

图23-22

股价在D点后震荡式上升,但很快受到压力线的阻止,股价第三次下跌,这次上升的高点E明显低于前两次,说明多方力量殆尽,空方蓄势待发。果然,这次下跌,股价跌破水平支撑线。至此,下降三角形形态形成。

最后一次下跌与水平支撑线的交点F,可认为是卖点。

需要注意的是,下降三角形只有跌破水平支撑线,股价继续下跌,才是卖出信号;如果股价突破下降三角形的压力线,后市看涨,则是买入信号。

三角形整理形态成形的过程中，如果每次反弹的高点逐渐降低，而每次下跌的低点逐渐升高，那么最终生成的三角形形态叫对称三角形，如图23-23所示。其实上升三角形和下降三角形是对称三角形的特殊形态。

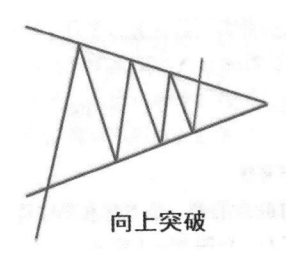

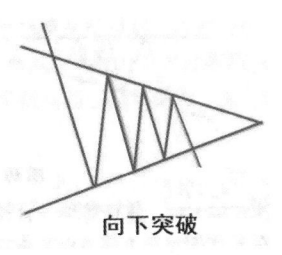

向上突破　　　　　　向下突破

图 23-23

23.3.3 扩散三角形

不论是上升三角形、下降三角形，还是对称三角形，它们都有一个特点，就是压力线和支撑线随着时间的推移，最终形成一个收敛尖端，因此，这种三角形形态也称为收敛三角形形态。

与收敛三角形形态对应的还有一种三角形形态，它的压力线和支撑线随着时间的推移，开口逐渐扩散变大，这类三角形形态叫作扩散三角形形态，因其形状酷似喇叭，又称其为喇叭形。

扩散三角形形态如图23-24所示。

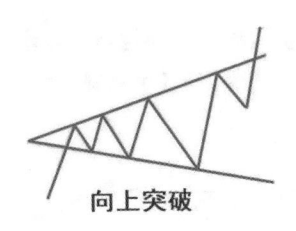

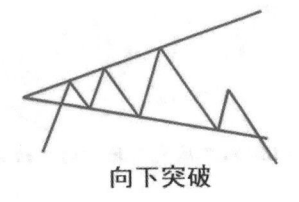

向上突破　　　　　　向下突破

图 23-24

扩散三角形的股价或指数整理时，上升的高点逐渐升高，下跌的低点逐渐降低，整个走势的波动幅度越来越大。将高点连接起来生成压力线，将低点连接起来生成支撑线，就可以画出一个尖端朝左的开口三角形。

扩散三角形大多出现在上涨趋势中，下跌趋势中比较少见，底部几乎不出现扩散三角形形态。扩散三角形形成过程中成交量活跃，但无明显规律性变化。

在扩散三角形形态中，股价或指数向下突破扩散三角形的下边线，后市看跌，是卖出信号。反之，向上突破上边线，后市看涨，是买入信号。

图 23-25 所示是浦发银行 (600000) 的日 K 线图，该股股价经过前期大幅拉升后，在高位走出扩散三角形的整理形态，经过几次上下波动，振幅越来越大，之后股价走低并击穿三角形下轨，股价一路下跌。

图 23-25

23.3.4 旗形

旗形因股价的走势形似旗帜而得名，从几何学上看，它其实是上倾或者下倾的平行四边形。旗形分为上升旗形和下降旗形，如图 23-26 所示。

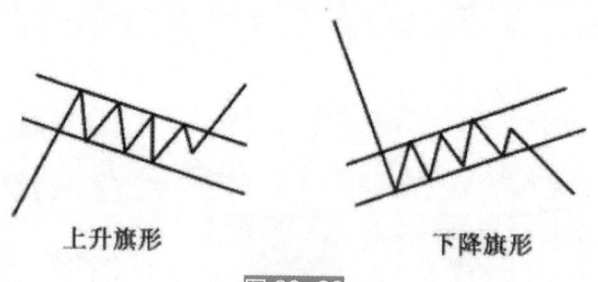

图 23-26

在旗形形态中，成交量从左往右整体逐渐下滑，股价经历一段紧密的波动，形成与原趋势方向相反的倾斜的平行四边形。旗形出现前，价格直线上涨或直线下跌形成的轨迹是旗杆。旗形的上下两条平行线起着压力和支撑作用，其中一条线被突破即意味着旗形正式形成。

> 旗杆向上是上升旗形，旗杆向下是下降旗形。

1. 上升旗形

上升旗形经常出现在上涨行情中，股价经过整理后，大多选择向上突破并继续上涨，所以称为上升旗形。因为上升旗形旗面向下飘，所以又称下飘旗形。

图 23-27 是新坐标（603040）的日 K 线图，该股股价经过微调后开始加速上涨。在图中 A 点处，收出一根带长上影线的小阳线，然后股价掉头向下，这一天的最高价也就成了该股走势的短期高点。这段时间价格的上涨轨迹形成了旗杆。

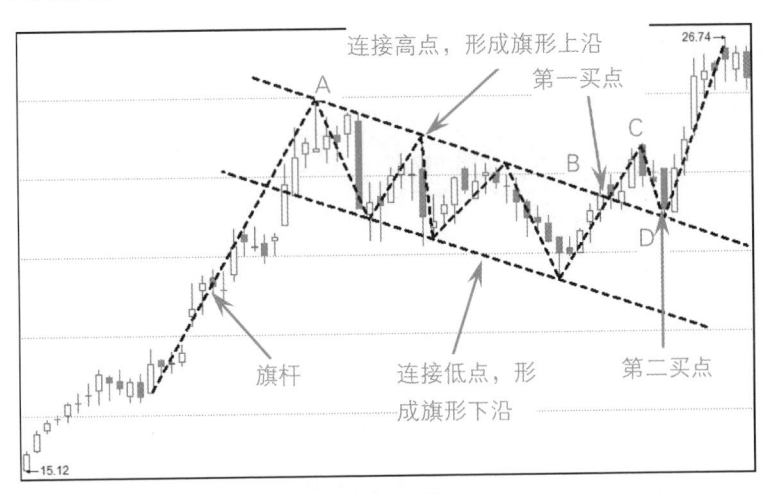

图 23-27

A 点之后，股价走出了一段振荡下跌走势，成交量也呈现出逐渐萎缩的态势。将股价逐渐下降的高点和低点分别相连，形成了一个向下倾斜的平行四边形，这是典型的上升旗形形态，预示后市将会上涨。看到这种形态后，投资者应保持观望，不宜着急卖 股票。

在 B 点处，股价成功突破上升旗形的上边线，上升旗形构筑完成。投资者此时可以逢低买入。

几个交易日后，股价在 C 点处出现回抽现象。在 D 点处，股价在旗形的上沿获得支撑后重新开始上涨，确认了之前突破的有效性。对于投资者来说，这又是一次绝好的买入机会，投资者可以实施加仓操作。

2. 下降旗形

下降旗形与上升旗形的市场意义正好相反，经常出现在下跌行情中，股价经过一波快速下跌后，形成了一个稍微向上倾斜的平行四边形调整形态。因为该形态像一面倒过来的旗帜，所以称之为下降旗形。又因为下降旗形旗面向上飘扬，所以又称上飘旗形。

一般来说，旗形形态的形成与成交量关系密切。在形态内的成交量逐渐递减，因为旗形属强势整理，所以成交量不能过度萎缩，而是要维持在一定的水平。但股价一旦完成旗形整理，向上突破上沿后，股价会伴随巨大的成交量大幅上涨；相反，如果股价跌破下沿后，股价会伴随着极小的成交量大幅下跌。

图 23-28 所示是新疆火炬（603080）日 K 线走势图，该股经过一波下跌后，于 A 点处反弹，A 点处的股价也就成了该股近期的低点。

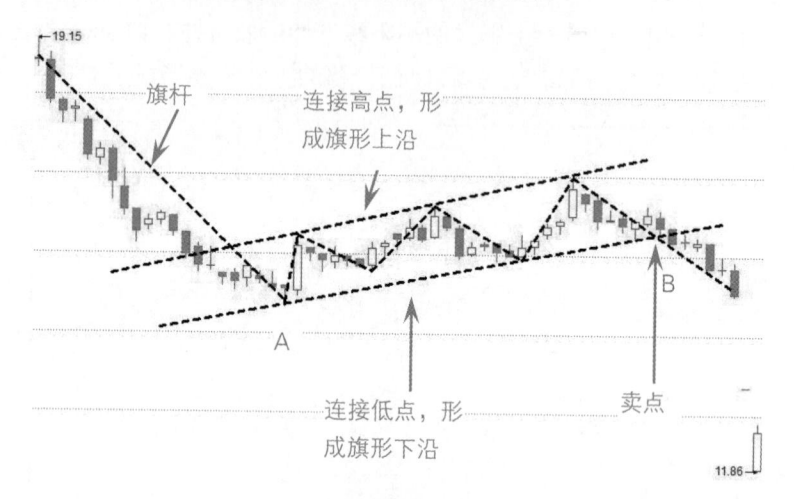

图 23-28

反弹之势并未真正形成，而是开启了一波小幅振荡上涨行情，将其逐渐升高的高点和低点分别连接，就形成了一个向上倾斜的平行四边形，这是典型的下降旗形形态。

终于在 B 点处股价以中阴线跌破了下降旗形的下沿，该点是卖出点。此后，该股股价出现了一波加速下跌走势。

23.3.5 楔形

楔形整理形态的股票价格或指数在两条收敛的直线中浮动，但不同于三角形整理形态的是，楔形的两条界线同时上倾或下斜。楔形形态的成交量变化和三角形形态一样，都是向顶端逐级递减。

楔形整理形态分为上升楔形和下降楔形。

1. 上升楔形

上升楔形形态如图 23-29 所示，股价或股指经过一段时间下跌后，在 A 点受到反弹，股价升至 B 点后掉头下落，但回落点 C 较前次的低点高，随后再次上升至新高 D 点，D 点较 B 点高，其后股价再回落，形成一浪高过一浪的走势。

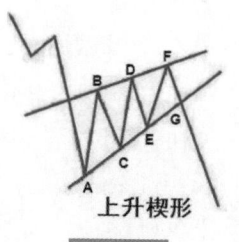

图 23-29 上升楔形

把短期高点 B、D 相连，形成一条压力线。同时把短期低点 A、C 相连，形成一条支撑线，最后就形成两条同时向上倾斜的直线。下面的支撑线比压力线陡峭些，成交量越接近端部越少。

图 23-30 是 CCSW 电子（399811）的日线图，该股从 4712.49 元高点开启一波下跌行情。该股在 A 点处收出一根中阳线，随后股价进入了整理行情。在波动中，该股反弹的高点和回落的低点都有逐渐上升的趋势，且高点的连线和低点的连线呈收敛状，从而形成了一个上升楔形形态。

图 23-30

该股股价在 B 点处开始连续向上拉升，给人一种即将大涨的感觉。但当股价向上触及楔形的上沿后，立即反转向下，并跌破楔形的下沿。

跌破下沿 5 个交易日后股价再次反弹，只不过这次反弹碰到楔形下沿后，立即直线向下，说明这次反弹只是上升楔形形成后的反抽。

上升楔形和三角形一样属于修复整理形态，常在下跌行情的整理阶段出现，整个下行趋势并未发生改变。如果后市向下跌破支撑线，股价会急速下跌，一般会将整理阶段上涨的价格全部跌掉，甚至还可能跌得更多。

上升楔形的形成时间一般会比较长，而且时间越长，未来股价跌破楔形后下跌的幅度会越大。上升楔形整理的幅度越大，跌破楔形后的下跌幅度也越大。

2. 下降楔形

下降楔形形态如图 23-31 所示，股价或股指经过一段时间上涨后，在 A 点受到压力，股价下降至 B 点后转头上攻，但上涨点 C 较前次的高点低，随后受到压力再次回落，这次回落的新低点 D 较前低点 B 更低，其后股价再次反弹，形成一浪比一浪弱的走势。

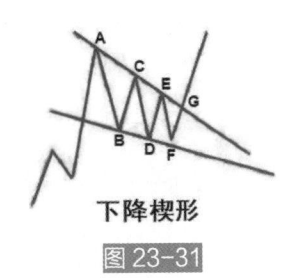

把短期高点 A、C 相连，形成一条压力线。同时把短期

下降楔形

图 23-31

低点 B、D 相连，形成一条支撑线，最后就形成两条同时向下倾斜的直线。上面的压力线比支撑线陡峭些，成交量越接近端部越少。

下降楔形常在上升行情的整理阶段出现，整个上行趋势并未发生改变。如果后市向上突破压力线，后市看涨，可考虑买入。

和上升楔形相同，下降楔形的形成时间也比较长，而且时间越长，未来股价突破楔形后上涨的幅度会越大。下降楔形整理的幅度越大，突破楔形后的上涨幅度也越大。

图 23-32 是联创股份（300343）的日 K 线走势图，随着前期的连续上涨，在 A 点位置股价呈现出巨大的波动，形成了一根显著的长阴线。随后，该股进入了调整阶段。在这个过程中，反弹的高点和回落的低点呈现出逐渐下降的趋势，形成一个明确的下降楔形形态。

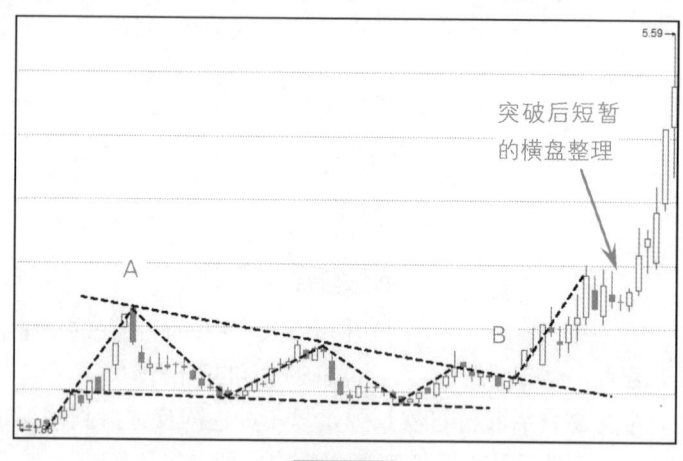

图 23-32

这个下降楔形的下边线明显比上边线更平缓，而且随着形态的发展，成交量逐渐萎缩。这进一步验证了下方的支撑力度较大，预示着股价在调整结束后很可能会重回上升轨道。

在 B 点，一个重要的转折出现了。这里，股价成功地放量，突破了下降楔形的上边线，明确地给出了一个买入信号。

突破上边线后，该股出现了短暂的横盘整理，但并没有出现预期的回抽走势。经过短暂的调整后，股价重新步入了上升通道。

23.4 新股民学堂——缺口

缺口又称为跳空，股票价格在快速大幅变动中，有一段价格区间没有任何交易，显示在K线图上便是一个空白区域，这个区域就是缺口。缺口是主力资金在次日坚决买进或坚决抛售形成的。

缺口可以分为向上缺口和向下缺口，向上缺口又叫跳空高开，向下缺口又叫跳空低开。

向上缺口和向下缺口的形态如图23-33所示。

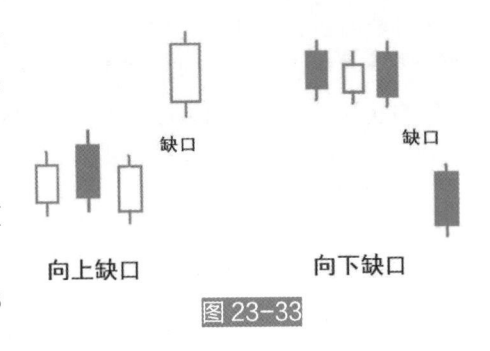

图23-33

23.4.1 向上缺口

向上缺口是指股价或指数见底或整理之后，向上突破留下的缺口。向上缺口又分为向上突破缺口、向上持续缺口和向上竭尽缺口，前两个是买入信号，最后一个是卖出信号。

1. 向上突破缺口

向上突破缺口经常出现在转势技术图形或整理技术图形中，如在头肩底、上升旗形、下降楔形等形态突破时出现。向上缺口一般伴随着较高的成交量，如果成交量萎缩，则缺口有可能很快被封闭。突破缺口一旦被封闭，意味着趋势并没有逆转。

> 缺口的封闭又叫回补，是指股价出现缺口后，经过几天甚至更长时间的变动，回到原来缺口的价位。
>
> 股价或指数以缺口的方式突破整理技术图形或转势技术图形，要比那些没有缺口的走势更为有力。

2. 向上持续缺口

向上持续缺口通常出现在突破缺口之后的上涨中途。向上持续缺口，顾名思义，是指股价仍然会沿着原来的上涨势头持续下去。

3. 向上竭尽缺口

向上竭尽缺口预示股价或指数的上涨已经接近尾声。收出缺口的当日或次日，如果成交量较之前显著放大，但此后的价格和成交量却都无法持续增加，那么基本可以判定该缺口是竭尽缺口，而非持续缺口，股价随后见顶的概率很大。

图23-34是国新健康（000503）的日K线图，该股经历了长期的下跌后，股价于5.29元见底后启动反弹，期间一共经历了四个缺口。

该股以涨停板形成第一个缺口，并且当日和之后成交量都陡增，因此可以判定此缺口是向上突破缺口。两日、三日后，该股再次以涨停板形成第二个、第三个缺口，之后股价并没有马上回调，而是横盘整理，与此同时伴随有大的成交量，这是上升趋势的延续，因此可以判断这两个缺口是向上持续缺口。

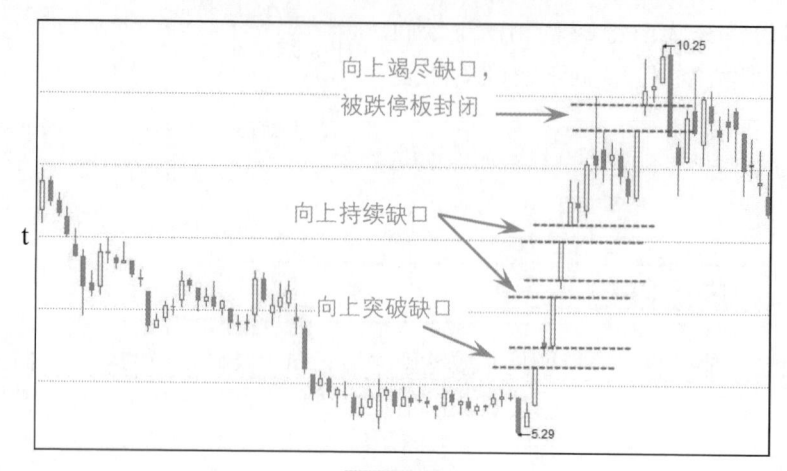

图 23-34

第四个缺口出现后，虽然接下来两日股价依然上涨，以阳线收盘，但成交量却出现萎缩，并且第三日以跌停板将该缺口封闭，因此，可以判定此缺口为向上竭尽缺口，后市看跌。从K线图上看，果然之后股价上涨乏力，转为跌势。

23.4.2 向下缺口

向下缺口是指股价或指数见顶或整理之后，向下突破留下的缺口。向下缺口又分为向下突破缺口、向下持续缺口和向下竭尽缺口，前两个是卖出信号，最后一个是买入信号。

1. 向下突破缺口

向下突破缺口经常出现在转势技术图形或整理技术图形中，如在头肩顶，下降旗形、上升楔形等形态突破时出现。向下缺口前后一般伴随着较高的成交量，如果缺口形成后成交量萎缩，则缺口有可能很快被封闭。突破缺口一旦被封闭，意味着趋势并没有逆转。

2. 向下持续缺口

向下持续缺口通常出现在突破缺口之后的下跌中途。向下持续缺口，顾名思义，是指股价仍然会沿着原来的下跌势头持续下去。

3. 向下竭尽缺口

向下竭尽缺口预示股价或指数的下跌已经接近尾声。向下竭尽缺口的成交量没有向上竭尽缺口的成交量那么有规律，缺口形成后成交量放大、缩小皆有可能。

图 23-35 是英力特（000635）的日 K 线图，股价见顶回落时，收出向下突破缺口形态，预示着下跌才刚刚开始，投资者要果断卖出离场。

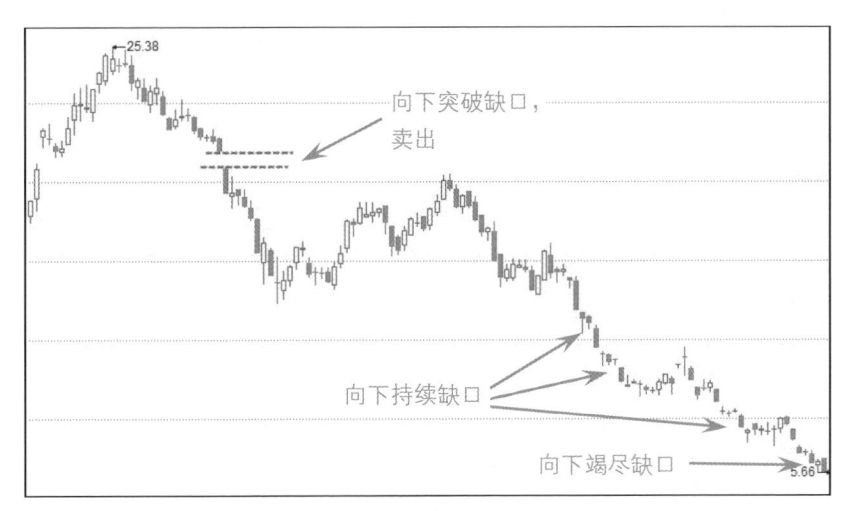

图 23-35

此后，股价又多次出现缺口，但股价整体仍是下降趋势，因此，可判断图中中间几个缺口均为向下持续缺口。

最后又一次出现缺口，但在该缺口之前和之后多次收出阳线，并且该缺口出现前，股价处于横盘整理阶段，说明此时空方已经力竭，多空双方实力正在悄然发生改变，因此，后市看涨，投资者可以买入进场。

除了上面介绍的缺口外，还有一类普通缺口。这类缺口不具有转势的技术含义，其通常出现在密集成交区域，例如三角形、矩形等整理技术图形当中。这类缺口和其他缺口最大的区别在于，出现后一般 3～5 个交易日就会被补回封闭。普通缺口和其他缺口的比较如图 23-36 所示。

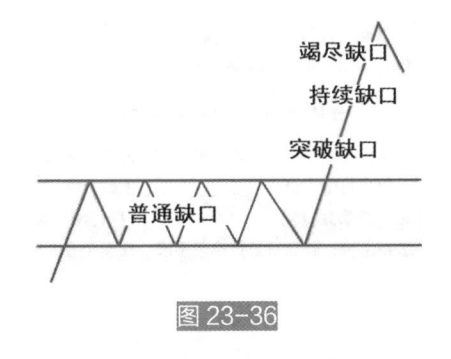

图 23-36

第 24 章

均线稳健盈利策略——股票买卖的制胜法宝

稳中求胜。——谚语

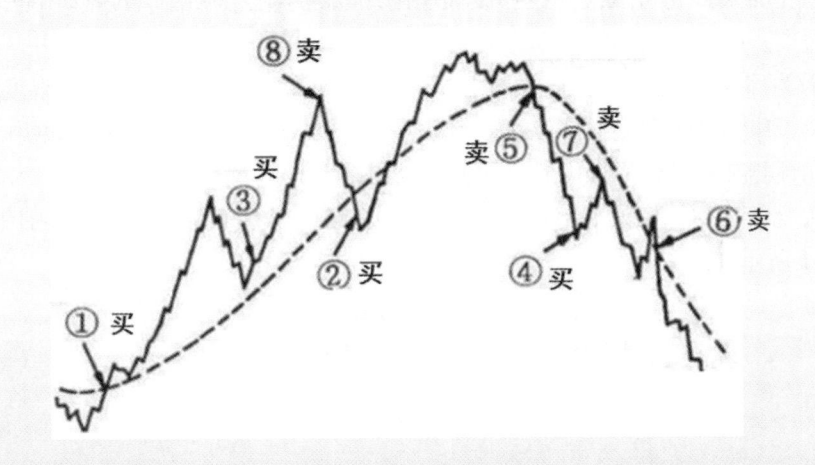

移动平均线也称均线，是投资者决策过程中可参考的关键要素。在股票市场的大海中，移动平均线是一盏指引航向的明灯，它以一种简洁而有效的方式，揭示了市场的趋势和动量。本章介绍如何利用均线策略进行稳健的投资决策，强调在稳定中寻求胜利的重要性。

24.1 移动平均线概述

移动平均线（Moving Average，MA）简称均线，它采用统计学中的"移动平均"原理，将一定周期内的价格平均值连成曲线，用来显示股价的历史波动情况，进而反映价格未来发展趋势。

24.1.1 移动平均线的意义

移动平均线是美国投资专家葛南维创建的，由道氏股价分析理论的"三种趋势说"演变而来，它将道氏理论和波浪理论加以数字化，从数字的变动中去预测股价未来短期、中期和长期的变动方向。

因为移动平均线是由一群数组的平均值组成的，所以它可以最大限度地避免短期人为操纵市场股价导致的失真，因此，移动平均线能够比K线更加明确地指示、确认和预测某一时间周期内股价或指数的变动方向。

大智慧软件默认显示5日、10日、20日、30日、60日和120日均线，如图24-1所示。

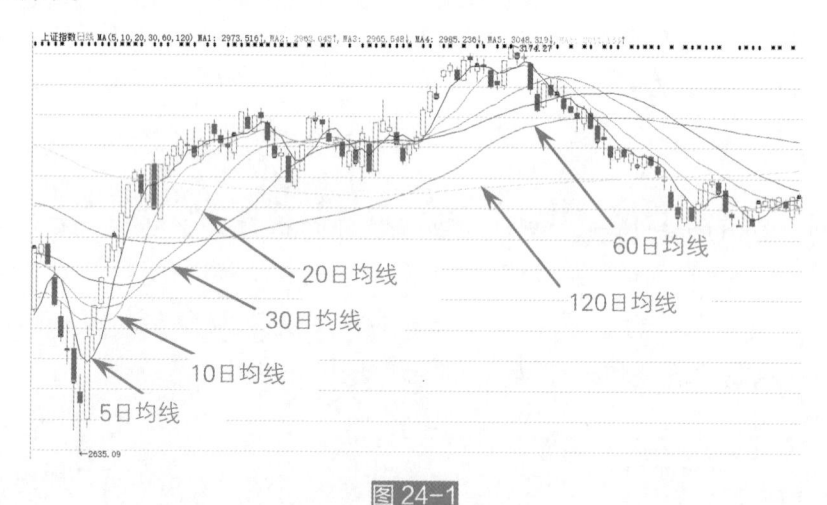

图 24-1

24.1.2 自定义均线的显示及参数

除了软件默认的均线外，我们还可以根据自己的习惯和交易需要，自行选择和调整均线的显示数量及时间周期。

自定义均线的方法如下：

❶ 进入任意股票的K线界面，右击鼠标并在弹出的快捷菜单中选择【指标】

→【修改指标公式】命令，如图24-2所示。

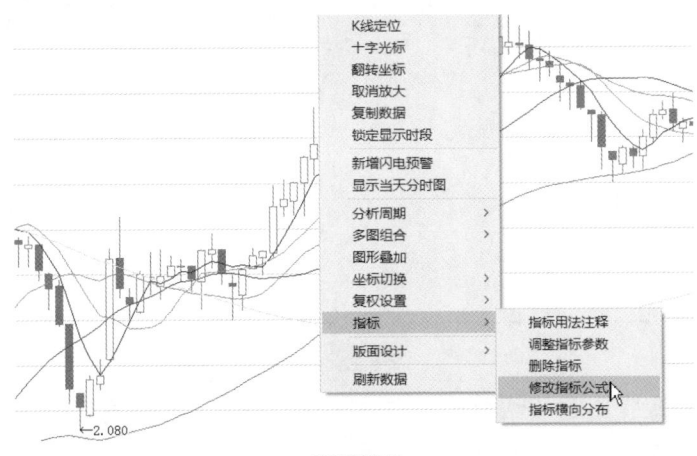

图 24-2

> 如果此时K线图上没有趋势线，在键盘上输入MA后按Enter键即可调出趋势线。

❷ 弹出【技术指标公式编辑器】对话框，在编号7中添加240日均线，然后输入对应的公式代码，如图24-3所示。

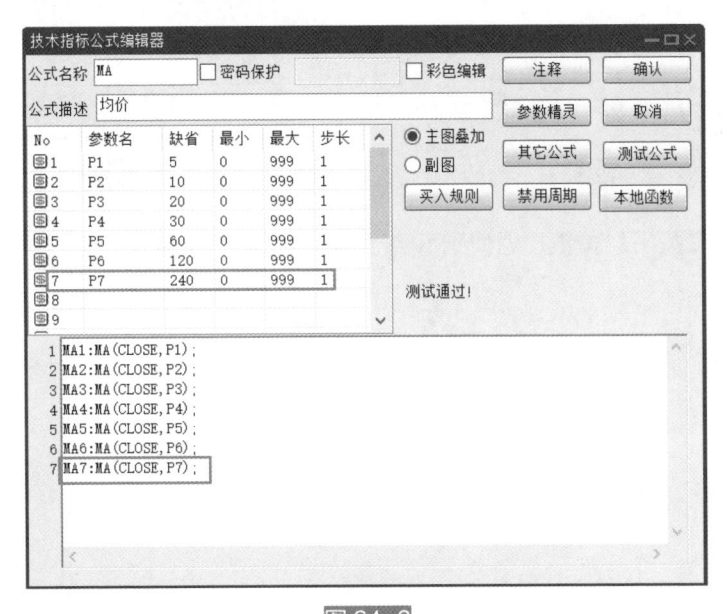

图 24-3

❸ 单击【确定】按钮，回到K线界面，结果如图24-4所示。

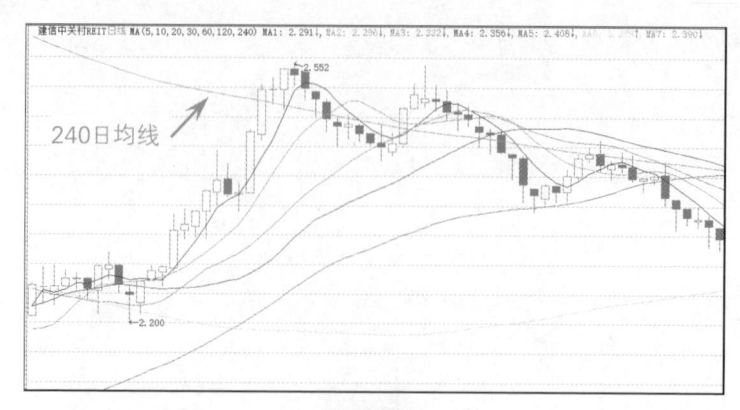

图 24-4

❹ 进入任意股票的 K 线界面，右击鼠标并在弹出的快捷菜单中选择【指标】→【调整指标参数】命令，如图 24-5 所示。

❺ 弹出【指标参数调整：--MA】对话框，如果只显示一条均线，例如 20 日均线，则全部调整为 20 日即可，如图 24-6 所示。

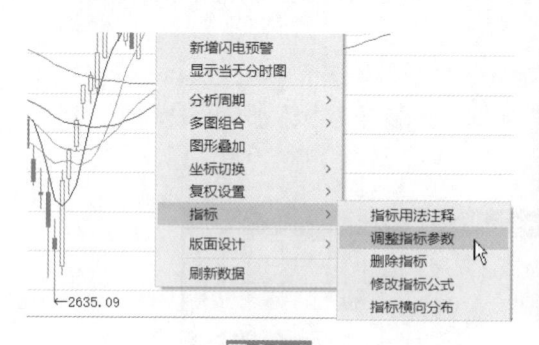

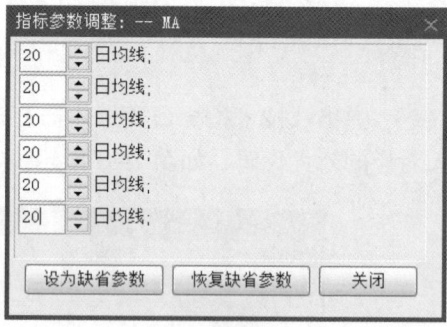

图 24-5

图 24-6

❻ 单击【关闭】按钮，返回到 K 线界面，如图 24-7 所示。

图 24-7

24.1.3 移动平均线的计算方法

移动平均线计算方法众多，最常用的是算术式移动平均线。

算术式移动平均线公式为

$$MA=(C_1+C_2+\cdots+C_n)\div N$$

其中，C 表示某日收盘价，N 表示移动平均周期。

例如，某只股票从第一天到第十天的收盘价依次为 5、6、7、8、9、10、11、12、13、14。如果计算 5 日收盘价的移动平均线，则计算如下：

第 5 天移动平均线数值 =（5+6+7+8+9）÷5=7

第 6 天移动平均线数值 =（6+7+8+9+10）÷5=8

第 7 天移动平均线数值 =（7+8+9+10+11）÷5=9

第 8 天移动平均线数值 =（8+9+10+11+12）÷5=10

第 9 天移动平均线数值 =（9+10+11+12+13）÷5=11

第 10 天移动平均线数值 =（10+11+12+13+14）÷5=12

将上述数值在图中以曲线的形式相连接，就可以绘制出 5 日移动平均线。从计算过程中可以看到，因为时间周期是向前推进的，所取的样本相应地会向前移动，所以叫作移动平均线。

> 移动平均线反映的是一段时间内的平均成交价格，是通过对历史数据计算得出的。由于计算方法的原因，移动平均线具有天生的滞后性，所以它无法及时反映当前的市场变化。

24.2 移动平均线的分类

移动平均线的分类方法有很多，但最常用的是根据周期进行分类。根据运行周期，可将移动平均线分为短期均线、中期均线和长期均线。

24.2.1 短期均线

常用的短期均线数值有 5 日、10 日、20 日等。短期均线反映的是股价或指数的短期趋势，灵敏度较高，滞后性较小，但当股价上下震荡剧烈时，均线的起伏会很大，稳定性较差，不容易看清中长期趋势的方向。

因为一周有 5 个交易日，所以 5 日均线又叫周均线。一个月去除法定节假日，交易日也就大概20天左右，因此，20日均线也叫月均线。10日均线正好是20天的一半，故10日均线也称为半月线。

> 20日均线介于短期均线和中期均线之间，有些资料将20日均线归类为中期均线。由于每个月的实际天数是30日，所以很多投资者也把30日均线叫月均线。

图24-8是陆科电子（002121）的日线图，股价在震荡整理过程中，上下波动起伏较大。5日、10日、20日均线紧紧跟随股价上下起伏，显示了短期均线反应灵敏，滞后性小的特点，但同时，也不容易看出中长期的趋势和方向。

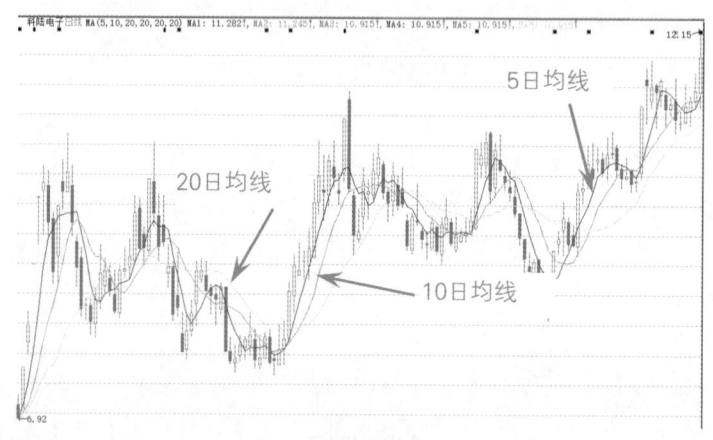

图 24-8

5日、10日、20日均线都是短期均线，它们之间相比较，5日均线灵敏度最高，滞后性最小，但稳定性最差；20日均线稳定性最好，但灵敏度最差，滞后性最大；10日均线的特点介于5日均线和20均线之间。

24.2.2 中期均线

中期均线用于观察和判断股价或指数中期趋势的延续和转折，最常用的中期均线有30日均线和60日均线。

1. 30日均线

30日移动平均线又称为生命线，对股价有极强的支撑和压制作用。

30日均线是一轮大波段上涨或下跌行情的生命基础。当股价突破30日均线，均线呈大角度向上攻击状态时，意味着中线大波段行情已经启动，此时中线应积极做多。

在一轮中级大波段行情中，当股价击穿生命线，生命线呈向下掉头状态时，意味着大级别调整或下跌行情已经展开，中线应积极做空。

图24-9所示是富石控股（300071）的日线图，从图上可以看出股价随均线变化有四个阶段。

第一阶段，当股价向上触及30日均线时就会受到强力的压制。

第二阶段，股价突破了30日均线，将会迎来一波中波上涨行情。

第三阶段，股价回落会受到强大的支撑。

第四阶段，股价跌破30日均线，均线大角度向下的同时股价也大幅下跌。

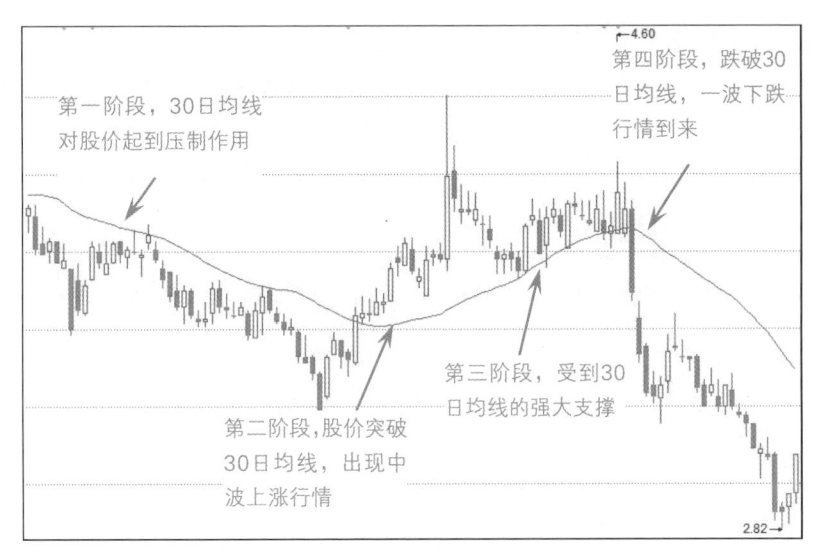

图24-9

2. 60日均线

60日移动平均线又称为决策线。60日均线的主要作用是考察股价中期反转趋势，当股价放量向上突破或向下突破后，说明一轮大级别的反转行情已经启动。

当股价向上突破60日均线后，如果均线呈向上攻击状态，后市看涨；相反，当股价向下跌破60日均线后，如果均线呈向下回头状态，后市看跌。

突破60日均线后，一般情况下会沿突破前的状态，在60日均线之上或之下至少运行10个交易日才会反转。与30日均线相同，60日均线也有极强的支撑和压制作用。

图24-10是森远股份(300210)的周线图，从图上看，不论股价向上突破60日均线，还是向下跌破60日均线，股价没有在短期内反弹，都沿着原趋势上涨或下跌了10个交易日以上。

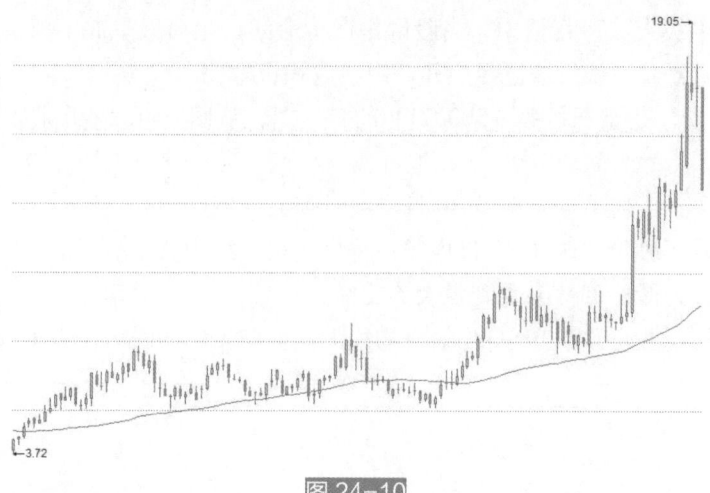

图 24-10

24.2.3 长期均线

长期均线用于判断指数或股价的长期趋势，长期趋势一般持续几个月至几年。由于均线滞后的原因，长期均线的时间周期通常略小于长期趋势的时间周期。

比较常用的长期均线有 120 日均线和 240 日均线。120 日均线是半年线，240 日均线是年线。

120 日均线和 240 日均线主要用来判断大盘趋势。通常认为：指数运行在 120 日均线和 240 日均线之下，且均线下行，是熊市；指数运行在 120 日均线和 240 日均线之上，且均线上行，是牛市。

图 24-11 是深证成指（399001）的日线图，深证成指一直在 120 日均线和 240 日均线下运行，并且两条均线也同时呈现向下运行的趋势，因此，后市依然看衰。

图 24-11

24.3 移动平均线的特性

移动平均线作为重要的技术指标，在股票市场中具有广泛的应用。其主要特性包括平稳性、滞后性、趋势特性、助涨作用、助跌作用、吸附功能等。

24.3.1 平稳性和滞后性

因为移动平均线采用的是"平均"价格，所以它不会像K线图那样高高低低震荡，而是起落平稳的。通常周期越长的移动平均线，稳定性越强。

移动平均线的滞后性是与稳定性相伴相生的。因为均线是通过对历史数据计算得出的，所以它无法及时反映当前的市场变化。

图24-12是维维股份（600300）的日线图，股价前期上涨缓慢，但突破60日均线之后，股价突然以涨停的方式向上突破120日均线的压力，接着连续涨停。短短6个交易日，股价涨幅就高达70%以上，但是120日均线和240日均线仅仅由走平转为略微上翘，30日均线和60日均线刚开始转为上行。5日均线、10日均线和20日均线虽然紧紧追随股价上行，但也被股价远远地抛在下面。

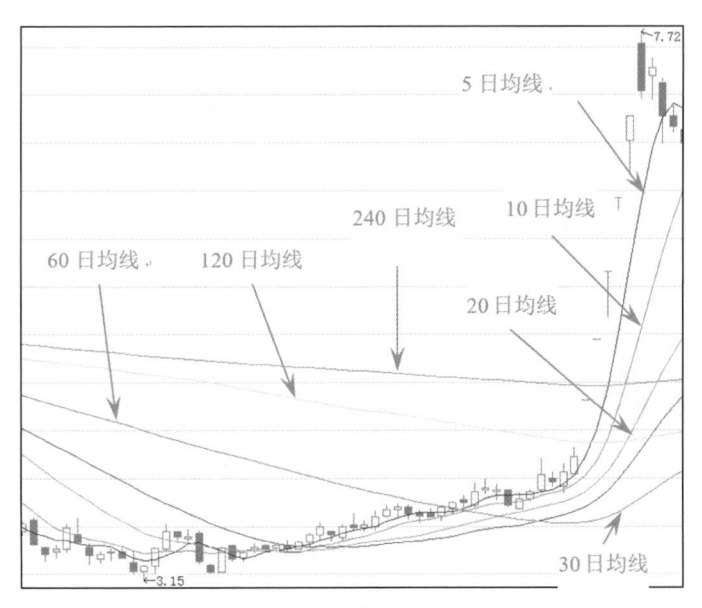

图 24-12

这种走势显示了均线的稳定性和滞后性，并且均线周期越长，稳定性和滞后性也越强。

24.3.2 趋势特性

由于股价或指数常常出现短期波动，这些波动可能掩盖了市场的主要趋势。而均线通过其稳定性能够平滑这些短期波动，帮助我们更清晰地识别和判断当前和未来的趋势。

均线方向指示趋势运行的方向，均线运行角度代表趋势运行的力度，均线运行的角度越陡峭，表明趋势力度越强。

图 24-13 是云赛智联（600602）的日线图，上升阶段高点和低点不断抬高，即使股价滑落到移动平均线下方，但由于移动平均线的方向没有改变，故移动平均线将发挥支撑作用，保持原上升趋势。

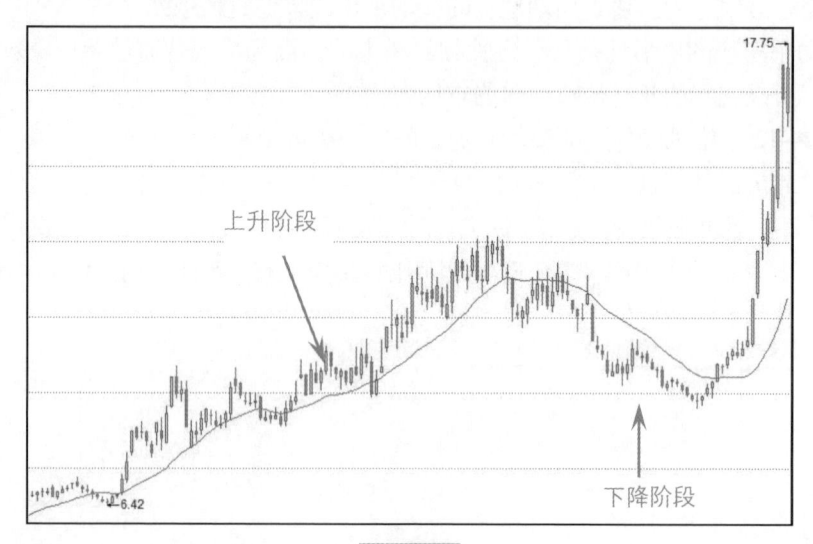

图 24-13

下降阶段高点和低点不断下降，即使股价突破移动平均线上方，但由于移动平均线的方向没有改变，故移动平均线将发挥压制作用，保持原下降趋势。

24.3.3 助涨作用

均线的助涨作用分为两种情况：一种是股价在均线之上运行，受到均线的支撑；另一种是股价向上突破均线后，促使股价加速上涨。

当股价运行在均线之上时，均线对股价具有支撑作用。这是因为市场平均成本在股价之下，市场筹码稀缺，而市场资金充裕，容易形成资金抢筹码的局面，从而推动股价进一步上涨。

当股价突破均线时，通常意味着市场开始看好该资产，买盘增加通常会促使其他投资者继续买入，从而加速股价的上涨。

图 24-14 是上证指数（000001）2014 年 7 月至 2015 年 6 月的周线图。从图上可以看到，指数一直沿着 10 日均线上升，每次回落至 10 日均线时都会得到支撑，再度上涨。

图 24-14

24.3.4 助跌作用

均线的助跌作用分为两种情况：一种是股价在均线之下运行，受到均线的压力，使股价难以突破均线；另一种是股价向下跌破均线后，促使股价加速下跌。

当股价运行在均线之下时，均线对股价具有压力作用。这是因为市场平均成本在股价之上，市场筹码充裕，而市场资金不足，容易形成抛筹兑现的局面，从而推动股价进一步下跌。

当股价跌破均线时，通常意味着在该时间段内买进该资产的投资者全部被套。因此，当股价跌破某一均线时，通常会促使其他投资者继续卖出，从而加速股价的下跌。

图 24-15 是上证指数（000001）2018 年 2 月至 2019 年 1 月的周线图。从图上可以看到，指数一直沿着 20 日均线上升，每次接近 20 日均线时都会遇到压力，再度下跌。

图 24-15

24.3.5 吸附功能

当股价或指数偏离均线过远时，市场会出现一种自然的回调趋势，使股价或指数向均线靠拢，这就是均线的吸附功能。

均线的吸附功能是因为股价或指数的过度上涨或下跌会导致市场参与者产生卖出的欲望，从而引发回调。同时，均线作为市场平均成本的体现，对于股价或指数具有稳定的作用，使得它们在偏离均线过远后产生回归的倾向。因此，从图形上看，市场似乎有一种向心力，将股价或指数拉回到均线附近。这种向心力是市场自然调整的结果，是均线稳定性的表现之一。

图24-16是市北高新（600604）的日线图，在一波震荡趋势中，股价经历了数次快速下跌和一次迅速上涨。尽管股价一度远离20日均线，但很快又受到一股无形的力量牵引，被吸附回到了均线附近。这表明，尽管股价在短期内可能受到各种因素的影响而产生大幅波动，但均线作为市场平均成本的体现，对股价具有稳定的作用。因此，在长期趋势中，股价往往围绕着均线进行波动，并最终回归到均线的位置。这不仅是均线稳定性的表现，也是市场自然调整的结果。

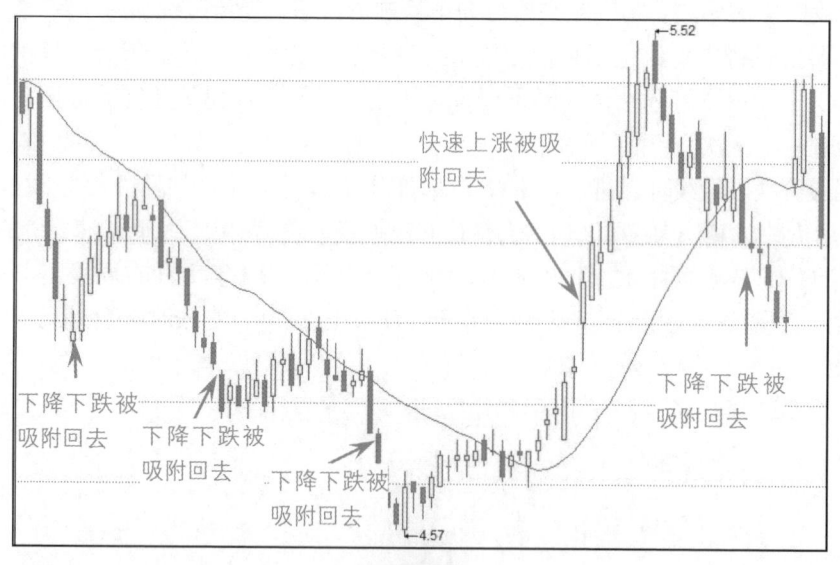

图24-16

24.4 新股民学堂——葛南维八大买卖法则

美国投资专家葛南维对移动平均线的研究颇有造诣，提出了移动平均线八大法则，其中四条为买进信号，另四条为卖出信号，如图24-17所示。

图 24-17

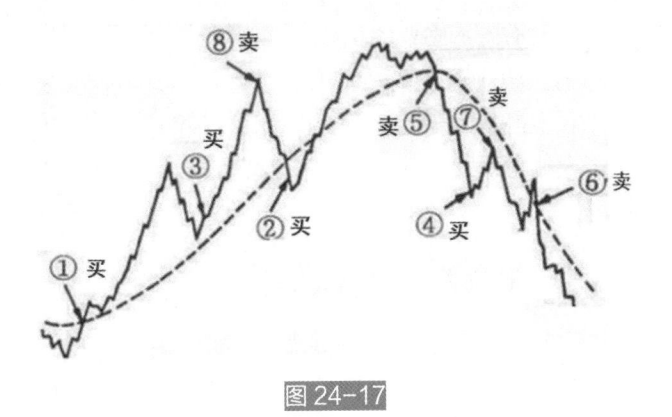

> 均线吸附是均线对股价或指数的吸引，助涨助跌则是均线对股价或指数的排斥。

葛南维八大法则阐述如下。

(1) 当平均线从下降变为水平并有上升趋势时，这是市场转好的迹象。如果股价此时从均线下方突破均线，这就是一个明确的买入信号。简单来说，就是均线抬头、股价突破，买进（如图 24-17 中①所示）。

(2) 当股价跌落到平均线下方，同时平均线仍然保持上升趋势，这是买入的信号（如图 24-17 中②所示）。

(3) 当股价在平均线之上运行时，即使出现短暂的下跌但未跌破平均线，随后又再次上升，这也是一个买入的信号（如图 24-17 中③所示）。

(4) 当股价趋势处于平均线之下时，如果出现突然暴跌并且远离平均线的情况，这通常意味着乖离过大，随后极有可能向平均线回归。在这种情况下，同样是一个买入的信号（如图 24-17 中④所示）。

(5) 当平均线的波动从上升趋势转变为水平线时，如果股价从平均线上方跌破平均线，表明卖压逐渐加重，是一个卖出的时机（如图 24-17 中⑤所示）。

(6) 当股价在平均线附近徘徊，而平均线继续呈现下降趋势时，这是一个卖出的信号（如图 24-17 中⑥所示）。

(7) 当股价在平均线之下运行，并且在回升时未能超过平均线，同时平均线也开始从水平趋势转为再次下降，这是一个卖出的信号（如图 24-17 中⑦所示）。

(8) 当股价在上升趋势中并且位于平均线之上，但与平均线的距离逐渐拉大（连续数日大涨）时，表明近期购买该股票的投资人都获得了可观的利润。随着获利回吐的出现，卖压可能会增加，因此应考虑卖出（图 24-17 中⑧所示）。

葛南维认为，第二条与第六条实际运用起来风险较大，不熟悉平均线的投资人，可放弃这两条原则，以免承担不必要的风险。

如果将第一条与第三条、第五条与第七条合并使用，我们会发现：当移动平均线从下降转为水平并有上升趋势时，这可能表明市场趋势正在发生变化。如果股价从移动平均线下方向上突破平均线，并且在回跌时没有跌破移动平均线，这可能是一个很好的买入时机。这是因为这种趋势表明市场正在积聚力量，股价有可能继续上涨。

同样，当移动平均线从上升转为水平并有下降趋势时，这可能表明市场趋势正在逆转。如果股价从移动平均线上方向下突破平均线，并且在回升时无力穿越移动平均线，这可能是一个很好的卖出时机。因为这种趋势表明市场已经达到顶峰，并有可能开始下跌。

虽然葛南维第四条、第五条没有明确指出在股价距离移动平均线多远时应该买卖，但可以通过观察乖离率来弥补这一缺陷。乖离率是测量股价与移动平均线之间距离的指标，如果乖离率过大，则表明股价与移动平均线之间的距离过远，这时候可能是一个卖出的信号或者买入的信号。

第25章

均线形态与趋势——解密股市的趋势

凡事预则立，不预则废。——《礼记·中庸》

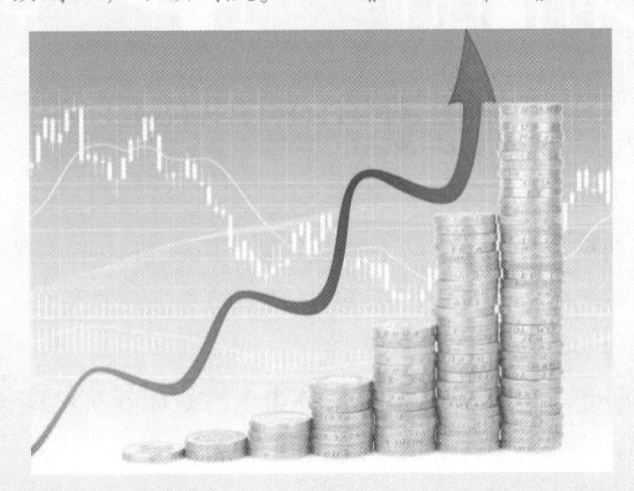

多条不同周期的均线交织在一起时，它们之间的组合排列便构成了一幅生动的市场画面，为投资者揭示了市场短期的波动、中期的调整和长期的走向。本章通过探讨均线的形态和趋势变化，揭示市场未来的走向，为投资者提供预测市场趋势的方法。

25.1 双均线组合的概念与分类

双均线组合是由一条时间周期较短的均线和一条时间周期较长的均线组合而成的均线分析系统。

单条均线难以同时满足灵敏性、稳定性、即时性的要求。为了克服这些局限性，在操作中常采用双均线组合策略，通过结合不同时间周期的均线来优化交易决策。

双均线组合虽然只是两条均线，但根据短周期、中周期、长周期进行排列组合，就会生出无数种组合。一般按照不同时间周期，双均线组合可分为短周期组合、中周期组合和长周期组合。

1. 短周期组合

常见的短周期组合有5日和10日均线组合、5日和20日均线组合，5日和30日均线组合，以及10日和30日均线组合。

2. 中周期组合

常见的中周期组合有5日和60日均线组合、10日和60日均线组合，20日和60日均线组合，以及30日和60日均线组合。

3. 长周期组合

常见的长周期组合有20日和120日均线组合、20日和240日均线组合，30日和120日均线组合，以及30日和240日均线组合。

25.2 双均线组合的股票买入原则

双均线组合的买入和持仓原则如下。

买入和持仓原则	股价向上突破上行长周期均线，买入；
	股价下跌，遇长周期均线上行支撑止跌回升，买入；
	突破短周期线，并在上行长周期线上方运行，买入；
	短期均线下行，遇长期均线支撑止跌反弹，买入。

25.2.1 股价向上突破上行长周期均线

图25-1是中天火箭（003009）的日K线图，图中的两条均线分别是5日均线和20日均线。

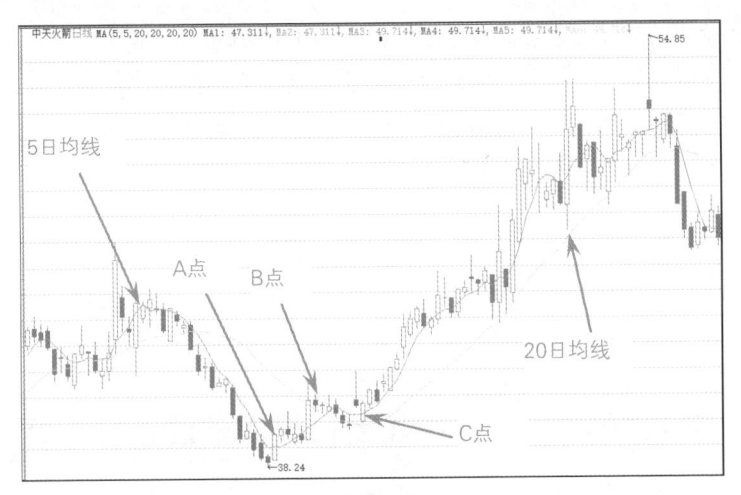

图 25-1

股价在经过一轮下跌之后，在 A 点处收出大阳线，并突破 5 日均线开始反弹，但因为此时股价仍在 20 日均线下，所以不是稳妥的买入点。

随后股价继续上爬，虽然在 B 点处突破 20 日均线，但因为 20 日均线呈下行趋势，所以该点也不是理想的介入点，应继续观望。果然，之后股价掉头下跌。

在 C 点处止跌反弹，与此同时，5 日均线和 20 日均线皆向上运行，因此，该点是理想的买入点。

25.2.2 股价下跌，遇长周期均线上行支撑止跌回升

图 25-2 是淮北矿业（600985）的日 K 线图，图中的两条均线分别是 5 日均线和 30 日均线。

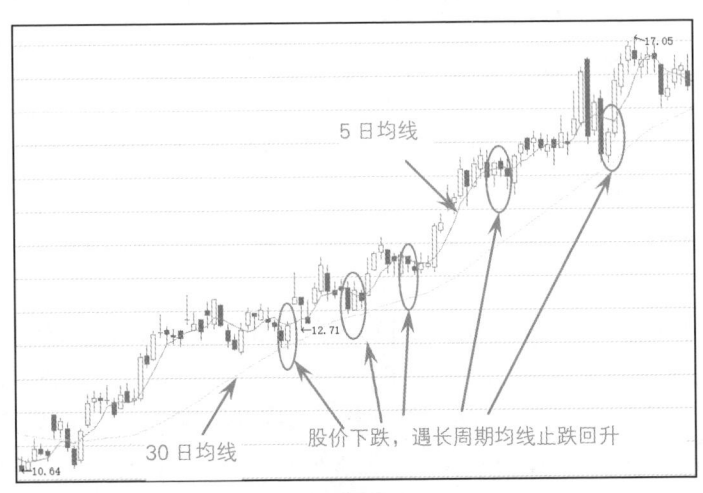

图 25-2

股价沿着 30 日均线上行，呈现出一种上山爬坡的均线技术形态。这种形态表明市场正在积累力量，为接下来的上涨行情做好准备。在这个阶段，股价会在多次的调整中寻找支撑，而 30 日均线成为一个重要的支撑线。每当股价在调整过程中触及或接近这条均线时，它都会受到支撑并止跌回升，这给了投资者一个明确的信号：市场的买盘力量正在逐渐增强。

对于投资者来说，这是一个非常好的买入或加仓的机会。当股价在调整之后再次启动上涨，并且成功突破 5 日均线时，往往是一个明确的买入点。突破 5 日均线意味着市场的短期动量已经转向多头。

25.2.3 突破短周期线，并在上行长周期线上方运行

图 25-3 所示是特宝生物（688278）的日线图，图中的两条均线分别是 10 日均线和 60 日均线。

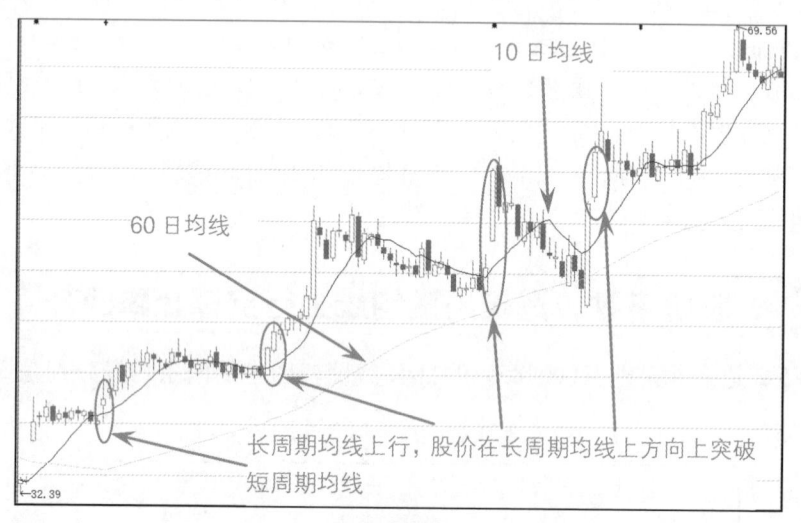

图 25-3

从图 25-3 可以看出，在长周期均线（60 日均线）呈现上行支撑下，股价表现出更为稳健的上涨趋势。当股价四次向上突破短周期均线（10 日均线）时，每次都伴随着加速上涨的行情，这进一步验证了向上突破短周期均线是一个值得关注的买入点。

短周期均线（如图 25-3 中的 10 日均线）通常能够更灵敏地反映股价的短期波动。当股价成功突破这条均线时，往往意味着市场的短期动量已经转向多头，这为投资者提供了一个明确的买入信号。特别是在长周期均线（如图 25-3 中的 60 日均线）提供坚实支撑的情况下，这种突破往往更加可靠，因为长期的上涨趋势为短期的上涨提供了坚实的基础。

25.2.4 短期均线下行，遇长期均线支撑止跌反弹

图 25-4 是中煤能源（601898）的日线图，图中的两条均线分别是 20 日均线和 120 日均线。

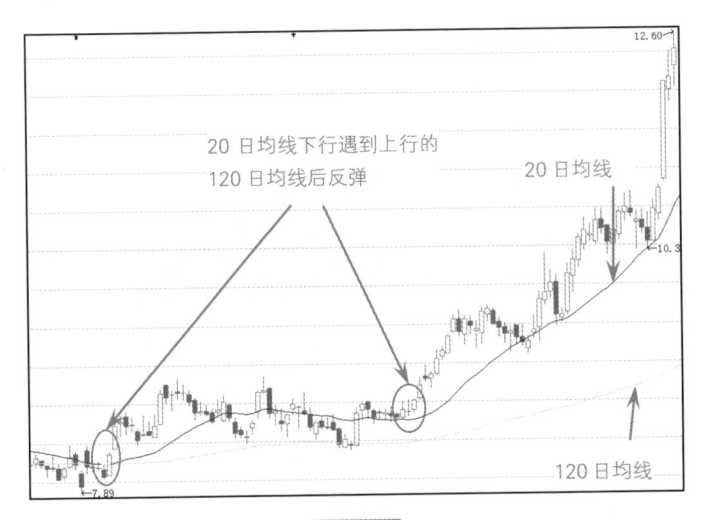

图 25-4

20 日均线作为短期趋势的指示器，它的起伏波动直接反映了短期内市场情绪的变化。而 120 日均线，作为中长期趋势的支撑线，它的稳定性更强，更能够反映市场的长期走势。

从图 25-4 中我们可以看到，股价和 20 日均线多次下探 120 日均线，但每一次都在其附近得到支撑并重新转头向上。这种走势表明，虽然市场短期内经历了一些波动和调整，但中长期趋势仍然保持稳健。因此，基于上述分析，可以认为市场正在经历短期的调整，但中长期趋势仍然向好。对于投资者而言，这可能是一个买入的良机。

25.3 双均线组合的股票卖出原则

双均线组合的卖出和空仓原则如下。

卖出和空仓原则	股价跌破长周期均线，随后长周期均线下行，卖出；
	股价急速飙升，远离长周期均线，减仓；
	长周期均线下行，空仓。

25.3.1 股价跌破长周期均线，长周期均线下行

图 25-5 是金石资源（603505）的日线图，图中的两条均线分别是 5 日均线和 30 日均线。

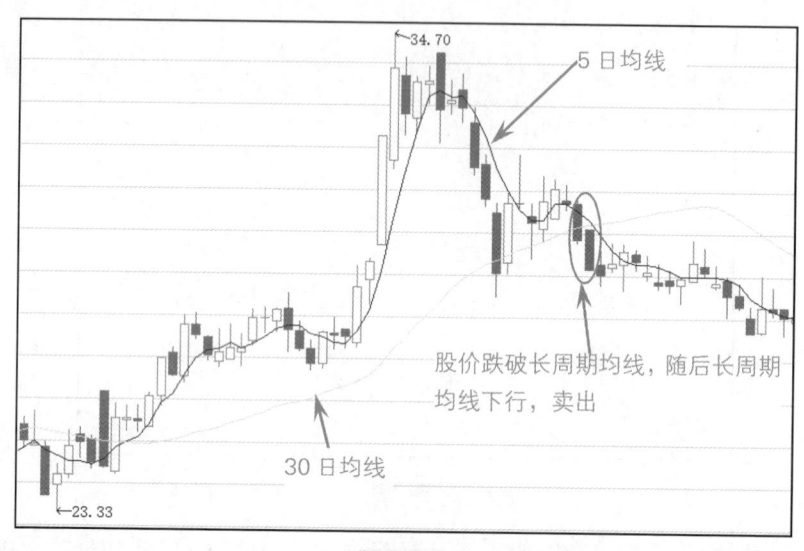

图 25-5

金石资源股价暴涨后迅速回落，最终跌破 30 日均线，这通常意味着短期的市场情绪已经发生了转变。随后不久，30 日均线上行转为下行的变化，进一步验证了市场上升趋势的结束。

尽管 30 日均线在跌破时依然保持上行趋势，交易者也应该选择清仓出局，而非减仓。因为在趋势转变的初期，往往伴随着较大的不确定性，清仓出局可以避免因股价进一步下跌而带来的更大损失。

25.3.2 股价急速飙升，远离长周期均线

图 25-6 是渤海轮渡（603167）的日线图，图中的两条均线分别是 10 日均线和 60 日均线。

从图 25-6 中可以看出，渤海轮渡的股价确实经历了一段显著的上涨行情，其中股价沿着 10 日均线迅速上升，并与 60 日均线之间的距离逐渐扩大。

这种股价走势通常被视为短期上涨的信号，会吸引部分投资者的关注。然而，当股价远离 60 日均线时，这意味着股价已经超出了其长期趋势。在这种情况下，60 日均线往往会像一块磁铁一样，对股价产生牵引作用，引导其回调。这是因为许多投资者和交易系统都会将 60 日均线视为一个重要的参考线，当股价偏离这条均线

过远时，可能会引发一些卖盘，从而导致股价回调。

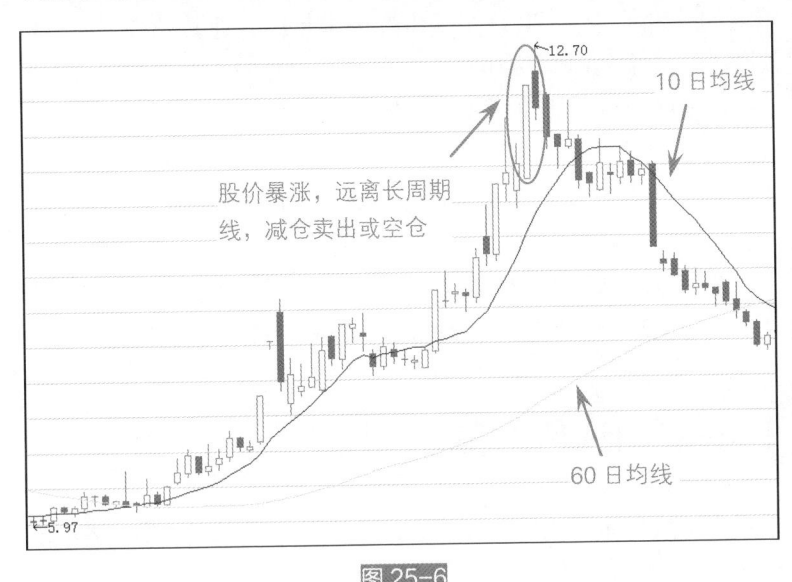

图 25-6

因此，在这种情况下，投资者应该保持警惕，不宜过度追高。相反，应该考虑减仓或空仓，以应对可能出现的股价回调。

25.3.3 长周期均线下行

图 25-7 是怡合达（301029）的日 K 线图，图中的两条均线分别是 20 日均线和 120 日均线。

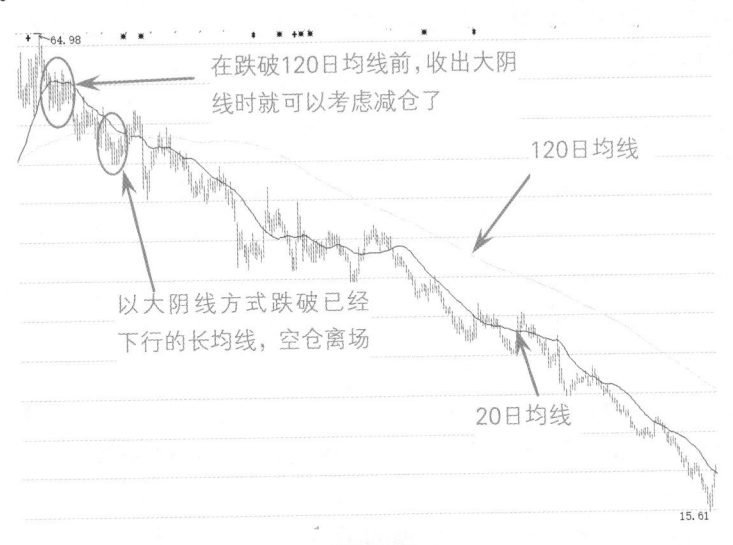

图 25-7

从怡合达的 K 线图来看，股价以大阴线的方式跌破了下行的 120 日均线，这是一个非常重要的技术信号。120 日均线也称为半年线，通常被视为股价的长期趋势线。当股价跌破这条均线时，往往意味着市场对该股的长期看好程度已经发生了变化，或者至少短期内市场对股价的支撑力量已经减弱。

对于交易者来说，面对这种情况，最安全的做法是采取防御措施。如果还没有建仓，那么此时应该避免买入，因为股价可能还有进一步下跌的空间。如果已经持有该股票，那么减仓卖出或清仓离场是明智的选择。

其实，在股价跌破 120 日均线之前，如果收出大阴线，这意味着市场情绪已经发生了明显变化，交易者如果警觉，此时就应该做好减仓或空仓的准备。

25.4 多根均线组合解密

相较于双根均线，多根均线可以提供更多的信息，帮助交易者全面地了解市场的趋势和动态，从而准确判断市场的走向。

多根均线的缺点是可能导致信息过载，并且多根均线之间可能会产生相互矛盾的信号，使交易者难以做出决策，增加判断的复杂性。

25.4.1 多头排列

多头排列是指在行情走势图中，短期均线、中期均线、长期均线依次从上到下排列且方向向上。多头排列出现在涨势中，是一种做多信号，表明后市继续看涨。多头排列的形态如图 25-8 所示。

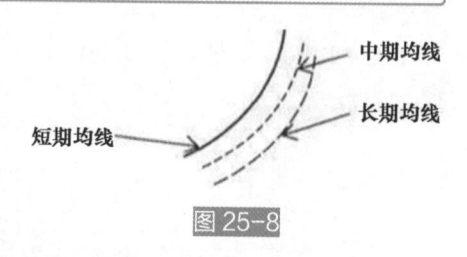

图 25-8

> 在多头排列初期和中期可积极介入，后期应谨慎。

图 25-9 所示是国债指数（000012）的日 K 线走势图，K 线、5 日均线、10 日均线、20 日均线、30 日均线、60 日均线由上至下以上升的势头依次排开，形成了一个几乎完美的多头排列走势。

多头排列表明一轮大行情来临，股价或指数将会持续上涨一大段时间，是交易者重要的持股期。此时，没有进场的投资者应及时建仓，已经入场的投资者应保持信心，继续持仓或加仓。

因为均线存在滞后性，形成多头排列时，股价往往已经上涨了很长一段时间，所以投资者很难在多头排列形成初期捕捉住买入点。但好在多头排列一旦形成，往往会持续较长的时间，因此，投资者可以在形成多头排列后观察一段时间再入场。

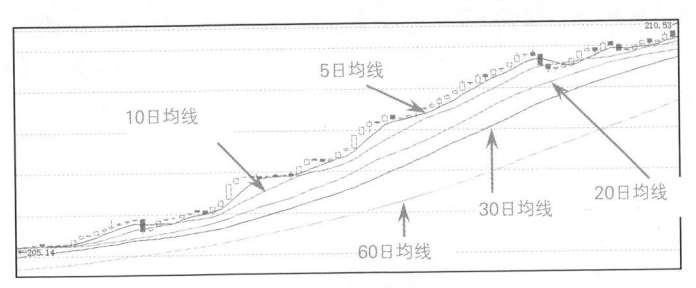

图 25-9

25.4.2 空头排列

空头排列是指在行情走势图中，短期均线、中期均线、长期均线依次从下到上排列且方向向下。空头排列出现在下跌趋势中，是一种做空信号，表明后市继续看跌。空头排列的形态如图 25-10 所示。

在空头排列初期和中期应尽快离场。

图 25-11 是埃科光电（688610）的日 K 线走势图，K 线、5 日均线、10 日均线、20 日均线、30 日均线、60 日均线由下至上以下降的势头依次排开，形成了均线空头排列形态。

图 25-10

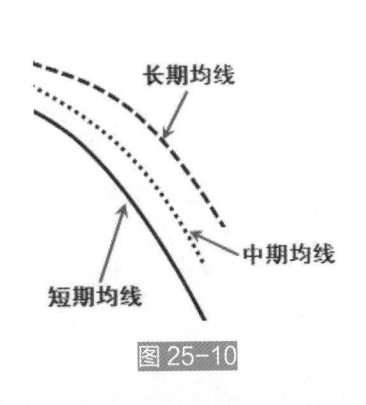

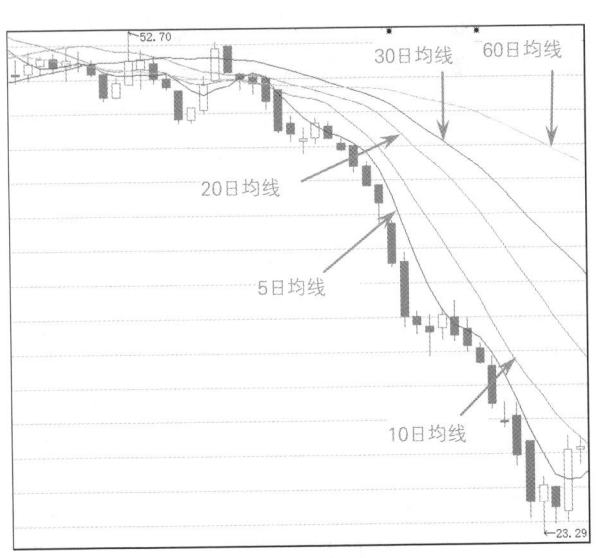

图 25-11

这样的形态说明市场已经进入空方主导的下跌行情中，这时市场处于弱势行情中，并且这种弱势行情还将继续，此时投资者应该尽快卖出手中的股票。

和多头排列一样，运用空头排列看趋势时，可以只选择短期均线和中期均线的组合方式，比如 5 日、10 日、20 日和 60 日均线组合。使用中短期均线组合，可以避免信号太迟的滞后缺点，又可以利用均线组合稳定的优点，得出大概的趋势判断结论。

> 均线空头排列形态的完成可能是以 5 日均线跌破 10 日均线为标志，也可能是以 10 日均线跌破 30 日均线为标志。如果未来 5 日均线突破了 10 日均线，或者 10 日均线突破了 30 日均线，则空头排列被破坏，这可能是下跌行情即将结束的信号。

25.4.3 均线黏合盘整和发散

均线黏合是指数或股价在长时间内的横向整理过程中，多条均线相互交织、接近或重叠的一种技术形态。这种形态在指数或股价的底部构建、调整、顶部形成以及反弹过程中较为常见。

均线黏合可以出现在趋势运行的任何位置，但经常出现在一段显著的上升或下降趋势之后。从图 25-12 所示的克来机电（603960）的周 K 线可以看出，股价经过大跌之后，进入了长期的震荡整理阶段，期间 5 日、10 日、20 日、30 日、60 日均线交织纠缠在一起，形成均线黏合状态。

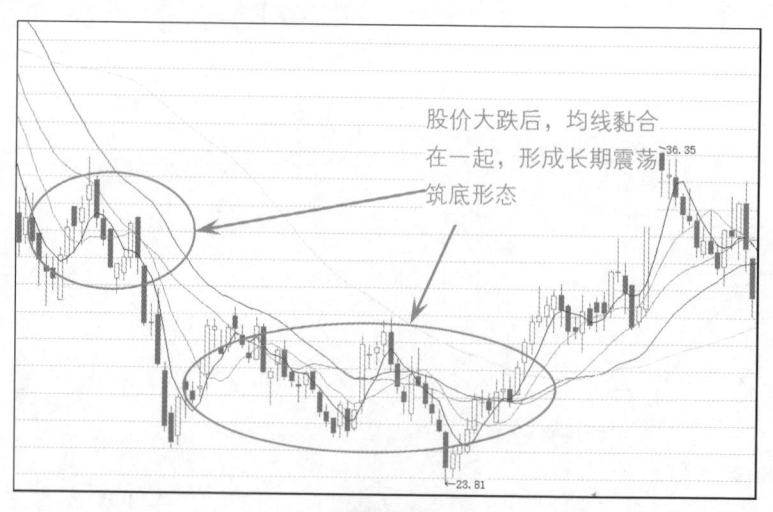

图 25-12

如果均线黏合，表明多空双方存在严重的分歧。均线黏合的过程，就是筹码堆积和转换的过程。多空双方一旦分出胜负，不管行情是上涨还是下跌，均线均会从黏合缠绕状态变为发散状态。

当从缠绕开始向上发散时，说明股价开始向上运行；当均线从黏合、缠绕的状态开始向下发散时，就说明股价将步入下跌的走势行情中。图25-13为向上发散，图25-14为向下发散。

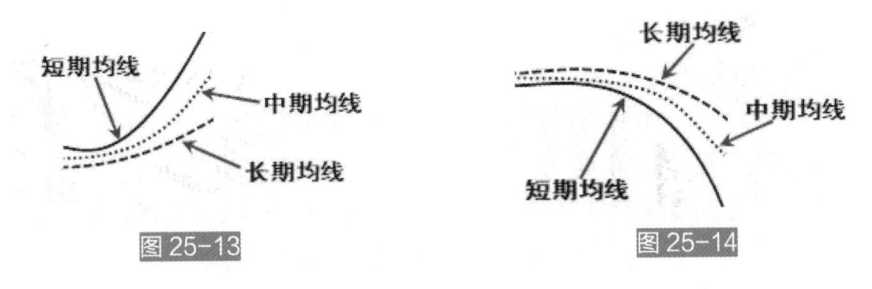

图 25-13

图 25-14

1. 黏合后向上发散

黏合后出现向上发散也称为多头发散，意味着市场内各周期的持仓者都看好后市，是重要的持股或建仓时期。

从图25-15所示的沪宁高速（600377）的周K线图上，可以观察到多条不同周期的均线紧密地交织在一起，形成了一个明显的均线黏合形态。这种形态表明，经过长时间的横盘整理，股价已经在一个相对狭窄的区间内蓄势待发。在这个过程中，市场多空双方的力量达到了相对的平衡，为后续的行情发展奠定了基础。

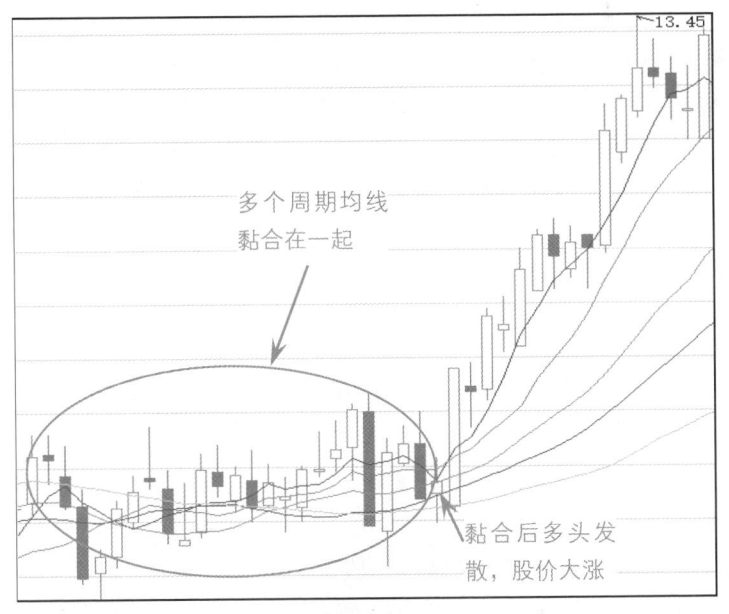

图 25-15

随着市场的逐步回暖，该股的股价开始逐渐向上突破这些相互缠绕的均线，均线系统也逐渐由黏合状态开始向上发散。这种多头发散的格局，预示着股价未来有望继续上涨。

对于投资者而言，这种均线黏合后的多头发散格局是一个重要的买入信号。它表明市场已经摆脱了之前的盘整状态，开始进入一个新的上涨周期。此时，投资者可以考虑建仓或持股待涨。

2. 黏合后向下发散

黏合后出现向下发散也称为空头发散，意味着市场内各周期的持仓者都看衰后市，是重要的出货离场时期。

图 25-16 所示为梦网科技（002123）的日 K 线图，可以观察到股价在下跌过程中经历了一段横盘整理的时期。这一时期内，股价并没有出现大幅度的涨跌，而是呈现出窄幅震荡的形态。

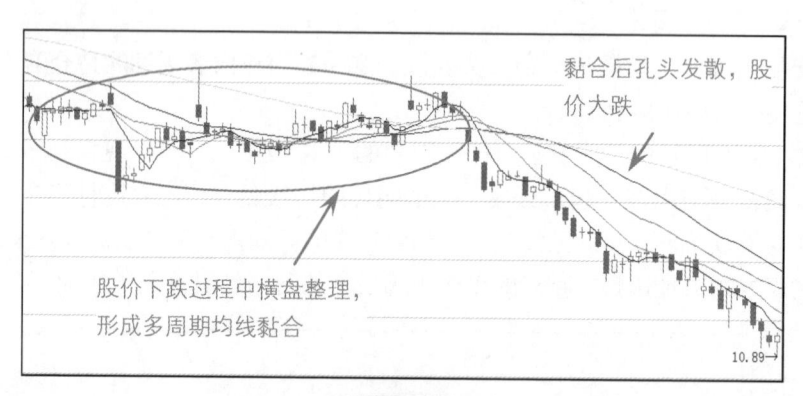

图 25-16

均线黏合并不意味着股价会就此止跌回升。从 K 线图上看，这种黏合状态只是空头在积蓄力量，一旦空头力量集中完成并再次发力，股价往往会迎来新一轮的下跌。

黏合结束后，随着均线向下发散，股价也开始向下大幅跳水，呈现出明显的下跌趋势。因此，投资者在此时应该保持谨慎，避免盲目追高或抄底。

25.5 新股民学堂——均线的背离与修复

均线的背离指的是股票价格走势与均线走势方向相反的情况，均线背离多出现在暴涨或者暴跌之后。

均线修复又称均线回补，正常情况下股价会围绕均线上下波动。当股价偏离均线太远时，造成股价与市场平均成本差距过大的情况，此时股价易向均线回补，即均线修复。

在牛市中，均线修复表现为上升途中的回调；在熊市中，均线修复则表现为下跌过程中的反弹。

> 均线背离的最终结果就是均线修复。

25.5.1 均线的背离

均线背离分为底部均线背离和顶部均线背离。

1. 底部均线背离

底部均线背离发生在股价经过长期下跌见底之后，股价开始拉升，而中长期均线仍向下运行。当股价突破一条均线后，股价的运行方向与所突破的均线的方向相反，形成了交叉并相反的走势。这是空头均线背离，是短线投资者买入的好时机。

图 25-17 所示是南京银行（601009）的日 K 线走势图，A 点处呈现了一个明显的底背离形态。在这一点，股价由下向上成功穿越了 30 日均线，然而，此时 30 日均线的方向依然是向下的。

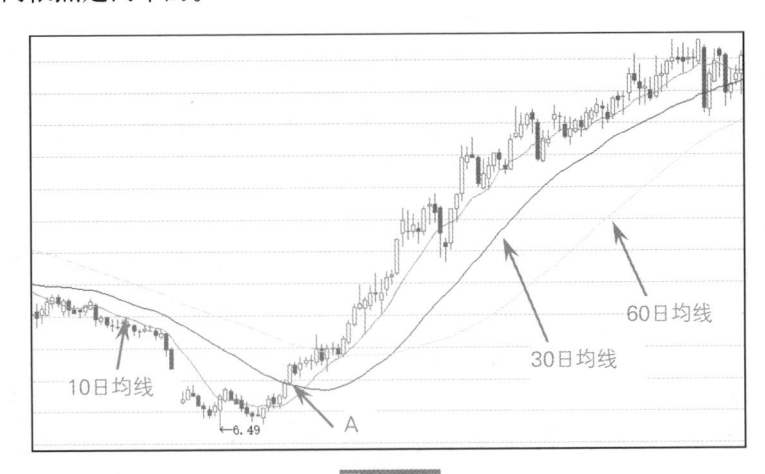

图 25-17

底部均线背离表明尽管中长期均线仍然保持着下跌的趋势，但股价已经开始出现反弹的势头。对于投资者，底部均线背离是一个值得密切关注的信号，这种短期与中长期趋势之间的矛盾，往往预示着市场即将发生重要的变化，未来股价有望出现反转并开启上涨行情。

2. 顶部均线背离

顶部均线背离发生在股价上涨见顶后快速下跌的过程中，此时中长期均线的运行方向仍然向上。当股价快速击穿一条中长期均线后，此时股价的方向向下，而被击穿的均线的方向却是向上的，即股价与被击穿的均线的方向也是交叉并相反的。这是多头均线背离，是短期投资者卖出的信号。

图 25-18 是湘电股份(600416)的日 K 线走势图，股价在经过 23.8 元的高位之后，开始逐渐下调回落。而在 A 点处，股价与 30 日均线发生了交叉。然而，此时 30 日均线的方向仍然是向上的。这种股价与均线运行方向交叉且相反的现象，正是顶部均线背离的典型表现。

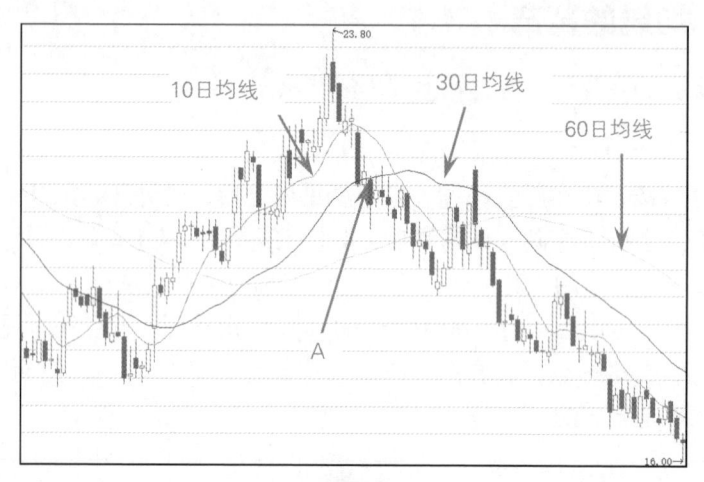

图 25-18

顶部均线背离是市场趋势即将发生转变的重要信号。尽管中长期均线仍然保持着上涨的趋势，但股价已经开始出现下跌的势头。这种短期与中长期趋势之间的矛盾，往往预示着市场即将发生重要的变化。

对于投资者而言，在观察到顶部均线背离形态后，应及时卖出股票，以避免可能的损失。

> 并不是所有的背离都是反转的信号，若股价与均线交叉的角度过小，两者反复缠绕黏合，则是走势重新进入选择方向的阶段，投资者不可贸然进入。

25.5.2 均线修复

均线修复分为主动修复和被动修复。

1. 主动修复

主动修复通常发生在股价短期均线过度偏离中长期均线之后，此时股价会出现暂时剧烈的波动，随后在短期成交量明显缩小的情况下，短期均线主动而快速地向中长期均线回归。这种修复方式一般出现在股价的阶段性顶部或底部，是市场力量主动调整的结果。

图 25-19 是苏州银行（002966）的日 K 线图，股价出现暴跌，远远甩开 60 日均线，由于均线无法跟上股价的下跌，产生了对股价的吸引力，于是股价上涨完成了主动修复。

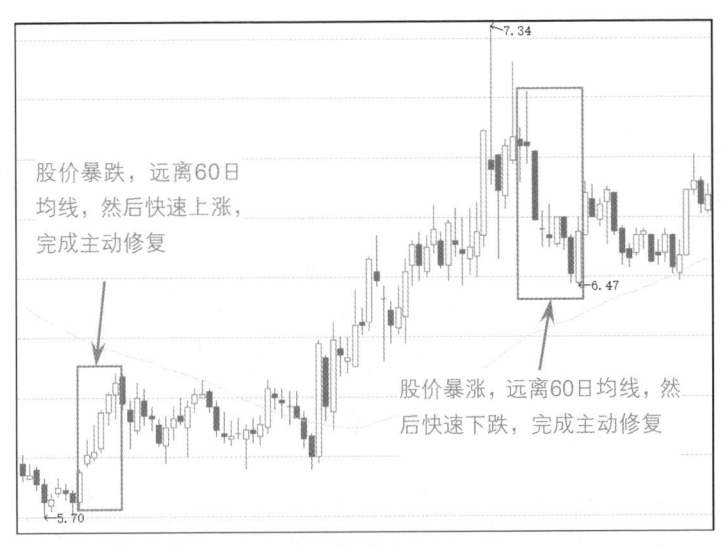

图 25-19

有趣的是，该股经过修复后股价出现暴涨，再次将 60 日均线远远抛在身后。同理，由于均线无法跟上股价的上涨，产生了对股价的吸引力，于是股价下跌完成了主动修复。

2. 被动修复

被动修复通常发生在股价与均线之间的偏离程度较小或者市场成交不活跃的情况下。此时，股价的波动相对较小，均线通过缓慢的移动逐渐与股价形成一致。这种修复方式更多地反映了市场的自然调整过程，而非市场力量的主动行为。

图 25-20 是广信股份（603599）的日 K 线走势图。该股股价连续跌停，接着 5 日和 10 日均线黏合，这种均线黏合的现象，反映了市场短期内的买卖力量达到了一种相对平衡的状态。

随后，20 日均线开始逐渐下行靠拢，与短期均线形成了一定的乖离。在这个过程中，股价并没有出现明显的反弹或企稳迹象，而是继续受到压制。这表明市场的空头力量仍然占据主导地位，股价短期内难以改变下跌趋势。

随着时间的推移，这种均线间的乖离得到了修复，我们称之为被动修复。与主动修复不同，被动修复更多的是市场自然调整的结果，而非市场力量的主动行为。在被动修复完成后，20 日均线对股价形成了明显的压制作用。在这种压制下，股价再度加速下跌，进一步确定了市场的空头趋势。

图 25-20

被动修复是股价极强或者极弱的表现，一般情况下，股价将会继续沿着原来的方向前进，投资者可继续持股待涨或持币观望。

第 26 章

均线特殊组合形态——解锁股市盈利新姿势

穷则变，变则通，通则久。——《周易·系辞下》

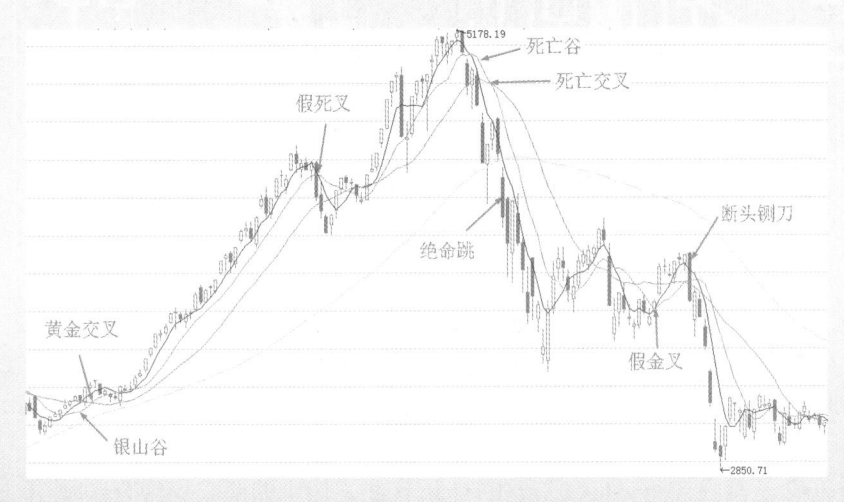

股价与移动平均线的互动，就像是一场没有硝烟的战争，每一个交叉点都蕴含着市场的智慧和力量。均线不仅可以反映趋势，也可以像K线那样，通过特殊的组合形态，给投资者发出买卖的信号。本章介绍均线的特殊组合形态，为投资者解锁新的盈利方式提供思路和方法。

26.1 买入信号的特殊均线形态

买入信号的特殊均线形态是指不同周期的均线相互交叉或特定排列，能够预示股票价格可能即将上涨的一种技术指标。

常见的买入信号的特殊均线形态有黄金交叉、银山谷、金山谷、蛟龙出海、鱼跃龙门、旱地拔葱、金蜘蛛等。

26.1.1 黄金交叉

黄金交叉是指一条短期均线成功上穿一条长期均线的形态。比如，5日均线成功上穿20日均线形成黄金交叉，如图26-1所示。

均线出现黄金交叉往往意味着趋势由坏转好，后续通常都会出现一定时长的强势上涨行情。

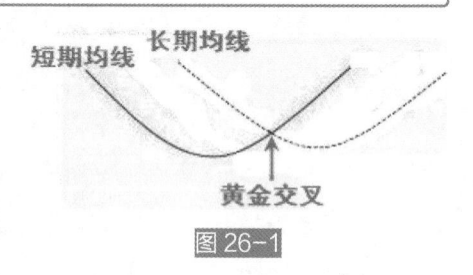

图26-1

> 黄金交叉必须同时满足两个条件：①短期均线由下而上穿越长期均线；②短期均线和长期均线都在向上移动。
> 只满足第一个条件的属于普通交叉。

图26-2是渝农商行（601077）的日K线图，图中的两条均线分别是10日均线和60日均线。

从图中可以看出，股价呈现出逐浪上升的技术形态，显示出市场的上涨趋势正在逐步增强。在这个过程中，股价曾一度跌破10日均线，不过，不久之后，股价成功止跌回升，这显示了市场的买盘力量正在逐渐增强。

随着股价的上涨，它最终成功突破了60日均线，这是一个非常重要的信号。60日均线通常被视为一个重要的支撑或阻力位，当股价突破这条均线时，往往意味着市场的中长期趋势已经发生转变。在这种情况下，10日均线也随之转头向上，这进一步验证了市场的上涨趋势。

更为值得关注的是，10日均线上穿60日均线形成了黄金交叉，这是一个非常强烈的买入信号。它意味着短期均线已经突破了长期均线，并且正在向上发散。这通常预示着市场的上涨趋势将会持续，并为投资者提供了一个非常好的入场机会。

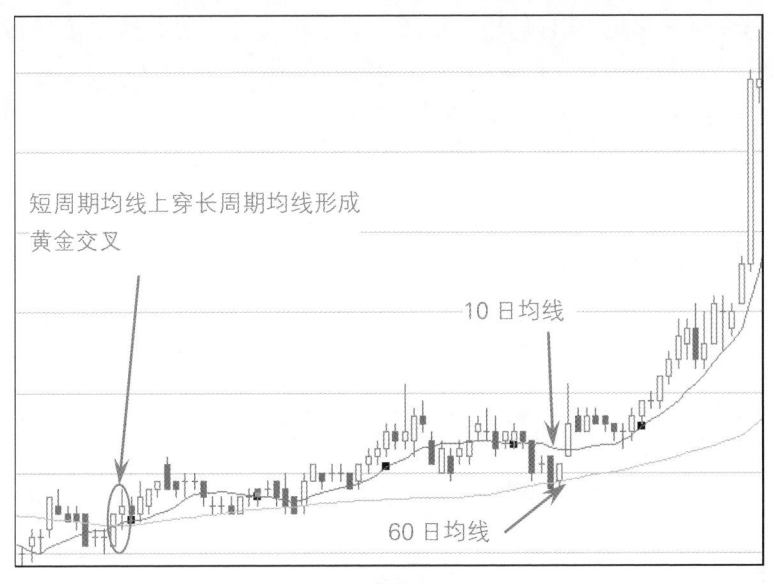

图 26-2

26.1.2 银山谷

银山谷由三根均线交叉组成，形成一个尖头向上的不规则三角形，如图 26-3 所示。

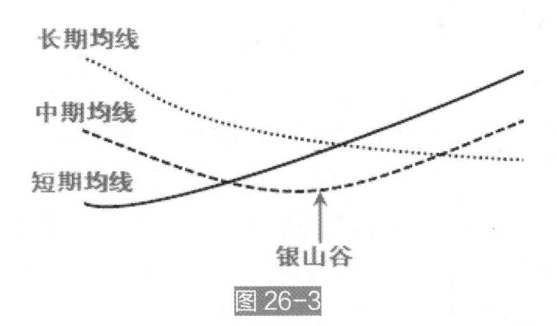

图 26-3

银山谷是三根均线形成金叉后造成的形态，短期均线与中期均线和长期均线分别形成交叉，中期均线与长期均线形成交叉。

银山谷出现在涨势初期是一种见底信号，表明后市看涨，适合投资者在低位建仓。

> 银山谷的三个交叉中，至少要有两个是黄金交叉。

图 26-4 是赛力斯（601127）的日 K 线图，股价经过一轮小幅下跌后开始反弹。

先是 5 日均线向上穿越 10 日均线，形成了第一个黄金交叉。这一信号预示着股价可能会在短期内继续上涨。紧接着，5 日均线继续上扬，随后又成功穿越 20 日均线，形成了第二个黄金交叉。这一连续的交叉动作进一步强化了买入信号，表明市场短期内的上涨动能正在逐渐增强。

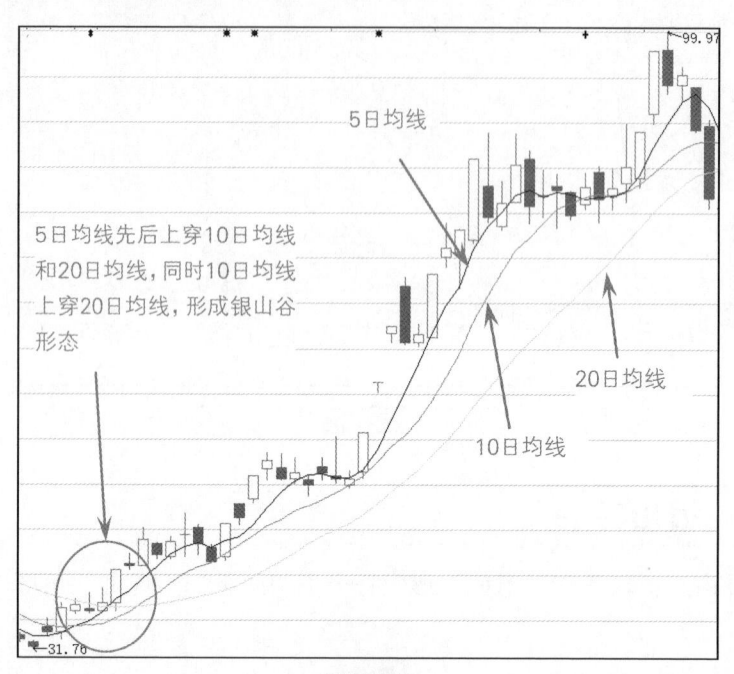

图 26-4

与此同时，10 日均线也紧随其后，向上穿越 20 日均线，形成了第三个黄金交叉。这一系列的均线交叉不仅表现出市场短期内的强势，更形成了银山谷均线形态。这种形态的出现预示着股价已经完成了筑底过程，未来有望开启一波上涨行情。

银山谷均线形态的形成，是市场多方力量逐渐积累并占据优势的结果。它表明股价在经过一段时间的调整后，已经具备了再次上涨的动力。对于投资者来说，这是一个值得关注的买入机会。

26.1.3 金山谷

金山谷出现在银山谷之后，它的不规则三角形的构成方式和银山谷不规则三角形的构成方式相同，如图 26-5 所示。

之所以将第二次出现的均线技术形态称为金山谷，一是为了和银山谷相区分，二是第二次出现同样的技术形态，再次确认了上涨趋势，买入信号更强、更可靠。因此，银山谷适合激进型投资者买入，金山谷更适合稳健型投资者买入。

图 26-5

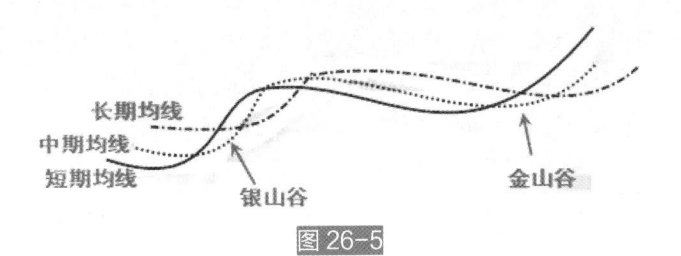

金山谷既可以处于银山谷相近的位置,也可以高于银山谷,但不能低于银山谷。

如果金山谷的位置与银山谷的位置基本持平,说明股价刚刚开始起步,金山谷是对银山谷信号的确认。这时在银山谷形态没有买入的投资者,可以考虑进场。

如果金山谷的位置高于银山谷,则说明股价虽然已经经历一定的涨幅,但上涨趋势依然强劲。投资者还可以买入股票,追逐后半段的上涨利润。

> 金山谷和银山谷相隔的时间越长,所处的位置越高,股价的上升潜力越大。

图 26-6 是恒远煤电(600971)的日 K 线图,股价经过一段时间下跌后开始反弹,随即 5 日均线上行分别穿越 10 日均线和 20 日均线,之后 10 日均线也穿越了上行的 20 日均线,形成了银山谷形态。

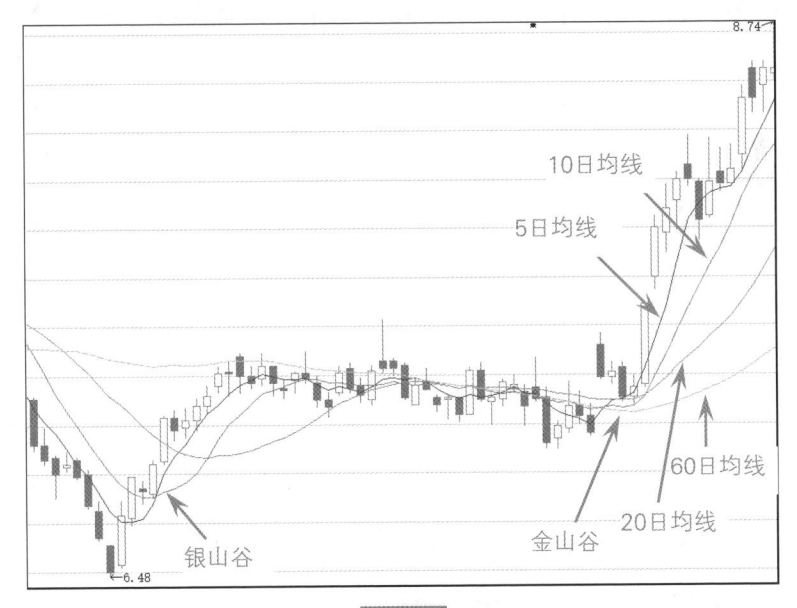

图 26-6

形成银山谷形态后,股价进入了一段窄幅横盘整理,与此同时,5 日、10 日、20 日均线开始收敛黏合在一起。最终,多方战胜空方,股价开始走高。

从图 26-6 中可以看出，横盘整理后，很快形成了一个和银山谷相似的三角区，即金山谷。由于两个山谷间隔的时间比较长，金山谷的位置也比银山谷高，并且形成金山谷时，股价和均线呈多头排列，后市看涨，是买入信号。

银山谷形态形成时，股价正处在 60 日均线下行压力之下，并且股价上行一段时间后就进入较长时间的盘整期，说明股价后期走向不明，这就是为什么说银山谷是激进型投资者的买入点的原因。

相较于银山谷经常出现在长期下降趋势中，金山谷则更多地出现在中长期上升趋势中，或者中长期上升趋势前的调整末期。因此，金山谷的上涨信号更可靠，是稳健型投资者的买入点。

26.1.4 蛟龙出海

蛟龙出海也称为潜龙出渊、一阳洞穿，是指一根大阳线向上突破短期均线、中期均线和长期均线的形态，如图 26-7 所示。

该形态常常出现在下跌趋势的末期或者调整行情末期，多头向上推动股价的能量十分强大，是即将大涨的前兆。

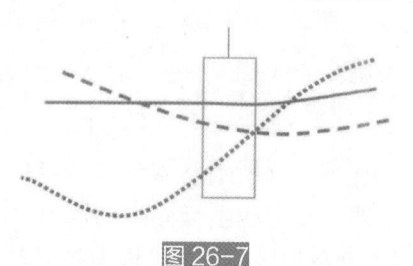

图 26-7

图 26-8 所示的三星医疗（601567）日 K 线走势，向我们展现了典型的蛟龙出海形态。

一根大阳线向上突破 5 日、10 日和 20 日均线，形成蛟龙出海的均线形态，是强烈的买入信号，随后的多头排列更加印证了这一点

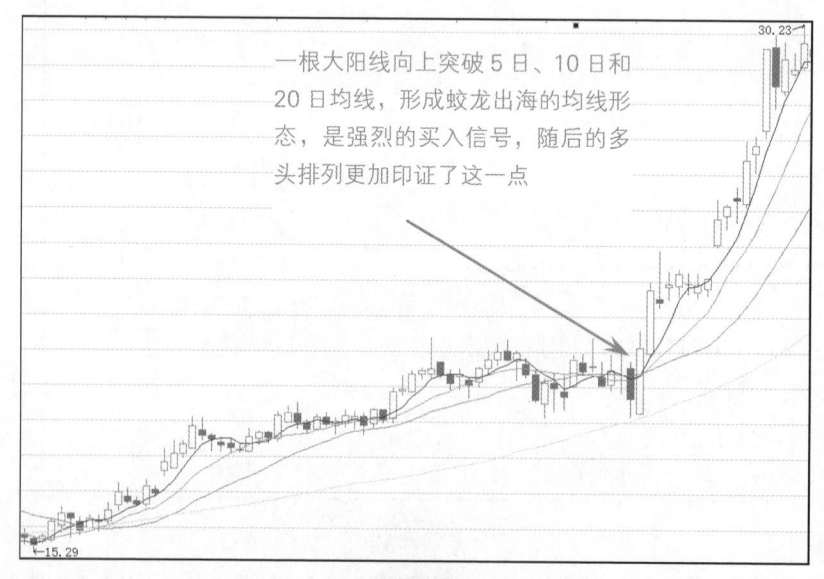

图 26-8

该股股价在一个相对狭窄的区间内波动，形成了横盘整理形态，在这个阶段，

多空双方力量相对平衡。但随着多方力量的逐渐积累，压抑已久的情绪终于爆发，在末端走出一根大阳线，这不仅仅是对之前横盘整理的突破，更是多方力量的强势展示。

这根大阳线贯穿5日、10日、20日均线，形成了蛟龙出海的形态。这种形态的出现，意味着多方已经占据了市场的主导地位。后期股价、5日均线、10日均线、20日均线和60日均线由上至下依次排开，形成了多头排列形式，进一步印证了上涨趋势已经形成，投资者这时候可以考虑入场了。

26.1.5 鱼跃龙门

鱼跃龙门形态形成可以分为两步，即股价或指数先形成龙门，然后再跳空跃过龙门。

龙门形成过程是指股价先出现中长阳线，形成左门柱，之后缩量调整，形成一个门洞，而后再次出现中长阳线，形成右门柱。跳过龙门是指，之后的走势出现一根跳空高开的中长阳线，并越过5日、10日、20日均线，如图26-9所示。

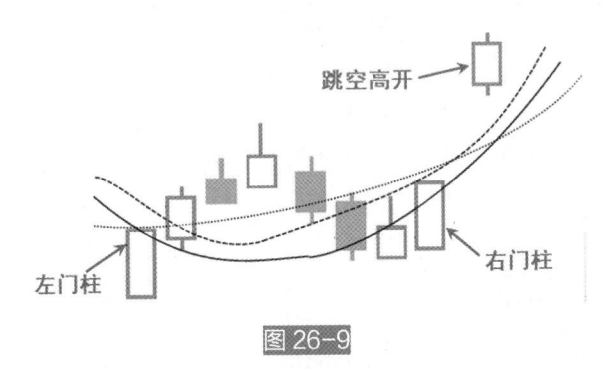

图26-9

这种走势就像一条溯流而上的鲤鱼，在最后关头奋起一跳，凌空跃过龙门，所以叫鱼跃龙门。

鱼跃龙门是买入信号，其形态有以下特点。

(1) 出现在中长期上升趋势初期或上升趋势中调整行情末期。
(2) 5日、10日和20日均线由逐渐收敛、黏合转为缓慢发散。
(3) 门柱的阳线越长，放量越大，后期上涨信号越强烈。
(4) 股价最后放量跳空高开的大阳线要越过所有周期均线。

图26-10是潞安环能（601699）的日K线图，股价在A处出现一根放量大阳线，形成左门柱，之后随着成交量的萎缩，股价也开始震荡调整，终于在B处调整结束，再次出现一根放量大阳线，形成右门柱。至此，龙门形成。

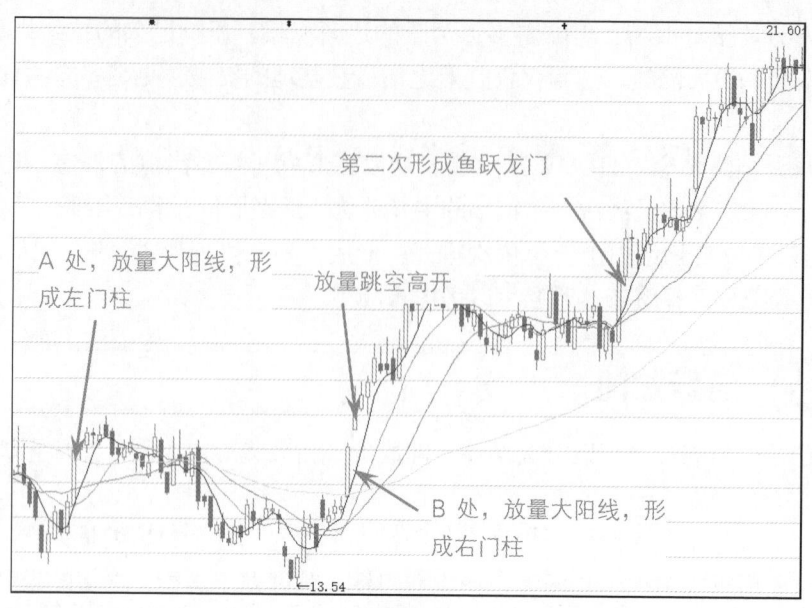

图 26-10

龙门形成后第二天，出现一根放量跳空高开大阳线，该阳线越过了 5 日、10 日、20 日和 60 日所有的均线，鱼跃龙门形态就此形成。之后均线由收敛、黏合变成多头排列态势，预示股价即将上涨，投资者可以进场了。

从图 26-10 可以看到，随着股价的上涨，该股迎来了第二个鱼跃龙门形态，错过第一个的投资者，可以在这里抓住机会上车。

26.1.6 旱地拔葱

旱地拔葱形态是指股价经历了长期的缩量窄幅调整之后，突然出现一根放量中长阳线。这根中长阳线形成一阳穿三线之势，穿过 5 日、10 日、20 日均线。

旱地拔葱这一形态，通常出现在中长期下降趋势的尾声，或是长期上升趋势的中期调整行情结束时。在这个时间点,主力已完成了包括吸筹、洗盘在内的多项操作，成功地将那些心浮气躁的散户逐出市场。随后，主力将全力以赴，以迅猛之势拉升股价，迅速脱离低成本区域，借助市场的力量，掀起一轮波澜壮阔的主升浪。

旱地拔葱是强势看涨信号，在其横盘整理阶段，以小阴线和小阳线为主，成交量呈萎缩态势。

图 26-11 是克来机电（603960）的日 K 线走势，其向我们展现了典型的旱地拔葱形态。

经过长时间的横盘整理，该股的股价逐渐显露出抬头之势。随着均线的黏合与扩散，银山谷和金山谷的相继形成，为股价的上涨趋势提供了有力的印证。此后，股价以惊人的气势，以一字涨停板的方式强势穿越了 5 日、10 日、20 日和 60 日均线。至此，旱地拔葱的形态完全显现，上涨趋势已然明朗，这无疑是投资者买入的绝佳机会。

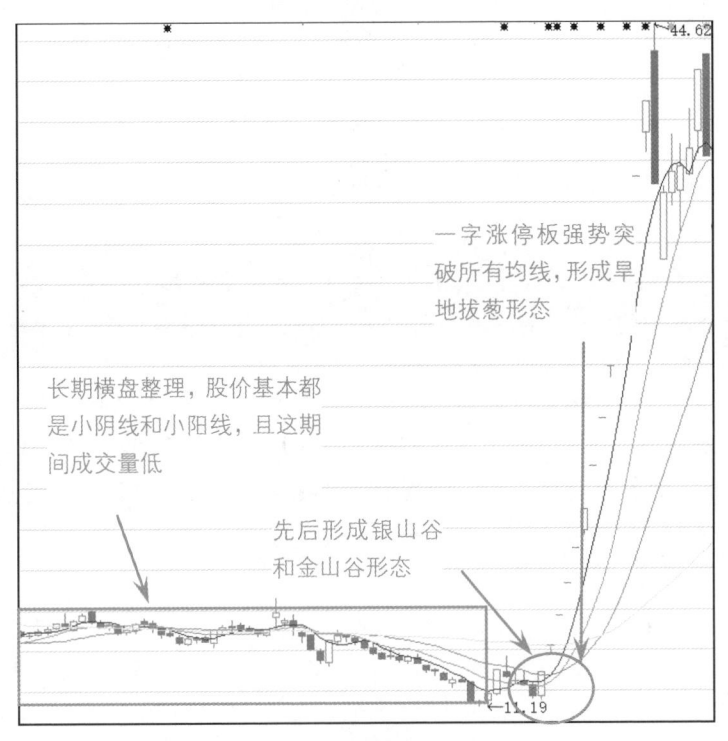

图 26-11

从后续的市场表现来看，该股的涨势异常强劲。在短短的 12 个交易日里，竟然出现了 8 个一字涨停板，股价从谷底的 11.3 元飙升到了 44.73 元，涨幅接近 300%。这一表现不仅证明了旱地拔葱形态的有效性，也充分展示了主力资金强大的操盘能力和市场的热烈响应。对于那些把握住这次机会的投资者来说，无疑收获了丰厚的回报。

26.1.7 金蜘蛛

金蜘蛛是指 5 日、10 日和 20 日均线黄金交叉于一点，股价或指数站在交叉点之上的均线技术形态。均线缠绕在一起，就像蜘蛛的身体，延伸的均线像蜘蛛的脚，股价站在交叉点之上向上走，从外形上看就像一只蜘蛛。因为均线黄金交叉形成该形态，所以称为金蜘蛛，如图 26-12 所示。

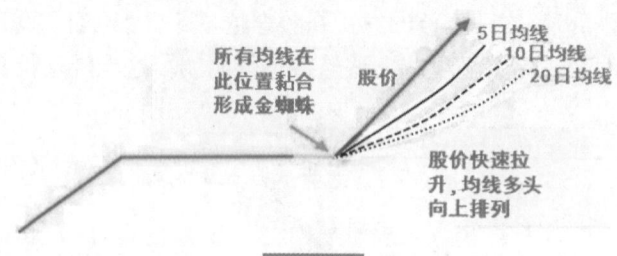

图 26-12

因为金蜘蛛形态的股价是站在黄金交叉之上,所以该形态被视为上涨信号。

> 金蜘蛛的三条均线交叉至少要有两条是黄金交叉,最好三条都是黄金交叉。三条均线普通交叉甚至死亡交叉形成的均线形态,不是金蜘蛛形态。

图 26-13 所示是上海银行（601229）的日 K 线图,该股经过一段时间的下跌后开始反弹,反弹伊始,就出现了 5 日均线上穿 10 日、20 日均线,10 日均线上穿 20 日均线,形成三个黄金交叉,且三个黄金交叉凝聚于一点,这是后市看涨信号。

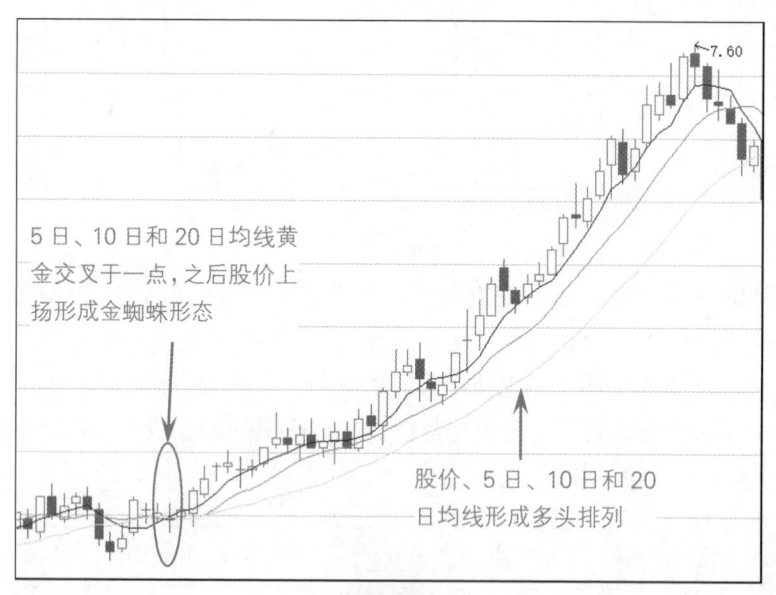

图 26-13

在三条均线黄金交叉于一点后,股价开始上扬,站在了交叉点之上,形成了金蜘蛛均线形态。随后,股价、5 日均线、10 日均线和 20 日均线依次排开,形成多头排列之势,股价也一路高歌猛进。

26.2 卖出信号的特殊均线形态

卖出信号的特殊均线形态是指通过不同周期的均线相互交叉或特定排列形态，来预示股票价格可能即将下跌的一种技术指标。

常见的卖出信号的特殊均线形态有死亡交叉、死亡谷、断头铡刀、绝命跳、毒蜘蛛等。

26.2.1 死亡交叉

死亡交叉是指一条短期均线成功下穿一条长期均线的形态。比如，5日均线成功下穿20日均线形成死亡交叉，如图26-14所示。

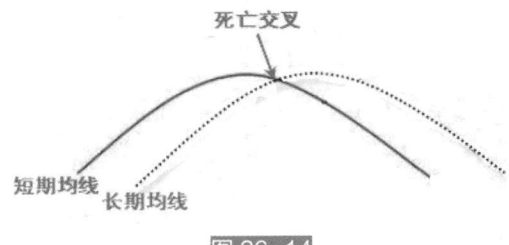

图26-14

均线出现死亡交叉往往意味着趋势由好转坏，后续通常都会出现一定时长的强势下跌行情。

> 死亡交叉必须同时满足两个条件：①短期均线由上而下穿越长期均线；②短期均线和长期均线都在向下移动。
> 只满足第一个条件的属于普通交叉。

图26-15是志邦家居（603801）的日K线图，在这张图中，60日均线的持续下滑如同一个醒目的指标，昭示着该股长期内正处于下降趋势。

在顶部，股价向上突破60日均线后迅速掉头下行，不仅连续跌破了5日、10日、20日均线，更是跌破了具有重要支撑作用的60日均线。这一跌破，根据葛南维的八大法则，正是最佳的卖出时机，因为它意味着股价已经失去了最后的支撑，接下来的下跌可能将更为猛烈。

更为令人警惕的是，随着股价的下跌，各周期的均线也相继形成了死亡交叉。这是一种明确的卖出信号，表明市场的短期、中期和长期趋势都已经转为下跌。对于投资者来说，这无疑是一个危险的信号，应该在第一时间清仓卖出，以避免进一步的损失。

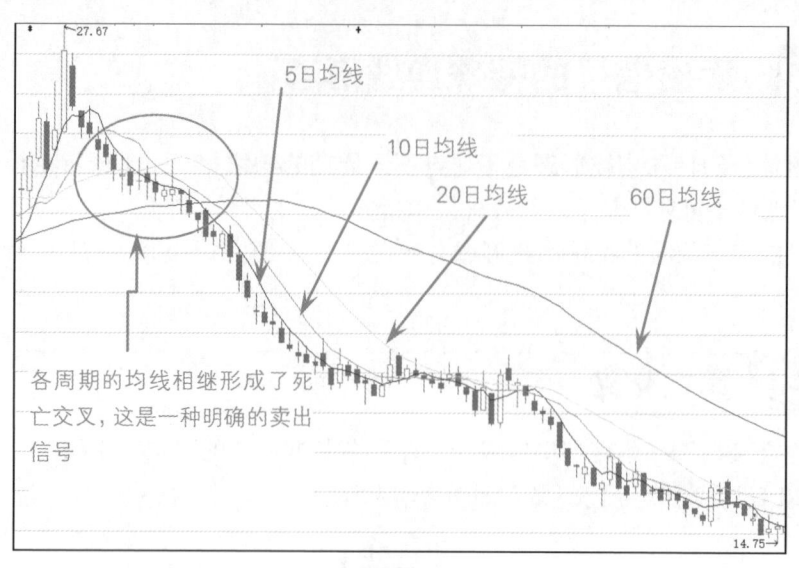

图 26-15

随后，股价的走势验证了上述判断，股价一路下行，没有出现任何像样的反弹。

26.2.2 死亡谷

死亡谷由三根均线交叉组成，形成一个尖头向下的不规则三角形，如图 26-16 所示。

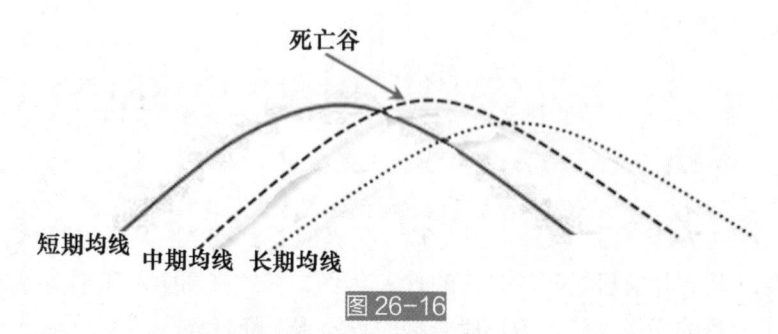

图 26-16

死亡谷是三根均线形成死亡交叉后造成的形态，短期均线与中期均线和长期均线分别形成交叉，中期均线与长期均线形成交叉。

死亡谷出现在上涨的末期或下跌的初期，是一种见顶信号，表明后市看跌，适合投资者在高位清仓。

> 死亡谷的三个交叉中，至少要有两个是死亡交叉。

图 26-17 是致远互联（688369）的日 K 线图，从图中我们可以清晰地观察到股

价在经历一段上涨行情后，突破了重要的 60 日均线。然而，这种突破并未持续多久，股价便迅速回撤，并带动 5 日、10 日和 20 日均线纷纷掉头向下。这种快速的转变，不仅打破了市场的上涨预期，更在 K 线图上形成了死亡谷的形态。

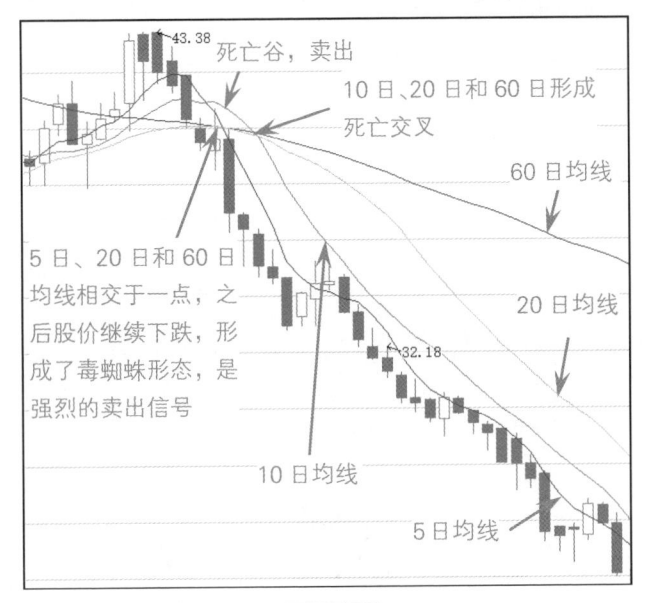

图 26-17

死亡谷形态是一个强烈的卖出信号，它预示着上涨行情可能已告一段落，而下跌趋势或许正在悄然到来。在这一形态中，5 日、20 日和 60 日均线在下行过程中于某一点交会，形成了死亡交叉，随着股价的进一步下跌，已经形成了毒蜘蛛均线形态。同样，10 日、20 日和 60 日均线也在后续的下行过程中相交，形成了死亡交叉，再次确认了这一卖出信号。

投资者在面对这样的 K 线图时，应该果断采取行动，清仓离场。

26.2.3 断头铡刀

断头铡刀形态的一根大阴线向下跌破短期均线、中期均线和长期均线，就像断头台上凌空落下的铡刀，断送了多方的上升之路，所以称之为断头铡刀。断头铡刀的形态如图 26-18 所示。

该形态常常出现在上升趋势的末期或者调整行情末期，空头向下推动股价的能量十分强大，是即将大跌的前兆，是一种典型的见顶卖出信号。

图 26-19 是菲林格尔（603226）的日 K 线

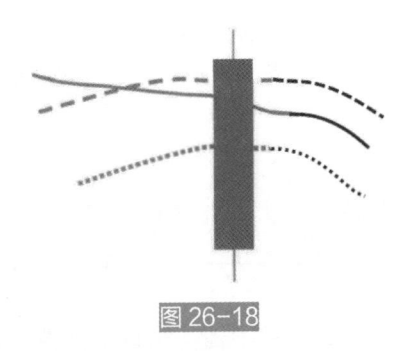

图 26-18

走势，均线在收敛、黏合后向上发散，形成了股价、5日均线、10日均线和20日均线的多头排列，看似一片繁荣。然而，细心观察会发现，股价与60日均线的偏离度逐渐增大，这预示着潜在的回调风险。由于均线的滞后性，当前股价尚未与60日均线收敛。

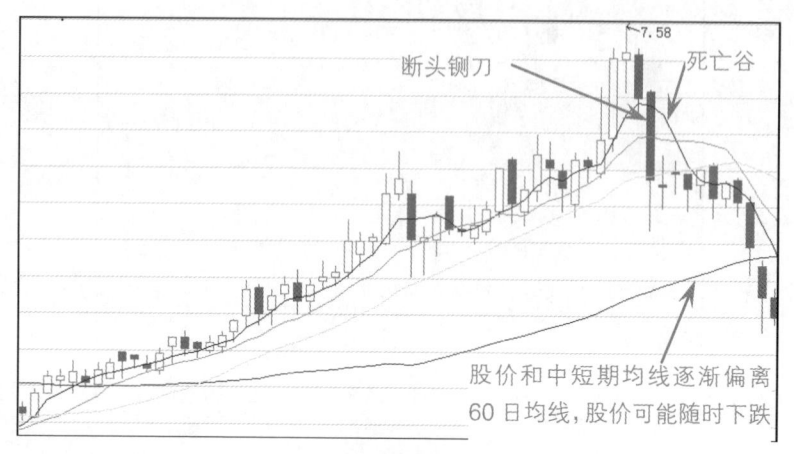

图 26-19

当股价攀升至7.58元时，突然连续出现两根大阴线，特别是第二根，它斩断了5日、10日和20日均线，形成断头铡刀的均线形态，明确了下跌趋势的开始。

断头铡刀形态确立后，5日、10日和20日均线迅速形成死亡谷，这是另一个强烈的下跌信号。随后，股价在短短一个月内暴跌近60%，验证了这一趋势。

26.2.4 绝命跳

绝命跳是指原本处在均线组合之上或之中的股价，有一天突然向下越过5日、10日和20日均线，跳空低开，直至收盘时依然未能重回均线之上的形态，如图26-20所示。

因形状像一个人从万丈悬崖上一跃而下，其后果必是粉身碎骨无疑，所以称为绝命跳，寓意该形态后市看跌作用强，是一个典型的卖出信号。

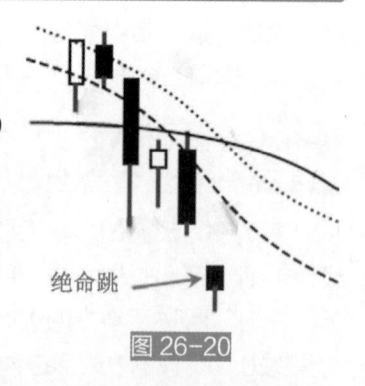

图 26-20

> 绝命跳的K线不管是阴线还是阳线，都不会影响其技术含义，但若是阴线，则看跌信号的作用会更加强烈。

图26-21是ST合泰（002217）的日K线走势，股价经历了一段艰难的爬坡后，

开始转为下跌趋势。下跌初期，便出现了死亡谷的均线形态，随后均线开始纠缠并黏合在一起。尽管后市股价一度出现抬头迹象，但紧接着出现了一根跳空低开的阳线，该阳线在收盘时并未与任何均线接触，这标志着绝命跳均线形态的形成。此形态预示着后市股价可能会长期下跌，投资者应当考虑离场。

在随后的走势中，股价虽然短暂波动，但又一次绝命跳的出现迅速扼杀了涨势的苗头。此后，股价进入了漫长的下跌期，再无回升之力。最终，在连续 6 个低开跳空一字跌停板后，股价已跌至不足 1 元。这段熊市期间，股价跌幅高达 75%。

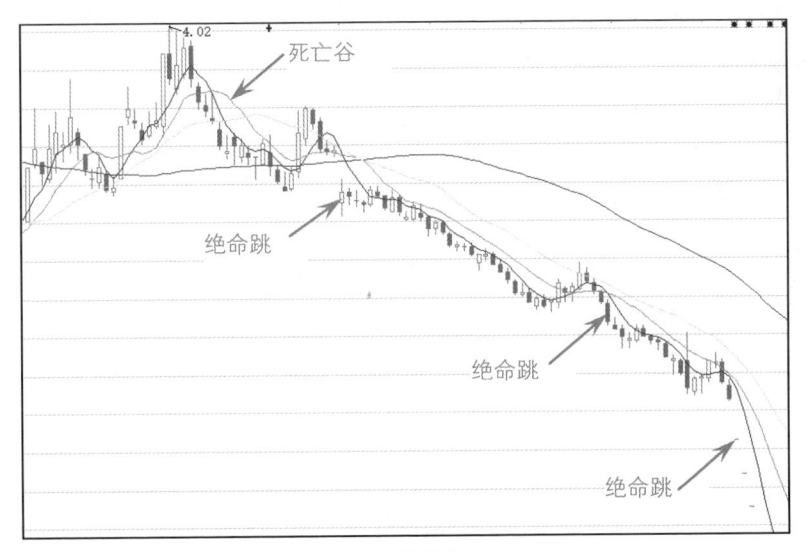

图 26-21

26.2.5 毒蜘蛛

毒蜘蛛是指 5 日、10 日和 20 日均线死亡交叉于一点，股价或指数处于交叉点之下的均线技术形态。因为均线缠绕在一起，像蜘蛛的身体，延伸的均线像蜘蛛的脚，股价处于交叉点之下向下走，从外形上看就像一只蜘蛛，因此得名毒蜘蛛。又因为均线死亡交叉形成该形态，所以又称死蜘蛛，如图 26-22 所示。

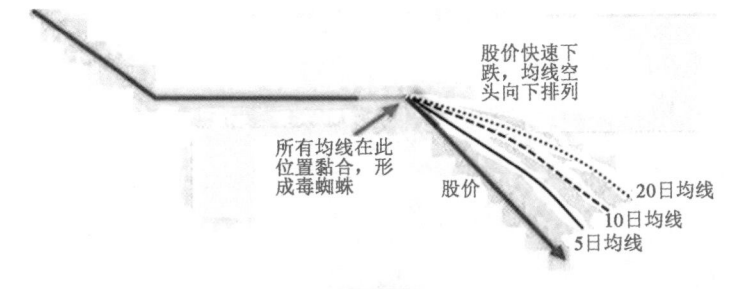

图 26-22

因为毒蜘蛛形态的股价处于死亡交叉之下，所以该形态是下跌信号。

> 毒蜘蛛的三条均线交叉，至少要有两条是死亡交叉，三条均线普通交叉甚至黄金交叉形成的均线形态，不是毒蜘蛛形态。

图 26-23 展示了左江退（300799）的日 K 线图。在 5 日、10 日和 60 日均线黏合后向下扩散之前，先后出现了两组均线交会的情况。首先是 5 日、10 日和 60 日均线交会于一点。接着是 5 日、10 日和 20 日均线交会于另一点，并在后个交会点形成了毒蜘蛛这一均线形态。随后，股价、5 日均线、10 日均线、20 日均线和 60 日均线形成了空头排列，明确指向下跌趋势。

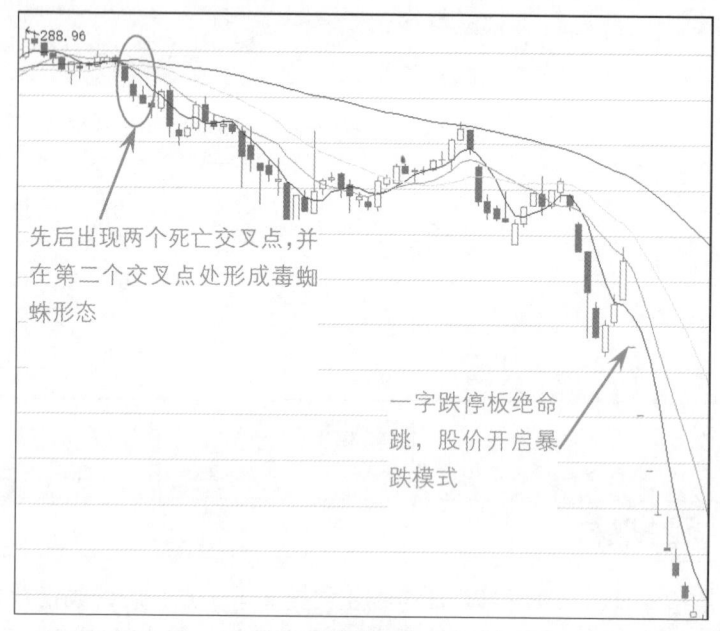

图 26-23

尽管之后股价出现了短期上涨，但始终未能突破 60 日均线的压制，显示市场上行动力不足。在股价起伏不定的过程中，均线再次黏合在一起。当均线再次分开并向下扩散后不久，便出现了低开跳空一字跌停板的绝命跳均线形态，随后连续几天的一字跌停板，使股价彻底崩盘。

经过这一轮剧烈的下跌，股价从高峰值 288.96 元暴跌至谷底的 22.61 元，跌幅高达惊人的 92%。

26.3 新股民学堂——假金叉和假死叉

黄金交叉和死亡交叉是均线技术分析中非常重要的两个形态，很多投资者会根据这两个信号进行买入和卖出操作。然而很多人不知道的是，黄金交叉和死亡交叉也有真假之分。

26.3.1 假金叉

假金叉是指当短期均线向上穿越长期均线之时，有一根周期更长的均线处于向下移动的状态。例如，5日均线向上穿越10日均线之时，周期更长的30日均线却在向下移动，这种交叉就是假金叉。

假金叉不能作为投资者买入的信号，它是主力欺骗散户的一种常见手法。

图26-24是名臣健康（002919）的日K线图，从图中可以看出，股价正处于一个长期的下跌趋势之中。尽管在下跌过程中出现了5日均线上穿10日均线的情况，但值得注意的是，此时30日均线依然保持下行状态。因此，这个交叉点并不能被认定为黄金交叉，反而可能是庄家为了欺骗散户入场，进一步做空而制造的假象。

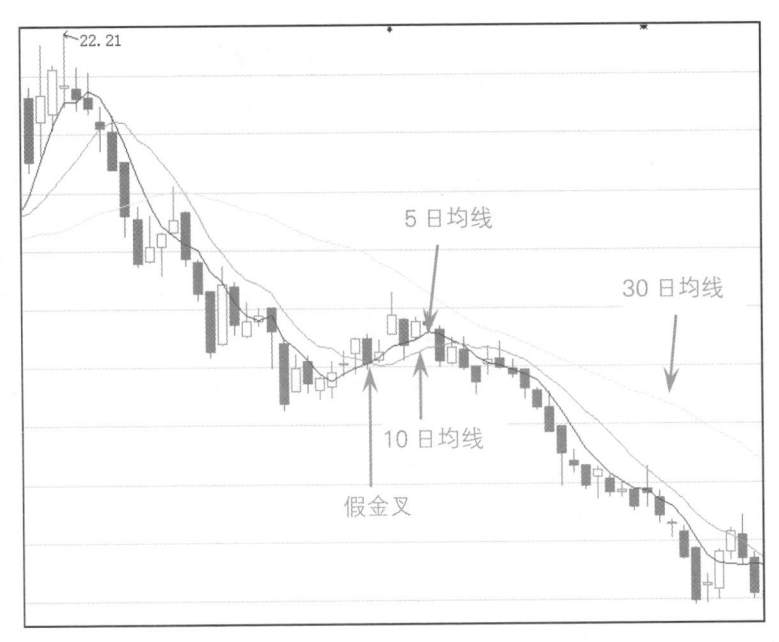

图26-24

从后续的市场走势来看，这次反弹只是昙花一现，未能持续。尽管在假黄金交叉后股价连续上涨了两日，但随后便迅速掉头重新下跌，而且下跌的幅度远大于之前的上涨。这一走势再次证明了这一交叉点的虚假性质。

26.3.2 假死叉

假死叉是指当短期均线向下穿越长期均线之时，有一根更长期均线处于向上移动的状态。例如，5日均线向下穿越10日均线之时，而作为更长周期的30日均线却在向上移动，这种交叉就是假死叉。

假死叉不能作为投资者卖出的信号，它也是主力欺骗散户的一种常见手法。

图26-25所示是华明装备（002270）的日K线图，从图中可以看出，股价正处在一个稳健的上涨趋势之中。在上涨过程中，虽然一度出现了5日均线下穿10日均线的现象，但观察发现，此时的30日均线依旧保持着稳步上升的态势。这表明，5日均线和10日均线的这次交叉并不能简单地定义为死亡交叉，而更可能是庄家为了诱骗散户抛售而设置的陷阱。

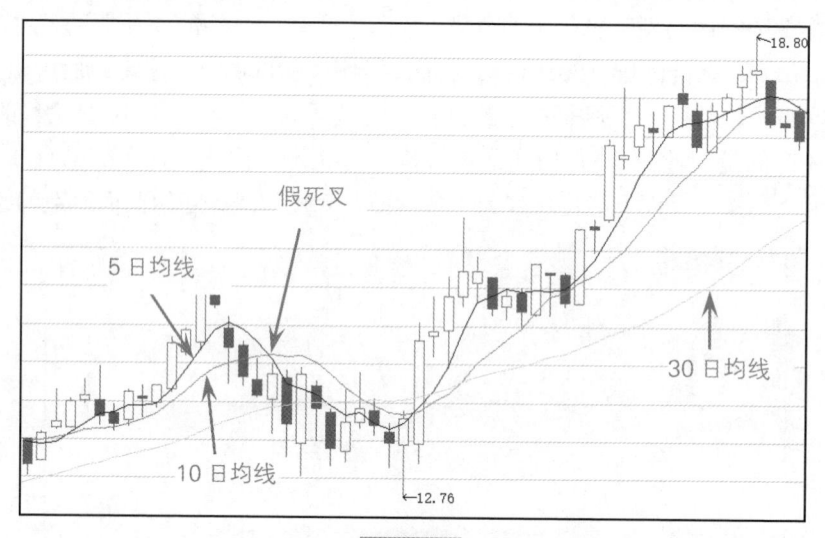

图26-25

从后续的市场反应来看，这次短暂的回调并未对股价的上涨趋势造成实质性影响。在经历了一次假死亡交叉后，股价很快便企稳回升，并且后续的上涨幅度明显超过了回调时的跌幅。这一走势充分证明了这次交叉点的虚假性。

第 5 篇

实战策略篇

本篇以实战为出发点，详细阐述了趋势为王策略、趋势分析实战策略以及趋势深入解析实战策略，揭秘了股市交易技术的实战应用和黑马股的实战策略，包括如何利用指标精准捕捉市场"领头羊"、发掘黑马股的实战策略。通过本篇的学习，读者将能够在实际操作中更加游刃有余，提高盈利能力。

> 趋势为王策略——发现并抓住黑马股
> 趋势分析实战策略——掌握股市涨跌的"金钥匙"
> 股票交易技术解密——股票交易技术理论的实战应用
> 锁定龙头，决胜股市——利用指标精准捕捉市场"领头羊"
> 黑马股的实战策略——揭秘能量指标发掘潜力股技法

第27章

趋势为王策略——发现并抓住黑马股

> 时势造英雄。——中国古语

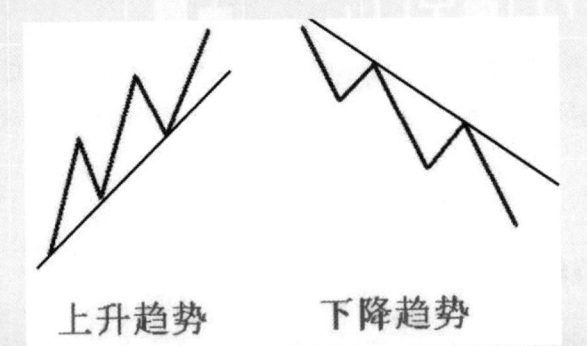

上升趋势　　下降趋势

股市有句名言：顺势者昌，逆势者亡。这里的"势"说的就是趋势。趋势是股价运动的轨迹，它揭示了资金的流向，而把握趋势就等于跟随了市场的主导力量。本章强调趋势在股市中的重要性，指导投资者如何发现并抓住黑马股的机会。

27.1 在支撑线和压力线中发现黑马股

支撑线和压力线是趋势分析的重要因素。支撑线是指股价下跌到某一点位时，买盘转旺而卖盘减弱，从而使股价停止继续下跌。压力线是指股价上升至某一高度时，有大量的卖盘抛出或是买盘减少，从而使股价的继续上涨受阻。

简单地说，支撑线是某一段时间内的股价下限，压力线则是某一段时间内的股价上限，如图27-1所示。

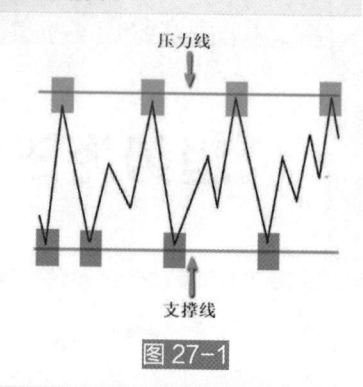

图27-1

> 我们通常所说的支撑线和压力线，是指相对低点或相对高点的连线。但趋势线、通道线、黄金分割线、技术图形的边线和颈线从广义上来说也属于支撑线和压力线。

27.1.1 支撑线

支撑线是一条直线，它连接了股价或指数的两个或多个相对低点，且在中间没有任何股价或指数能够有效地穿越过去。当股价或指数在下跌过程中再度遇到这条支撑线时，通常会停止下跌并开始回升。换句话说，支撑线为股价或指数提供了一种安全网，使其在下跌到一定程度时能够反弹。

支撑线按照运行方向分为三种：上升支撑线、水平支撑线和下降支撑线，如图27-2所示。支撑线的画法很简单，过两个相对低点连线即可。

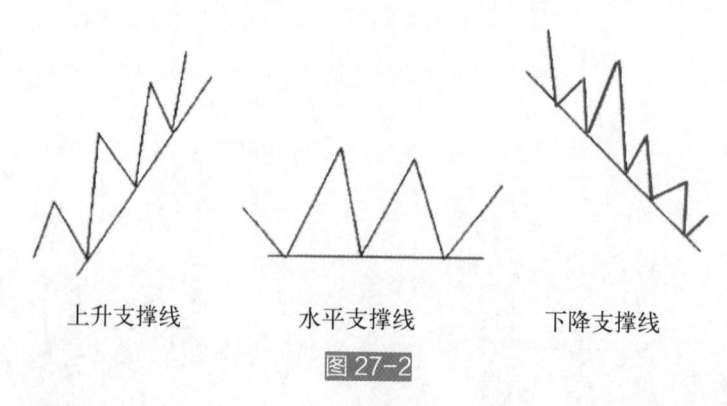

上升支撑线　　水平支撑线　　下降支撑线
图27-2

1. 上升支撑线

上升支撑线是指运行方向向上的支撑线。上升支撑线大多出现在上升趋势中，少数出现在整理行情中。

图27-3是重庆啤酒（600132）的日K线图,过两个相对低点画一条上升支撑线,后市股价遇到支撑线止跌回升。

图27-3

2. 水平支撑线

连接股价或指数在横盘调整过程中形成的两个或多个低点,这些低点基本在同一水平线上,形成水平支撑线。

当股价或指数多次获得水平支撑,常常表明市场正在构筑一个中期或长期的底部区域,交易者可择机介入。一旦股价或指数跌破水平支撑线时,则意味着空方的力量转强,投资者宜清仓离场。

图27-4是铜峰电子（600237）的周线图。因为是周线图,图上看似较近的两个点,实际却长达7个月之久,连接这两个差不多在同一价位的相对低点（图上A点和B点）,可以画出一条水平支撑线。

从图上可以看到,后市股价多次遇到水平支撑线的支撑止跌回升,表明支撑线的支撑力度很强。最终空方在多方的强势下败下阵来,之后股价一路狂飙,走出了长达一年的大牛市。

3. 下降支撑线

下降支撑线是指运行方向向下的支撑线。下降支撑线大多出现在下降趋势中,少数出现在整理行情中。

下降支撑线表明股价或指数每次跌至某一程度就会有资金在逢低进场,维持股价或指数的反弹。将这些低点相连,就形成了下降支撑线。

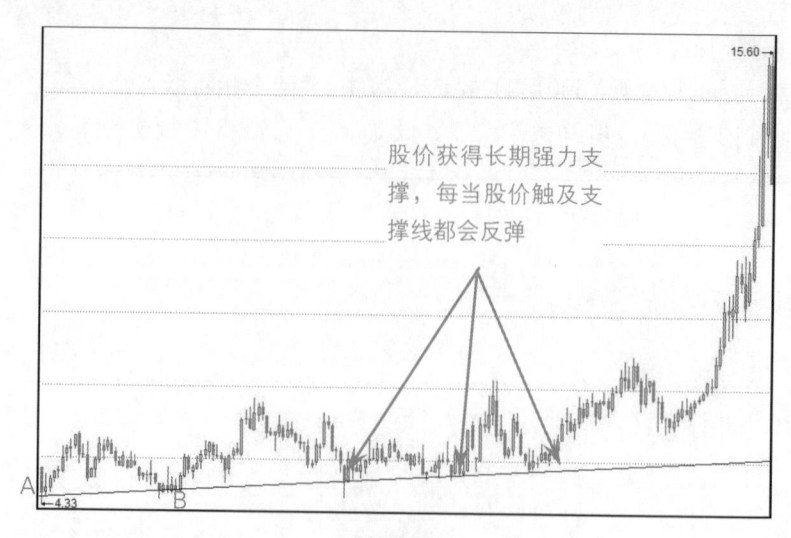

图 27-4

下降支撑线虽然表明股价或指数的低点越来越低，但并不具备指示和确认趋势的作用。因为当股价或指数跌破下降支撑线时，趋势可能会进一步减弱，但也可能掉头，触底反弹。

图 27-5 是北方股份（600262）的日 K 线图，该股处于长期下跌状态，但每次触及支撑线时都受到了强力支撑，从而又重新反弹。

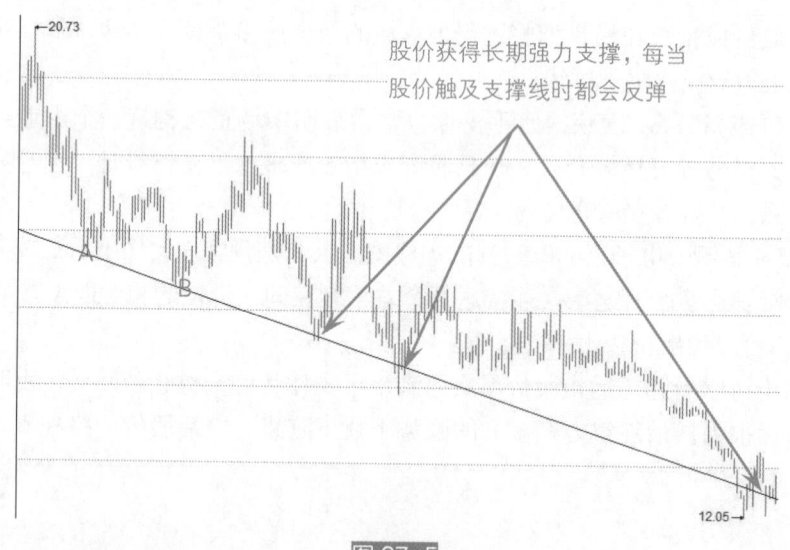

图 27-5

27.1.2 压力线

压力线又称阻力线，是连接两个或两个以上股价或指数的相对高点、中间不被任何股价或指数有效穿越的直线。当股价或指数上涨，再度遇到压力线时，就会转涨为跌。

压力线按照运行方向分为三种：上升压力线、水平压力线和下降压力线，如图27-6所示。压力线的画法很简单，过两个相对高点连线即可。

上升压力线　　　水平压力线　　　下降压力线

图27-6

1. 上升压力线

上升压力线是指运行方向向上的压力线。上升压力线大多出现在上升趋势中，少数出现在整理行情中。

上升压力线表明股价或指数每一次上涨至一定程度，就会有大量的抛盘涌出，令股价或指数转涨为跌。将这些高点相连，就是上升压力线。

和下降支撑线一样，上升压力线虽然表明股价或指数上涨的高点越来越高，但同样不具备指示和确认趋势的作用。

当股价或指数突破上升压力线时，后市可能会上涨加速，但也可能是强弩之末，特别是当有效突破长期上升压力线时，股价或指数经常会反转下行。

图27-7是瀚蓝环境（600323）的日K线图，过两个相对高点画一条上升压力线，该压力线多次阻止股价的突破，形成了强压力线。后来多方和空方在压力线附近形成拉锯战，经过多轮交手之后，最终以多方获胜宣告结束，随后股价扬帆起航。

2. 水平压力线

连接股价或指数在横盘调整过程中形成的两个或多个相对高点，这些高点基本在同一水平线上，形成水平压力线。

当股价或指数多次受到水平压力，表明压力较重，不容易突破，这种情况下可以在压力线附近逢高减仓。但这种情况也不是绝对的，一旦股价或指数突破水平压力线时，则意味着多方的力量转强，投资者可趁机入场。

图27-8是山东药玻（600529）的周线图。因为是周线图，图上看似较近的两个点，实际长达7个月之久，连接这两个差不多在同一价位的相对高点（图上A点和B点），可以画出一条水平压力线。

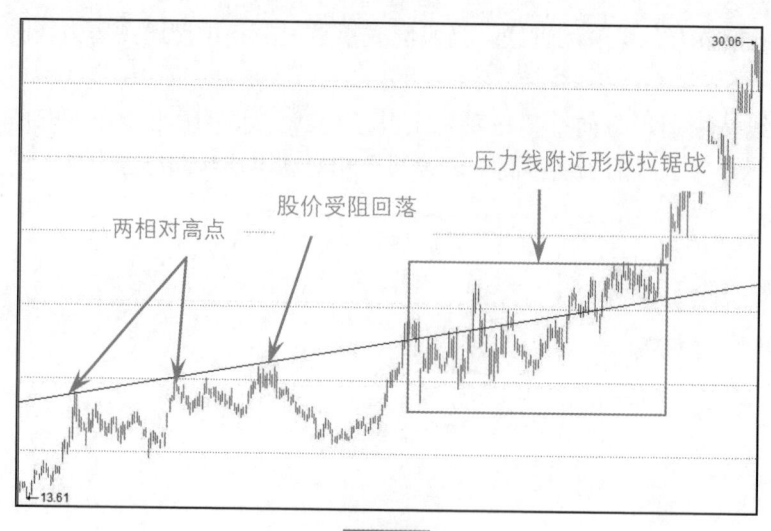

图 27-7

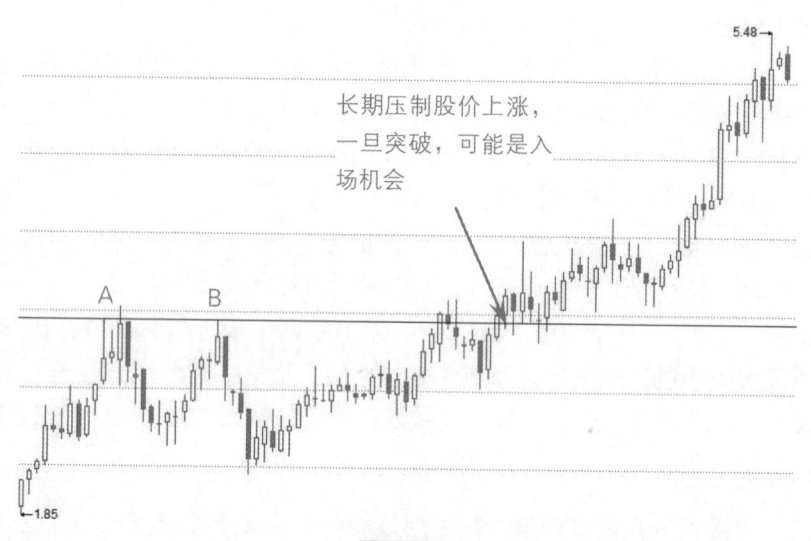

图 27-8

该水平压力线非常强大，近一年时间一直压制着股价。对于这种长期的强压力线，当股价被强压下去，远离压力线时，可以建仓或清仓；当股价接近压力线时，可以持币观望；如果股价突破成功，极有可能是一波大涨之势，这时候待股价稳定后可以逐步入场。

3. 下降压力线

下降压力线是指运行方向向下的压力线。下降压力线大多出现在下降趋势中，少数出现在整理行情中。

图 27-9 是兴发集团（600141）的日 K 线图，该股经过一段时间的上涨之后股

价来到了近期高点（26.05元），之后由盛转衰，开始下跌，连接下跌行情中的两个高点，形成一条压力线。从图 27-9 中可以看到，每次股价反弹至压力线时，都受到了强力压制，而又重新走回到下跌的路上。

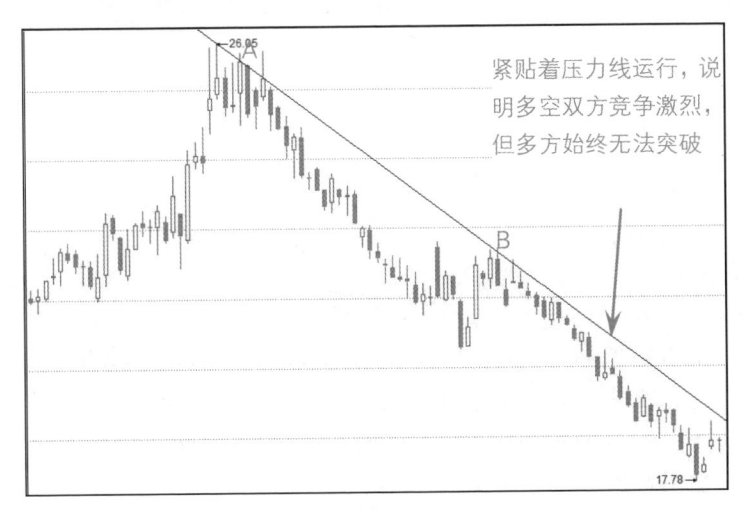

图 27-9

27.2 在趋势线中发现黑马股

为了直观、方便地观察趋势运行的路径和轨迹，人们画出了一条趋势运行方向和角度的直线，这条直线就是趋势线。

根据趋势运行的方向不同，趋势线可以分为上升趋势线和下降趋势线，如图 27-10 所示。

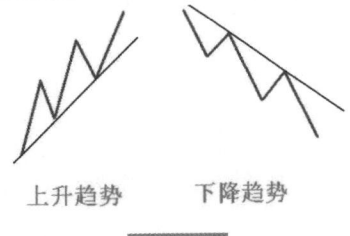

图 27-10

> 按不同的分类标准，趋势线有不同的分法，除了按运行方向进行划分，根据运行时间周期的不同，趋势线也可分为短期趋势线、中期趋势线和长期趋势线。

27.2.1 上升趋势线

上升趋势线是指在某一时间段内，连接股价或指数最低点（或相对低点）与该时间段内最高点之前的任意低点，中间不被任何股价或指数有效穿越的直线。

上升趋势线的第二个低点必须在该时间段内最高点之前，这一点与上升支撑线不同，如图 27-11 所示。

图 27-11

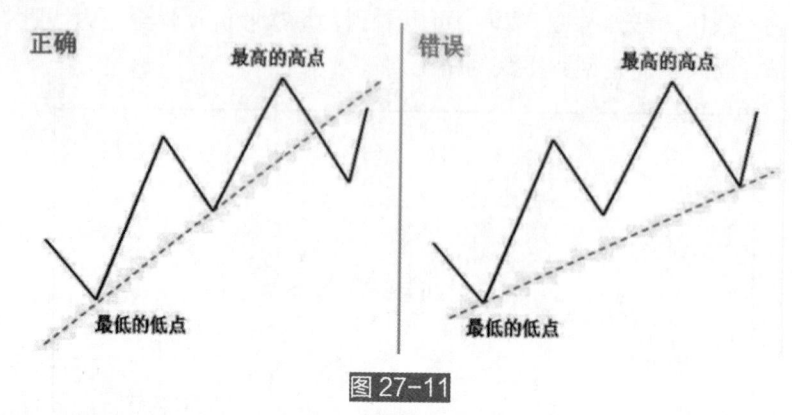

图 27-12 是天康生物（002100）的日 K 线图，从 2023 年 10 月 23 日到 2023 年 12 月 29 日，股价经过一字板涨停后出现出水芙蓉形态，就进入了上升趋势，沿着趋势线稳步上升。每当股价回归到趋势线时，就会受到趋势线的强力支撑；每当股价与趋势线偏离太远时，也会回调。

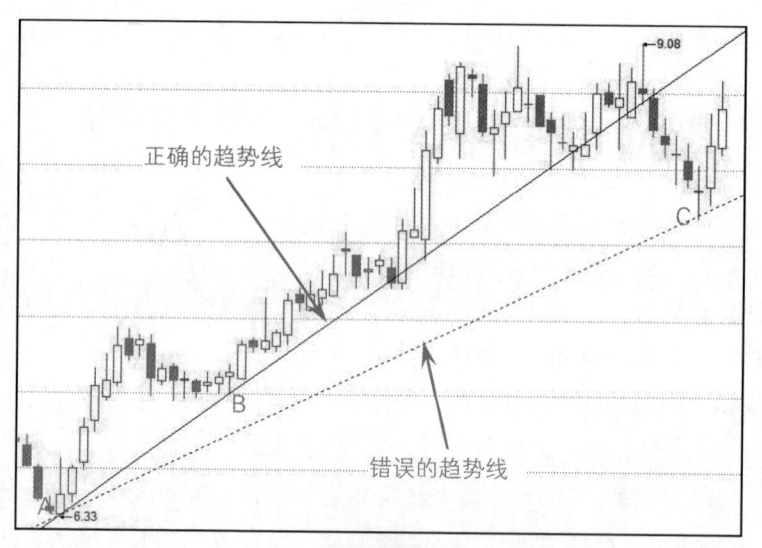

图 27-12

如果是过最高点之后的低点连线，则说明股价于新高之后没有继续上涨，回落的低点已经低于前低点，股价有可能已经步入下降趋势。因此上升趋势线不应连接最高点之后的低点。

图 27-11 中正确的趋势线认为上升趋势已经结束，上升趋势线被跌破后，对后市股价产生压力。错误的上升趋势线则会让投资者认为，股价依然运行在上升趋势中，后市继续看涨，趋势线止跌回升，是加仓信号。

27.2.2 下降趋势线

下降趋势线是指在某一时间段内，连接股价或指数最高点（或相对高点）与该时间段内最低点之前的任意高点，中间不被任何股价或指数有效穿越的直线。

下降趋势线的第二个高点必须在该时间段内最低点之前，这一点与下降压力线不同，如图 27-13 所示。

图 27-13

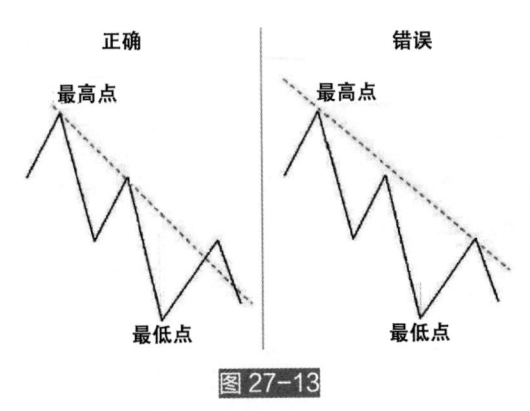

图 27-14 是莱宝高科（002106）的日 K 线图，该股经过一段时间的暴涨，股价连续收出大阳线后，于 19.32 元达到了阶段性的高峰，之后股价进入下跌趋势，连接 19.32 元（A 点）与后市高点 B，即可画出正确的下降趋势线。

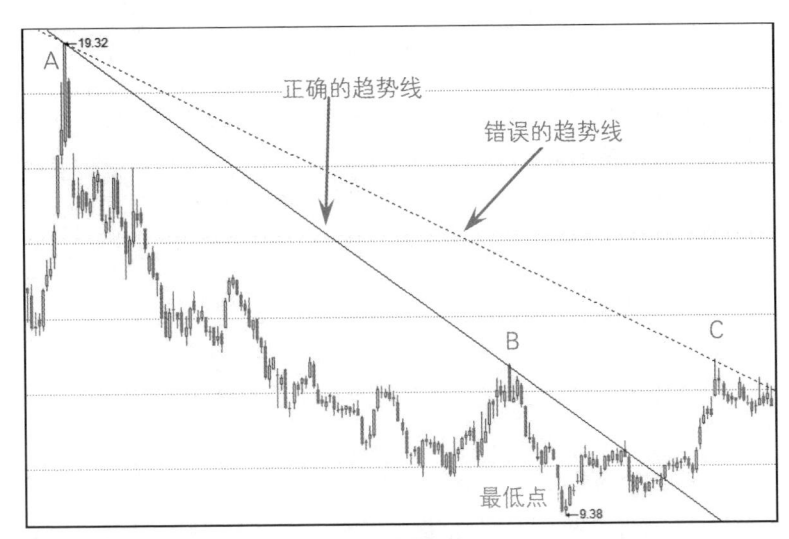

图 27-14

如果连接 19.32 元（A 点）与后市高点 C，那么画出的下降趋势线是错误的。

从两条趋势线看，正确的趋势线显示股价已经突破趋势线，趋势线成为支撑线，表明股价已经开始上涨，这时候可以逢低买入。错误的趋势线则显示股价仍然处于下跌阶段，让投资者认为不宜建仓，从 K 线走势看，这显然是错误的。

27.3 新股民学堂——趋势线的修正

修正趋势线主要是为了应对股票走势中经常出现的突然加速、减速或无规律的情况。修正趋势线可以涉及不同的时间周期和倾斜角度，以适应市场的不同变化。通过修正趋势线，投资者可以更好地把握市场的走势，从而做出明智的交易决策，最大限度地获取利润或减少损失。

1. 下降趋势线的修正

图 27-15 所示是下降趋势线，随着行情的发展，当价格在 D 点处开始回调时，回调的高点 E 并没有触及原有的趋势线，随后价格继续下跌。当价格再次下跌并接近或超过 D 点时，我们可以连接 C 点和 E 点来绘制新的下降趋势线。

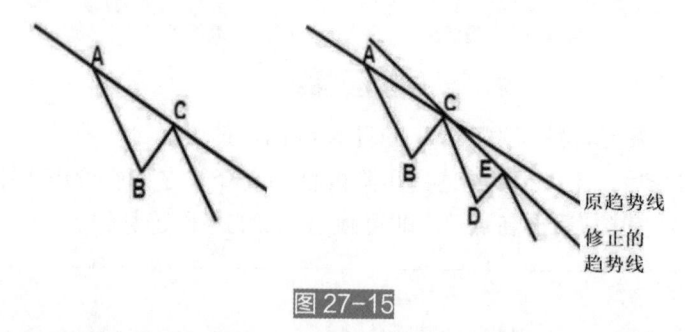

图 27-15

新的趋势线更能反映市场的实际情况，因此，我们应当关注它对价格的压制作用，并利用它来进行交易决策。

虽然我们进行了趋势线的修正，但原有的趋势线仍然具有一定的参考价值。在交易中，我们应当综合考虑新旧两条趋势线的压制作用，以做出明智的决策。

2. 上升趋势线的修正

图 27-16 所示是上升趋势线，随着行情的发展，当价格在 D 点处回调时，回调的低点 E 并没有触及原有的趋势线，这表明原有的趋势线可能已经不再准确反映市场的走势了。

为了更好地反映市场的变化，我们需要对上升趋势线进行修正。当价格再次上涨并接近或超过 D 点时，我们可以连接 C 点和 E 点来绘制新的上升趋势线。这条新的趋势线更能反映市场的实际情况，因此，我们应当更加关注它对价格的支撑作用，并利用它来进行交易决策。

但原有的趋势线仍然具有一定的参考价值。在交易中，我们应当综合考虑新旧两条趋势线的支撑作用，以做出更加明智的决策。

图 27-16

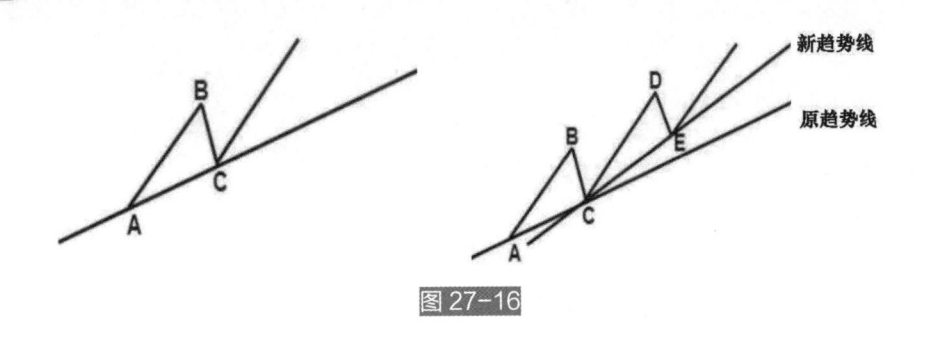

需要注意的是，趋势线的修正是有前提条件的，不能过早进行，否则可能会出现错误的趋势线修正，图 27-17 就是错误的趋势线修正示例。

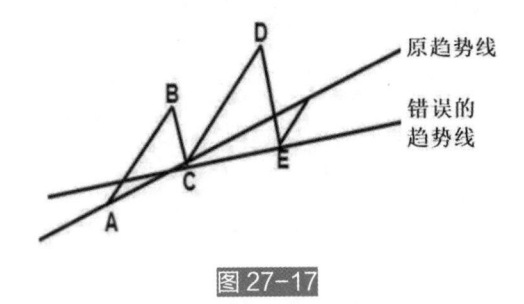

图 27-17

当价格跌破上升趋势线并在 E 点企稳时，我们应关注其表现。在价格未回到原上升趋势线内并接近 D 点前，不能修正趋势线。

一旦价格跌破上升趋势线，即使趋势未明确反转，我们也要关注其反压作用。如果价格受到反压并再次跌破 E 点，趋势可能由多头转为空头。错误的趋势线修正可能导致投资者对趋势产生误解。

第28章

趋势分析实战策略——掌握股市涨跌的"金钥匙"

> 察己则可以知人，察今则可以知古。——《吕氏春秋》

趋势形态是股市的一种规律性现象，它表现为市场价格的连续运动模式。常见的趋势形态包括趋势通道、矩形趋势、对称对角线、波浪尺线、黄金分割、周期分析和速阻线等。通过学习本章，投资者将能够更好地把握市场的整体走势，为投资决策提供有力支持。

28.1 通过趋势通道找寻买卖时机

趋势通道技术形态主要包括线性回归线、线性回归带和回归通道线等。

28.1.1 线性回归线

线性回归的核心理念是"让数据自己说话",它通过深入研究历史数据的走势规律,以预测未来的数据走势。这种方法在股市预测中具有重要意义,通过分析历史股价数据,线性回归可以揭示隐藏的规律和趋势,帮助投资者预测未来的股价走势。

在股市预测中,线性回归通常使用两个基准点来生成一条线性回归线。这条线被视为未来股价变动的基准。股价通常会围绕这条基准线波动。当股价偏离基准线过多时,它会被一种力量拉回到基准线附近。这种力量可能是市场调整、投资者心理或其他因素的综合作用。通过观察股价与基准线的偏离程度,投资者可以判断市场的走势和潜在的交易机会。

线性回归分析为股市投资者提供了一种客观、量化的预测工具。它有助于投资者更好地把握市场动态,并做出更明智的决策。

图 28-1 所示是武汉控股(600168)2023 年 6 月 22 日至 2023 年 11 月 23 日的 K 线图,连接 2023 年 6 月 27 日(A 点)与 2023 年月 28 日(B 点)这两个点(一波上涨),进而衍生出一条线性回归线,之后的股价基本围绕该线运动,可以结合均线做高抛低吸的操作。

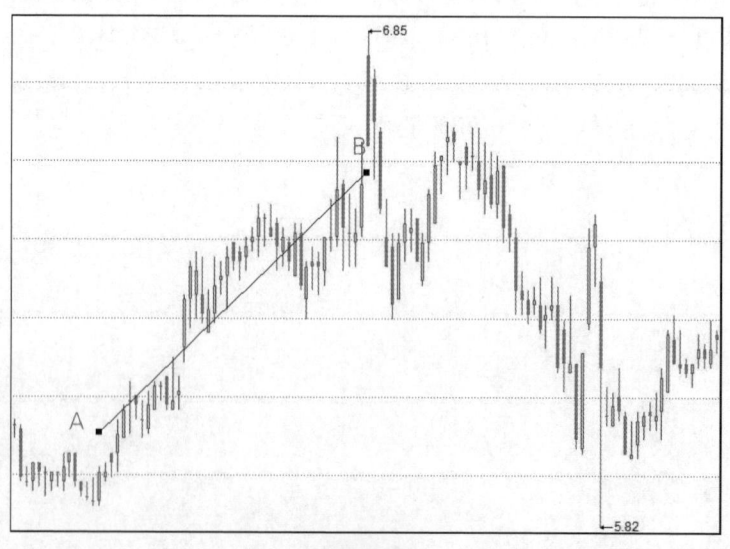

图 28-1

28.1.2 线性回归带

线性回归带是对线性回归线的进一步增强。线性回归线通过选择两个基准点连成一条直线,作为预测未来股价的基准线。股价通常会围绕这条基准线波动,当超出基准线过多时,会被一种力量拉回到基准线附近,但对于股价大概会偏离线性回归线多少并未说明;线性回归带则更进一步,解决了这个问题。

在基准线的基础上,线性回归带增加了两条通道线。这两条通道线是由基准线向上和向下平移产生的,平移的距离根据所选的 K 线而定,直至完全包含这些 K 线。这两条通道线的引入,使得投资者能够更准确地判断股价的波动范围和可能的反转点。

当股价接近通道线时,这意味着即将回归基准线。这是一个重要的信号,提醒投资者关注市场的走势。而一旦通道线被有效击破,这通常意味着股价将出现反转。这种预测方法不仅提供了关于股价与基准线偏离程度的更多信息,还为投资者提供了更可靠的交易信号和决策依据。

图 28-2 所示是 600025(华能水电)2022 年 12 月 12 日至 2023 年 6 月 13 日的 K 线图,连接 2022 年 12 月 26 日(图中 A 点)与 2023 年 3 月 17 日(图中 B 点)这两个点(一波小幅上涨),进而衍生出一条线性回归线,和对应的两条标准差通道线,之后的股价基本围绕该线运动,并在接近通道线的时候出现反转,可以做高抛低吸。

图 28-2

28.1.3 回归通道线

回归通道线是一条与趋势线平行的直线,且该直线穿越近期价格的最高点或最低点。这两条线将价格夹在中间运行，有明显的管道或通道形状。

　　通道的主要作用是限制价格的变动范围。通道一旦得到确认，那么价格将在这个通道里变动。如果通道线被价格突破，往往意味着趋势将有一个较大的变化。当通道线被价格突破后，趋势上升或下降的速度会加快，出现新的价格高点或低点，原有的趋势线就会被废止，要重新依据价格新高或新低来确定趋势线和通道线。很多交易者就是利用价格突破通道线的时机来进行加仓或减仓的。

　　图28-3所示是上证指数（1A0001）2007年10月19日到2008年11月7日的走势，在创下6124点的历史新高后，股市开始进入下跌周期，但波动始终在两条通道线之内，在碰到下边线时，会有短暂的反弹，然后迫于上边线的压力，又开始了新一轮的下跌。

图 28-3

28.2 通过矩形寻找买卖时机

　　矩形是为了配合箱体理论而设计的画线工具。矩形的上边界和下边界形象地勾勒出了股价箱体的形状。它们分别代表着股价箱体的顶部和底部的支撑位和压力位。这个理论不仅预测了股价的运行轨迹，而且还为投资者提供了买卖的参考点。

　　当股价跌落到箱体的底部时，通常会受到买盘的支持，阻止其进一步下滑。相反，当股价上升到箱体的顶部时，会受到卖盘的压力，阻止其继续上涨。这种规律性的股价运动模式，为投资者提供了宝贵的交易信号。

　　更为重要的是，一旦股价有效地突破了原箱体的顶部或底部，就意味着进入了新的股票箱里运行。这也表明，原来的箱体顶部或底部将成为新的箱体的支撑位或压力位。这一突破行为，不仅改变了股价的运行轨迹，也揭示了市场主力资金的新动向。

因此，对于投资者来说，只要密切关注股价的动态，一旦发现股价上扬并成功冲破了箱体上沿，就应该果断买入。反之，如果股价跌破箱体下沿，则应果断卖出。

图28-4是中核科技（000777）的K线走势图，经过了一个多月的窄幅震荡整理，股价形成了一个矩形箱体技术形态，这通常表示买卖双方在这个阶段处于一种相对平衡的状态。

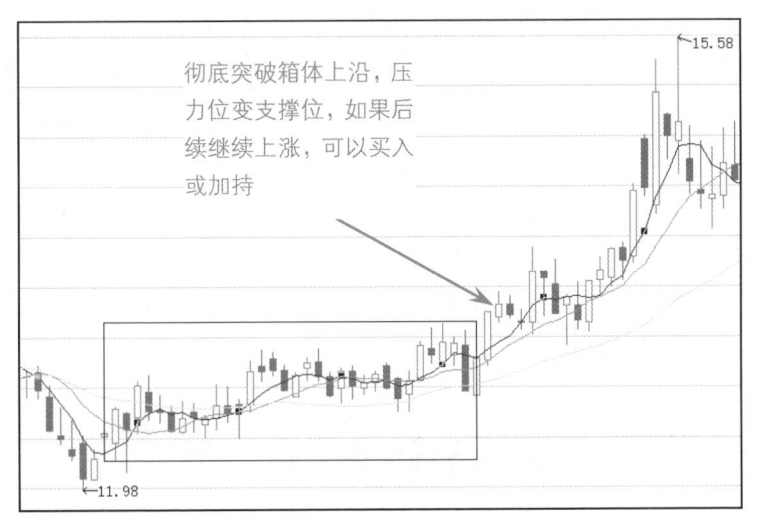

图28-4

当股价成功突破箱体的上沿时，买卖双方的平衡将被打破，这意味着原来的箱体顶部作为强阻力位，现在变为强支撑位。这一变化背后通常有几个因素：一是市场主力资金在箱体整理阶段完成了筹码的收集或派发，当它们达到预期的目标后，会选择一个合适的时机进行突破；二是市场整体的情绪或基本面因素发生了变化，导致股价选择向上或向下突破。

股价成功突破箱体上沿通常是一个强烈的买入信号，因为这意味着股价进入了上升周期，可能会开始一波快速的上涨。对于投资者来说，这是一个关键的转折点，需要密切关注并采取相应的投资策略。

在技术分析中，这种突破往往与成交量的放大有关，如果成交量能有效放大，则更加强化了这一突破的有效性。

股价跌破箱体下沿通常是一个强烈的卖出信号，这是因为，在技术分析中，箱体的下沿通常是重要的支撑位，一旦这个支撑位被跌破，它就转变为压力位。

图28-5是中南股份（000717）的K线图，经过20多天的窄幅震荡整理，股价

形成了一个矩形箱体技术形态。这种矩形形态的出现，通常表示买卖双方在这个阶段处于一种僵持的状态。当股价跌破矩形下沿时，这一僵持状态被打破，市场的主力资金可能会选择在这个时候进行派发，导致股价开始下跌。

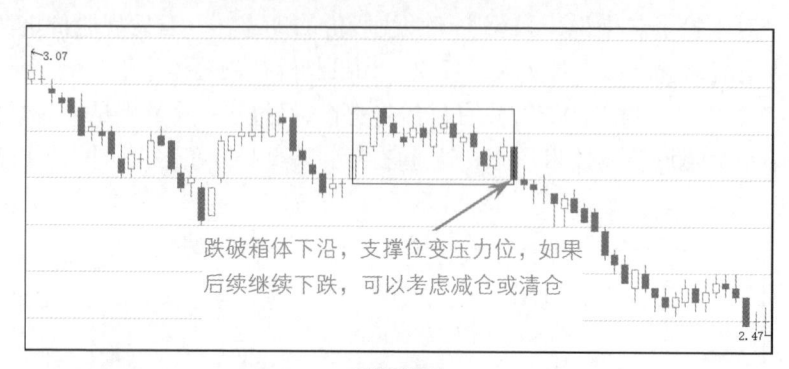

图 28-5

跌破箱体下沿，意味着股价进入了下降周期，可能会开始一波快速的下跌。对于投资者来说，这是一个关键的转折点，需要密切关注并采取相应的投资策略。在技术分析中，这种突破往往与成交量的放大有关，如果成交量能有效放大，则更加强化了这一突破的有效性。

28.3 在对称角度线中找寻买卖时机

对称角度线是江恩空间法则中的一个重要工具，它通过判断前期股价运行的角度，利用空间的对称性因素，预测后期股价可能的运行趋势。具体来说，投资者可以根据前一波段的运行角度，推断出后一波段可能的运行方向，从而确定未来股价运行的阻力位或支撑位。

对称角度线对判断市场走势非常有帮助。在股价运行过程中，角度的变化往往预示着趋势的转折或延续。通过观察角度线的交叉和变化，投资者可以提前预判市场的关键点位和趋势变化，从而更好地制定投资策略。

图 28-6 是福成股份（600965）的 K 线图，从图中可以看到，该股股价在 6.96 元见顶。为了分析这一阶段的市场走势，我们将 6.96 元作为基准点，并向前寻找一个阶段性的低点，根据 K 线图判断，这个低点大致在 5.66 元处。

基于这两个关键点，画出一条压力线。这条压力线代表了股价在特定时期内受到的强压力。当股价反弹到这一压力线附近时，会明显受到压制，并向下调整。

通过观察压力线的形成和作用，投资者可以更好地理解股价在特定时期的运行规律和阻力位。在实际操作中，投资者可以利用这些信息制定相应的交易策略。例如，在压力线附近设置止损或止盈点，以降低风险，提高投资回报率。

图 28-6

28.4 波浪尺线选股实战

波浪尺在艾略特波浪理论中的应用，是利用黄金分割比例来单独测量某个波浪的上下起伏幅度，预测大致的压力位或支撑位。

上涨波浪中，单击鼠标左键，选取最低点作为起点，移动鼠标再选取一个高点作为第二点，再在回调波的低点处单击鼠标左键选择第三点，上涨波浪尺便可生成。

下跌波浪中，单击鼠标左键，选取最高点作为起点，移动鼠标再选取一个低点作为第二点，然后在回调波的高点处单击鼠标左键选择第三点，下跌波浪尺便可生成。

下面以上涨为例，使用软件画线工具中的波浪尺，选择好三个基准点（起涨点、阶段顶点和回调点），系统会以回调点为起点，向上衍生第一浪绝对涨幅的38.2%、61.8%、100%、138.2%、161.8%、200%、238.2%、261.8%等点位，当第三浪越过第一浪的高点时，使用波浪尺成功概率更大，一般都能走完第一浪绝对涨幅的2倍。

图 28-7 是芯瑞达（002983）的 K 线图，该股见底于 21.9 元后，上升到 26.4 元，因此，第一浪的绝对涨幅为 26.4-21.9=4.5（元）。回调到 23.98 元后开始重新上涨，直到越过了第一浪的高点 26.4 元，预示着第三浪成功为大概率事件。之后的压力位依次为 26.75 元、28.47 元、29.18 元、31.24 元、32.95 元、34.67 元和 35.75 元，最终该股于 35.64 元见顶（几乎是第一浪绝对涨幅的 2.6 倍），因此，可以在第三浪确立（越过第一浪的高点）的时候，判断出股价见顶的价位，以做出分批卖出策略。

图 28-7

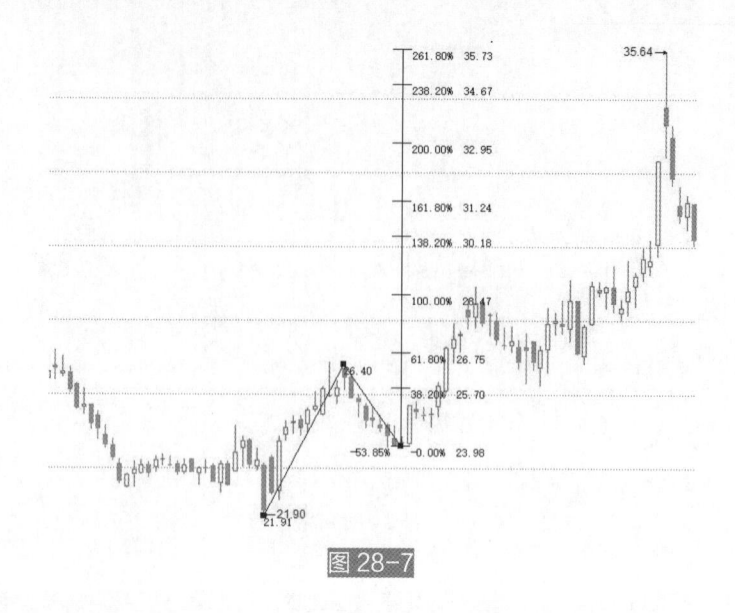

> 压力位的计算：23.98＋4.5×相对应的百分比。

28.5 黄金分割理论选股实战

股市中黄金分割理论主要被用来确定股票价格的支撑和阻力水平。黄金分割理论是利用一定的比例描绘股价向下回调的幅度和向上反弹的高度，判断行情的性质和股价未来的运行趋势。

28.5.1 黄金分割线

水平黄金分割线是通过将重要的高点或低点与特定的黄金分割比率相乘，从而绘制出的一系列水平线。这些线具有特殊的数字比例，如 0.191、0.382、0.618、0.809、1.191、1.382、1.618、1.809、2.382 等。

绘制水平黄金分割线的第一步是确定起始点和结束点。这两个点通常是上升趋势结束，掉头向下的最高点；或者是下降趋势结束，掉头向上的最低点。这些点是重要的转折点，能够反映市场的供求关系和趋势变化。

选定好起始点和结束点后，软件会根据黄金分割比率进行计算。将起始点的价格乘以黄金分割比率，然后在图表上画出相应的水平线。这些线是根据特定的数学比例关系得出的，能够反映股票价格在特定水平上的支撑和阻力情况。

如果价格在某条线附近出现明显的反弹或下跌，那么这条线就可能是一个重要的支撑或阻力位。投资者可以根据这条线的位置制定相应的买入或卖出策略。例如，当股价跌破一条重要的黄金分割线时，可能是一个卖出的信号；而当股价反弹至一条重要的黄金分割线时，可能是一个买入的信号。

> 黄金分割点的这些数字来源于斐波那契数列，具有特定的数学关系。

图 28-8 所示为宁德时代（300750）的 K 线图，在 173 元左右的低点时，股价展现出了顽强的反弹能力，开始了一波明显的上涨趋势。然而，随着大盘的整体下行趋势，宁德时代的股价也受到了影响，调整幅度加大。

图 28-8

当股价回调至 75% 的位置时，市场似乎进入了一个相对稳定的阶段。这是一个关键的技术支撑位，在这个位置，卖方力量逐渐减弱，而买方开始进入市场，促使股价逐渐企稳并开始回升。

随着市场情绪的稳定和大盘的企稳，股价开始稳步回升，走出一波稳健的涨势。

28.5.2 百分比线

理论上，黄金分割线与百分比线在原理上是一样的，但是相比之下，百分比参考的线条更多，黄金分割参考的线条比较单一。

同样，我们在画百分比线的时候，首先还是要找到一个完整的波段，要具备明显的最高点和最低点。通常情况下，在下跌趋势中，我们把最高点当作起始点，最低点当作终点；在上升趋势中，我们把最低点当作起始点，最高点当作终点。这样做的目的是这两个点位同时具备压力位和支撑位的作用。

图 28-9 所示是海尔智家（600690）的 K 线图，股价在 13.19 元处跌到了近期的低谷，经过一波上涨后，股价开始回调，当回调到 33.3% 的位置时，调整完毕，之

后股价果然开始止跌反弹，随即走出一波涨势。

图 28-9

28.6 周期分析理论选股实战

趋势形态分析中周期分析主要包括斐波那契线和周期线。

28.6.1 斐波那契线

斐波那契线是一种基于斐波那契数列的周期分析方法，广泛应用于股票、外汇和期货等金融市场的技术分析中。

斐波那契数列由 0 和 1 开始，之后的每个数字都是前两个数字之和，如 0、1、1、2、3、5、8、13、21 等。在市场分析中，斐波那契周期通常用于预测市场趋势的转折点。

具体来说，先选择好基准点（即基准日期，通常为创了新高或新低的日期），然后斐波那契周期线以斐波那契的时间间隔 1、2、3、5、8、13、21、34 等画出许多垂直线，这些数字对应着重要的市场转折点和高点。通过观察这些点位，投资者可以判断市场趋势的变化，并据此进行交易决策。

图 28-10 所示是 000610（西安旅游）的 K 线走势图，根据斐波那契周期理论，选择创近期股价新高的 9.49 元作为基准日，之后的 13 天、21 天、55 天都较为准确地出现了阶段性高点或低点，因此可以在一段下降或上升趋势的周期中，选择斐波那契数字出现的时间节点进行买入或卖出。

图 28-10

28.6.2 周期线

周期线是依据费式周期线衍生出来的一种趋势分析手段，它根据对称原理，将 K 线或指标线按投资者自己设定的时间周期等距离分割，使其长度相同，以此来分析指数或股价可能发生大波动的时间。

设置周期线时首先确定一个阶段性高点和一个阶段性低点，之后系统会计算这两个点之间的天数，然后根据这个天数向后衍生出相同的天数。

上涨行情中，每当股价运行到周期线附近时，都有可能出现回调；每当股价回调运行到周期线附近时，都有可能结束回调重新上涨。

下跌行情中，每当股价运行到周期线附近时，都有可能出现反弹；每当股价反弹，且运行到周期线附近时，都有可能结束反弹重新下跌。

> 周期线波段低点与波段高点之间的时间跨度不宜过短，否则将无法反映出股价的周期运动规律。

图 28-11 所示为工业指数（000004）的 K 线图，从 3285.60 点开始下跌，在经过一波 40 天的下跌后，开始回升，在上涨了 40 天后，果然到达阶段性的顶部。在接下来的 40 天内，股价再次接近阶段性的顶部，误差在 4 到 5 天内。两个周期内，都准确地判断出了阶段性的顶部。

图 28-11

图 28-12 所示是 *ST 西源（600139）的 K 线走势图，该股股价从 11.67 元开启了一波震荡上涨行情。根据等周期线的分析原理，可以将其作为单周期起点，以阶段性股价高点（图中 A 点）作为单周期的终点，这样系统就会自动生成一系列等周期线。

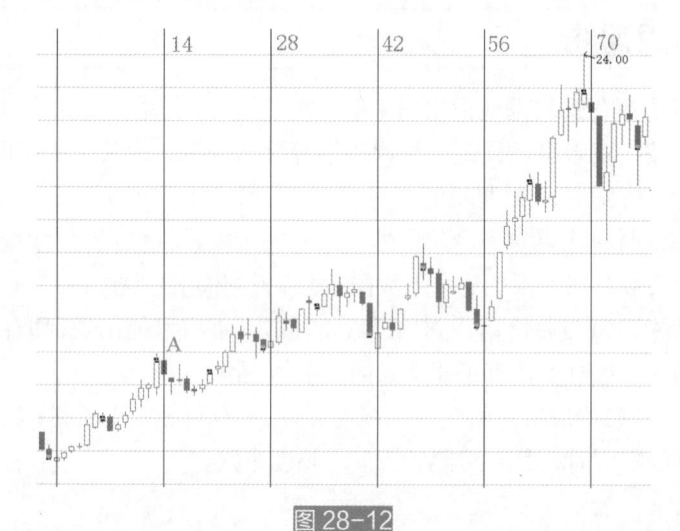

图 28-12

此后，在股价震荡上涨过程中，会不断出现一些波段高点和低点。通过观察可以发现，每当股价运行至等周期线时，股价都会出现回调走势。由此可见，等周期线是一种比较可靠的技术分析工具。在以后的行情走势中，每当股价运行至周期线时，投资者都要警惕股价下跌的可能。

28.7 速阻线选股实战

速阻线是由埃德森·古尔德创立的一种分析工具，全称为速度阻挡线。当价格上升或下跌的第一波形态完成后，利用第一波的展开幅度推测出后市发展的几条速阻线，可作为支撑和阻力位置。速阻线的原理与甘氏线较相似，也是试图通过一些特殊的角度来预测价格的变化方向。速阻线具有一些百分比线的思想，它将每个上升运动或下降运动的幅度进行三等分处理。

通俗地讲，在一段上涨（下跌）行情的最高价和最低价之间做一条垂直线，将该线三等分，从最低点（如果是下跌行情的话就是从最高点）连接垂直线上从高到低的三个点，即为速阻线。

在上升趋势中，如果市场开始调整，价格通常会在回调到第一条速阻线时得到支撑。而当价格回调到第二条速阻线时，会得到更强的支撑。一旦价格有效地跌破第二条速阻线，这通常意味着上升趋势可能即将反转。

在下跌趋势中，如果市场开始调整，价格反弹到第一条速阻线时得到压力。而当价格反弹到第二条速阻线时，会得到更强的压力。一旦价格有效地突破第二条速阻线，这通常意味着下跌趋势可能即将反转。

> 在速阻线的不同波段选取中，如果有速阻线出现重叠现象，这条线在未来的趋势判断中会有很强的作用；如果有速阻线出现相交的现象，该交点将有时间预示作用，可以在该处做变盘操作。

图 28-13 所示是智微智能（001339）的 K 线走势图，股价在经历了一波下跌后，在 A 点 21.81 元附近创下了阶段新低。而后，该股走出阴霾，股价开始了一波强劲的反弹。

一个月后，股价触及了 B 点，这是一个相对的高位，连接 A 点和 B 点后，可以画出两条速阻线，这两条线代表了市场的支撑位。

当股价在随后的交易中触及这两条速阻线时，都得到了明显的支撑。这表明市场中的多方力量仍然占据主导地位，它们有能力阻止股价进一步下跌并推动其反弹。

图 28-14 所示是首开股份（600376）的 K 线图，股价在经历了一波上涨后，在 A 点附近创下了阶段新高。而后，该股开始连续阴跌，8 个交易日后股价开始回抽，在第 9 个交易日，股价收出一根阳线，之后开始反弹。

第 9 个交易日的开盘价为近期的低点，即图中的 B 点，连接 A 点和 B 点，可以画出两条速阻线，这两条线代表了市场的压力位。

在随后的交易中，当股价触及第二条速阻线时，受到了强烈的压力，这表明市场中的空方力量仍然占据主导地位。但之后随着多方发力，一举突破第二条速阻线，之后在第二条速阻线附近与空方形成拉锯战。

经过一个多月的拉锯战，最终以多方的获胜告终，之后股价扬帆起航，一路高歌猛进，13 个交易日，股价涨幅达 38.37%。

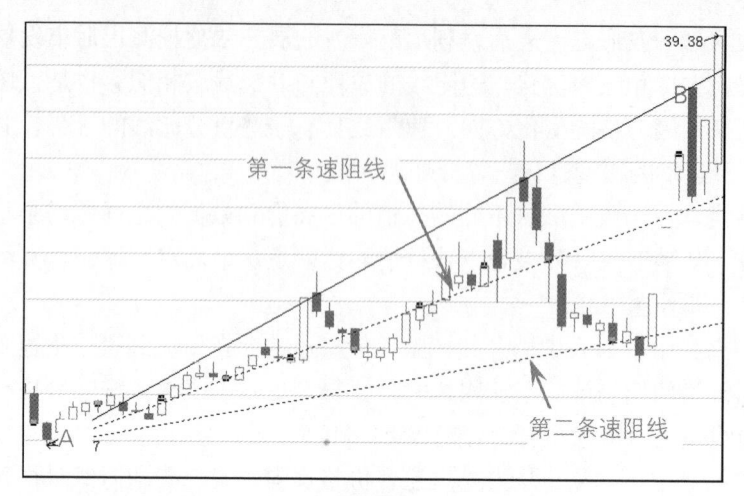

图 28-13

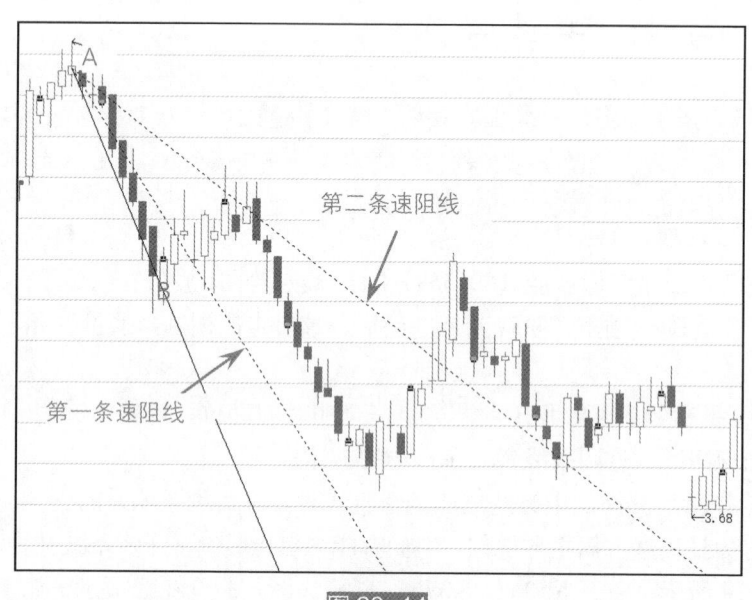

图 28-14

28.8 新股民学堂——技术图形上的注解

技术图形上的常见注解有文字注释、上涨箭头、下跌箭头和价格标签等。在大智慧软件中，通过调用画线工具的相应功能可为技术图形添加注解。

❶ 输入"000004"，进入工业指数的 K 线图，然后单击画图工具上的【文字工具】按钮，在弹出的输入框中输入"工业指数"，如图 28-15 所示。

图 28-15

❷ 单击画图工具上的【上涨箭头】，给上涨趋势添加⬆，然后单击【下跌箭头】，给下跌趋势添加⬇，结果如图 28-16 所示。

图 28-16

❸ 单击画图工具上的【价格标签】，然后在想添加标签的 K 线上单击，即可添加价格标签，结果如图 28-17 所示。

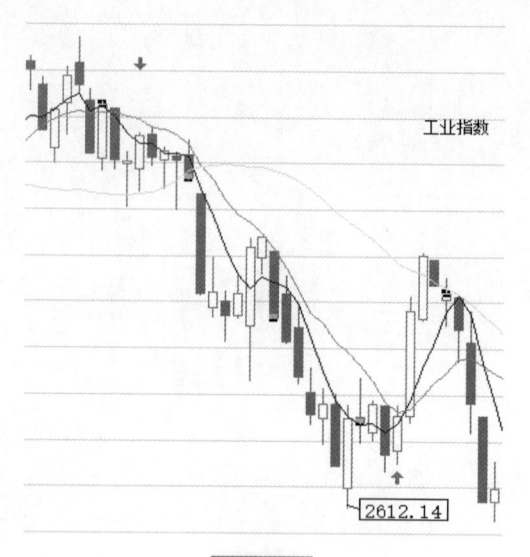

图 28-17

第29章

股票交易技术解密——股票交易技术理论的实战应用

以市场为师,践学不悔,敏学不倦,谦学不怠。——股市谚语

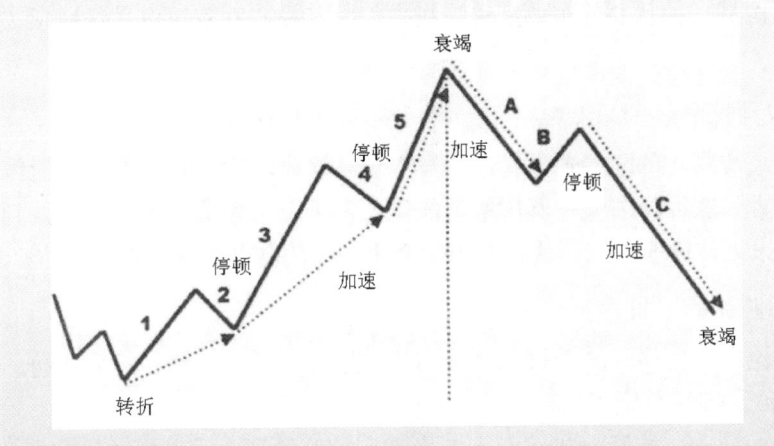

股票理论作为投资领域的核心知识,对于投资者而言具有不可替代的作用。它们不仅是把握市场趋势、预测价格波动的有力工具,更是投资者制定投资策略、规避风险的重要指南。本章将股票交易理论与实际相结合,指导投资者如何将理论知识转化为实际操作能力。

29.1 股票交易中的道氏理论

东方的K线图和西方的道氏理论，构成了技术图表分析的两大基石。

道氏理论旨在反映市场总体趋势，它由查尔斯·道（Charles Dow）提出，但形成道氏理论这个名字的，是在他去世后，威廉姆·皮特·汉密尔顿（William Peter Hamilton）和罗伯特·雷亚（Robert Rhea）等人继承了他的交易理论，并在其后有关股市的评论写作过程中加以组织与归纳，才形成如今的道氏理论。

29.1.1 道氏理论的五大核心

道氏理论是一种重要的市场趋势分析方法，其核心观点可以总结概括为以下五个方面。

1. 指数预先反映未来变化

大量股票交易者的思想通过指数传导并反映在走势中。目前，价格已体现未来的不确定因素，这种超前性是群体智慧的体现，单个个体的投资者无法做到。指数能提前反映未来市场的变化，这是道氏理论的核心，也验证了趋势理论。

2. 市场波动有三种趋势

道氏理论认为价格的波动可以划分为基本趋势、修正趋势和短期变动。这一分类为后来的波浪理论奠定了基础。

（1）基本趋势。持续一年或以上，影响大部分股票，涨跌幅度一般超过20%，趋势看起来像大潮。形成多头或空头市场。

（2）修正趋势。持续3周至3个月，是对基本趋势的调整或修正，涨跌幅度为基本趋势的1/3至2/3，趋势看起来像波浪。

（3）短期变动。持续不超过3周，波动幅度小，只反映短期变化，趋势看起来像波纹。

图29-1所示是上证指数（000001）2016年8月15日至2018年1月29日的日线图，从日线走势图上看，基本趋势是上涨的，中期趋势有涨有跌。

3. 基本趋势分三个阶段

从参与者角度分析，基本趋势可分为三个阶段：积累阶段、大众参与阶段和派发阶段。

积累阶段以熊市末尾牛市开端为例，此时所有的经济方面所谓的坏消息已经被市场包容消化，于是那些最机敏的投资商开始精明地逐步买进。

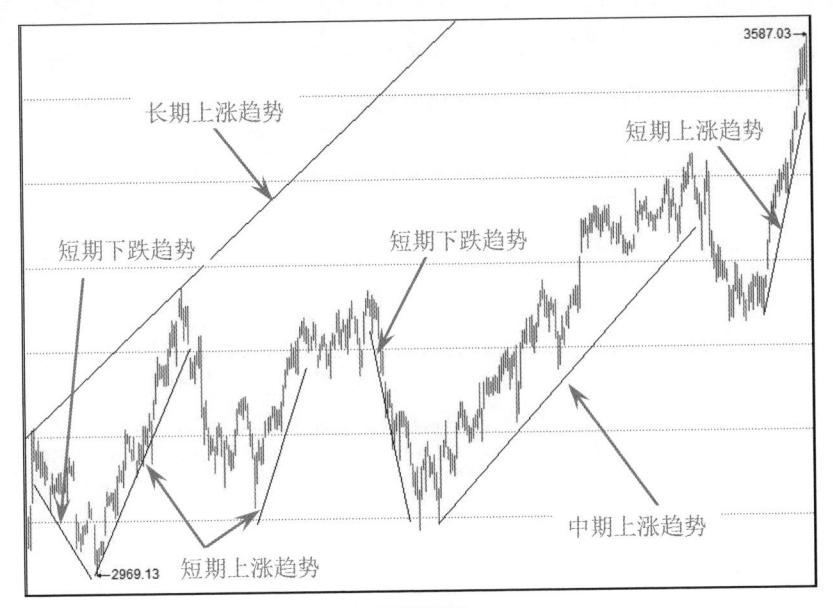

图 29-1

大众参与阶段，商业新闻趋暖还阳，绝大多数技术性顺应趋势的投资者开始买入，从而使价格快步上扬。

派发阶段也是最后一个阶段，报纸上好消息连篇累牍，经济新闻捷报频传，大众投资者积极跟风，活跃地买卖，投机性交易量日益增长。在这个最后阶段，从市面上来看，谁也不想卖出，但是那些当初在熊市的底部买进的精明人开始"派发"，逐步抛出平仓。

4. 指数必须相互确认

指数只有相互确认，才能表明基本趋势的确立。牛市需要不同的平均价格都越过前期的高点。关于这一点，我们证券市场的例子就像中小板指数和上证指数一样，两者必须同时出现上涨，一轮较大的牛市才能展开。像2009—2010年权重股的滞涨，中小板指数的活跃，两个指数无法互相确认，在这个背景下，牛市难以全面展开，如图29-2所示。

5. 依据成交量判断趋势变化

在股市中，成交量和价格之间的关系被视为判断趋势的重要指标。一般而言，当价格上涨时，成交量也会相应增加，这表明投资者对市场的看好和购买意愿的增强。相反，如果价格上涨而成交量减少，或者价格下跌而成交量增加，这种反常的关系可能预示着市场趋势的转变。

上证指数的周线

中小板指数的周线

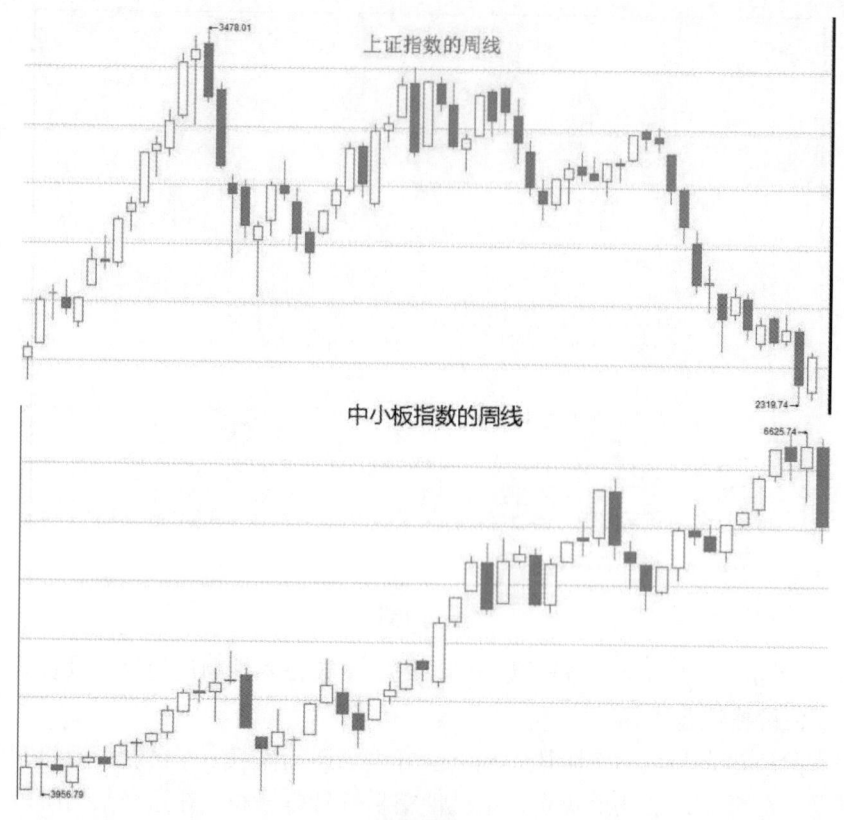

图 29-2

道氏理论对大趋势判断有效，但对短期波动预测不足。其结论滞后于价格，在一定程度上限制了其广泛应用。道氏理论主要判断趋势变化，假设趋势持续，直至出现反转信号，但未说明趋势的时间和位置，可能导致投资者错过最佳时机。此外，道氏理论侧重长期趋势，投资策略不明确。

29.1.2 道氏理论的趋势终结验证

在道氏理论中，趋势终结的验证是一个复杂而关键的过程，它涉及多个方面的观察和判断。

1. 趋势的终结通常伴随着明确的反转信号

趋势反转信号可能包括价格突破重要支撑或阻力位，形成特定的技术形态（如头肩顶、双顶等），或者出现异常的成交量。投资者需要密切关注这些信号的出现，并结合其他市场信息进行综合判断。

2. 趋势的终结验证还需要考虑市场的整体状况

如果多个市场指数或相关资产类别都出现类似的反转信号，那么这往往意味着市场的主要趋势可能即将发生变化。此外，宏观经济数据、政策变化以及市场情绪等因素也可能对趋势的终结产生影响。

3. 成交量的变化

成交量的增加通常意味着市场参与者对价格变动的认可度提高，这有助于确认趋势的终结。相反，如果成交量在趋势终结时没有明显增加，那么这可能意味着市场的动能不足，趋势的终结可能并不稳固。

此外，投资者还需要意识到市场趋势的终结往往是一个缓慢的过程，而不是一蹴而就的。在趋势终结的过程中，市场可能会出现短期的回调或震荡，这是市场参与者对新的趋势进行确认和调整的过程。因此，投资者在验证趋势终结时需要有足够的耐心和信心，避免过早地做出判断。

29.1.3 道氏理论的不足之处

道氏理论提供了对市场趋势的深入理解，然而，任何理论都不是完美的，道氏理论也不例外，存在一些固有的缺陷和局限性。

（1）道氏理论只推断股市的大趋势，却不能推断趋势里的涨跌幅度。

（2）道氏理论需要两种指数相互确认，这样做固然稳妥，但对市场的反应却慢了半拍，往往会让投资者错失最好的入场和出货机会。

（3）道氏理论注重长期趋势，对中期趋势，特别是在牛市还是熊市不清晰的情况下，不能带给投资者明确启示。

（4）道氏理论对选股没有帮助。

29.2 股票交易中的波浪理论

波浪理论是技术分析大师艾略特（R. E. Elliott）从道氏理论中提炼出来的一种价格趋势分析工具，所以波浪理论中的大部分观点和道氏理论是相互吻合的。

艾略特认为，股票价格的波动与大自然的潮汐、海里的波浪一样，一浪跟着一浪，周而复始，具有一定程度的规律性，展现出周期循环的特点，任何波动均有迹可循。因此，投资者可以根据这些规律预测价格未来的走势，在买卖策略上加以应用。

29.2.1 波浪形态的划分

波浪的形态划分为上升 5 浪和下跌 3 浪，如图 29-3 所示。

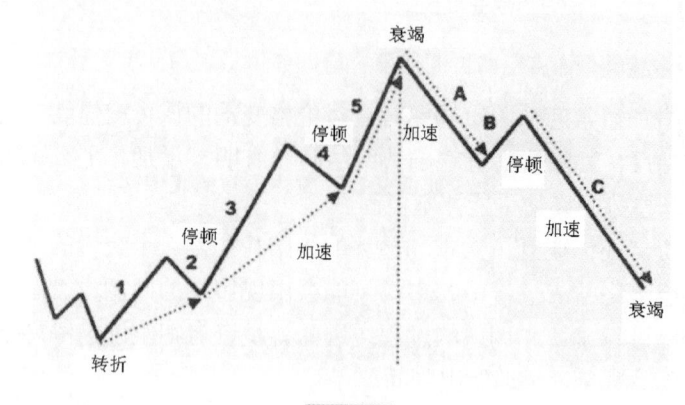

图 29-3

1. 第 1 浪

第 1 浪通常出现在市场转势的筑底阶段或长期盘整之后。

若第 1 浪在筑底时期显现，其上升往往源于空头市场跌势后的反弹或反转。此时，买方力量相对较弱，同时空头卖压依然存在，因此，当第 1 浪上升后随之而来的第 2 浪调整回落时，其回调的幅度常常较为显著。

如果第 1 浪出现在长期盘整结束之际，那么第 1 浪的行情上升幅度相对较大。根据经验，第 1 浪的涨幅往往是整个 5 浪行情中最短的。

2. 第 2 浪

第 2 浪的特点是成交量逐渐萎缩，波动幅度渐渐变窄，反映出抛盘压力逐渐衰竭，出现传统图形中的转向形态。例如，常见的头肩顶、双重底等。

由于第 2 浪是下跌浪，因此，投资者常常误以为熊市尚未结束。

3. 第 3 浪

第 3 浪的涨势往往气势磅礴，是众多波浪中最大、最具爆发力的上升浪。

在第 3 浪行情走势极为激烈，随着市场投资者的信心逐渐恢复，成交量显著攀升，传统图表中的突破信号也频繁显现。特别是当第 3 浪成功冲破第 1 浪的高点时，是最为强烈的买入信号。由于第 3 浪的涨势非常迅猛，市场上经常会出现"延长波浪"的现象。

4. 第 4 浪

从形态的结构来看，第 4 浪经常以三角形的调整形态运行。第 4 浪的运行结束点一般都较难预测。

5. 第5浪

在股市中第5浪的涨势通常小于第3浪，且经常出现失败的情况。

6. A浪

A浪的调整形态主要以两种形式展现：平坦形形态与三字形形态。它与B浪之间经常以交叉的形式进行形态上的转换。

在上升循环中，由于A浪的调整紧随第5浪之后出现，因此，投资者往往认为上升趋势依旧未变，容易放松警惕，仅将其视为一次短暂的回调。

7. B浪

B浪的上升往往容易给投资者造成一种错觉，似乎上升趋势依旧未结束。但观察图表，会发现成交量相当稀疏，这与价格的上涨形成了明显的背离。这种价量背离现象表明，上升的动力已经不足，无法支撑价格的进一步上涨。

8. C浪

C浪通常表现为一段破坏力较强的下跌浪，其跌势强劲，跌幅显著，持续时间也相对较长。在这个阶段，整个市场往往呈现全面下跌的态势，显示出强烈的下行趋势。

29.2.2 波浪理论中波浪的过程划分及特点

波浪理论实际上揭示了趋势发展的几个过程：行情的转折、停顿、加速和衰竭。股价波动的顶部和底部是市场失衡的关键点位，这些关键点在后期突破时，会对投资者产生心理震撼，影响价格走势。

> 波浪理论的标准波形是由8个不同的浪形构成的，在实践中经常简化为5波浪或3波浪。

1. 折返

波浪理论中上涨和下跌是永远交替进行的，而且涨跌折返的位置倾向于向38.2%、61.8%或50%等比例靠拢。

波浪理论中的第3浪，大的折返很难出现，有的只是微幅的调整，随后便是继续的大幅上涨或下跌。

2. 价格目标

在一个5浪序列中，第1浪和第5浪的幅度应趋向等同，或呈现0.618的倍数关系。

使用相对法计算幅度更佳，以百分比率衡量升幅。若第1浪从10～15元，升幅为5元，第5浪按相同幅度计算则为35元，但35～40元的上升比例与第1浪不同。因此，第5浪的上升幅度应与第1浪趋向一致，即52.5元，升幅均为50%，而非简单叠加为40元。时间周期可按比例测算，如第1波为30个交易日，第5波则为30个交易日或（0.618×30）个交易日。

3. 推动浪和调整浪

浪形结构可以分为推动浪和调整浪。推动浪与主趋势的浪形相同，主导着行情的主趋势；调整浪则与主趋势走向相反。

在上涨趋势中，主推浪是上升浪，调整浪是下跌的；在下跌趋势中，主推浪是下跌浪，调整浪是上涨的。

29.2.3 浪形使用的基本规则

浪形的使用应遵循以下原则。

（1）第2浪的下跌最低点不能击穿第1浪的起点，从该点也可以判断第3浪是否来临，随着第3浪向上穿破第1浪的顶点，宣告着第3浪的正式展开。

（2）第3浪是主升浪，所以不能是最短的浪。在8个子浪中，第1浪，第3浪，第5浪都是上升浪。第3浪特征明显，升幅、时间和成交量都迅猛。数浪时，不能将短促的上升视作第3浪，这是错误的数浪方法。

（3）在8浪的上升结构中，第4浪低点不得低于第1浪高点。

（4）第2浪和第4浪的形态结构经常发生交替。

在实际操作中，如果第2浪急速下跌，那么第4浪往往会缓慢下跌；如果第2浪是陡直调整，则第4浪是"之"字形调整。这种交替出现的原因是投资者的情绪随市场变化而变化。如果第2浪是陡直下跌，表明较多投资者看空后市并卖出，随后的第3浪暴涨让这些投资者认识到自己的错误。在接下来的第4浪调整中，这些投资者会采取缓慢卖出的行为，导致第4浪出现。相反，如果第2浪是缓慢下跌，表明投资者看好后市且卖压不大。第3浪暴涨后，这些投资者获得暴利并在4浪调整中快速卖出，导致价格快速回落。

图29-4所示是沃森生物（300142）的日K线图，由于主力的介入，扭转了股价的下跌趋势，股价在30°～45°的轨道上高速运行了几日之后，进入了短暂的调整期，形成了上升浪1浪和调整浪2浪。

当第2浪洗盘结束，就开始了向上急速拉升，如图29-4中第3浪所示。第3浪是最凶猛的加速过程，股价运行在60°～75°的趋势轨道上，市场人气鼎沸，上演疯狂暴走。

进入第4浪后，经过一段无序调整之后，虽然第5浪再次出现反弹，但股价已是强弩之末，略做调整之后，迅速进入下降通道。

图 29-4

股价就是在这样的涨跌中随波循环往复，完成了筹码和资金的转移。

29.3 股票交易中的箱体理论

箱体理论是一种技术分析理论，由尼古拉斯·达瓦斯（Nicolas Darvas）创立。该理论的核心思想是，股票在运行过程中，股价通常会在一个特定的价格区间内波动，最高点连线与最低点连线围成一个长方形，这个长方形围住的价格区域就称为箱体。股价在箱体内运动时，触到顶部区（或箱体的高位区）附近即回落，触到底部区（或箱体的低位区）附近即反弹。箱体示意图如图 29-5 所示。

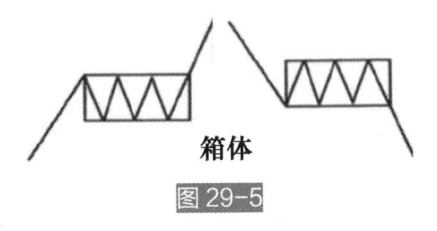

箱体

图 29-5

29.3.1 箱体是会变化的

股票箱体是阶段性的，满足特定的条件会产生变化。股价有效地突破箱体的顶部时，通常意味着原有的强阻力已经转变为强支撑，股价也进入了上升周期。相反，股价跌破箱体底部时，意味着原有的强支撑已经转变为强阻力，股价即将进入下降周期。

在上升行情中，股价创出新高后，由于投资者的惧高心理，股价可能会回跌，然后再上升，形成新箱体。在下跌行情中，当股价跌至新低时，基于投资者抢反弹心理，股价可能会回升，然后再下跌，形成新箱体。

> 股价突破箱体顶部强压力位，或跌破箱体底部强支撑位时，如果伴随着成交量的巨变，意味着反转信息更加强力可靠。

29.3.2 通过箱体确定买入和卖出点

当股价在第一个箱体内起伏波动时，不要贸然采取行动，等到股价确定上升到第二个箱体甚至第三个箱体时，再买进入场。在买进股票之后，只要股价不回跌至前一箱体顶之下，就不卖出，如图29-6所示。

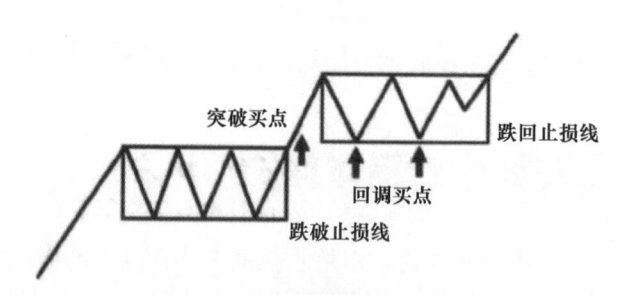

图 29-6

这样操作的好处在于不买震荡走势中的股票，要想站上箱体，只买上涨的股票就行。

箱体理论不仅可以帮助投资者寻找买入点，还可以帮助投资者找到比较客观的止损位。当股价碰触到止损位时，要毫不犹豫立刻卖出。当股价由一个箱体下跌到前一个箱体附近时，前一个箱体的顶部称为跌回止损线，前一个箱体的底部称为跌破止损线。一般当股价跌破前箱顶时，应止损卖出；跌破前箱底时，应坚决卖出。

> 股票箱体只是股价长期变动中，在某一个阶段临时停留的空间而已，所以它不能长期制约股价。

29.3.3 箱体的风险区

箱顶和箱底是风险区，需要谨慎对待。当股价接近这些区域时，应密切关注其变动方向。在箱顶时，如果买盘多，应继续关注并分析，看股价是否会进入新箱体。如有回落迹象，应及时退出以避免损失。同样，箱底也是可能转折的区域，需要谨慎对待。

在牛市进程中，如市场看好且股价未大涨，股价会站稳新箱体；如果股价已大涨并处于箱顶或箱底，则应小心判断。若股价直接跌回原箱体，应迅速离场。因为箱底破后可能成为下层箱体的箱顶，下跌惯性可能使其快速跌至箱体中心轴。如果市场无明确方向，股价可能于箱体内反复运行，直至外部因素打破原有规律。

29.4 股票交易中的江恩理论

威廉姆·江恩（William D. Gann）是美国证券、期货业最著名的投资家，是极具神奇色彩的技术分析大师、20世纪20年代初期的传奇金融预测家、20世纪最伟大的投资家之一。

江恩理论是江恩结合其在股票和期货市场上的骄人成绩和宝贵经验提出的，是通过数学、几何学、宗教、天文学的综合运用，建立的独特分析方法和测市理论。

江恩理论的数学表达有两个基本要素，这两个基本要素是价格和时间。江恩通过江恩圆形、江恩螺旋正方形、江恩六边形、江恩"轮中轮"等图形将价格与时间完美地融合起来。

29.4.1 江恩理论的五大时间法则

在江恩理论中，时间周期是第一位的，其次是比例关系，最后才是形态。江恩理论时间法则的主要内容如下。

1. 时间是循环周期的参考点

江恩认为时间循环可以分为短期循环、中期循环和长期循环。

短期循环为24小时、12小时甚至可缩小到4分钟（因为一天有1440分钟，地球自转一度为1440除以360，得出4分钟）。

中期循环为1年、2年、3年⋯15年等。

长期循环为20年、30年、60年及以上，长期循环其中30年最重要，因为共含有360个月，是一个完整圆形的度数。

2. 5年循环

在5年的升势中，先升2年，跌1年，再升2年。到第59个月注意转折。在5年的跌势中，先跌2年，升1年，再跌2年。处于长期上升（下跌）时，一般不会超过3年。

3. 10年是一个重要的循环

由10年前的顶部（底部）可预测10年后的顶部（底部）。此外，7年也是一个转折点，因为7天、7周、7个月都很重要。

4. 以月和周做单位

在上升的趋势中，如果以月为单位，调整不会超过两个月。如果以周为单位，调整一般在2～3周。在大跌时，短期的反弹可以维持3～4个月。

5. 将360°圆形按月份分割来计算股市循环

江恩理论中，将年的时间视为一个完整的周期，并将其按月份分割，以此来计算股市的循环。

29.4.2 江恩的价格带

江恩的时间法则和价格法则在股市分析中起着重要的作用。时间法则主要用于揭示价格何时将发生回调，价格法则则用于揭示价格回调的幅度。

江恩的价格法则将价格分割成不同的区间，形成价格带。这些价格带是以相对时间的最高价和最低价为标准来划分的，分析期间可以是一日、数日、周、月、年或更长。这些价格带通常按照前一个价格趋势的百分比来划分，一般会通过价格水平线均分成8条或3条价格带。这些水平线不仅代表了价格运动的层次，更重要的是，它们表示了未来价格运动的可能支持位或阻力位。在价格上升的趋势中，1/8或3/8的价格水平线可能构成较小的阻力位；在价格下降的趋势中，这两个价格水平线则可能形成较小的支持位。

29.4.3 江恩"轮中轮"

江恩深信，自然界的四季更迭、阴阳转换同样适用于股票市场。他观察到市场中存在短期、中期和长期循环，这些循环之中还有循环，恰如《圣经》中所描述的"轮中之轮"。基于这一理念，江恩创立了市场循环中的"轮中轮"理论。该理论旨在统一描述市场循环，并将价位与江恩几何角相融合。因此，"轮中轮"不仅是江恩理论的精华所在，更是其思想的高度概括。

江恩将圆细致划分为24等分，从0°起始，逆时针每旋转15°即增加一个单位。如此，历经24个单位便完成首个循环，并依此类推，直至48个单位完成第二个循环，最终通过360个单位完成整个大循环，即十五个循环，从而形成了江恩独特的"轮中轮"。

在江恩的"轮中轮"中，数字循环不仅代表时间的流转，也映射出价格的变动。循环的时间可以小时、天、周、月等为单位，价格的循环则以元或汇率等为单位。

"轮中轮"的核心在于角度线。市场的顶部、底部或重要的转折点，往往出现在特定的角度线上，如0°、90°、180°等。

29.5 股票交易中的通道理论

通道理论是一种重要的技术分析手段，它通过观察和分析价格图表上的通道形态，来预测市场趋势和价格运动的规律。

通道由两条平行线构成，一条是支撑线，另一条是压力线。

在上升趋势中，两个相对低点的连线构成支撑线，两个相对高点的连线构成压力线，这两条线平行延伸，形成了上升通道。在下降趋势中，情况相反，两个相对高点的连线构成支撑线，两个相对低点的连线构成压力线，形成下降通道。

图29-7所示是上证指数的日K线图，主要是下降趋势的两条通道线。

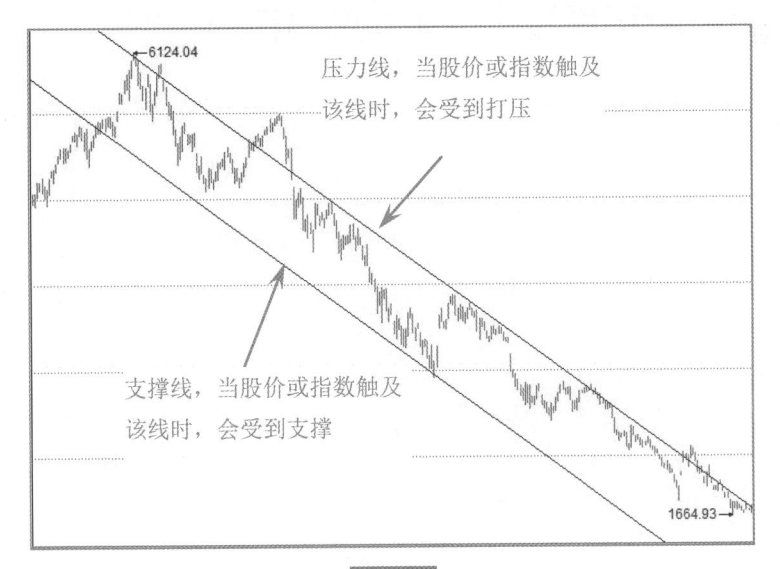

图 29-7

通道的宽窄和斜率可以提供关于市场趋势强度的信息。较宽的通道意味着市场波动较大，投资者情绪较为分散；较窄的通道则表示市场即将发生突破，趋势将变得更为明确。通道的斜率可以反映市场趋势的速度和力度，通道越陡峭，趋势越强烈。

通道理论的主要应用包括以下几个方面。

1. 趋势识别

通过观察和绘制通道，投资者可以识别出市场的上升趋势或下降趋势。如果通道呈现向上倾斜的态势，通常表示市场处于上升趋势；如果通道向下倾斜，则可能表示市场处于下降趋势。

2. 买卖信号

当价格触及通道的上轨（压力线）时，可能意味着市场存在超买的风险，投资者可能会考虑卖出；而当价格触及通道的下轨（支撑线）时，可能表示市场存在超卖的机会，投资者可能会考虑买入。

3. 风险控制

通道理论也可以帮助投资者设定止损点。例如，投资者可以在价格跌破通道下轨时设定止损点，以避免潜在损失。

4. 预测未来价格

通过观察和分析通道的形态和变化，投资者可以预测未来价格的可能走势。例如，如果通道的宽度逐渐缩小，可能预示着即将发生突破，市场将出现新的趋势。

29.6 新股民学堂——时间周期理论

时间周期理论认为事物的发展遵循一种由小到大，再由大到小的循环过程。这种循环规律同样适用于股市中的价格波动。任何价格活动都不可能永无止境地朝一个方向发展。在价格的波动过程中，必然会出现阶段性的高点和低点，并且这些高点的出现并非随意，而是遵循一定的时间规律。因此，投资者可以依据这些规律，选择在低点出现的时候入市，而在高点显现时离市，从而更为精准地把握市场节奏，实现更好的投资回报。

时间周期理论的五大核心思想如下。

（1）股价波动的高低点出现的周期通常呈现"基本等长"的特点，这些周期根据时间长短可分为三种类型：短周期、中周期和长周期。具体来说，短周期的时间间隔通常在13个月以下；中周期的时间间隔介于13至55个月之间；而长周期的时间间隔则一般超过55个月。

（2）股价的循环周期与其涨跌幅度没有必然联系，通过股价小波动的高低点周期出现时间，就可以预测大波动的高低点周期。

（3）在时间周期理论计算股价波动周期时，波谷被作为主要的参考点。这是因为波峰的形成往往受到多种复杂因素的影响，导致其表现出明显的不稳定性。

（4）若股价出现连续的上涨或下跌，持续时间接近一个循环周期的长度时，投资者就应该提前提防反转。

（5）时间周期理论关注的重点是时间因素，即注重入市和清仓的时机选择，对价格和成交量的因素则考虑得不够。在使用时间周期理论时，要与其他技术分析方法相结合，从而提高判断的准确性。

第 30 章

锁定龙头，决胜股市——利用指标精准捕捉市场"领头羊"

> 股市没有超凡神人，股票酬懒股道酬勤；股市之道至简至易，运用之妙存乎一心。——股市谚语

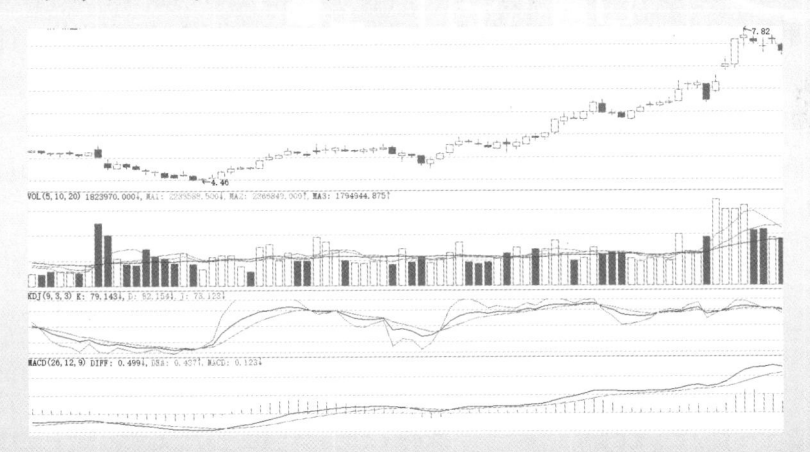

技术指标是过去的数据和信息的反映，在投资决策中起着重要作用。本章将详细介绍如何利用各类技术指标，如移动平均线、相对强弱指数（RSI）、成交量等，来分析和判断个股的走势，并结合市场动态、行业政策以及公司基本面，从而捕捉到那些最有可能引领市场上涨的龙头股票。另外，还介绍了如何精准捕捉市场"领头羊"，即那些在行业中具有领导地位、市场表现突出的股票。通过锁定这些龙头股，投资者将有机会获得更高的投资收益。

30.1 股票指标的定义和分类

技术指标就是按事先规定好的方法对原始数据进行处理，将处理之后的结果制成图表，并用制成的图表对市场进行行情研判。原始数据指的是开盘价、最高价、最低价、收盘价、成交量和成交金额，有时还包括成交笔数。对原始数据进行处理，指的是将这些数据的部分或全部进行整理加工，使之成为一些数值信号。

技术指标反映了市场某一方面深层的内涵，这通过原始数据是很难看出来的。投资者对市场有一些想法，可能只停留在定性的程度，没有进行定量的分析。而技术指标可以进行定量的分析，使得具体操作时的精确度得以提高。

对数据采用不同的处理方式就会产生不同的技术指标。根据技术指标的设计原理和应用状况，可以将技术指标大致分为趋势类指标、超买超卖类指标、能量指标、量价指标、大盘指标和压力支撑指标等类型。

打开大智慧股票行情分析软件，选择【常用】→【公式管理】→【公式管理】命令，在弹出的【公式管理器】对话框中单击【技术指标】选项，即可查看所有的技术指标，如图30-1所示。

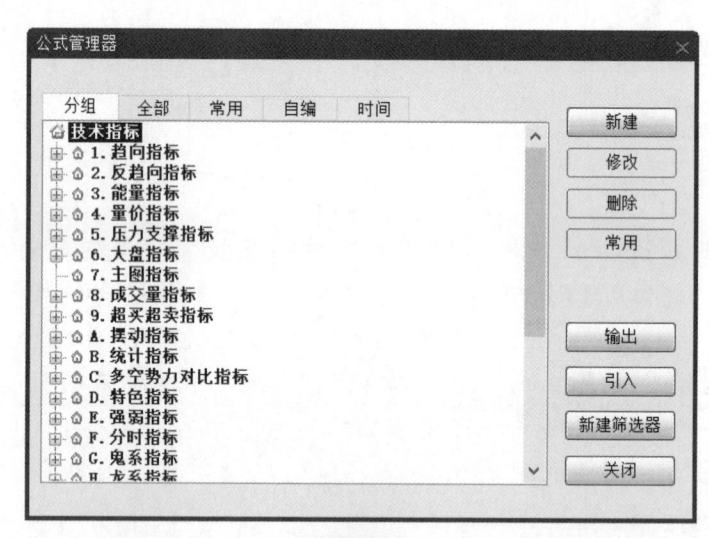

图30-1

> 由于篇幅原因，我们只对其中部分技术指标进行介绍。

30.2 通过趋势类指标锁定龙头股

趋势类技术指标引入趋势分析指导思想，以波段操作为其主要特征。常见的趋势类指标有 MACD、DMI、DMA 等。

30.2.1 MACD指标

MACD 指标是由杰拉尔得·阿佩尔（Gerald Ap-pel）于 1979 年根据移动平均线的原理设计出来的一种趋势型指标，英文全拼为 Moving Average Convergence and Divergence，中文翻译名称为"指数平滑异同移动平均线"。

MACD 指标由正负差（DIFF）和异同平均数（DEA）两部分组成，其中 DIFF 是核心，DEA 只起辅助作用。DIFF 是快速平滑移动平均线与慢速平滑移动平均线的差，快速平滑移动平均线采用的是短期时间（通常设定为 12 日）参数，慢速平滑移动平均线采用的是长期时间（通常设定为 26 日）参数。

除了 DIFF 和 DEA 外，MACD 指标还有一个辅助指标——柱状线（BAR）。柱状线在低于 0 轴以下时是绿色，高于 0 轴以上时是红色，前者代表趋势较弱，后者代表趋势较强，如图 30-2 所示。

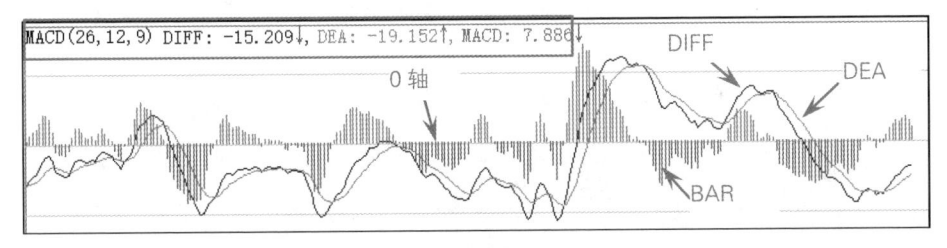

图 30-2

当 MACD 值从负数转向正数时，是买入信号。当 MACD 值从正数转向负数时，是卖出信号。当 MACD 以大角度变化时，表示快的移动平均线和慢的移动平均线的差距非常迅速地拉开，代表了一个市场大趋势的转变。

MACD 指标主要用于对中长期的上涨或下跌趋势进行判断，因为 MACD 的移动相对缓慢，所以即使股价在短时间内上下波动较大，MACD 也不会立即产生买卖信号。通过 MACD 指标判断买卖信号原则如下。

1. 多头市场

所谓多头市场就是 DIFF 线和 DEA 线处于 0 轴以上。此时，如果 DIFF 线由下向上突破 DEA 线，形成黄金交叉，为买入信号。如果 DIFF 线自上而下穿越 DEA 线，不能确定趋势转折，此时是否卖出还需要借助其他指标来综合判断。

2. 空头市场

所谓空头市场就是 DIFF 线和 DEA 线处于 0 轴以下。此时，如果 DIFF 线由上向下突破 DEA 线，形成死亡交叉，为卖出信号。如果 DIFF 线自下而上穿越 DEA 线，不能确定趋势转折，此时是否买入还需要借助其他指标来综合判断。

3. 柱状线收缩和放大

一般来说，柱状线的持续收缩表明趋势运行的强度正在逐渐减弱，当柱状线颜色发生改变时，趋势确定转折。

4. 形态

当 DIFF 线形成头肩底、W 底或 V 形底时，应考虑抄底买入；相反，当 DIFF 线在高位形成头肩顶、M 顶或尖顶等形态时，应当保持警惕，时刻准备逃顶离场。

5. 背离

如果股价指数逐波下行，DIFF 线及 DEA 线不是同步下降，而是逐波上升，与股价走势形成底背离，就预示着股价即将上涨。如果此时出现 DIFF 线两次由下向上穿过 DEA 线，形成两次黄金交叉，则股价即将大幅度上涨，是买入信号。

如果股价指数逐波升高，DIFF 线及 DEA 线不是同步上升，而是逐波下降，与股价走势形成顶背离，就预示股价即将下跌。如果此时出现 DIFF 线两次由上向下穿过 DEA 线，形成两次死亡交叉，则股价将大幅下跌，是卖出信号。

> 当股市处于盘整或震荡阶段时，DIFF 线与 DEA 线会频繁交叉，同时柱状线的收放以及颜色的转变也将频频出现，此时 MACD 指标处于失真状态，会释放出虚假的买卖信号，投资者应该特别注意。

图 30-3 所示是四川长虹（600839）的日 K 线走势与 MACD 指标图。股价在经历了一轮下跌后，出现了 MACD 的底背离现象，即尽管股价仍在下跌，但 MACD 指标线却呈现出不降反升的趋势。这种背离现象预示着股价在短期内可能止跌回升，因此，投资者不应再盲目做空，持币的投资者则应做好买入的准备。

随后，在 MACD 指标的上升过程中，DIFF 线和 DEA 线出现了多次黏合的情况。最终，DIFF 线成功向上穿越 DEA 线。但值得注意的是，此时 MACD 线仍位于 0 轴下方，这表明市场仍处于空头主导的状态，因此后市的走势尚不明朗，投资者应以反弹操作为主。

随着股价的反弹上升，MACD 线成功上穿 0 轴，这标志着市场由空头市场转变为多头市场。在此情况下，投资者可以逢低大胆买进并持有，以期待股价的进一步上涨。

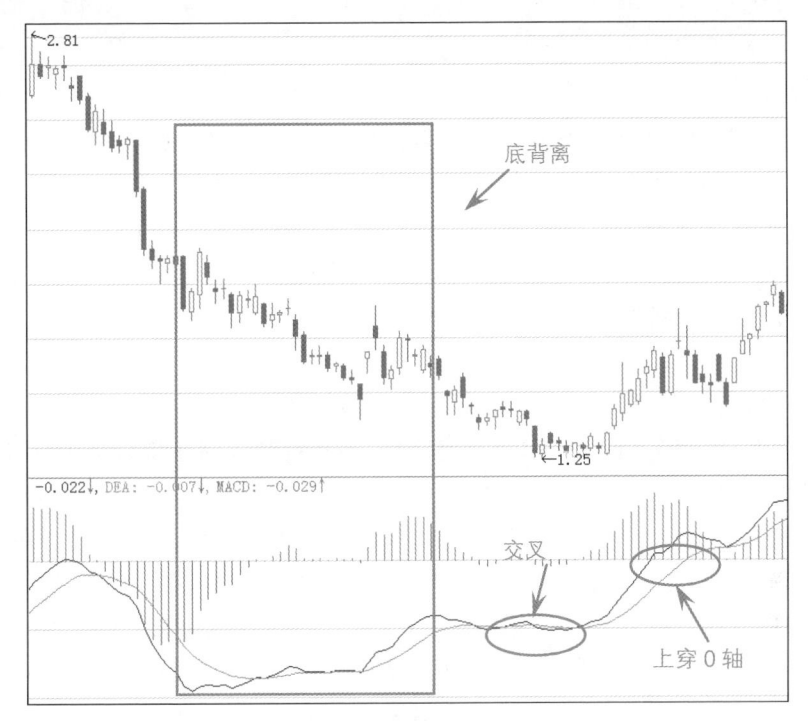

图 30-3

30.2.2 DMI指标

DMI（Directional Movement Index）指标，又称为动向指标或趋向指标，是由美国技术分析大师威尔斯·威尔德（Wells Wilder）所创造的。该指标通过买卖双方力量的变化情况来预测股价变动方向，它关注的是价格上升和下跌过程中力量的平衡与失衡。

DMI 指标由 PDI 线(+DI 线)、MDI 线(-DI 线)、ADX 线和 ADXR 线四条线组成，如图 30-4 所示。

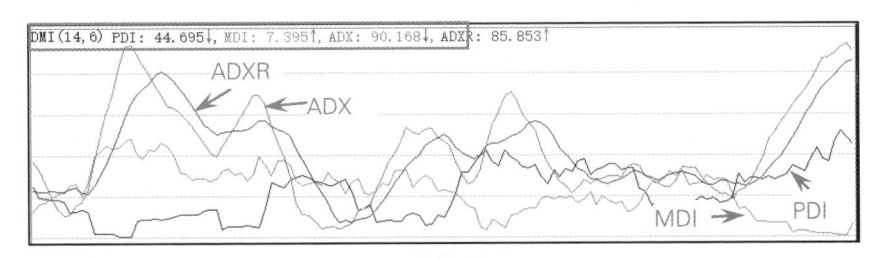

图 30-4

DMI 指标的买卖技巧主要集中在 PDI、MDI、ADX 和 ADXR 这四条曲线的交叉情况以及 PDI 曲线所处的位置和运行方向等两个方面。当市场处于震荡盘整时，

DMI指标无法准确反映市场趋势。

1. DMI指标的买入技巧

（1）上涨行情中，PDI线由下向上突破MDI线，说明股价会持续上涨，买入。

（2）ADX线从MDI线上方回落时，表明股价将由下跌行情转为上涨行情，买入。

（3）下跌行情中，ADX线从高位由升转降，且ADX线的值达到50以上时，说明底部即将到来，买入。

（4）股价处于高位，MDI线和ADX两线的峰值同时出现，且MDI的值处于50以下时，买入。

（5）PDI值5以下，MDI值50以上同时出现时，买入。

（6）股价上升到高位后，MDI线和ADX线的峰值同时出现，且MDI的值处于50以下时，买入。

图30-5所示是皇庭国际（000056）的日K线和DMI指标图，在股价下跌的过程中，ADX线和MDI线曾一度紧密黏结，这种情形对于DMI指标在判断市场趋势时并无实质性帮助。然而，随着市场的演变，当ADX线持续攀升并稳稳地站在MDI线之上，随后在A点开始回落时，这一变化清晰地表明市场已由下跌趋势转向上升趋势。值得注意的是，在A点，ADX线的数值达到了73.68，远超50的临界值，进一步印证了市场转势的临近。因此，A点无疑是一个极佳的买入点。

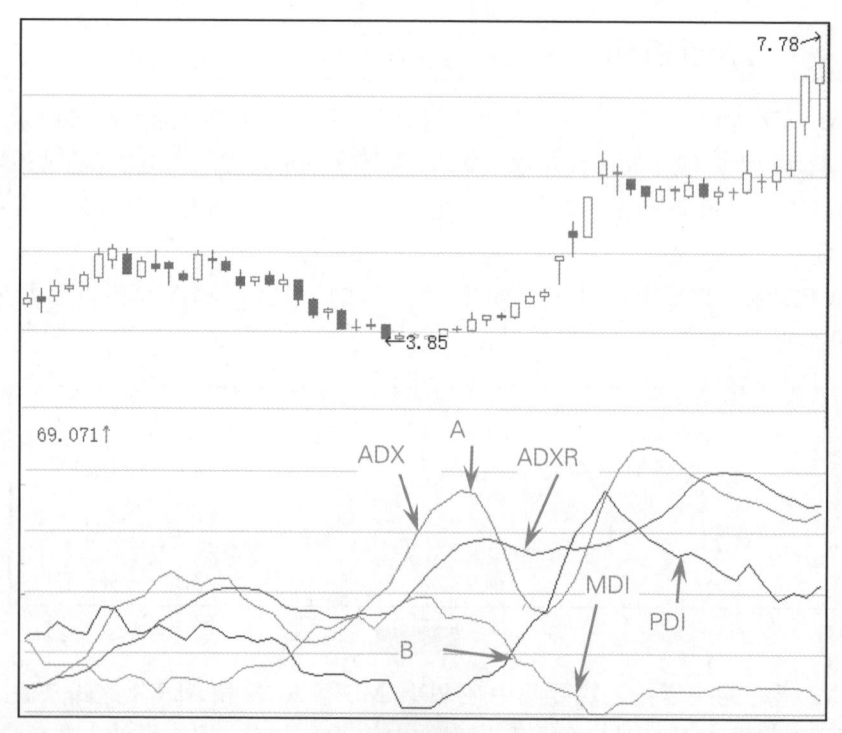

图30-5

随后，当股价正式进入上涨趋势后，在 B 点位置，PDI 线成功地从下方穿越 MDI 线，这一动作明确地预示着股价将持续上涨。因此，B 点同样是一个值得抓住的入场时机。

2. DMI指标的卖出技巧

（1）下跌行情中，PDI 线由上至下跌破 MDI 线时，说明股价将会持续下跌，卖出。

（2）ADX 线从 PDI 线上方回落时，表明股价将由上涨行情转为下跌行情，即使股价继续上涨，也是强弩之末，卖出。

（3）上涨行情中，ADX 线从高位由升转降，且 ADX 的值达到 50 以上时，说明顶部即将到来，卖出。

（4）PDI 的值 50 以上和 MDI 的值 5 以下的情况同时出现时，卖出。

图 30-6 所示是天音控股（000829）的日 K 线和 DMI 指标图，该股在经历了一段上涨行情后，达到了阶段性的高点。在 A 点位置，ADX 线从 PDI 线的上方开始回落，这一变化清晰地指示着股价即将由上涨趋势转向下跌趋势。对于投资者而言，这是一个明确的卖出信号，应果断采取行动。

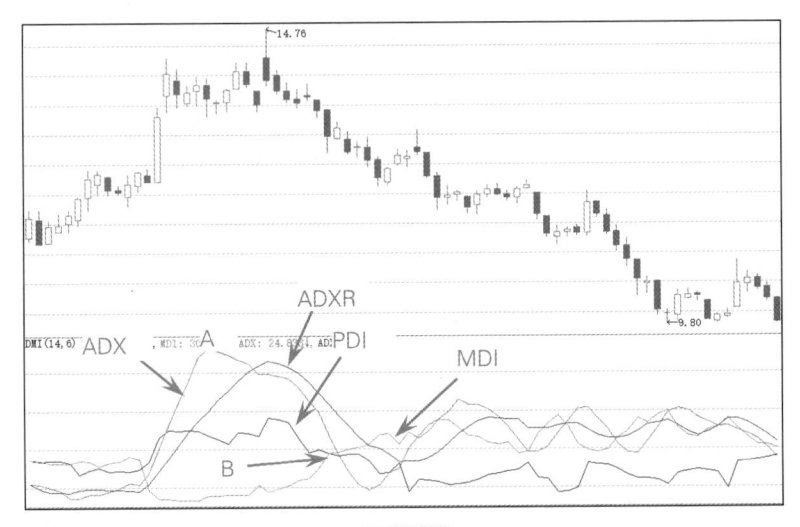

图 30-6

随后，股价在经过短暂的调整后开始进入下跌通道。在下跌的过程中，在 B 点处，PDI 线向下穿破了 MDI 线，这一动作进一步验证了股价将开始新一轮的持续下跌。面对这样的市场走势，投资者应当迅速反应，及时卖出股票以避免损失。

30.2.3 DMA指标

平均线差（Different of Moving Average，DMA）是一种用于趋势分析的指标，它通过计算两条时间周期不同的移动平均线之间的差价来判断当前买卖能量的大小，并预测价格的未来走势。

在 DMA 指标窗口中有两条指标线，即 DDD 指标线与 AMA 指标线，其中 DDD 指标线的数值直接反映了短期均线与中长期均线之间的差值，AMA 指标线为 DDD 指标线的移动平滑值曲线，如图 30-7 所示。

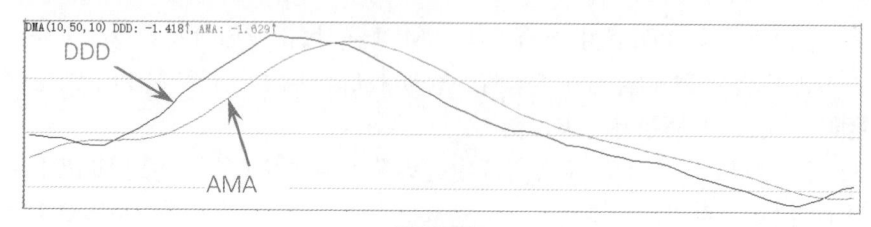

图 30-7

DMA 指标值有正数和负数之分，正数值一般表示多头市场，表明市场强势特征明显；负数值一般表示空头市场，表明市场弱势特征明显。

1. DMA 指标的买入技巧

当 DDD 线向上突破 AMA 线形成黄金交叉时，可考虑买入。尤其是当 DDD 线和 AMA 线在中低位，产生两次或两次以上的黄金交叉时，说明股价此后上涨的概率比较大。

图 30-8 所示是金龙汽车（600686）的日 K 线走势与 DMA 指标图。该股价在经历了一段时间的下跌之后，在低位区 A 点，DDD 指标线成功上穿 AMA 指标线，形成了第一次金叉。

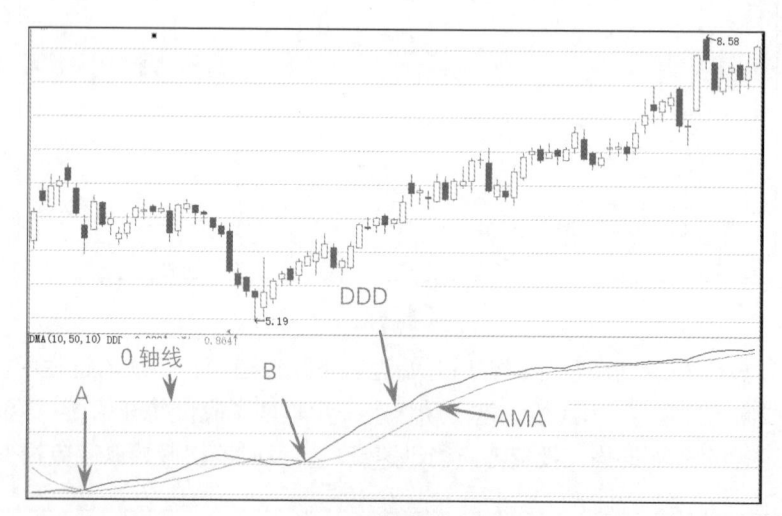

图 30-8

随后，股价在横盘数日后再次下探，达到最低点 5.19 元后迅速勾头向上。紧接着，DDD 指标线再次上穿 AMA 指标线，形成了第二次金叉。值得一提的是，这两次金叉均发生在 DMA 指标的 0 轴线下方，并在此后不久突破 0 轴继续向上，这强烈地预示着后市股价上涨的可能性较大。因此，对于投资者而言，这是一个买入股票的良机。

> 如果 DDD 线和 AMA 线在 0 轴下方形成黄金交叉后不久，两线先后向上突破 0 轴，说明股价有强劲的动力，股价将进入短线拉升阶段，投资者可以增仓。

2. DMA指标的卖出技巧

当 DDD 线向下跌破 AMA 线时，可考虑卖出。尤其是当 DDD 线和 AMA 线在高位，产生两次或两次以上的死亡交叉时，说明股价此后下跌的概率比较大。

图 30-9 所示是五粮液（000858）的日 K 线走势与 DMA 指标图。该股价在经历了一段时间的上涨之后，在高位区 A 点，DDD 指标线成功下穿 AMA 指标线，形成了第一次死叉。

图 30-9

随后，股价经过一段时间的震荡后开始迅速下探，紧接着，DDD 指标线再次下穿 AMA 指标线，形成了第二次死叉。值得一提的是，这两次死叉均发生在 DMA

指标的 0 轴线上方，并在此后不久跌破 0 轴继续向下，这强烈地预示着后市股价下跌的可能性较大。因此，对于投资者而言，在出现死叉后应果断卖出离场。

30.3 通过超买超卖类指标锁定龙头股

股市中对股票的过度买入称为超买，过度卖出则称为超卖。超买超卖类指标也称为反趋向指标，这类指标属于中短线指标。

常见的超买超卖指标有 KDJ（随机摆动）指标、RSI（相对强弱）指标、W%R（威廉）指标、BIAS（乖离率）等。这些指标各有特点，但基本原理都是基于市场的过度反应来预测价格的未来走势。

30.3.1 KDJ指标

KDJ 指标由乔治·莱恩（George Lane）首创，它主要是通过 K 线、D 线和 J 线这三条曲线所构成的图形来分析股市上的超买超卖，以及 K 线、D 线、J 线三条线相互交叉突破和走势背离等现象，对股票的趋势进行预测。

在 KDJ 指标的三条线中，K 线称为快速确认线，它主要用来反映股价的短期波动趋势；D 线称为慢速主干线，它主要用来反映股价的中长期走势；J 线称为方向敏感线，它是对 K 线和 D 线的补充，如图 30-10 所示。

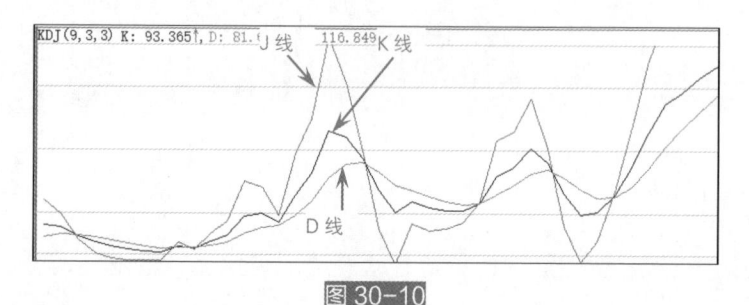

图 30-10

1. 通过随机摆动数值大小判断买卖点

一般来说，当 K、D、J 三值在 50 附近时，表示多空双方力量处于均衡状态，所以数值 50 为多空均衡线。在实盘操作中，我们主要关注 K 线与 D 线脱离均衡位置 50 的程度，通常情况下，K、D 值都在 25 以下为超卖区，是买入信号；K、D 值都在 75 以上为超买区，是卖出信号；K、D 值都在 25～75 为徘徊区，宜观望。

图 30-11 所示是海尔智家（600690）的日 K 线走势与 KDJ 指标图。该股在经历了一波显著的下跌行情之后，K 线与 D 线都呈现出迅速下探的态势。在这个过程中，K 值和 D 值均跌落至 25 以下，这明确地表明市场短期内处于超卖状态，发出了强

烈的买入信号。

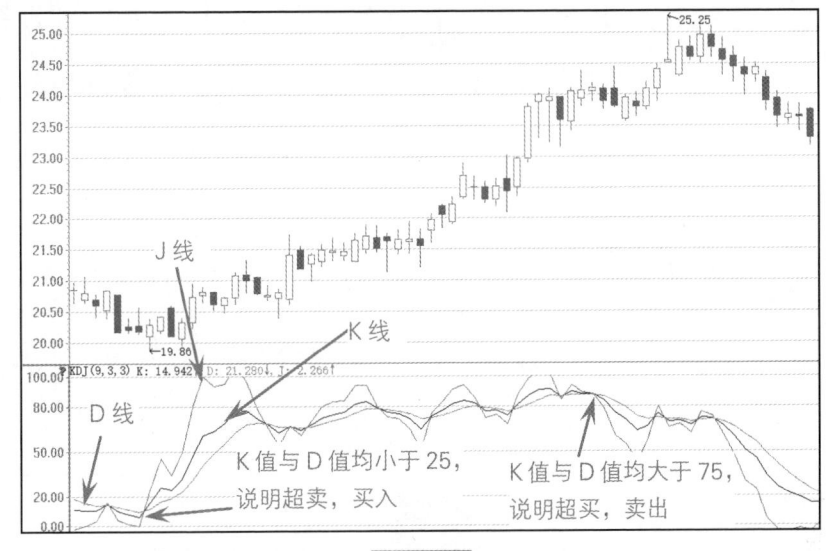

图 30-11

K 值与 D 值均小于 25，说明超卖，买入
K 值与 D 值均大于 75，说明超买，卖出

随后，该股的走势发生逆转，股价迅速反弹上涨。在经历了一段强劲的拉升行情后，K 线与 D 线又迅速上扬，K 值与 D 值均攀升至 75 以上，这显示了市场已处于超买状态，发出了明确的卖出信号。尽管之后股价仍有所上涨，但明显上涨势头已经不足，经过短暂的上涨之后，股价便迅速进入了急速下跌的通道，这一走势也进一步验证了之前卖出信号的准确性。

2. 通过随机摆动交叉形态判断买卖点

当 J 线从下方上升，成功穿越 K 线与 D 线时，这种形态称为 KDJ 指标线的金叉形态。通常而言，若金叉形态出现在个股经历短期的快速下跌走势后，如上升过程中出现的回调、下跌趋势中的短期大幅下跌，或是盘整震荡期间的震荡下跌，这往往被视为短期内的一个买入信号，提示投资者可考虑介入。

相反，当 J 线从上方下降，穿越并低于 K 线与 D 线时，这样的形态称为 KDJ 指标线的死叉形态。一般而言，若死叉形态出现在个股经历短期的快速上涨走势后，如上升途中的快速上涨、下跌途中的反弹上涨，或是盘整震荡中的震荡上扬，这通常被视为短期内的一个卖出信号，提醒投资者可能需要调整持仓或考虑卖出。

图 30-12 所示是金圆股份（000546）的日 K 线走势与 KDJ 指标图。该股在经过前期的连续上涨行情后，在相对高位区域进入了盘整震荡阶段。经过一波震荡回调后，在高位 A 点，KDJ 指标线呈现出 J 线由上向下穿越 K 线与 D 线的死叉形态，这是短线卖出的良机。

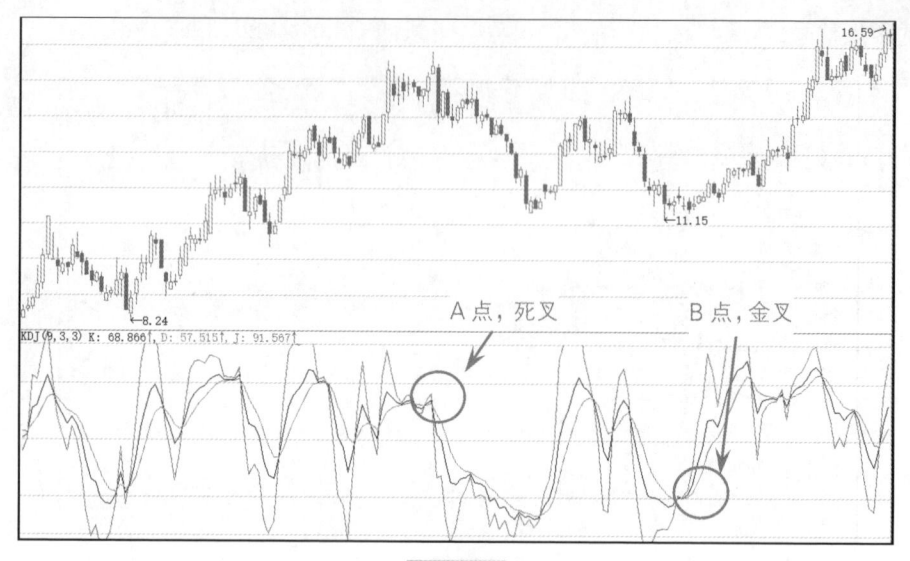

图 30-12

死叉形态出现后，该股经历了一段下跌行情，随后再次进入震荡回调模式。经过多次波动，最终在相对低位 B 点，KDJ 指标线出现了 J 线由下向上穿越 K 线与 D 线的金叉形态，这就是明确的短线买入信号。

30.3.2 W&R指标

W&R 指标（威廉指标）是由美国人拉瑞·威廉（Larry Williams）提出的，它与随机摆动指标（KDJ）相似，也是一种分析市场短期内超买超卖情况的摆动类指标。

W&R 指标往往会先于股价出现反转波动，同时 W&R 指标将当前市场价格和周期内的高低点进行比较，显示目前价格在价格区域中的位置，可以直观地反映市场的强弱。

> W&R 指标的缺陷在于其敏感性不强，这导致买卖信号的发生较为频繁，增加了产生误导性信号的风险。因此，在使用 W&R 指标时，建议结合其他指标综合分析，如 RSI、MACD 和 DMI 等，以提升判断的准确性。

WR 指标由 WR1 线和 WR2 线两条图线组成，显示股市行情的涨跌变化。一般来说，当 WR1 值和 WR2 值在 50 附近时，表示多空双方力量处于均衡状态，所以数值 50 为多空均衡线；当 WRI 值和 WR2 值小于 20 时为超买，是卖出信号；当 WR1 值和 WR2 值大于 80 时为超卖，是买入信号。

图 30-13 所示是保税科技（600794）的日 K 线和 W&R 指标图，股价经历一段

下跌后，当 WR1 和 WR2 两值均超过 80 时，表明市场已处于超卖状态，这是一个明显的买入信号。随后，股价从底部反弹并持续攀升，而在股价达到高位时，WR1 和 WR2 两值均降至 20 以下，这反映了超买现象，是卖出的信号。

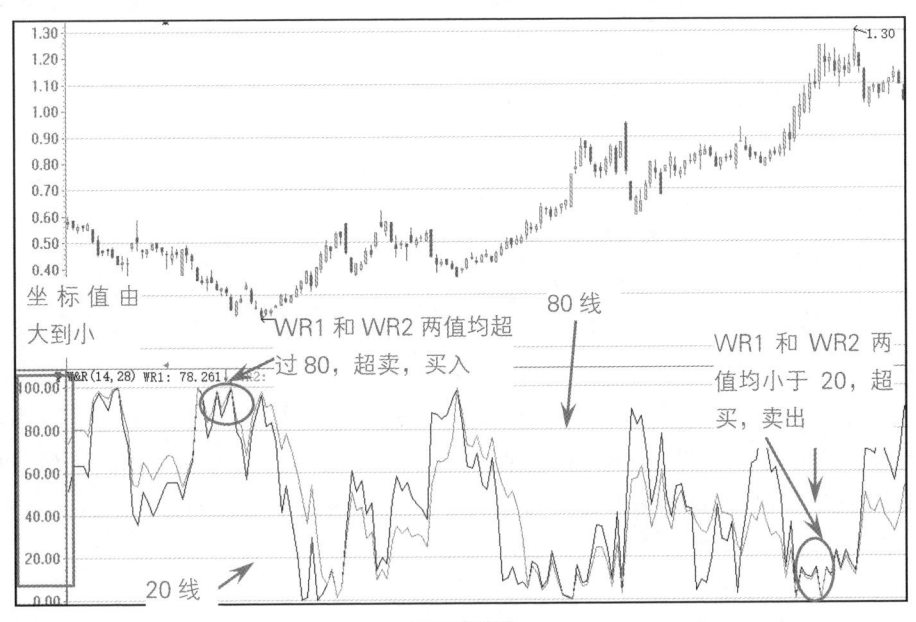

图 30-13

30.3.3 RSI指标

RSI 指标（Relative Strength Index，相对强弱指标）也称力度指标，由技术分析大师威尔斯·威尔德提出，它通过分析市场某一段时间内的上涨或下跌幅度的情况，来判断多空双方力量的相对强弱，进而预测价格的短期走势。

RSI 指标的主要优势在于它能够提前揭示买卖双方力量的对比情况，因此，RSI 指标的变化通常会比市场行情的变动更为提前。RSI 指标最大的缺点在于，当股价出现大涨或大跌时，RSI 指标可能会出现钝化现象，导致发出的信号不再可靠。为了避免因 RSI 指标钝化而产生的误判，投资者应当结合其他技术指标进行综合判断。

RSI 指标理论认为，任何市价的大涨或大跌均在 0～100 变动，一般来说，当 RSI 值等于 50 时，表示多空双方力量处于均衡状态，所以数值 50 为多空均衡线；当 RSI 值大于 80 时市场处于超买状态，是卖出信号；当 RSI 值跌至 20 以下时为超卖，是买入信号。

图 30-14 所示是卧龙地产（600173）的日 K 线和 RSI 指标图，该股经历了一段上涨行情后，RSI6 和 RSI12 的数值均突破了 80，这明确地显示出市场处于超买状态。这一信号往往预示着阶段性高点的到来，投资者可考虑卖出。

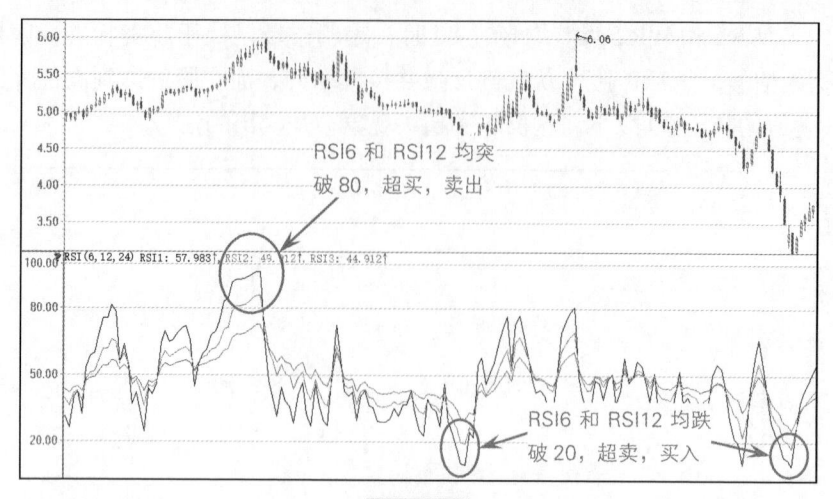

图 30-14

随后，尽管股价经历了一定的波动，但整体趋势转为下跌。在这一过程中，RSI6 和 RSI12 的值曾两次跌破 20 的轴线。值得注意的是，在这两次跌破 20 轴线后，股价都出现了反弹，这恰好验证了市场处于超卖状态的判断。同时，这也预示着阶段性低点的出现，为投资者提供了买入的参考信号。

30.3.4 BIAS

BIAS 也称为偏离度，它是由移动平均线派生出来的，其主要功能在于侦测市场或个股在运行过程中与移动平均线的偏离程度，并利用这种偏离程度来预测价格的后期走势，指导买卖操作。

一般而言，当乖离率曲线在上方远离 0 轴时，就可以考虑卖出；当乖离率曲线在下方远离 0 轴时，就可以考虑买进。

图 30-15 所示是大智慧 BIAS 指标窗口，默认情况下，有 3 条乖离率曲线，分别是 6 日、12 日和 24 日乖离率。如果要修改乖离率，只需在乖离率曲线上单击右键，在弹出的快捷菜单中选择【指标】→【调整指标参数】命令，如图 30-16 所示。在弹出【指标参数调整：--BIAS】对话框中对参数值进行修改即可，如图 30-17 所示。

在乖离率由负值变为正值的过程中，如果移动平均线也向上移动，可以跟进做多；在乖离率由正值变为负值的过程中，如果移动平均线向上移动，可以持股待售；如果移动平均线向下移动，则要坚决卖出。

当乖离率接近历史最大值时，预示着多方威力已接近极限，行情随时都可能向下，投资者应减仓，而不能盲目追高。当乖离率接近历史最小值时，预示着空方威力已接近极限，行情随时都可能掉头向上，投资者不应再割肉出局，而应逢低吸纳。

图 30-18 所示是金融街（000402）一年来的日 K 线和 BIAS 图，在 A 点和 C 点，

乖离率触及了最低点,这明显显示出空方力量的衰竭,预示着市场趋势即将发生反转,向上攀升的可能性大增。因此,对于投资者而言,此时可考虑买入。

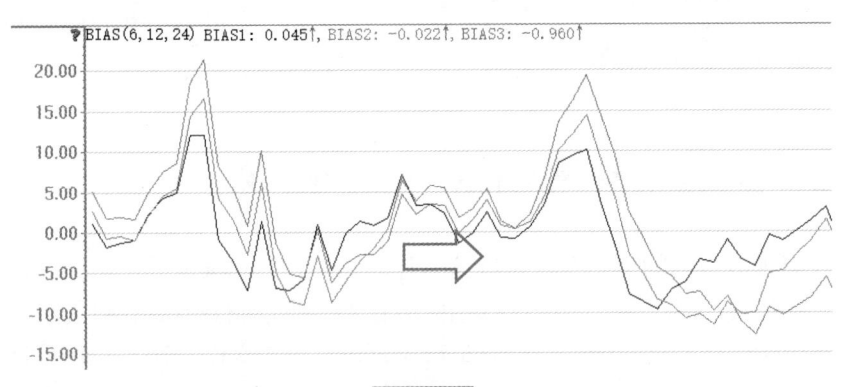

图 30-15

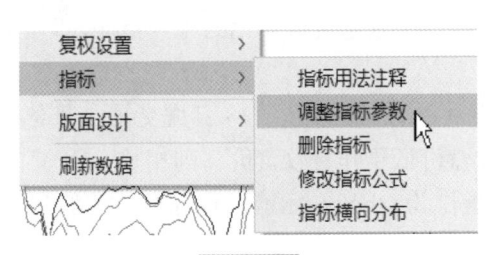

图 30-16

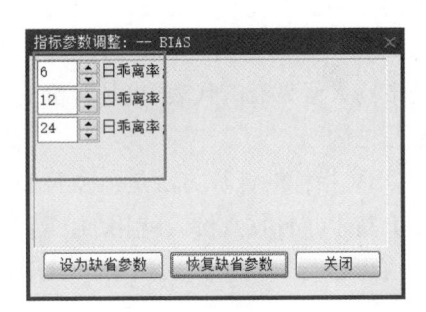

图 30-17

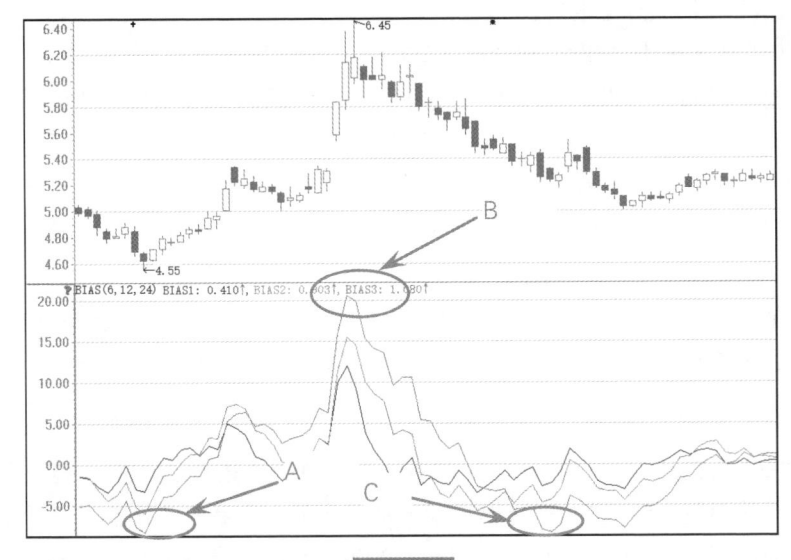

图 30-18

而在 B 点，乖离率达到了峰值，这强烈暗示多方力量已接近极限，市场行情随时可能出现剧烈下挫。鉴于此，投资者应提高警惕，随时准备卖出并离场，以避免潜在的风险。

总结来说，乖离率的变化为投资者提供了重要的市场信号。

30.4 通过股票量价指标锁定龙头股

只要有证券市场的交易存在，就离不开价和量。价和量是股市两个最基本的构成部分，量是因，价是果，因此量和价的变化对研判股市行情很有帮助。

常见的量价指标为 OBV（On Balance Volume，能量潮）。OBV 指标也称为平衡成交量法、累积能量线，是由美国投资分析家约瑟夫·格兰维尔（Joe Granville）提出来的一种基于成交量的技术指标。

OBV 指标的理论基础是市场价格的有效变动必须有成交量的配合，成交量的多少是市场人气兴衰的代表，也是股价的动能，故成交量是股价变化的先行指标，即"先见量后见价"。

OBV 指标的计算方法是：今日 OBV 值 = 昨日 OBV 值 ± 今日成交量。若今日收盘价高于昨日收盘价，就相加；若今日收盘价低于昨日收盘价，则相减。OBV 的初始值可自行确定，一般用第一日的成交量作为 OBV 初始值，计算单位为股票成交的手数。

OBV 指标判断市场趋势的方法很简单，即价涨量增，价跌量缩。如果量价背离，则说明之前的趋势将会发生反转。

图 30-19 所示是上证指数（000001）2005 年 10 月至 2008 年 11 月期间的周 K 线图，从图中可见，股市在 2005 年 10 月至 2007 年 10 月期间呈现明显的上升趋势，而随后在 2007 年 11 月至 2008 年 11 月转为下跌趋势。

通过对比 OBV 指标线与大盘指数的运行形态，我们发现两者呈现出高度的正相关性。在上升趋势中，OBV 指标线同步攀升，显示股市上涨得到了充足的量能支持；而在下跌趋势中，OBV 指标线也同步下跌，反映出能量明显不足。这一直观反映凸显了能量潮指标对趋势预测的重要作用。透过 OBV 指标，我们可以更直观地了解上升或下跌趋势中量能的变化情况，为投资决策提供有力依据。

1. OBV 与股价形成底背离时买入

图 30-20 是钧达股份（002865）的日 K 线和 OBV 指标图，股价呈现出一路下滑的趋势。然而值得注意的是，OBV 指标却开始从下滑状态逐渐转为上升，这种走势与股价形成了明显的底背离形态。这一迹象强烈暗示着该股可能已触及阶段性底部，未来有望很快迎来反弹行情。对于敏锐的投资者而言，这是一个宝贵的信号，

预示着买入时机的到来。因此，建议投资者提前做好准备，密切关注市场动态，一旦底背离形态结束，便可果断出手，把握反弹机会。

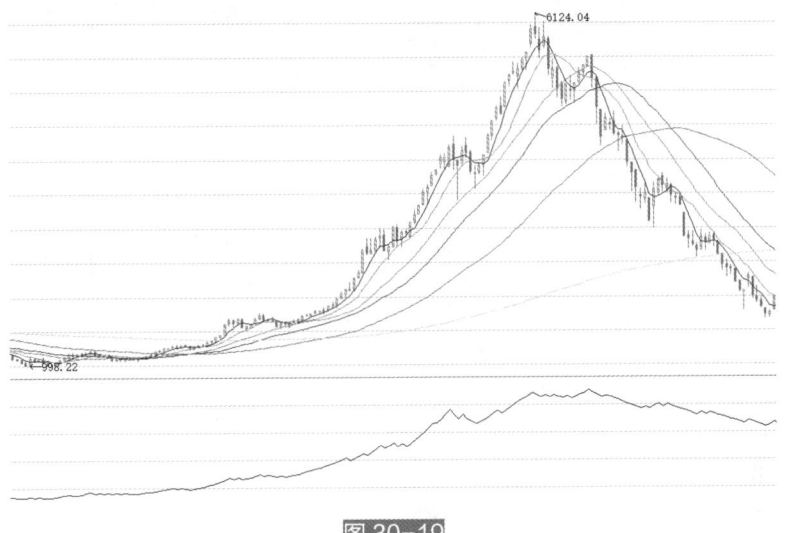

图 30-19

图 30-20

2. OBV与股价形成顶背离时卖出

图 30-21 所示是雪龙集团（603949）的日 K 线和 OBV 指标图，该股的股价在顶部区域呈现出缓步攀升的态势。然而与之相应的 OBV 指标线却表现为一波接一波的下降趋势，这种走势与股价形成了鲜明的顶背离形态。这一形态往往被视为股

价即将见顶的明确信号。对于短线投资者而言，一旦发现这种背离现象，应果断采取行动，在背离日出现时及时卖出股票，以避免潜在的风险。

图 30-21

30.5 新股民学堂——KDJ指标和MACD指标组合应用

KDJ指标以其超前性而著称，主要适用于短线操作。MACD指标则反映了市场平均成本的离差值，为投资者提供了中线整体趋势的参考。

将这两者结合运用，能够带来显著的好处：不仅可以更加精准地捕捉KDJ指标所发出的短线买入与卖出信号，而且凭借MACD指标所展现的中线趋势特征，我们可以更全面地判定股票价格的中短期波动情况。这种结合应用，使得投资者能够在复杂的市场环境中，更加从容地把握买卖时机，提高投资决策的准确性和有效性。

> 在K线界面或指标窗口中单击右键，在弹出的快捷菜单中选择【多指标组合】命令，然后选择组合指标的个数，出现多指标组合窗口后可以对各个窗口进行指标设置。

图 30-22所示是洛阳钼业（603993）的日K线、成交量、KDJ指标和MACD指标图，从图中可以清晰地观察到，该股的KDJ指标与MACD指标几乎在同一时刻触及低位。随后，这两个指标同步呈现出向上发散的态势，这标志着市场买入力量的增强，为投资者提供了最佳的买入时机。

第30章 锁定龙头，决胜股市——利用指标精准捕捉市场"领头羊"

之后，随着股价经历了一段时间的稳步攀升，KDJ指标开始出现钝化迹象，意味着短线上可能会有一定的调整。然而值得注意的是，MACD指标仍然保持向上移动的趋势，这显示出该股上升的动能并未消失，只是短期内可能会面临一些波动。

从后续的走势来看，股价上涨趋势依旧，这也体现了两个指标组合分析的全面性和可靠性都要优于一个指标。因此，投资者在决策时，应综合考虑这两个指标的变化，以便更加准确地把握市场动向。

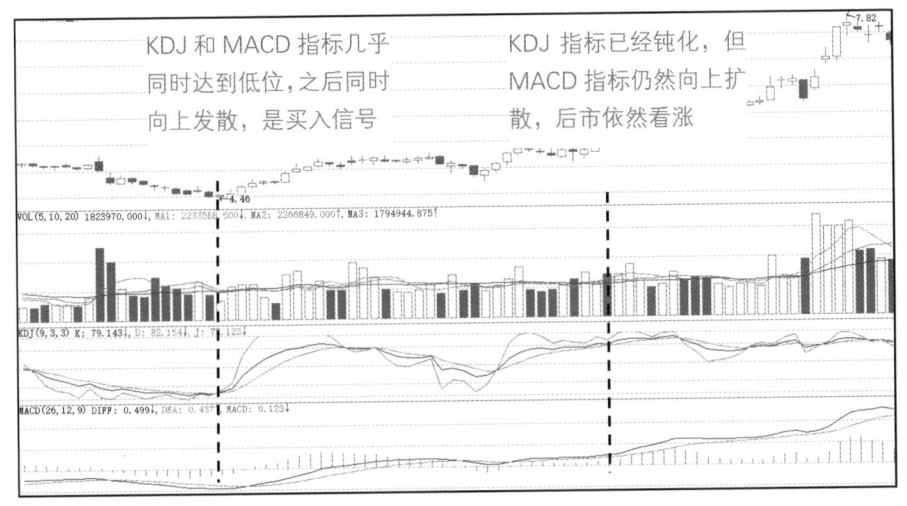

图中标注：
- KDJ和MACD指标几乎同时达到低位，之后同时向上发散，是买入信号
- KDJ指标已经钝化，但MACD指标仍然向上扩散，后市依然看涨

图30-22

> 指标钝化指的是技术指标形态发生黏结，导致该指标失去其原有的指示意义。在技术图中，当某个指标的变化不再显著，趋势缓慢或者不变时，就可以认为这个指标已经钝化了。例如，当股价的涨跌不再显著，就可以认为股价已经钝化了。

第31章

黑马股的实战策略——揭秘能量指标发掘潜力股技法

> 在别人贪婪时要保持警惕，而在别人警惕时就要贪婪。
> ——沃伦·巴菲特

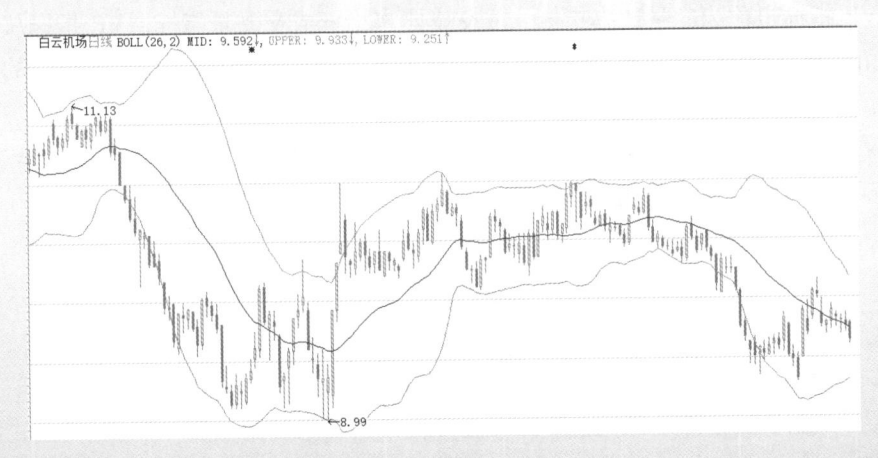

能够影响和判断价格走势的各种因素，除了基本面、消息面、政策面、心理面等要素外，还有一个很重要的因素，那就是技术面。上一章我们介绍了趋势类指标、超买超卖类指标和量价类指标，本章我们接着介绍能量类指标、大盘类指标和压力支撑类指标，揭秘通过指标发掘潜力股的方法，帮助投资者掌握筛选黑马股的技巧和策略。通过学习本章内容，投资者将有机会发掘并投资那些具有巨大潜力的黑马股。

31.1 通过能量指标找寻黑马股

能量指标是用来分析股市中买卖双方力量对比以及把握买卖时机的工具。这些指标通过考虑股价涨跌幅度、成交量、换手率等因素，帮助投资者判断股票市场的趋势和可能的买卖点。

能量指标能够显示股票上涨或下跌的动能，当动能强劲时，意味着股票将继续上涨或下跌；当动能减弱时，意味着市场即将发生反转。

31.1.1 VR指标

VR指标也称为容量比率指标、成交率比率指标或交易量指标。VR指标从成交量的角度测量股价的热度，表现股市的买卖气势，以利于投资者掌握股价可能的趋势走向。

VR指标的计算方法为：股价在一段时期内，上涨交易日的成交量总和与下跌交易日的成交量总和的比值。

1. VR指标区域的划分

- VR值为40～70称为低价区，可择机建仓；
- VR值为71～150称为安全区，可持股待涨或择机加仓；
- VR值为151～450称为获利区，一旦出现空头信号应当获利了结；
- VR值大于450称为危险区，应择机果断卖出股票。

2. VR指标使用中的注意事项

（1）当VR值低于40时，其形态在个股走势上的应用往往导致股价难以形成有效反弹。因此，在VR<40的情况下，更适合将其应用于指数分析，并辅以ADR（涨跌比指标）和OBOS（超买超卖指标）等工具，从而取得更佳的分析效果。

（2）VR指标在低价区域表现相对准确，但当VR值突破160时，其准确性会受到影响，存在失真风险。特别是在VR值位于350～400的高位区间时，有时会出现投资者卖出股票后股价却逆势上涨的现象。为应对这种情况，建议投资者结合使用其他指标，如PSY（心理线）指标、CR（中间意愿）指标和DMI（趋向）指标等，进行综合研判，以提高决策的准确性和可靠性。

3. 运用VR指标的买入技巧

当VR值处于低位区域时，这往往意味着股价已经过度下跌，出现了严重的超卖现象。在这种情形下，市场随时可能出现反弹行情。因此，对于投资者而言，此时应当密切关注市场动态，把握买入时机。在K线图上使用快捷命令VR即可调出

VR指标图。

图31-1所示是伊利股份（600887）的日K线和VR指标图，从图中清晰可见，前期股价持续处于下跌趋势，VR值更是在51～64的区间内连续几日游走。这一表现明确指示市场已进入超卖区域，股价已迫近底部。果然，之后股价稳步上涨。对于投资者而言，当VR值处于低位区时，是一个择机进场的良机。

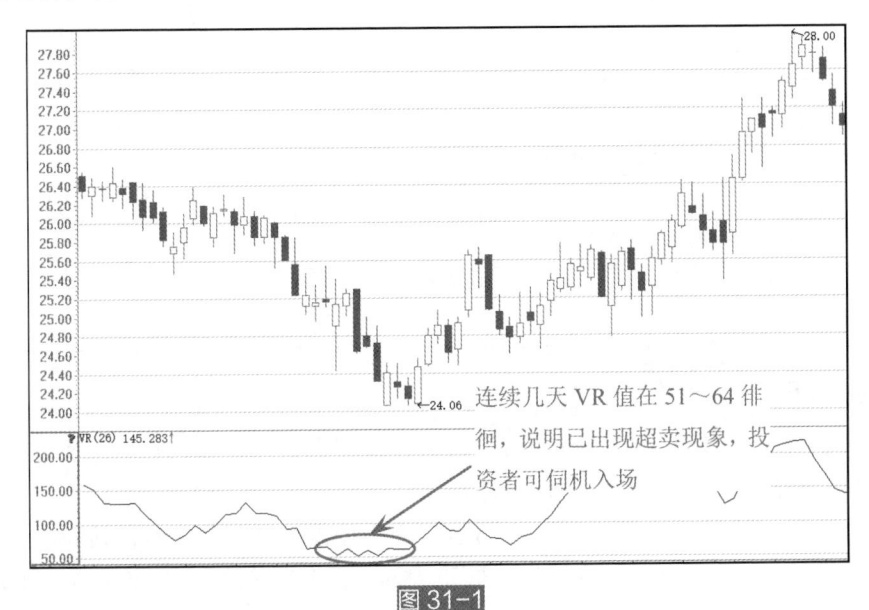

图31-1

4. 运用VR指标的卖出技巧

当VR值从低位区域攀升至350以上的高位区时，这标志着市场已进入超买区，股价上涨的趋势很可能会发生反转。因此，对于投资者而言，此时应当审慎判断，及时卖出股票，以避免潜在的市场风险。

图31-2所示是冀东水泥（000401）的日K线和VR指标图，该股经过一段时间的强势上涨，股价成功创下阶段性新高。与此同时，VR值也显著攀升至356.56的高位，这一数据明确指示该股已进入超买阶段。VR指标的这一表现，无疑发出了市场即将见顶的预警信号。对于投资者而言，VR的高位区域不仅是股价上涨的极限，更是获利了结的理想时机。因此，建议投资者在此时果断卖出股票，以锁定利润并规避可能的市场回调风险。

图 31-2

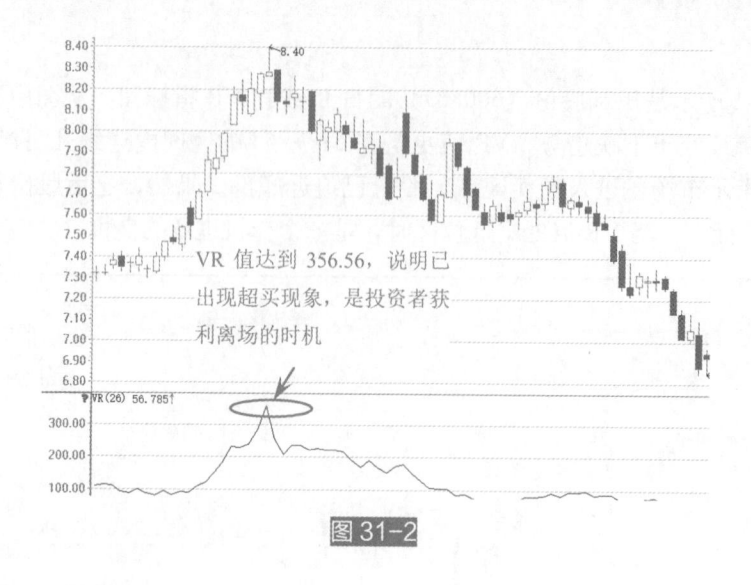

31.1.2 CR指标

CR指标是通过对比上涨力量与下跌力量来剖析市场强弱的重要工具，它不仅能有效分析市场趋势的运行状态，更能精准捕捉阶段性的买卖点。

CR指标的设计初衷在于，它认为中间价是股市中最具代表性的价格。高于中间价的价位蕴含着较强的上涨能量，低于中间价的价位则透露出较弱的下跌能量。具体表现为：CR值越大，反映出多方力量越为强劲；CR值越小，则暗示空方力量占据主导。

1. 通过CR指标研判趋势

CR指标主要通过CR曲线与MA1、MA2、MA3等关键曲线的交叉情况，以及CR曲线所处的具体位置与运行方向这两个方面来研判行情趋势，如图31-3所示。

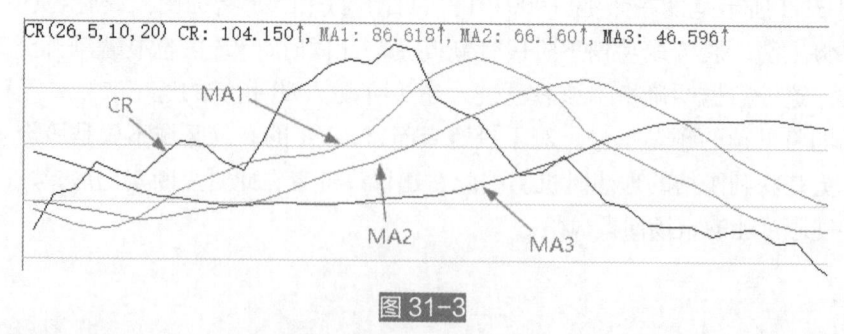

图 31-3

在强势行情中，若CR指标的均线呈现上升状态，当CR值下降到均线附近时，这通常意味着市场将反弹向上一段时间。投资者可借此机会持有股票，直至股价再次显示下跌趋势。此时，卖出股票的风险相对较低。

若CR指标在下降过程中直接向下跌破均线，且未出现明显的反弹迹象，那么这往往是一个明确的卖出信号。投资者应抓住这一时机，及时卖出股票，以避免可能的损失。

2. 运用CR指标的买入技巧

（1）CR线同时上穿三条均线，买入。

股价处于低位区域时，CR线在此时进行横向整理，当CR线在同一天向上突破了MA1、MA2和MA3三条均线时，为股价反弹行情来临的信号，投资者可及时买入股票。

图31-4所示是今世缘（603369）的日K线和CR指标图，从图中清晰可见，在股价下跌的过程中，该股经历了一波强劲的反弹行情。特别是在A处这一日，CR线成功上穿了MA1、MA2和MA3这三条重要的均线，这一信号的出现预示着多方力量的增强，是强烈的上涨信号。随后，股价在多方力量的推动下，呈现出持续上涨的态势，为投资者带来了可观的收益。

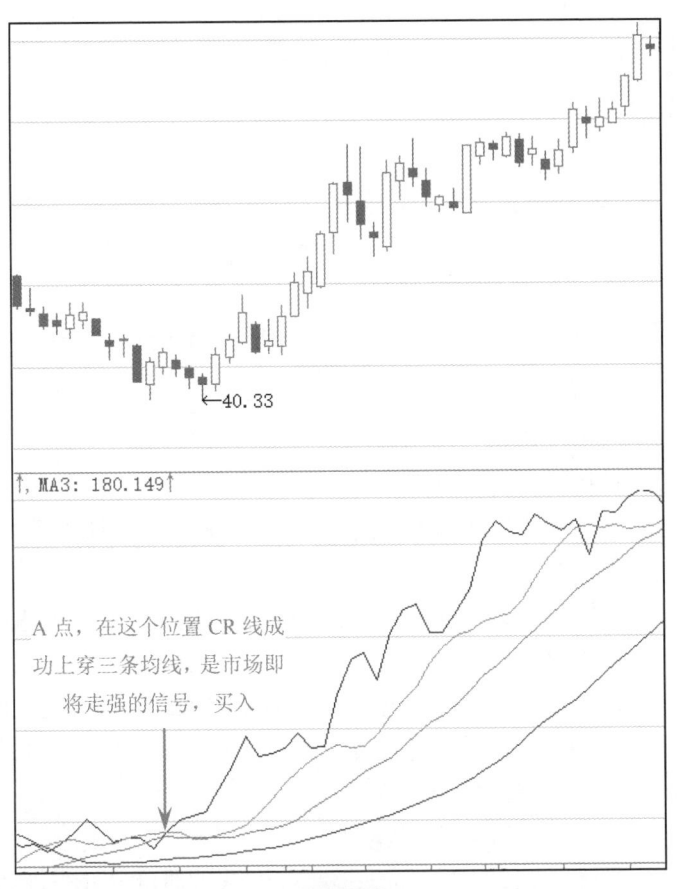

图31-4

(2) CR 线超低区上穿 MA1 线，买入。

股价在超低区位置由下向上突破 MA1 线，说明股价已经接近底部，后市将会有一波反弹，投资者可在 CR 线向上突破 MA1 线时买入股票。

图 31-5 所示是申能股份（600642）的日 K 线和 CR 指标图，在股价持续下跌的过程中，CR 线在 53 附近的区域运行了一段时间后，展现出强势的向上突破态势，迅速穿越了 MA1 线。这一信号清晰地表明，股价已经接近底部，市场即将迎来一波反弹行情。对于投资者而言，此时买入股票的信号已经十分明显。果然，随后股价开始了反弹的走势，验证了这一判断的准确性。投资者可在 CR 线向上突破 MA1 线时果断买入股票，以把握市场反弹的机会。

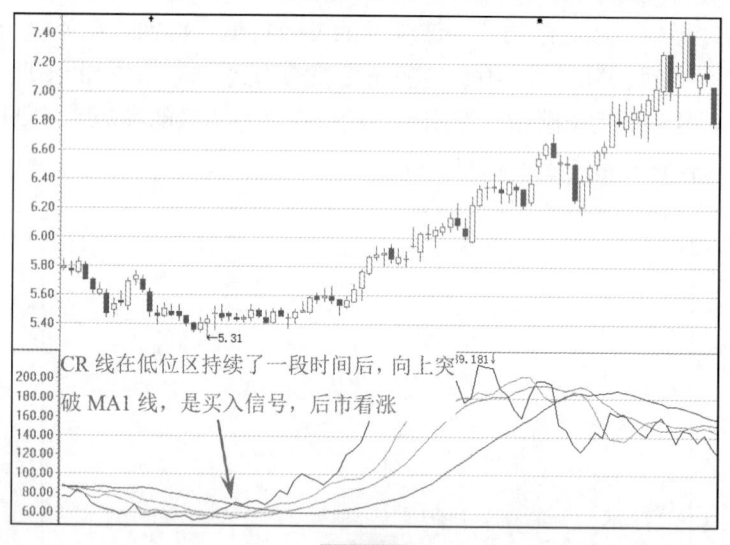

图 31-5

3. 运用CR指标的卖出技巧

(1) CR 线同时跌破三条均线，卖出。

股价上升到高位后，CR 线高位横向整理，当 CR 线同时跌破了 MA1、MA2 和 MA3 线时，为见顶信号，应卖出股票。

图 31-6 所示是中毅达 B（900906）的日 K 线和 CR 指标图，在股价高位区域 A 处，该股出现了 CR 线同时跌破 MA1、MA2 和 MA3 线的明显形态。这一信号表明，股价已经触及顶部，即将迎来下跌行情。对于投资者而言，此时是及时卖出股票以避免潜在损失的关键时刻。因此，建议投资者一旦发现此类形态，应果断采取行动，及时卖出股票，以保护自己的投资利益。

(2) CR 线超高区跌破 MA1 线，卖出。

CR 线在高位突然向下跌破 MA1 线，这一信号表明股价已处于极高的价位区域，市场随时可能发生反转，出现下跌趋势。在这种情况下，投资者应当高度警惕，一

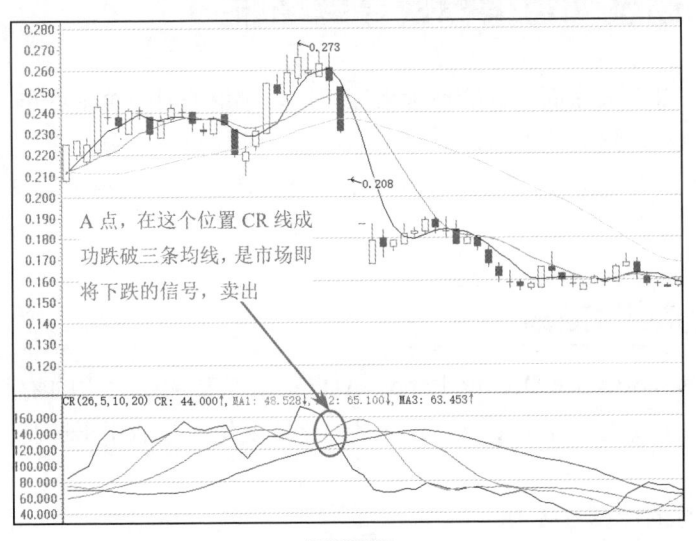

且 CR 线下穿 MA1 线，应及时卖出股票，以规避潜在的市场风险。

图 31-6

图 31-7 所示是春雪食品（605567）的日 K 线和 CR 指标图，股价在经过一段时间的横盘整理后，突然呈现强势上穿态势。当股价触及 16.14 元的阶段性高点时，CR 值也同步飙升至 251.03 元的高位。然而，随后 CR 线几乎以直线坠落的形态迅速跌破 MA1 线，这一明显的信号表明股价已处于极高的价位区域，市场可能已经发生反转，开始下跌。对于投资者而言，这是一个明确的卖出信号，应该迅速卖出手中的股票以避免潜在损失。从后续市场表现来看，这次下跌具有突然性和强力性，短短两个月内，股价下跌近 57%，对于未及时离场的投资者来说，损失可谓惨重。

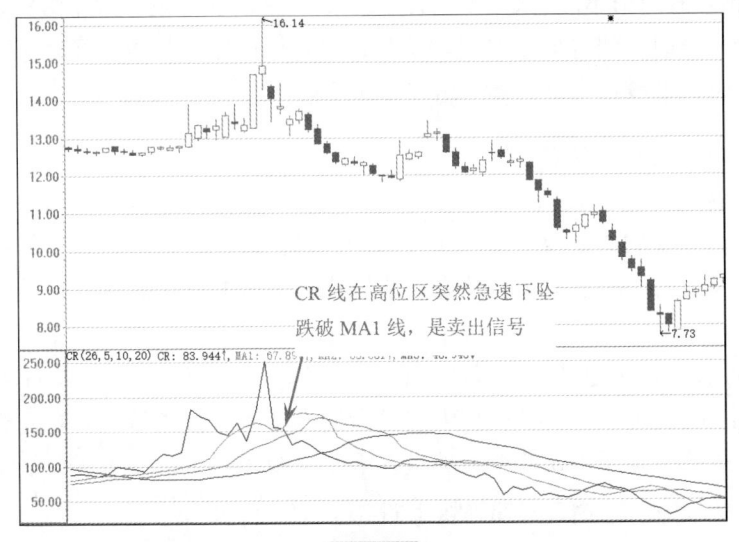

图 31-7

31.2 通过大盘指标找寻黑马股

这类专门针对大盘而设计的技术指标，主要作用是对整个证券市场的多空状况进行描述，因此，此类技术指标只能用于研判市场的整体趋势，对个股的研判则没有意义。常用的大盘指标有 ADR（涨跌比率）、OBOS（超买超卖）、TRIX（三重指数移动平均）等。

31.2.1 ADR指标

涨跌比率（Advance Decline Ratio，ADR）指标又称回归式的腾落指数、上升下降比指标，主要用于表示多空双方力量的比值变化，不能用于选股与研究个股的走势。

ADR 指标的计算方法为

ADR= 相应时间段内的上涨股票家数÷相应时间段内的下跌股票家数

1. 强弱市研判及ADR值的常态分布

当 ADR 数值长时间大于 1 时，就是强势市场，大多数的股票处于上涨状态；反之，当 ADR 数值长时间小于 1 时，就是弱势市场，大多数的股票处于下跌状态。

ADR 常态分布为 0.5～1.5，ADR 值在 1.5 之上为超买区，ADR 值小于 0.5 为超卖区。在大牛市和大熊市里，常态分布的上下限将分别扩大到 1.9 和 0.4。

2. ADR指标的缺点

ADR 指标有两个不能忽略的缺点：一是对行情的领先反应过于敏感，尤其是在大牛市或大熊市时，极易发出错误的信号；二是指标显示指数已经处于超买或者是超卖的状态时，市场不一定会马上出现反转的形态。

3. 通过涨跌比率识别牛市与熊市

ADR 指标的主要用途就是分析股市运行中强弱的状态，当股市长时间地处于强势状态时，买盘的力量要显著大于卖盘的力量，股市会在买盘资金的推动下节节走高，对于股市的这种趋势运行状态，我们将其称为牛市。在指数的 K 线图上输入 ADR 即可调出 ADR 指标图。

图 31-8 所示是上证指数从 2008 年 7 月 18 日至 2009 年 7 月 29 日的走势。在 2008 年 7 月 18 日至 2008 年 11 月 10 日这段时间，股市显著下跌。在此情境下，上涨的个股数量明显少于下跌的个股数量，因此，ADR 指标值大部分时间都在数值 1 以下波动。这种运行形态直观地反映了熊市的特征。

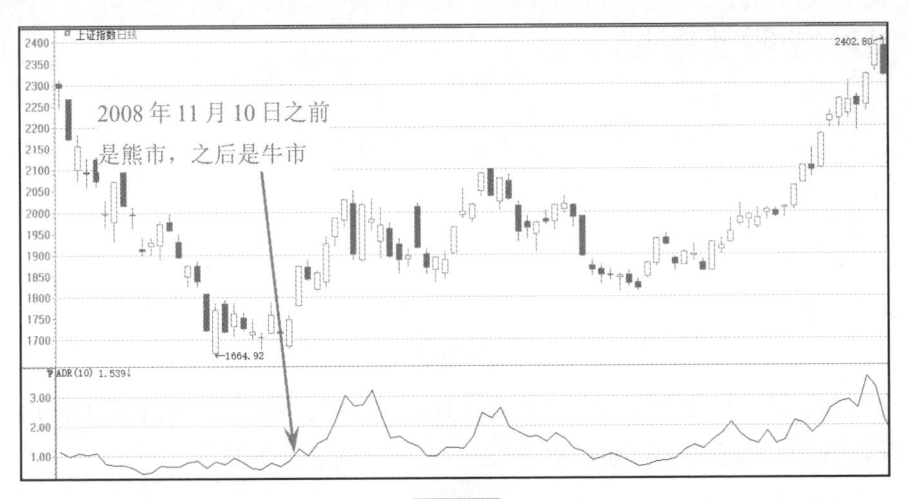

图 31-8

到了 2008 年 11 月 11 日至 2009 年 7 月 29 日，股市则呈现出明显的上升趋势，市场整体处于上涨状态。这时，上涨的个股数量明显多于下跌的个股数量，因此，ADR 指标值在大部分时间都位于数值 1 之上波动。这种运行形态则直观地展现了牛市的特征。

4. 通过涨跌比率判断牛熊转向

ADR 指标不仅能够清晰直观地展现牛熊市的状态，它还能敏锐地捕捉牛熊市的转变信号。具体来说，当 ADR 指标由原先在数值 1 上方稳定震荡转变为贴近数值 1 运行，或者开始在更多时间内运行于数值 1 下方时，这通常意味着牛市即将结束，是上升趋势即将达到顶点的信号。相反，如果 ADR 指标从数值 1 下方开始上升，并逐渐在数值 1 上方稳定震荡，这则预示着熊市即将终结，是下跌趋势即将触底的信号。

31.2.2 OBOS指标

OBOS（超买超卖）指标，是一种运用上涨和下跌股票家数差距来分析大盘走势的技术指标。该指标主要通过对比涨跌家数来判断大盘买卖气势的强弱及其未来走向。值得注意的是，OBOS 指标和 ADR 指标一样，只适用于大盘指数的分析。

1. OBOS指标的研判

在大多数情况下，OBOS 指标在 -80 到 80 的范围内以 0 值为轴线波动。在这一正常波动区间内，该指标并没有特别的研判意义。然而，当 OBOS 指标进入超买超卖区，甚至是严重超买超卖区时，其所发出的反转信号就变得尤为关键和有效。在指数的 K 线图上输入 OBOS 即可调出 OBOS 指标图，该线为 10 日 OBOS 指标移动平均线，如图 31-9 所示。

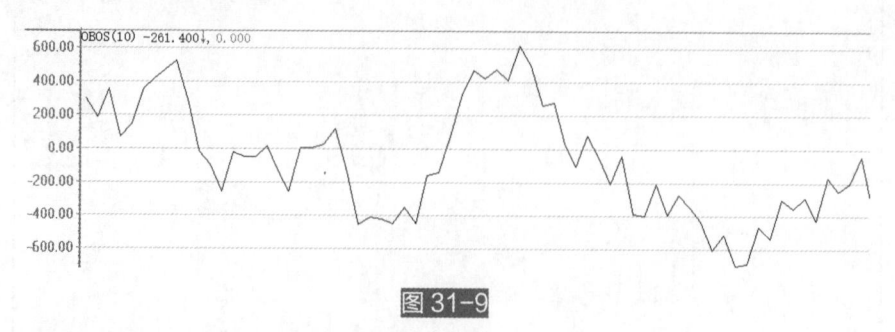

图 31-9

特别地，当 OBOS 指标在超买超卖区域出现反转，并成功突破 6 日 OBOS 简单移动平均线和 0 轴线时，这通常被视为一个明确的趋势反转信号。

2. OBOS指标向上突破0轴，进入牛市

当股指降至低位时，若 OBOS 指标自下而上穿越 0 轴线，由负值转为正值，这通常表明大盘指数已跌至谷底或已接近底部区域。这一变化预示着多头市场的到来，可据此判断市场即将出现反转，多头力量开始占据主导。

图 31-10 所示是 A 股指数（000002）的日 K 线及 OBOS 指标走势图。OBOS 指标在 A 点成功突破了 0 轴线，这一关键变化预示着后市的看涨趋势。随后，A 股指数确实开始了一段明显的向上拉升走势，与 OBOS 指标的预测相吻合。这一走势图清晰地展示了 OBOS 指标在指导投资决策中的重要作用。

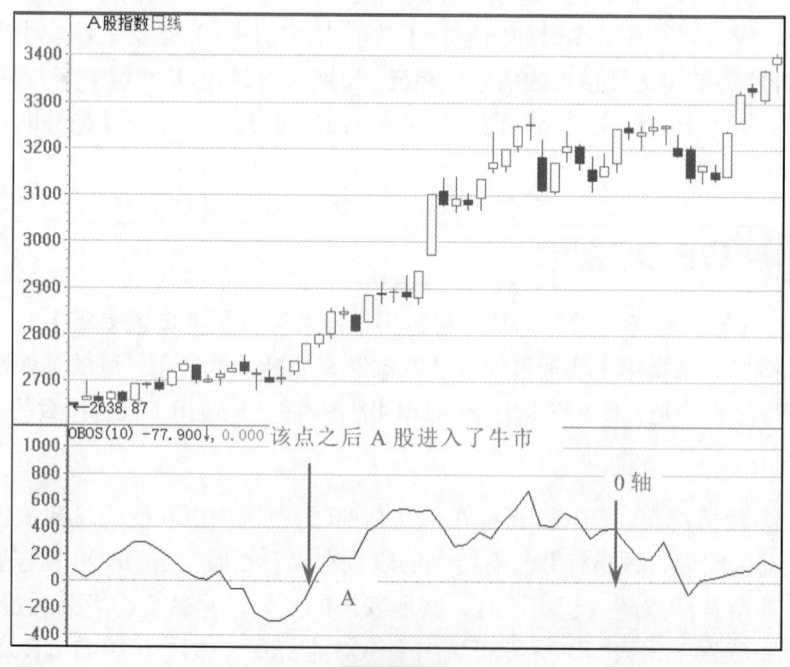

图 31-10

3. OBOS指标向下跌破0轴，进入熊市

当股指升至高位时，若OBOS指标自上而下穿越0轴线，由正值转为负值，这通常表明大盘指数已升至峰顶或已接近顶部区域。这一变化预示着空头市场的到来，可据此判断市场即将出现反转，空头力量开始占据主导。

图31-11所示是深证成指（399001）的周K线走势图，同时展示了OBOS指标的变化情况。在这段时期内，深证成指经历了一段显著的上涨行情。然而，随后市场发生了急剧的逆转，股指开始迅猛下跌。特别值得一提的是，OBOS指标在A点跌破了重要的0轴线，这一关键性的变化无疑为投资者释放了一个明确的看跌信号。随后，深证成指也确实如OBOS指标所预示的那样，开启了一段明显的下跌趋势。这张走势图生动地展现了OBOS指标在投资决策中的关键性指导作用，为投资者提供了宝贵的市场趋势预测信息。

图31-11

31.2.3 TRIX指标

TRIX（Triple Exponentially Smoothed Average，三重指数移动平均）指标是一种专门用于深入剖析价格中长期走势（即趋势运行情况）的重要工具。它以移动平均线为基石，通过对其进行三次精细的平滑处理，有效地排除了价格短期波动的干扰因素，显著减少了移动平均线频繁发出误导性信号的弊端。因此，当我们分析价格的中长期趋势时，TRIX指标无疑是一个极具价值的辅助工具。

TRIX 指标由两条曲线组成：一条是 TRIX 指标线，它是 TRIX 指标对移动平均线进行平滑处理后所得到的；另一条是 TRMA 指标线，它是 TRIX 指标线的移动平均值曲线。在 K 线图上输入 TRIX 即可调出 TRIX 指标图，如图 31-12 所示。

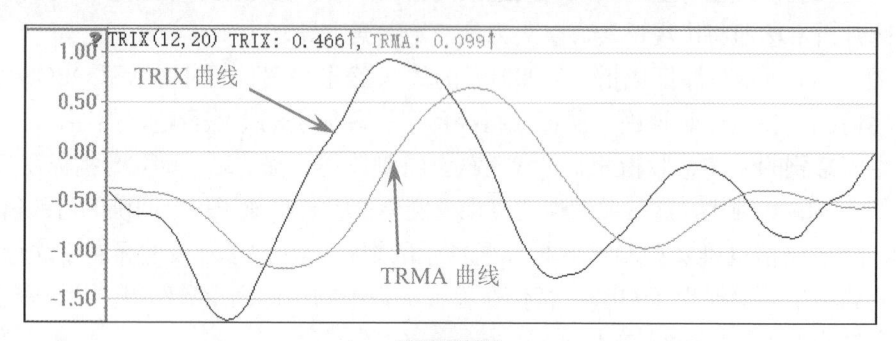

图 31-12

> 和 ADR、OBOS 指标不同，TRIX 指标既可以对大盘指数进行分析判断，也可以对个股进行分析判断。

1. 通过三重指数判断运行趋势

1）判断上升/下跌趋势

在上升/下跌的市场趋势中，TRIX 指标线和 TRMA 指标线均稳稳地运行在 0 轴之上/下。这种表现直观地揭示了 TRIX 指标对于上升/下跌趋势的敏锐捕捉和准确反映。

图 31-13 所示是潞安环能（601699）的日 K 线图和 TRIX 指标图。从 TRIX 指标线窗口中我们可以明显观察到，该股在经历了前期的下跌趋势后，开始逐渐进入上升阶段。在随后的稳步上升过程中，TRIX 指标线稳定地保持在 0 轴上方，这一表现直观地反映了股票当前的上升趋势。通过观察 TRIX 指标线的形态，我们能够有效地把握当前上升趋势的运行状态，做出正确的投资决策。

2）判断反转趋势

股票在经历长期下跌后，在低位区域若出现止跌企稳的态势，往往意味着下跌趋势已经接近尾声。此时，若 TRIX 指标线成功从 0 轴下方跃升至 0 轴上方，并能在较长时间内稳定保持在 0 轴上方，这通常说明一个股价已经见底。对于中长线投资者而言，此时是考虑买入股票、布局的好时机。

图 31-14 所示是金陵饭店（601007）的日 K 线图和 TRIX 指标图。通过观察可以看出，在经历了一段大幅下跌后，该股在低位区域呈现出震荡企稳的态势。与此同时，TRIX 指标线开始向上突破 0 轴，并在之后较长一段时间内稳定保持在 0 轴上方。这一形态清晰地反映了 TRIX 指标线对于底部区域的敏锐准确捕捉，为投资

者提供了重要的参考信息。

图 31-13

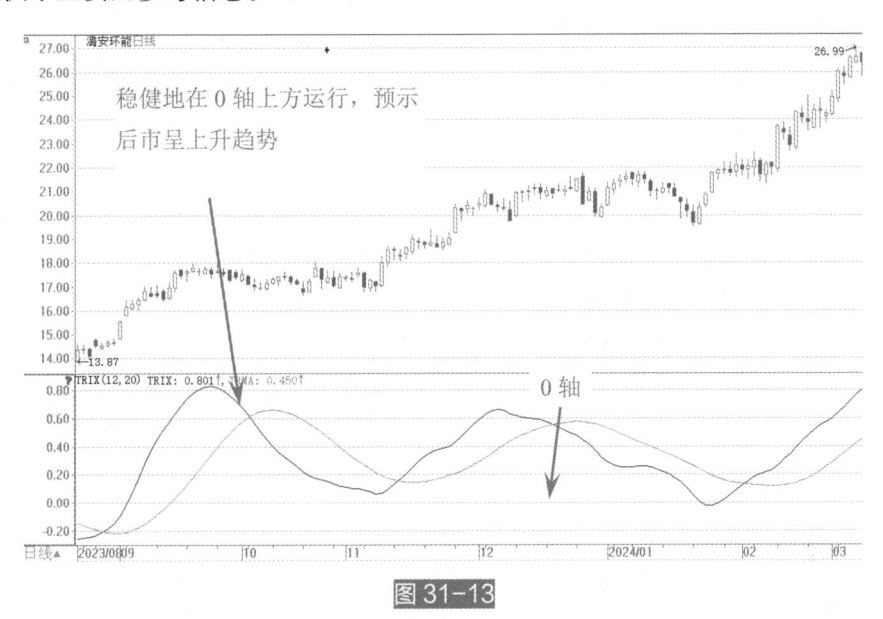

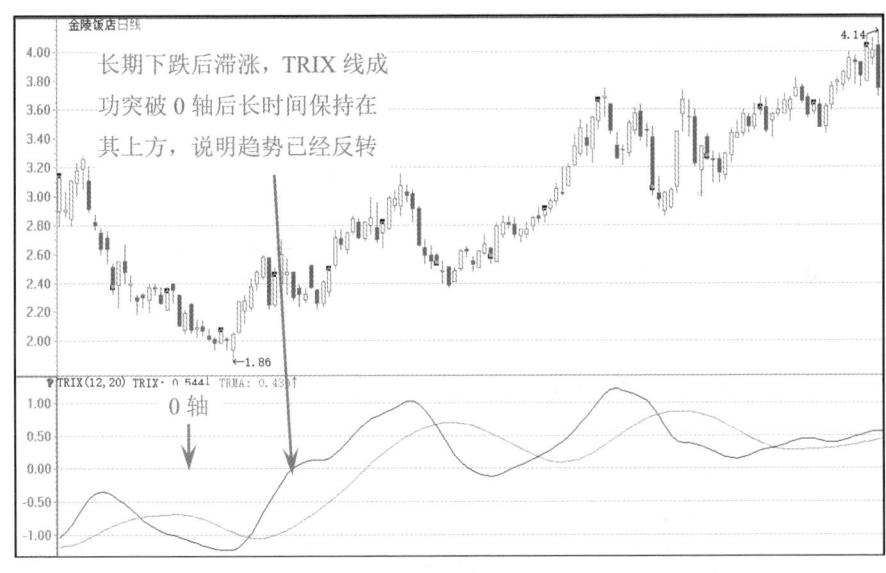

图 31-14

同理，当股票在经历长期上涨后，在高位区域若出现滞涨或大幅回调的情况，往往意味着上升形态已经遭到破坏。此时，若 TRIX 指标线从 0 轴上方开始下跌并长时间保持在 0 轴下方，这通常是一个强烈的见顶信号。此时，对于中长线投资者而言，是考虑卖出股票、离场的合适时机。

2. 通过三重指数捕捉买卖点

1）买点

TRIX 线由下向上交叉穿越 TRMA 线形成金叉，这往往预示着新一轮升势的展开，是买入的好时机。

图 31-15 所示是西部矿业（601168）的日 K 线和 TRIX 指标图，从图中我们可以观察到，该股在经历了一段下跌之后，TRIX 指标首次出现金叉，这标志着股价开始止跌回升。随后，经过一段时间的调整，在底部区域 TRIX 指标线再次形成金叉形态。这一信号表明该股即将展开新一轮的上涨行情，对于投资者而言，这是一个入场布局、买入股票的良机。

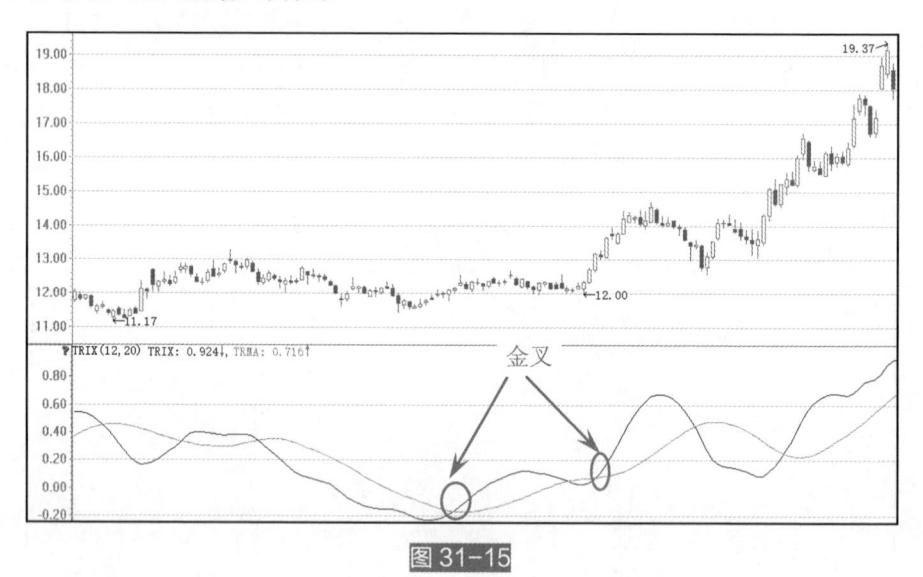

图 31-15

2）卖点

TRIX 线由上向下交叉并穿越 TRMA 线形成死叉，往往预示着新一轮下跌即将展开，是卖出的好时机。

图 31-16 所示是美的集团（000333）的日 K 线和 TRIX 指标图，从图中我们可以清晰地看到，该股在经历了一段显著的上涨后，股价出现了短暂的回调，并且在这一回调过程中，TRIX 指标首次出现死叉形态。随后，股价虽然一度止跌回升，但这次反弹的持续时间并不长，很快股价便重新步入下跌通道。更值得注意的是，在股价再次下跌的过程中，TRIX 指标线再次形成了死叉形态。这一连续的死叉信号，明确预示着该股即将展开新一轮的下跌行情。这无疑是一个警示信号，提醒投资者应该考虑离场卖出股票，以规避潜在的风险。

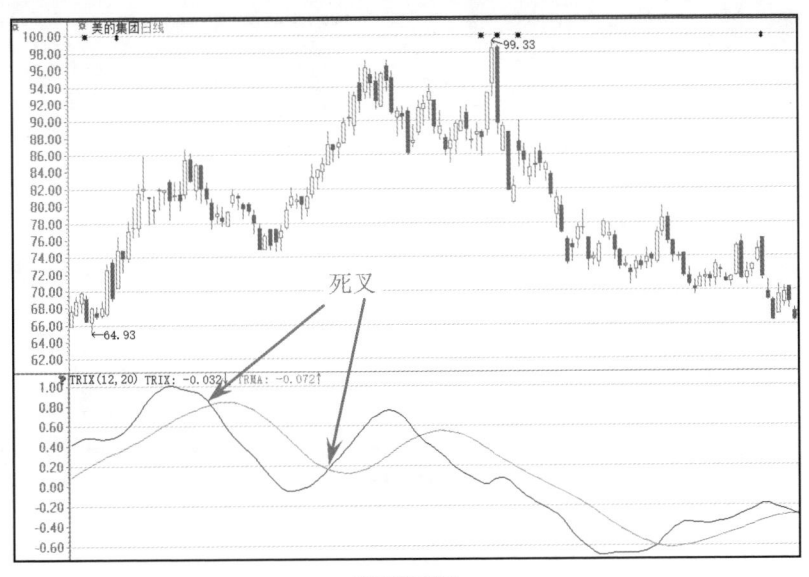

图 31-16

31.3 通过压力支撑指标找寻黑马股

压力支撑类指标通过分析证券价格运行规律，计算可能的上涨阻力和下跌支撑位置。它主要用于预测历史交易形成的密集交易区可能带来的压力和支撑，并以图形的形式直观展示，便于观察和判断。相比其他成交量指标，它更简洁易懂。

压力支撑类指标的作用在于，通过计算和分析历史股价数据，为投资者提供有关未来股价可能上涨或下跌的空间的信息，从而辅助投资者制定投资策略。

31.3.1 BOLL带指标

BOLL带指标是由美国金融分析师约翰·布林格（John Bollinger）发明的一种压力支撑技术指标。该指标由三条轨道线组成，一般情况下价格线在由上下轨道组成的带状区间游走，当股价涨跌幅度加大时，带状区会变宽；当涨跌幅度缩小时，带状区会变窄，如图 31-17 所示。

BOLL带指标能够清楚地指示出股价的支撑位、压力位，显示超买、超卖区域。一般认为，BOLL带指标有以下四大功能。

（1）可以指示支撑和压力位置。
（2）可显示超买、超卖区域。
（3）具备通道作用。
（4）用于指示整体趋势。

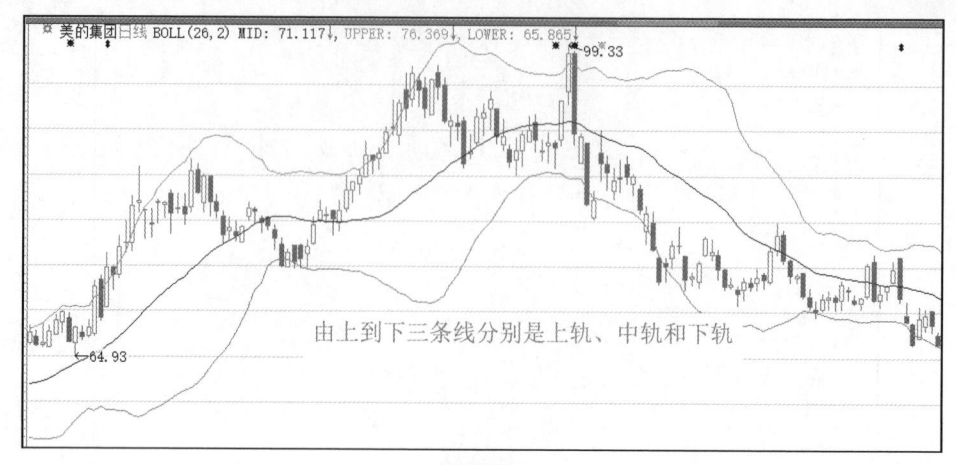

图 31-17

1. 依据BOLL带指标的买入技巧

1) 突破轨道买入法

➢ K线从中轨线上方向上突破上轨线，是强烈的买入信号。特别是在市场整体大趋势向好的情况下，采用这种方式进行短线操作的成功率往往非常高。

➢ K线向上突破中轨线，同时股价的成交量放大并且突破中期移动平均线时，是中短线的买入机会。

➢ K线由下向上突破下轨线，是短线触底反弹的信号，可适当进行短线操作。但是K线还没有向上突破中轨线，说明此时中期趋势仍然比较弱，所以投资者要注意仓位上的控制。

图31-18所示是翔港科技（603499）的日线和BOLL带指标图，经过一段时间的下跌，该股从7.59元跌至近期谷底，随后迅速展现出强势反弹的态势。从图中观察到，K线自下轨开始稳步上升，尤其是在突破上轨线之后，股价呈现出了迅猛的上涨趋势。

在K线初步突破下轨时，投资者可以谨慎地尝试少量买入，并持续关注该股的动态变化。当K线成功突破中轨并伴随成交量的明显放大时，可以进一步买入。随着K线的持续上扬，直至突破上轨线，都是投资者介入的良好时机。

从BOLL带指标的走势来看，这一波涨势表现出色，显示出强大的上涨动能。投资者在持有该股的过程中，可以持续观察K线的变化，直至K线跌破中轨线，发出卖出信号为止。

2) BOLL带指标上涨开口买入法

在股价的运行过程中，当BOLL带指标在低位经历长时间的窄幅波动后，一旦股价出现放量上涨的态势，BOLL带指标突然呈现向上开口的趋势，这意味着股价即将进入上升通道，对于中短线投资者而言，这是一个明确的买入机会。尤其是当

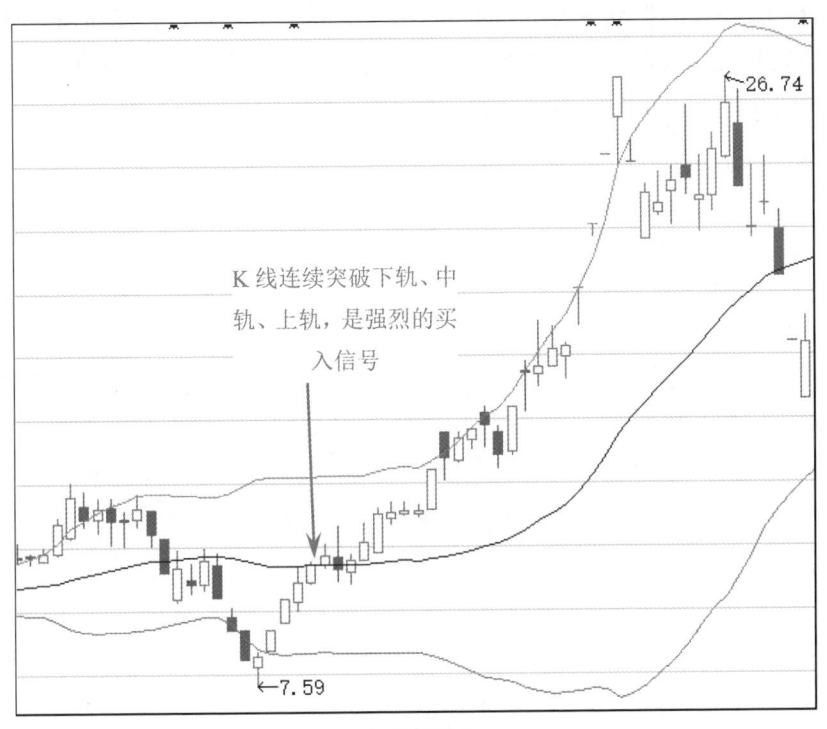

K 线向上突破上轨线时，这一买入信号将变得更为明确和可靠。

图 31-18

图 31-19 所示是万丰奥威（002085）的日线图、成交量和 BOLL 带指标界面，从图中可以观察到，前期 BOLL 带指标经历了长时间的窄幅波动。随着股价的稳步上涨和成交量的显著放大，BOLL 带指标突然呈现出开口向上的强劲走势。更为重要的是，K 线成功向上突破了上轨线，这一明显的信号标志着最佳的买入时机已经到来。

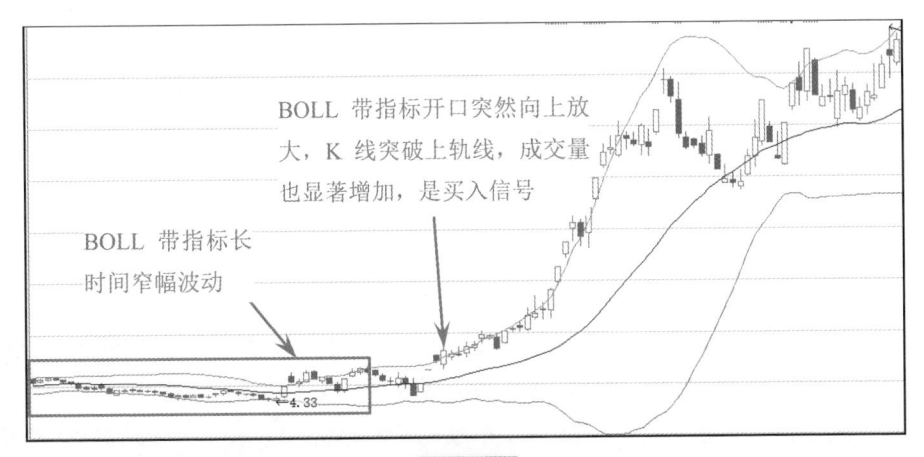

图 31-19

在此之后，该股表现出强劲的上涨势头，连续多日跳空高开高走，股价不断攀升。与此同时，成交量的持续放大进一步证实了市场的热烈反应，预示着该股已经进入了一个明显的大涨趋势。对于投资者而言，这是一个值得密切关注和把握的机会。

2. 依据BOLL带指标的卖出技巧

1）突破轨道卖出法

> 当K线在上轨线的上方运行一段时间之后，开始由上向下跌破BOLL指标的上轨线时，是卖出股票的好机会。

> 当K线向下跌破BOLL指标的中轨线时，如果此时股价也先后跌破中短期移动平均线，说明中短期下跌趋势基本确定，应逢高卖出股票。

图31-20所示是华大智造（688114）的日线和BOLL带指标图，该股前期呈现上涨态势，从BOLL带指标窗口中可以看到K线稳定在上轨线上方运行。然而，当股价触及106.68元的峰值时，市场形势发生逆转，K线突然急剧下滑，不仅先后跌破了上轨线和中轨线，更是一度击穿下轨线，显示出强烈的下跌趋势。

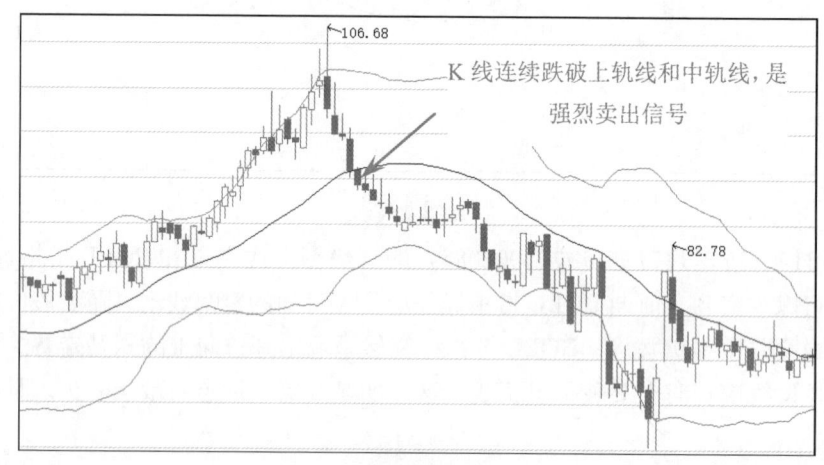

图31-20

尽管此后股价出现了一定程度的反弹，但该股已步入下滑轨道，投资者应果断采取行动，及时抛售股票，以避免更大的损失。

2）BOLL带指标下跌开口卖出法

当BOLL带指标在高位窄幅运动后，突然向下开口，同时K线向下击穿下轨时，说明上涨趋势结束，是卖出信号。

图31-21所示是ST贵人（603555）的日线和BOLL带指标图界面，该股前期长时间处于横盘整理状态，BOLL带指标在高位呈现窄幅波动。然而，在图中A点处，市场形势发生了显著变化，BOLL线突然开始向下开口，同时K线也迅速向下击穿下轨线。随后的股价走势进一步确认了市场的下跌趋势，之前的上涨趋势已经结束，

卖出信号已经清晰显现。对于投资者而言，此时应及时调整策略，考虑卖出股票以规避风险。

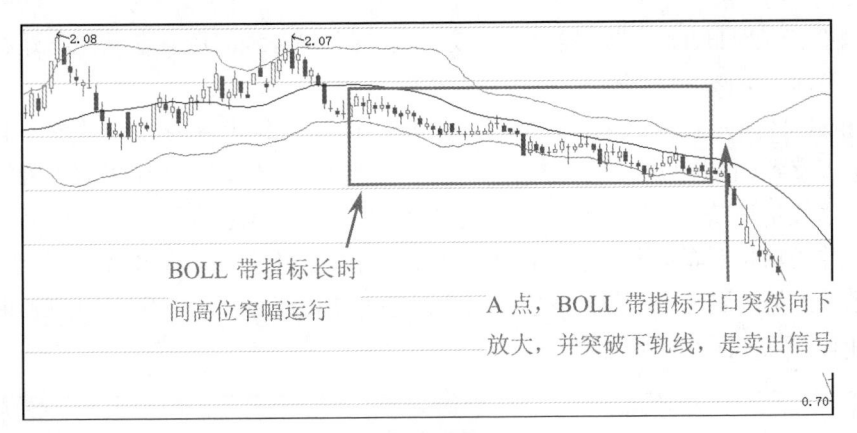

图 31-21

31.3.2 SAR指标

SAR指标又叫抛物线指标或停损转向操作点指标，由美国技术分析大师威尔斯·威尔德提出。SAR指标强调时间与价格并重，图像外观像抛物线一般，利用抛物线的方式，随时调整止盈和止损点位置以观察买卖点。

在K线图上输入SAR即可调出SAR指标图，如图31-22所示。

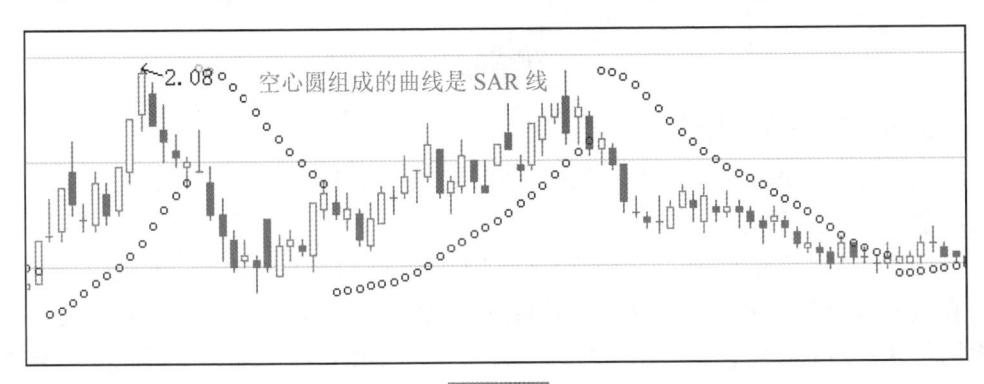

图 31-22

1. SAR指标的优缺点

SAR指标在寻找止盈和止损点方面表现出色，对于那些在设定止盈、止损价位上感到困惑的投资者来说，SAR指标无疑是一个值得考虑的参考工具。

SAR指标不足之处也非常明显，在窄幅整理的牛皮盘整市场，或是遭遇突发性利好和利空情况时，SAR指标往往会频繁交替发出买卖信号，这大大增加了操作失误的风险。因此，在牛皮盘整市场中，SAR 指标并不适宜。

2. SAR指标买入技巧

股价在长时间的下跌过程中，K 线一直受到 SAR 线的压制在其下方运行，当 K 线由下向上突破 SAR 线时，就是买入时机。

图 31-23 所示是海兴电力（603556）的日 K 线和 SAR 指标图，从图中我们可以清晰观察到，该股的股价在前期持续受到 SAR 线的压制，显示出明显的下跌趋势。然而，当股价下跌至 19.91 元的关键点位后，市场情况发生了逆转。股价开始强劲反弹，并成功自下而上突破了 SAR 线的压制。自此之后，该股股价便呈现出一路向上的攀升态势，展现出了强劲的上涨动力。这一变化充分显示了 SAR 线在判断股价趋势和转折点方面的重要作用。

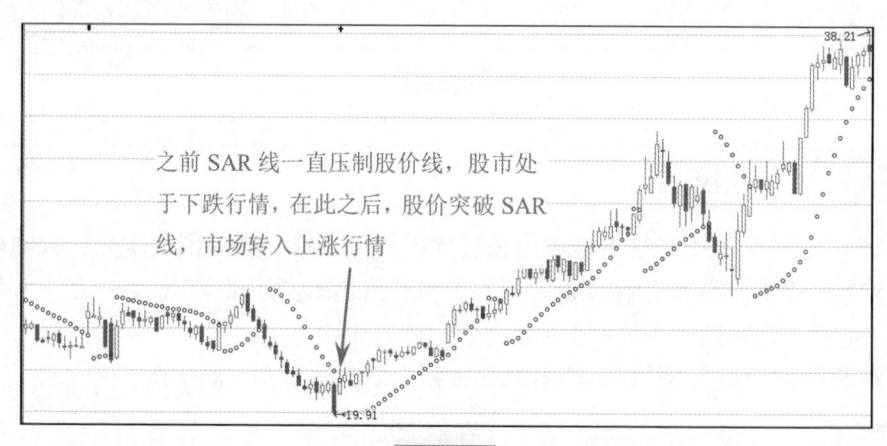

图 31-23

3. SAR指标卖出技巧

当股价从 SAR 线的上方向下跌破 SAR 线时，为卖出信号，投资者应当择机卖出股票。

图 31-24 所示是 ST 商城（600306）的日 K 线和 SAR 指标图，该股股价在前期一直强力压制着 SAR 线，呈现出稳步攀升的态势。然而，在 A 点处，股价突然呈现出急速飙升的态势，通过连续的一字涨停板，仅用了 12 个交易日，股价便飙升了 80%，一度攀升至 14.5 元的高峰。

然而，正如人们常说的那样，上涨有多疯狂，下跌就有多猛烈。在股价触及顶峰之后，便开始急转直下，此时，股价受到了 SAR 线的压制。此刻，对于投资者来说，无疑是一个绝佳的卖出点。

随着股价的连续一字跌停板，市场气氛急剧转冷，经过 48 个交易日的洗礼，股价从巅峰的 14.5 元一路下跌至 4.04 元，跌幅达到了惊人的 72%。这种幅度的下跌，无疑给投资者带来了巨大的冲击和考验。

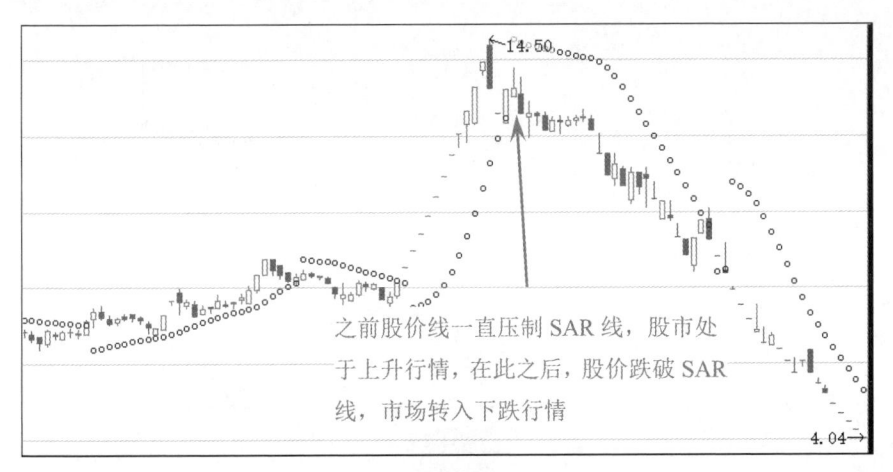

之前股价线一直压制 SAR 线，股市处于上升行情，在此之后，股价跌破 SAR 线，市场转入下跌行情

图 31-24

31.4 新股民学堂——多种指标结合判断顶部和底部

股市复杂多变，没有任何一种单一指标能够完美预判行情的顶部和底部。因此，面对这样的市场环境，最佳的操作手段应当是结合多种指标来综合判断趋势行情。通过综合考虑不同指标所揭示的信息，我们可以更准确地把握市场的动向，从而做出更为明智的投资决策。

31.4.1 多种指标结合判断顶部

对于顶部的判断，投资者可以选取 KDJ、BOLL、DMI 三个指标结合判断。
（1）KDJ 指标的 J 值接近 100。
（2）股价沿 BOLL 线上轨运行。
（3）DMI 指标中的 ADX 线在 50 以上随时可能见顶或见底。

图 31-25 所示是京基智农（000048）的日线和多指标组合图，在图中竖直虚线所标示的关键位置，KDJ 指标的 J 值达到了 104.9 的高位，与此同时，股价正稳稳地运行在 BOLL 带指标的上轨之上。值得注意的是，DMI 指标中的 ADX 线数值也跃升至 60，这一系列的信号强烈地暗示着股价即将触及其顶部。这种走势出现后，市场经过短暂的 2 个交易日盘整，随后股价便呈现出连续的阴跌态势，标志着股价开始迅速下滑。

整体来看，这一系列的技术指标变化为投资者提供了清晰的信号，预示着股价的顶部已经形成，并即将进入下行趋势。

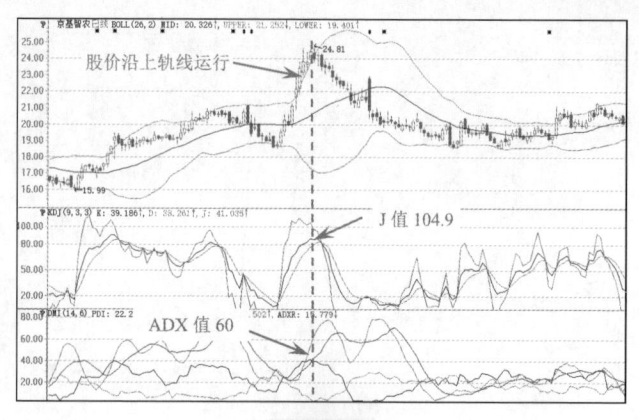

图 31-25

31.4.2 多种指标结合判断底部

对于底部的判断，投资者可以结合以下几个指标综合判断。

（1）KDJ 指标的 J 值在 0 以下，即负数。

（2）股价在 BOLL 线下轨或者以下。

图 31-26 所示是慈文传媒（002343）的日线和多指标组合图，在图中虚线标示的位置，该股的 KDJ 指标中 J 值已低至 -6.32，是强烈的超卖信号。当天，股价也跌破 BOLL 线的下轨，市场极度悲观。这进一步证明了股价已大幅偏离其短期均线，是市场即将出现反弹的重要信号。

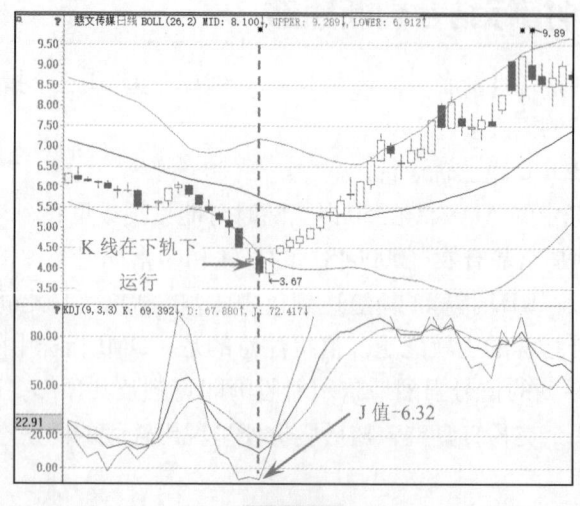

图 31-26

综合以上各项技术指标和股价表现，我们可以判断该股股价已经或即将跌入谷底。对于投资者而言，这是一个逢低介入的良机。